Bilanzanalyse von Fußballvereinen

Ludwig Hierl • Raimund Weiß

Bilanzanalyse von Fußballvereinen

Praxisorientierte Einführung in die Jahresabschlussanalyse

2. Auflage 2015

Springer Gabler

Ludwig Hierl
DHBW Heilbronn
Heilbronn
Deutschland

Raimund Weiß
Hemau
Deutschland

1. Aufl.: © epubli GmbH 2014, unter folgendem Titel: „Bilanzanalyse von Fußballvereinen: Eine praxisorientierte Einführung in die Jahresabschlussanalyse"

ISBN 978-3-658-07915-4   ISBN 978-3-658-07916-1 (eBook)
DOI 10.1007/978-3-658-07916-1

Die Deutsche Nationalbibliothek verzeichnet diese Publikation in der Deutschen Nationalbibliografie; detaillier-te bibliografische Daten sind im Internet über http://dnb.d-nb.de abrufbar.

Springer Gabler
© Springer Fachmedien Wiesbaden 2014, 2016

Gedruckt auf säurefreiem und chlorfrei gebleichtem Papier

Springer Fachmedien Wiesbaden ist Teil der Fachverlagsgruppe Springer Science+Business Media
(www.springer.com)

Vorwort

Vertretern des deutschen Fußballs gelangen in den vergangenen Jahren großartige sportliche Erfolge. Zum Ende der Spielzeit 2012/2013 standen mit Bayern München und Borussia Dortmund zwei Bundesligisten an der europäischen Spitze. Der Champions-League-Sieger Bayern München triumphierte nach dem Gewinn des europäischen Supercups später auch bei der Klub-Weltmeisterschaft. Im Sommer 2013 wurde die Fußballnationalelf der Damen zum insgesamt achten Mal Europameister und im Sommer 2014 folgte schließlich auch noch der länger ersehnte vierte Weltmeistertitel der Männer-Nationalmannschaft.

Diese sportlichen Erfolge tragen dazu bei, dass die an der Bilanzierung und Jahresabschlussanalyse interessierten Leser Anwendungsbeispielen aus dem Bereich Fußball nicht nur offener gegenüberstehen, sondern durch einen weithin bekannten Praxisbezug auch ein besseres Verständnis und geschlechterunabhängig eine höhere Motivation zur Mitarbeit hervorrufen, als Analysen von anderen Wirtschaftsbereichen, wie z. B. dem Automobilbau oder der Modeindustrie. Gerade die zunehmende Bedeutung von weiblichen Fans ist gegenwärtig eine der markantesten Veränderungen im gesamten Sportbereich.

Zielsetzung der vorliegenden Arbeit ist es daher, einen komprimierten und dennoch gut verständlichen Überblick zur Bilanzierung und Jahresabschlussanalyse zu geben und ein komplexes Themengebiet durch einen weithin bekannten Praxisbezug aufzulockern. Im Vordergrund steht zunächst die Frage nach dem wirtschaftlich erfolgreichsten Fußballklub der Welt. Des Weiteren wird in diesem Zusammenhang untersucht, ob deutsche Klubs im internationalen Vergleich insbesondere mit den besten Teams aus England und aus Spanien auch finanziell erfolgreicher gewirtschaftet haben, wer die geringere Verschuldung respektive die höhere Eigenkapitalausstattung, wer die geringeren Personalaufwendungen und wer die höheren Bestände bei den „Festgeldkonten" aufweist (gerade Letzteres wird von den Medien häufig bei den Bayern vermutet). In die Bilanz- bzw. Jahresabschlussanalysen (die begriffliche Differenzierung wird einleitend vorgenommen) wurden insgesamt etwa 50 weitere Kennzahlen einbezogen.

Weil die Bezeichnung „Verein" eine Rechtsform vermuten lässt, die im Profifußball zu Gunsten von Kapitalgesellschaftsstrukturen immer mehr an Bedeutung verliert, wird anstelle dieser bei Fans durchaus noch sehr gebräuchlichen Teambezeichnung die neutralere Form „Klub" verwendet.

Gegenüber der Erstauflage wurde nicht nur die Anzahl an berücksichtigten Fußball-klubs von 10 auf 25 signifikant ausgedehnt (darunter neun Champions-League Sieger sowie zwei Gewinner des Europapokals der Landesmeister). Auch die inhaltliche Struk-turierung und die Aufbereitung wurden vollständig überarbeitet und erheblich erweitert. Erfreulich ist insbesondere, dass nun auch Real Madrid und der FC Barcelona in diese Analyse einbezogen werden konnten.

Mit dem Springer Gabler Verlag konnte für die Zweitauflage ein sehr renommierter Partner gewonnen werden. Für die interessierten Leser ergibt sich hierdurch unter ande-rem auch die Möglichkeit zur Nutzung zusätzlicher Serviceleistungen über die Verlags-homepage zu diesem Buch.

Weil das Verfassen einer solchen Arbeit immer auch mit umfangreichen Entbehrungen verbunden ist, möchte ich an dieser Stelle meiner Frau Natalia sehr herzlich für ihre Unter-stützung danken und freue mich, von nun an wieder mehr Zeit mit unserer kleinen Toch-ter Elisabeth verbringen zu können, die im Übrigen wie der Vater ebenfalls das Prädikat „Weltmeisterjahrgang" führen darf.

Auch im Namen von Raimund Weiß, dem ich an dieser Stelle für seine unterstützende Mitarbeit herzlich danke, wünsche ich allen Lesern ein angenehmes und informatives Stu-dium dieser anwendungsorientierten Lektüre und nehme Anmerkungen und Anregungen für künftige Aktualisierungen gerne entgegen.

Prof. Dr. Ludwig Hierl

Inhaltsverzeichnis

Abkürzungsverzeichnis

AB	Anfangsbestand
Abschn.	Abschnitt
AG	Aktiengesellschaft
AktG	Aktiengesetz
AO	Abgabenordnung
Art.	Artikel
Az.	Aktenzeichen
BaFin	Bundesanstalt für Finanzdienstleistungsaufsicht
BCG	Boston Consulting Group
BFH	Bundesfinanzhof
BGB	Bürgerliches Gesetzbuch
BGH	Bundesgerichtshof
BilKoG	Bilanzkontrollgesetz
BilMoG	Bilanzrechtsmodernisierungsgesetz
BilRUG	Bilanzrichtlinie-Umsetzungsgesetz
BMJV	Bundesministerium der Justiz und für Verbraucherschutz
BVB	Ballspielverein Borussia 09 e. V. Dortmund
CAS	Court of Arbitration for Sports
CFROI	Cashflow Return on Investment
DFB	Deutscher Fußball-Bund
DFL	Deutsche Fußball Liga
DPR	Deutsche Prüfstelle für Rechnungslegung
DRS	Deutsche Rechnungslegungs Standards
DRSC	Deutsches Rechnungslegungs Standards Committee
EAE	Earnings After Everything
EBA	Earnings Before Anything
EBT	Ergebnis vor Steuern
EBIT	Ergebnis vor Zinsen und Steuern
EBITDA	Ergebnis vor Zinsen, Steuern und Abschreibungen
EKR	Eigenkapitalrentabilität
EStG	Einkommensteuergesetz

EU	Europäische Union
EÜR	Einnahmen-Überschussrechnung
FC	Fußballclub
FIFA	Federation Internationale de Football Association
GAAP	Generally Accepted Accounting Principles
GKR	Gesamtkapitalrentabilität
GKV	Gesamtkostenverfahren
GmbH	Gesellschaft mit beschränkter Haftung
GmbHG	Gesetz betreffend die Gesellschaften mit beschränkter Haftung
GuV	Gewinn- und Verlustrechnung
HGB	Handelsgesetzbuch
HSV	Hamburger Sport-Verein
IAS	International Accounting Standards
IDW	Institut der Wirtschaftsprüfer in Deutschland e. V.
IFAB	International Football Association Board
IFAC	International Federation of Accountants
IFRS	International Financial Reporting Standards
InsO	Insolvenzordnung
IPO	Initial Public Offering
ISIN	International Securities Identification Number
Kap.	Kapitel
KG	Kommanditgesellschaft
KGaA	Kommanditgesellschaft auf Aktien
KStG	Körperschaftsteuergesetz
L1	Liquiditätsgrad 1
L2	Liquiditätsgrad 2
L3	Liquiditätsgrad 3
LG	Landgericht
LO	Lizenzierungsordnung
NFL	National Football League
NHL	National Hockey League
No.	Number
OLG	Oberlandesgericht
PP	Prozentpunkte
PublG	Publizitätsgesetz
Rn.	Randnummer
ROCE	Return on Capital Employed
ROI	Return on Investment
RONA	Return on Net Assets
S.	Seite(n) oder Satz
SGB IV	Sozialgesetzbuch, Viertes Buch
Sog.	So genannt

SZ	Süddeutsche Tageszeitung
TMS	Transfer Matching System
UEFA	Union des Associations Europeennes de Football
UK	United Kingdom
UKV	Umsatzkostenverfahren
USt	Umsatzsteuer
UStG	Umsatzsteuergesetz
Vol.	Volume
VSt	Vorsteuer
WPK	Wirtschaftsprüferkammer
WpHG	Wertpapierhandelsgesetz

Abbildungsverzeichnis

> In diesem Kapitel erfahren Sie, warum Sie trotz zahlreich vorhandener Literatur
> zum Themenbereich Bilanz-/Jahresabschlussanalyse dieses Buch lesen sollten
> und wie es aufbereitet ist.

1.1 Ausgangssituation und Zielsetzung

Bei wissenschaftlichen Abhandlungen ist es üblich, einleitend zunächst eine Problemstellung zu formulieren. Im vorliegenden Fall handelt es sich jedoch zunächst keineswegs um ein „Problem", sondern um die Beschreibung einer bis dato sehr erfreulichen Entwicklung.

Vertretern des **deutschen Fußballs** gelangen in den vergangenen Jahren großartige **sportliche Erfolge**. Auf Nationalmannschaftsebene wurden die deutschen Damen im Sommer 2013 zum insgesamt achten Mal Europameister. Im Sommer 2014 gelang den deutschen Herren nach (abgesehen von der EM 2004) durchweg guten Platzierungen bei den Welt- und Europameisterschaften von 2002 bis 2012 der länger ersehnte vierte Weltmeistertitel. Und auch auf Klubebene wurden die höchsten Titel erreicht. Zum Ende der Spielzeit 2012/2013 standen sich mit Bayern München und Borussia Dortmund erstmals zwei Bundesligisten im Finale der Champions-League gegenüber. Bayern München gewann bekanntlich dieses rein deutsche Duell. Anschließend wurde im Spiel um den europäischen Supercup Chelsea bezwungen und später auch die Klub-Weltmeisterschaft gewonnen.

Neben sportlichen Erfolgen konnten die Mannschaften der ersten Fußball-Bundesliga in einer Gesamtbetrachtung seit knapp einem Jahrzehnt auch die **wirtschaftlichen Erfolge** stetig verbessern. Gemäß dem aktuellsten vorliegenden Bundesligareport 2014 (vgl. DFL 2014) konnten die Umsatzerlöse in der Saison 2012/2013 zum neunten Mal in Folge gesteigert werden. Ausgehend von knapp 1,1 Mrd. € in 2003/2004 gelang bis 2012/2013

© Springer Fachmedien Wiesbaden 2016

L. Hierl, R. Weiß, *Bilanzanalyse von Fußballvereinen,* DOI 10.1007/978-3-658-07916-1_1

sogar eine Verdoppelung auf knapp 2,2 Mrd. €. Nach eigener Aussage ist die Bundesliga damit weiterhin die zweitumsatzstärkste Liga Europas nach der englischen Premier League und vor der spanischen Primera Division. In Summe erzielten die 18 Klubs in 2012/2013 einen Jahresüberschuss in Höhe von 62,6 Mio. € und konnten damit ihr Eigenkapital auf 840,8 Mio. € erhöhen, was einer Eigenkapitalquote (in Relation zum Gesamtkapital) von 46,1 % entspricht. Der Personalaufwand der Bundesligisten betrug insgesamt 847 Mio. €, in Relation zu den Umsatzerlösen entspricht dies einer Personalaufwandsquote von 38,5 %. Die Attraktivität für Fans ist mit durchschnittlich 41.914 Besuchern pro Spiel ungebrochen hoch, die Bundesliga ist damit auch weiterhin die Fußballliga mit dem weltweit höchsten Zuschauerschnitt.

Diese Aneinanderreihung an sportlichen und wirtschaftlichen Erfolgen führt nahezu zwangsläufig zu der Frage, ob deutsche Klubs im **Vergleich** insbesondere **mit den besten Teams Englands und Spaniens** auch finanziell erfolgreicher gewirtschaftet haben, wer die geringere Verschuldung respektive die höhere Eigenkapitalausstattung, wer die geringeren Personalaufwendungen und wer die höheren Bestände bei den „Festgeldkonten" aufweist. Hat beispielsweise der FC Bayern tatsächlich die höchsten Geldbestände auf seinen Bankkonten, wie von den Medien gerne behauptet wird? Und wer ist am Ende der **Sieger, der wirtschaftlich erfolgreichste Fußballklub der Welt**?

Die vorliegende Arbeit möchte genau diese Fragestellungen anhand einer umfassenden, **kennzahlenbasierten Vergleichsanalyse** der Bilanzen und sonstigen Jahresabschlussunterlagen von 25 international weithin bekannten Fußballklubs klären. Für das Verständnis der Analyseergebnisse benötigt der Leser theoretische Kenntnisse, die im Überblick verständlich und anwendungsorientiert aufbereitet werden. **Gerade weil für viele Leser bereits die Grundlagen** zu beispielsweise Ansatzvorschriften zu Latenten Steuern, Konsolidierungsvorschriften im Konzern oder interregional divergierenden Rechnungslegungsvorschriften **einen durchaus hohen Komplexitätsgrad aufweisen, dient der weithin bekannte Praxisbezug der erforderlichen Auflockerung**.

Die **Zielleserschaft** sind insbesondere Studierende wirtschaftswissenschaftlicher Fachrichtungen sowie alle an der Bilanz- und Jahresabschlussanalyse Interessierten, die im Idealfall zugleich dem Fußballgeschehen zumindest nicht abgeneigt sind. Die maskulin anmutende Formulierung „Leser" ist dabei ausdrücklich als geschlechtsneutral formuliert anzusehen. Wie eine aktuelle Studie von Repucom zeigt (zitiert nach Mersch und Merx 2015), ist die **zunehmende Bedeutung von weiblichen Fans** eine der markantesten Veränderungen im Sportbereich insgesamt. Beim Thema Fußball, der wohl bekanntesten europäischen Sportart, bekunden gegenwärtig bereits 58 von 100 Frauen Interesse und von 100 Zuschauern, die die Fußball-WM 2014 in Deutschland verfolgt haben, waren bereits 42 weiblich. In Brasilien wurde laut denselben Studienergebnissen unter der Prämisse einer zahlenmäßigen Gleichverteilung der Geschlechter bereits die Maximalausprägung von 50 von 100 erreicht. Laut UEFA-Schätzungen interessieren sich mehr als drei Viertel aller europäischen Erwachsenen unabhängig von Alter und Einkommen für Fußball (vgl. UEFA 2014). Diese Ergebnisse erklären dann auch, warum branchenbezogene Anwendungsbeispiele aus dem Bereich Fußball inzwischen eine im Durchschnitt gesehen höhere Affinität und Motivation zur Mitarbeit hervorrufen, als Analysen von anderen Wirtschaftsbereichen, wie z. B. dem Automobilbau oder der Modeindustrie.

Bevor im nächsten Schritt der inhaltliche Aufbau der Arbeit aufgezeigt wird, ist an dieser Stelle noch die grundlegende Frage zu klären, was unter den bereits mehrfach genannten **Begriffen Bilanz- und Jahresabschlussanalyse** zu verstehen ist und ob es sich dabei um unterschiedliche Themenbereiche handelt beziehungsweise welche Gemeinsamkeiten bestehen.

► Bei einer Bilanzanalyse wird bei einer rein wörtlichen Betrachtung lediglich eine Bilanz als Gegenüberstellung von Vermögen und Schulden mit dem Eigenkapital als Residualgröße (vgl. § 242 Abs. 1 HGB) systematisch analysiert. Der Jahresabschluss besteht nach deutschem Handelsrecht in Abhängigkeit von Rechtsform und Größe des Unternehmens aus weiteren Bestandteilen und Erweiterungen (siehe Kap. 3). In der Praxis werden sowohl in eine Bilanz-, als auch in eine Jahresabschlussanalyse sämtliche verfügbaren Abschlussinformationen eines Unternehmens einbezogen, d. h. beide Begriffe letztlich synonym verwendet. Analyseziel ist die Beurteilung der Vermögens-, Finanz- und Ertragslage (vgl. § 264 Abs. 2 HGB) eines Unternehmens.

1.2   Inhaltliche Strukturierung

Nach diesem einleitenden Teil werden in **Kap. 2** für das Verständnis der anwendungsorientierten Jahresabschlussuntersuchung von Fußballklubs die **rechtlichen Rahmenbedingungen im Profifußball** aufgezeigt. Zunächst erfolgen hierzu Hinweise zur national wie international pyramidal ausgestalteten Organisationsstruktur mit einer Abgrenzung der Zuständigkeiten von FIFA, UEFA, DFB, Ligaverband und DFL. Anschließend werden die gebräuchlichen Rechtsformen in der europäischen Klubfußballpraxis sowie das deutsche Lizenzierungsverfahren im internationalen Kontext vorgestellt. Lokale Besonderheiten wie die bei Investorenbeteiligungen zu beachtende „50 + 1-Regelung" werden gesondert und in der aktuellsten Version mit Stand Dezember 2014 ausgeführt.

Bezüglich des **Jahresabschlusses von Unternehmen** in **Kap. 3** werden zunächst die von Unternehmen zu erstellenden Bestandteile eines Jahresabschlusses erarbeitet. Dies ist in Deutschland ebenso rechtsform- und größenabhängig wie die handelsrechtliche Pflicht, seine erstellten Unterlagen sowie die laufende Buchhaltung von externen Sachverständigen prüfen zu lassen. Die steuer- und sozialversicherungsrechtlichen Prüfungen sind hiervon abzugrenzen. Im Anschluss ist zu klären, welche der erstellten und gegebenenfalls geprüften Jahresabschlussunterlagen in welchem Zeitrahmen zu veröffentlichen sind. Auch hier gibt es wieder zahlreiche rechtsform- und größenabhängige Besonderheiten zu beachten. Neben kurzen Erläuterungen der zentralen Bestandteile einer Bilanz, einer Gewinn- und Verlustrechnung sowie einer Kapitalfluss- beziehungsweise Cashflowrechnung widmet sich eine Übungsaufgabe am Beispiel des HSV der gesonderten Fragestellung, inwieweit aus einem Jahresabschluss ein Rückschluss auf eine Insolvenzgefahr möglich ist. Die Erteilung einer Erlaubnis zur Teilnahme an Profifußballwettbewerben ist neben sportlichen und weiteren Kriterien insbesondere auch von der Erfüllung finanzieller Kriterien abhängig. Weil die Lizenzentscheidungen bislang auf Basis von Einzelabschlüssen getätigt wurden, werden Einzel- und Konzernabschlüsse inhaltlich abgegrenzt. Neben handelsrechtlichen Konzernabschlussregelungen im Allgemeinen werden im Besonderen auch die Konsolidierungsmaßnahmen zur Überführung von mindestens zwei Einzelabschlüssen zu einem Konzernabschluss ausgeführt. Anschließend werden anhand einer simplifizierten Fallstudie konkrete Gestaltungs- beziehungsweise Missbrauchsoptionen im Konzernverbund aufgezeigt. Während Borussia Dortmund wie sieben weitere untersuchte Fußballklubs seine Abschlussunterlagen konform zu den IFRS-Rechnungslegungsnormen erstellen muss, bilanziert der FC Bayern München wie neun weitere untersuchte Fußballklubs nach dem deutschen HGB. Abschließend werden in diesem Kapitel daher die grundlegenden Unterschiede zwischen den HGB- und den IFRS-Rechnungslegungsnormen herausgearbeitet. Auf eine Darlegung der Besonderheiten der britischen (UK-GAAP) und der spanischen Rechnungslegungsnormen (Spanish-GAAP), die von drei beziehungsweise vier weiteren untersuchten Fußballklubs angewandt werden, wurde verzichtet.

▶   Soweit nicht anders angeführt, wird in dieser Arbeit die Rechtslage in Deutschland für Unternehmen im Allgemeinen sowie für Fußballklubs im Besonderen dargestellt.

In **Kap. 4** wird zunächst untersucht, welche finanziellen Mindestkriterien ein Fußballklub erfüllen muss, um gemäß FIFA- und UEFA-Statuten eine Lizenz für den professionellen Spielbetrieb erhalten zu können. Anschließend wird die konkrete Ausgestaltung der deutschen Lizenzierungsordnung mit Besonderheiten und Erweiterungen für die beiden Profiligen gegenüber internationalen Vorgaben betrachtet. Die **branchenspezifischen Besonderheiten von Fußballklub-Abschlüssen**, denen sich ein Analyst eines entsprechenden Jahresabschlusses bewusst sein sollte, werden anschließend für die einzelnen Bilanz- sowie Gewinn- und Verlustrechnungspositionen gesondert herausgearbeitet. Die im deutschen Handelsrecht ansonsten nicht anzutreffende Bilanzposition Spielerwert wird dabei ausführlicher betrachtet, weil diese im Profifußball zum einen von enormer Bedeutung ist und zum anderen bei der Interpretation auch sehr häufig missverstanden wird. Auf die Änderungen, die sich zum 01.01.2015 für Investoren bei Spielertransfermodellen ergeben haben, wird am Rande ebenso hingewiesen wie auf das deutsche Mehrwertsteuersystem, das auch noch die beiden weiteren Begriffe Umsatzsteuer und Vorsteuer kennt.

Das beispielhafte **Vorgehen bei der Durchführung einer Jahresabschlussanalyse** steht im **5. Kapitel** im Vordergrund. Neben Hinweisen unter anderem zu den typischen Arbeitsschritten und Bewertungsbereichen erhält der Leser zu etwa 50 Kennzahlen Berechnungs- und Interpretationshinweise als Basis für die Durchführung eigener Jahresabschlussanalysen. Die Kennzahlen werden dabei gruppiert nach den Bereichen Vermögens- und Kapital-, Finanz- und Liquiditäts- sowie Ertragsanalyse. Die sonstigen Kennzahlen sind überwiegend branchenspezifisch, können jedoch als Anregung für eigene Überlegungen dienen. Zur Vermeidung von Fehlentscheidungen basierend auf den Ergebnissen einer Jahresabschlussanalyse sollten die aufgezeigten Restriktionen beachtet werden.

Der anwendungsorientierte Hauptteil dieses Buches, die **Analyse der Jahresabschlüsse von Profifußballklubs im internationalen Vergleich**, folgt in **Kap. 6**. Von 577 UEFA-Lizenzbewerbern wurden 25 Fußballklubs und damit 4,3 % anhand definierter Kriterien ausgewählt und in die vorliegende Sekundärstudie einbezogen. Ein Anspruch auf Repräsentativität der Studienergebnisse ist damit weder intendiert, noch möglich. Zur Nachvollziehbarkeit der späteren Auswertungen beziehungsweise zur Selbstprüfung für den Leser werden alle Bilanzen und Erfolgsrechnungen in einheitlich aufbereiteter Form angeführt. Sowohl für die Geschäftsjahresvergleichsanalyse, als auch für die Vorjahresvergleichsanalyse wurde zunächst für jede Kennzahl eine Punktbewertung mit Rangfolgebildung vorgenommen und die Ergebnisse anschließend aggregiert. Neben einem Gewinner der statischen Betrachtung eines Geschäftsjahres gibt es somit auch einen Gewinner für die dynamische, intertemporale Vergleichsanalyse. Ein Gesamtranking mit einem „Titelträger" für den in einer Gesamtbetrachtung insgesamt wirtschaftlich erfolgreichsten Fußballklub der Welt darf natürlich nicht fehlen. Mit den drei Bestplatzierten deutschen, englischen und spanischen Teams erfolgte anschließend noch ein separater Nationenwettstreit zur Prüfung gängiger Thesen zu ausgewählten Kennzahlen wie beispielsweise Eigenkapitalausstattung, Verschuldung, Bestand an Liquiden Mitteln sowie Höhe des Personalaufwands. Weil sich in der betrachteten Spielperiode bei Manchester United erhebliche steuerliche Sondereffekte ergeben haben, wird der Themenbereich Latente Steuern in einem gesonderten Abschnitt bearbeitet.

Die zentralen Ergebnisse des Grundlagen- und des Anwendungsteils werden im **7. Kapitel** zunächst in Form einer Lernerfolgskontrolle **zusammengefasst** und daraus **Schlussfolgerungen** sowie **Handlungsempfehlungen** abgeleitet.

Nachdem bereits erste Klubs wie Manchester City und Paris St. Germain wegen eines Verstoßes gegen die Regelungen zum **Financial Fairplay** mit zum Teil sehr hohen Strafen belegt wurden, widmet sich das abschließende **Kap. 8** der ergänzenden Fragestellung, welche Auswirkungen sich aus diesen UEFA-Regularien ergeben. Aus gegenwärtiger Perspektive sind die Fragen, ob mit diesen Regelungen zu erwarten ist, dass dadurch extrem hohe Ablöse- und Gehaltszahlungen von großen Fußballklubs wirksam begrenzt werden können und damit insbesondere auch die wirtschaftliche und finanzielle Leistungsfähigkeit von kleineren Fußballklubs im Wettbewerb gestärkt werden kann, nicht beantwortbar. Eine Annäherung an ein mögliches Antwortspektrum erfolgt mit Hilfe einer **Analyse der Champions League-Ergebnisse** beginnend mit der Spielperiode 1992/1993.

Literatur

DFL (2014) Bundesligareport 2014. https://www.bundesliga.de/media/native/dokument/dt_DFL_ BL_Wirtschaftssituation_2014_72dpi.pdf. Zugegriffen: 28. Feb. 2015

Mersch T, Merx S (2015) Sport verliert das Macho-Image. Handelsblatt 25 (16.02.2015)

UEFA (2014) Sechster Benchmarking-Bericht zur Klublizenzierung. http://de.uefa.org/protecting-the-game/club-licensing-and-financial-fair-play/news/newsid=2091796.html. Zugegriffen: 28. Feb. 2015

Rechtliche Rahmenbedingungen im Profifußball

2

> Neben organisationsstrukturellen Hinweisen zu FIFA, UEFA, DFB, Ligaverband und DFL werden in diesem Kapitel die gebräuchlichen Rechtsformen in der europäischen Klubfußballpraxis sowie das deutsche Lizenzierungsverfahren im internationalen Kontext vorgestellt. Lokale Besonderheiten wie die bei Investorenbeteiligungen zu beachtende „50+1-Regelung" werden gesondert und in der aktuellsten Version mit Stand Dezember 2014 ausgeführt.

2.1 Nationale und internationale Verbandsstrukturen

Für weiterführende, als die nachfolgend angeführten Informationen wird der interessierte Leser bereits an dieser Stelle auf ein Studium der Original-Statuten von FIFA (2014a) und UEFA (2014a) sowie die Satzungen des DFB (2014a), des Ligaverbandes (2014) sowie der DFL (2014b) verwiesen.

Der Fußballsport ist in seiner Verbandstruktur hierarchisch aufgebaut. Oberste Instanz ist der ins schweizerische Handelsregister (vgl. Abb. 2.1) als Verein eingetragene Weltfußballverband **FIFA** (Fédération Internationale de Football Association) mit Sitz in Zürich. Die bekanntesten FIFA-Turniere sind die Fußballweltmeisterschaften der Damen- und Herren-Nationalteams sowie die Weltmeisterschaft der Fußballklubs.

Der FIFA untergeordnet folgen insgesamt **sechs Kontinentalverbände** als Dachverbände der nationalen Fußballverbände auf allen Kontinenten (vgl. FIFA 2015):

- AFC (Asian Football Confederation) als Dachverband für Asien
- CAF (Confédération Africaine de Football) als Dachverband für Afrika
- CONCACAF (Confederation of North, Central America and Caribbean Association Football) als Dachverband für Nord- und Mittelamerika sowie der Karibik

© Springer Fachmedien Wiesbaden 2016
L. Hierl, R. Weiß, *Bilanzanalyse von Fußballvereinen,* DOI 10.1007/978-3-658-07916-1_2

HANDELSREGISTER DES KANTONS ZÜRICH

Firmennummer	Rechtsnatur		Eintragung	Löschung	Übertrag CH-020.6.000.262-1 von: auf:	1
CHE-107.301.064	Verein		02.04.1996			

‖‖‖‖‖‖‖‖‖‖‖‖‖‖‖‖‖‖‖‖ Alle Eintragungen

Ei	Lö	Name		Ref	Sitz
1	5	~~Fédération Internationale de Football Association~~		1	Zürich
5		Fédération Internationale de Football Association (FIFA)			

Abb. 2.1 Handelsregisterauszug des Kantons Zürich zur FIFA

- CONMEBOL (Confederación Sudamericana de Fútbol) als Dachverband für Südamerika
- **UEFA** (Union des Associations Européennes de Football) als Dachverband für Europa
- OFC (Oceania Football Confederation) als Dachverband für Ozeanien

Der wie die FIFA ebenfalls ins schweizerische Handelsregister (vgl. Abb. 2.2) als Verein eingetragene europäische Dachverband **UEFA** hat seinen Sitz in Nyon. Die bekanntesten UEFA-Turniere sind die Europameisterschaften der Damen- und Herren-Nationalteams, die Champions League, die Europa League sowie der Europäische Super Cup.

Die jeweiligen europäischen Nationalverbände wie beispielsweise der ins deutsche Handelsregister als Verein eingetragene **DFB** (Deutscher Fußball-Bund) mit Sitz in Frankfurt am Main sind der UEFA untergeordnet. In § 3 seiner Satzung (vgl. DFB 2014a) weist der DFB daher explizit darauf hin, dass Vorschriften der FIFA und der UEFA für den DFB, seine Mitglieder, Spieler und Offiziellen sowie die Vereine und Kapitalgesellschaften seiner Mitgliedsverbände verbindlich sind.

Dem DFB wiederum gehören der **Ligaverband** sowie die in § 7 Nr. 2 der Satzung (vgl. DFB 2014a) genannten 5 **Landes-** und 21 **Regionalverbände** als Mitglieder an. Im

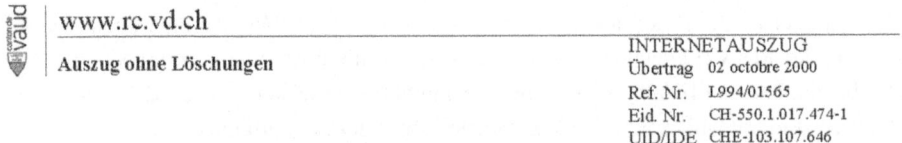

www.rc.vd.ch

Auszug ohne Löschungen

INTERNETAUSZUG
Übertrag 02 octobre 2000
Ref. Nr. I.994/01565
Eid. Nr. CH-550.1.017.474-1
UID/IDE CHE-103.107.646

Union des Associations Européennes de Football (UEFA)
inscrite le 16 novembre 1976
Association

Ref.	Name
1	Union des Associations Européennes de Football (UEFA)

	Sitz
1	Nyon

	Adresse
2	Route de Genève 46

Abb. 2.2 Handelsregisterauszug des Kantons Waadt (Vaud) zur UEFA

Ligaverband sind die lizenzierten Vereine und Kapitalgesellschaften der 1. und 2. Fußball-bundesliga zusammengeschlossen.

Zur Erfüllung seiner operativen Aufgaben bedient sich der Ligaverband der von ihr gegründeten und mit einem Stammkapital von 1 Mio. € ausgestatteten **DFL Deutsche Fußball Liga** GmbH (DFL). Damit sind insbesondere folgende Aufgaben an die DFL delegiert:

- Ermittlung des Deutschen Fußballmeisters
- Ermittlung der Teilnehmer an den europäischen Wettbewerben
- Ermittlung der Auf- und Absteiger der 1. und 2. Bundesliga
- Durchführung eines Lizenzierungsverfahrens
- Exklusive Vermarktung der beiden Bundesligen

Die Spielleitung der 3. Liga und des DFB-Vereinspokals obliegt nicht der DFL, sondern dem sog. DFB-**Spielauschuss** (vgl. DFB 2014a, § 48 Nr. 2 f).

Die **DFL** selbst hat sich zwischenzeitlich zu einem **Konzern** entwickelt. In den Kon-zernabschluss vom 30.06.2013 wurden die folgenden Tochtergesellschaften einbezogen (vgl. DFL 2014e):

- Sportcast GmbH (mit Sitz in Köln)
- HD SAT Communication GmbH (mit Sitz in Berlin)
- Livecast TV Produktion GmbH (mit Sitz in Köln)
- DFL Sports Enterprises GmbH (mit Sitz in Frankfurt am Main)
- DFL Digital Sports GmbH (mit Sitz in Köln)

Lediglich an der HD SAT werden Anteile (25 %) von einem konzernfremden Gesellschaf-ter gehalten, ansonsten sind der DFL jeweils 100 % der Anteile ihrer Tochterunternehmen direkt oder indirekt zuzurechnen. An der Liga Travel GmbH (mit Sitz in Frankfurt am Main) ist die DFL mit 51 % beteiligt, auf einen Einbezug dieses Unternehmens in den Konzernabschluss konnte allerdings aufgrund der untergeordneten Bedeutung dieser Ge-sellschaft verzichtet werden.

Die jeweils gültigen Mindestanforderungen des UEFA-Reglements zur Klublizenzie-rung werden entsprechend den Vorgaben in Art. 5 Nr. 3 (aktueller Stand UEFA 2012) in das nationale Lizenzierungsverfahren übernommen. Ein Bundesligaklub erwirbt mit der Lizenzerteilung durch die DFL daher auch grundsätzlich die Berechtigung zur Teil-nahme an den UEFA-Klubwettbewerben, muss bei einer entsprechenden Qualifizierung allerdings seit der Saison 2013/2014 auch weitere Vorschriften (sog. Monitoring bzw. Fi-nancial Fairplay, vgl. Abschn. 8.1) beachten. Das deutsche Lizenzierungsverfahren wird in Abschn. 2.3 allgemein vorgestellt, speziell zu den finanziellen Kriterien wird verwiesen auf Abschn. 4.2.

An dieser Stelle ist organisationsstrukturell abschließend anzumerken, dass **Änderun-gen der Fußballspielregeln** („Laws of the Game") dem International Football Association Board (**IFAB**) vorbehalten sind (vgl. FIFA 2007, Art. 6). Diesem gehören Vertreter der FIFA sowie historisch bedingt Vertreter der vier britischen Verbände (England, Nordirland, Schottland und Wales) an.

2.2 Rechtsformen in der Klubfußballpraxis

Die Profiabteilungen der ersten und zweiten Fußball-Bundesliga werden in der Rechtsform eines **eingetragenen Vereins** (e. V.) oder als **Kapitalgesellschaft** geführt (vgl. Abb. 2.3). Während beispielsweise der FC Bayern München und Eintracht Frankfurt als Aktiengesellschaft (AG) firmieren, findet sich unter anderem bei Borussia Dortmund und Hertha BSC Berlin der Unternehmensrechtsformhinweis GmbH & Co. KGaA, d. h. es sind Kommanditgesellschaften auf Aktien (KGaA), deren Vollhafter (Komplementär) eine Gesellschaft mit beschränkter Haftung (GmbH) ist. Die Haftung der Kommanditisten (in diesem Fall Kommanditaktionäre) ist auf deren Einlage begrenzt. Als Gesellschaft mit beschränkter Haftung (GmbH) sind z. B. die Bundesligaklubs Bayer 04 Leverkusen und Borussia Mönchengladbach registriert. Eine reine KGaA gibt es im deutschen Profifußball derzeit nicht. Ein Anwendungsbeispiel für diese Rechtsform wäre die im Deutschen Aktienindex (DAX) notierte Merck KGaA.

Die in der Abb. 2.3 nicht namentlich erwähnten übrigen 16 Mannschaften der Bundesliga-Saison 2013/2014 wurden wie zum Untersuchungsergebnisstand auch noch der HSV und der VfB Stuttgart als eingetragene Vereine geführt. Dies bedeutet allerdings nicht, dass es nicht auch in diesen Fußballklubs **dem Verein zugehörige Kapitalgesellschaften** gibt. So hat beispielsweise der VfB Stuttgart 1893 e. V. eine Marketing GmbH, eine Merchandising GmbH, eine Beteiligungs-GmbH, eine Stadion GmbH, eine Geschäftsführungs GmbH und eine Arena Betriebs GmbH ausgegründet. Selbst eine VfB Stuttgart 1893 GmbH & Co. KGaA war im Bundesanzeiger zu finden (vgl. Bundesanzeiger 2014). Dass sich dahinter allerdings nicht wie bei Borussia Dortmund, Hertha BSC Berlin & Co. der Profifußballbereich verbarg, zeigt eine Kurzanalyse der Jahresabschlüsse. Die Bilanzsumme der Geschäftsjahre 2009 bis 2011 bewegte sich im Bereich von lediglich wenigen

AG (2 bzw. 4)	GmbH (6)	GmbH & Co. KGaA (10)
Eintracht Frankfurt	Bayer 04 Leverkusen	1. FC Köln
FC Bayern München	Borussia Mönchengladbach	Borussia Dortmund
	FC Ingolstadt 04	DSC Arminia Bielefeld
	FSV Frankfurt 1899	Eintracht Braunschweig
"Neu":	TSG 1899 Hoffenheim	FC Augsburg 1907
HSV Fußball AG	VfL Wolfsburg	Hannover 96
VfB Stuttgart 1893 AG		Hertha BSC Berlin
	KGaA (0)	SpVgg. Greuther Fürth
	-	SV Werder Bremen
		TSV München von 1860

Abb. 2.3 Rechtsformen im deutschen Profifußball

Tausend Euro. Der Abschluss 2012 war über den Bundesanzeiger im Dezember 2014 noch nicht verfügbar und wird wohl auch nicht mehr veröffentlicht werden. Denn laut Informationsabruf über das Unternehmensregister (vgl. Unternehmensregister 2015) wurde am 03.11.2014 in das Amtsgericht Stuttgart unter dem Aktenzeichen HRB 750582 eine **VfB Stuttgart 1893 AG** durch eine formwechselnde Umwandlung der zuvor genannten VfB Stuttgart 1893 GmbH & Co. KGaA eingetragen. Der Ausgliederung der Profifußballabteilung in diese Aktiengesellschaft müssen allerdings noch die Mitglieder des VfB auf einer außerordentlichen Mitgliederversammlung im April 2015 zustimmen (vgl. Handelsblatt 2014). Der Hamburger Sport-Verein e. V. hat mit wirtschaftlicher Wirkung rückwirkend zum 01.01.2014 den Geschäftsbereich Profifußball aus dem Verein in die **HSV Fußball AG** ausgegliedert. Zum 07.07.2014 erfolgte eine Umbenennung der dafür ursprünglich gegründeten HSV Sport AG (vgl. HSV 2014a, 2014b).

Die **Profifußballklubs** der **englischen** Premier League firmieren bereits seit 1982 nur noch in den Kapitalgesellschaften-Rechtsformen **Public Limited Company** (PLC) beziehungsweise **Private Company Limited by Share**s (Ltd.). Hauptunterschiede zwischen einer PLC und einer Ltd. sind, dass bei einer PLC Mindestkapitalanforderungen (£ 50.000) einzuhalten sind und die Gesellschaftsanteile von einer breiten Öffentlichkeit erworben werden können (vergleichbar einer deutschen Aktiengesellschaft). Der Gesellschafterkreis einer Ltd. verbleibt eher sehr überschaubar und ist damit vergleichbar einer deutschen Unternehmergemeinschaft, da auch diese im Gegensatz zu einer GmbH ohne nennenswertes Mindestkapital gegründet werden kann. Zum britischen Recht betreffend Kapitalgesellschaften (sog. Companies Act) vgl. Britisches Nationalarchiv (2012) und dort zur Mindestkapitalausstattung und zum Gesellschafterkreis insbesondere Part 20. In Deutschland firmiert beispielsweise die im Smallcaps-DAX (SDAX) notierte Air Berlin als PLC. Zur Begründung der Vorteilhaftigkeit der Rechtsformwahl sagte der damalige Vorstandsvorsitzende Hunold im Vorfeld des Börsengangs am 05.05.2006: „Wir haben [dadurch] keinen Betriebsrat, keine Gewerkschaft, keine Mitbestimmung" (Noack 2006).

Die in den **anderen drei großen europäischen Fußballligen** gebräuchlichen Rechtsformen von Fußballklubs werden in Abb. 2.4 überblicksweise dargestellt.

Saison 2013/14	Frankreich, Ligue 1	Italien, Serie A	Spanien, Primera Division
Anzahl Teams	20	20	20
Rechtsformen	• Aktiengesellschaften (Societe Anonyme, kurz SA): 1 • Sportaktiengesellschaften (Societe Anonyme Sportive Professionelle, kurz SASP): 18 • Einmann-Sport-GmbHs (Entreprise Unipersonnelle Sportive a Responsabilite Limitee, kurz EUSRL): 1	• Aktiengesellschaften (Societas per Azioni, kurz S.p.A.): 17 • Gesellschaften mit beschränkter Haftung (Societas responsbilita limitata, kurz S.r.l.): 3	• Sportaktiengesellschaften (Sociedad Anonima Deportiva, kurz SAD): 16 • Eingetragene Sportvereine (Club Deportivo Basico, kurz CDB): 4

Abb. 2.4 Rechtsformen in Frankreich, Italien und Spanien

Nach vielfach verpflichtenden sowie gerade in Deutschland vielen freiwilligen Umwandlungen von Vereinen in Kapitalgesellschaften sind die vier spanischen Ausnahmen sowie die verbliebenen achtzehn deutschen Erst- und Zweitligisten die letzten Vertreter von vereinsrechtlich organisierten Profifußballklubs in den fünf großen europäischen Ligen.

Auch in **Deutschland** ergibt sich allerdings zumindest eine **latente Umwandlungspflicht**. Bei Profi-Fußballklubs stellt die Rechtsform e. V. basierend auf § 21 BGB wohl eine nicht mehr durch das Nebenzweck- bzw. Nebentätigkeitsprivileg gedeckte Rechtsformverfehlung dar, die von Amts wegen mit einer Löschung des Vereinsstatus geahndet werden könnte. Ein noch so idealistischer und historisch bis vor wenigen Jahrzehnten durchaus überwiegender Vereinszweck könnte in der Gegenwart nicht mehr von Relevanz sein. Die nicht nur durch nachhaltige Umsatzerlösgrößen bestätigte wirtschaftliche Betätigung der Profiabteilungen klassifiziert die Bundesligaklubs zu Unternehmen und nicht mehr zu Vereinen, auch wenn sich im Sinne des Nebenzweck- bzw. Nebentätigkeitsprivilegs bislang in der Jurisdiktion kein legitimes Verhältnis der wirtschaftlichen zur sonstigen Vereinstätigkeit herausgebildet hat. Eine ausführlichere Zusammenfassung des Diskurses zur Problematik einer eventuellen Rechtsformverfehlung von Profifußballvereinen, deren Auswirkungen sowie Lösungsansätze durch Ausgliederungen findet sich beispielsweise bei Huwer (2014, S. 12–35) sowie Strauß (2014, S. 56–92). Nach unserem Kenntnisstand hat sich allerdings bislang kein Registergericht diesem brisanten Thema angenommen. Und auch der DFB, der Ligaverband und die Bundesregierung sehen hier bis dato keinen weiteren Handlungsbedarf. Die Alternative einer (zulässigen) wirtschaftlichen Vereinstätigkeit basierend auf § 22 BGB scheidet aus, da diese einerseits eine staatliche Verleihung und damit einen hoheitlichen Akt bedingen würde und andererseits den Bundesligaklubs eine Umwandlung in eine körperschaftliche Handelsgesellschaft zugemutet werden kann, wie die entsprechenden Rechtsformbeispiele von zwischenzeitlich 20 der insgesamt 36 Erst- und Zweitligaklubs belegen.

Ergänzend hinzuweisen ist, dass die **FIFA** in Art. 10.4 ihres Klublizenzierungsreglements (vgl. FIFA 2007) eine **zwingende Behandlung von Fußballklubs wie Kapitalgesellschaften** (unabhängig von deren tatsächlich gewählter Rechtsform) vorgibt. Vor diesem Hintergrund und dem Umstand, dass die FIFA immer wieder mit Korruptionsvorwürfen gerade auch bei den WM-Vergaben 2006, 2018 und 2022 konfrontiert wird (vgl. ZDF 2014; Zeit Online 2012), wäre es wünschenswert, wenn sich auch die FIFA für professionellere Organisationsstrukturen öffnen würde. Die lediglich Veröffentlichung von eigenen Jahresabschlüssen (vgl. FIFA 2014b) ist hierfür nicht hinreichend.

Zur Diskussionsanregung wird des Weiteren das Vereinsbeispiel ADAC e. V. angeführt. Dieser konnte seinen Status als Idealverein durch eine Auslagerung von wirtschaftlichen Geschäftstätigkeiten in der Vergangenheit noch verhindern (vgl. BGH 1982 sowie LG München I 2001). Die zwischenzeitlich beschlossenen Reformierung (vgl. ADAC 2015) wird in die demnächst erwartete Entscheidung des Registergerichts München einfließen (vgl. Amtsgericht München 2014). Zentraler Klärungspunkt ist, inwieweit die Zurechnung von ausgelagerten wirtschaftlichen Aktivitäten den Idealvereinsstatus infiziert (vgl.

OLG Dresden 2005; BGH 2007). Es ist davon auszugehen, dass das Urteil auch Strahl-
kraft unter anderem auf den weiteren Rechtsformstatus von Fußballvereinen entfaltet.

2.3   Das DFL-Lizenzierungsverfahren im Kontext von UEFA- und FIFA-Rahmenbedingungen

Zum Wohle des Fußballsports („For the Good of the Game", FIFA 2007, Art. 1) im Allgemeinen sowie zur Aufrechterhaltung und Stärkung der Funktionalität, der Integrität und
der Professionalität des Wettbewerbs im Besonderen hat die **FIFA** in ihrem Reglement
zur Klublizenzierung Mindestanforderungen festgelegt. Ein Profifußballklub muss diese
erfüllen, um eine Berechtigung (Lizenz) zur Teilnahme an nationalen und internationalen
Wettbewerben zu erhalten (vgl. FIFA 2007). Den jeweiligen Konföderationen (z. B. UEFA
für Europa) wird es freigestellt, diese Vorgaben in den eigenen Lizenzierungsbedingungen
zu verschärfen. Die Mindestanforderungen sind dabei in fünf Kategorien unterteilt:

- **Sportliche** Kriterien, z. B. Programme zur Förderung von Juniorenspielern
- **Infrastrukturelle** Kriterien, z. B. im Hinblick auf die Größe und die Beschaffenheit eines Fußballstadions
- **Personelle und administrative** Kriterien, z. B. im Hinblick auf das Vorhandensein von Kompetenzen im Klub wie beispielsweise ein Klubsekretariat, ein Verantwortlicher für Finanzen, ein Arzt, ein Physiotherapeut, ein Verantwortlicher für Sicherheit sowie ein Profi- und ein Jugendtrainer
- **Rechtliche** Kriterien, z. B. muss die Möglichkeit einer Einflussnahme einer Einzelper- son oder einer juristischen Person auf mehr als einen Klub ausgeschlossen werden
- **Finanzielle** Kriterien, z. B. betreffend die Bestandteile eines Jahresabschlusses sowie dessen Prüfung

Ohne weitere Detaillierung wird darauf hingewiesen, dass die Lizenzierungskriterien des
Weiteren nach drei Prioritätsstufen („grades") unterteilt werden (vgl. FIFA 2007, Art. 2.1;
UEFA 2012, Art. 16; DFL 2014c, Präambel). Bei Nichterfüllung eines A-Kriteriums darf
keine Erteilung einer Lizenz erfolgen. Wird ein B-Kriterium verfehlt, so ist dies zwar zu
sanktionieren, eine Lizenz kann jedoch erteilt werden. C-Kriterien haben zunächst lediglich Empfehlungscharakter und führen demzufolge zu keinen Sanktionsmaßnahmen.

In Anlehnung an Art. 1.1 („Objectives of the club licensing system") der FIFA-Klub-
lizenzierungsregularien (vgl. FIFA 2007) hat die UEFA in ihrem Reglement zur **Klublizenzierung** folgende **Ziele** festgelegt (vgl. UEFA 2012, Art. 2 Nr. 1):

- Kontinuierliche Förderung des europäischen Fußballs in all seinen Bereichen, insbe- sondere bei der Ausbildung und Betreuung junger Spieler.
- Sicherstellung einer angemessenen Administration und Organisation der Klubs

- Anpassung der Sportinfrastruktur der Klubs an die Erfordernisse für geeignete, gut ausgestattete sowie sichere Einrichtungen.
- Gewährleistung der Integrität und des reibungslosen Ablaufs der UEFA-Klubwettbewerbe.
- Europaweite Entwicklung von Benchmarking-Verfahren für Klubs in Bezug auf **finanzielle**, sportliche, rechtliche, infrastrukturelle, personelle und administrative **Kriterien**.

Die fünf Mindestanforderungskategorien der FIFA hat die UEFA (2012) in ihre Lizenzierungsvorgaben übernommen sowie inhaltlich präzisiert und erweitert. Die Lizenzvergabe erfolgt jedoch nicht durch die UEFA selbst, sondern durch den jeweiligen UEFA-Mitgliedsverband. Dieser muss sicherstellen, dass alle anzuwendenden Bestimmungen im nationalen Klublizenzierungsverfahren berücksichtigt werden. Gemäß Anhang III Nr. B3 (UEFA 2012) steht es den Mitgliedsverbänden als Lizenzgebern darüber hinaus frei, die UEFA-Mindestkriterien in ihren nationalen Klublizenzierungsreglements zu verschärfen oder zusätzliche Anforderungen für die Teilnahme an den UEFA-Klubwettbewerben aufzunehmen. Diese gelten dann jedoch mutatis mutandis auch für die Teilnahme an den UEFA-Klubwettbewerben (vgl. UEFA 2012, Anhang III Nr. B4). Vorteil dieser Verfahrensweise ist, dass ein Bundesligaklub (dieser ist zunächst ein sog. Lizenzbewerber) mit der Lizenzerteilung durch die DFL auch die grundsätzliche Berechtigung zur Teilnahme an den UEFA-Klubwettbewerben erwirbt. Bei einer entsprechenden Erfüllung der Qualifikationskriterien müssen seit der Saison 2013/2014 allerdings in einem zweiten Prüfungsschritt weitere Vorschriften (sog. Monitoring- bzw. Financial Fairplay-Vorgaben, vgl. Abschn. 8.1) beachtet werden. Die Erfüllung dieser Anforderungen prüft die UEFA-Finanzkontrollkammer für Klubs (sog. **FKKK**) anhand der bei ihr bzw. der UEFA eingereichten Unterlagen, vgl. Art. 3 der Verfahrensregeln für die UEFA-Finanzkontrollkammer für Klubs (UEFA 2014b).

▶   Die zusätzlich zu den Lizenzierungsbedingungen zu beachtenden Rechte, Pflichten und Verantwortungsbereiche aller an der Vorbereitung und Organisation der UEFA Champions League beteiligten Parteien werden in einem separaten Statut geregelt, für die Saison 2014/2015 beispielsweise in UEFA (2014c).

Gemäß dem im April 2014 veröffentlichten **UEFA**-Benchmarking-Bericht für das Finanzjahr 2012 (UEFA 2014d, S. 22 f.) bewarben sich innerhalb des Verantwortungsbereichs der UEFA für die **Spielzeit 2013/2014** insgesamt **577 Fußballklubs** um eine Lizenz bei den jeweiligen Mitgliedsverbänden. Von diesen erhielten 18 % keine Lizenz, davon sieben Klubs aus fünf Ländern, die sich sportlich für einen UEFA-Klubwettbewerb qualifiziert hatten. Weitere neun Klubs, die sich indirekt für die Europa League qualifiziert hatten, da in der Abschlusstabelle vor ihnen platzierte Klubs keine Lizenz erhalten hatten, verpassten die Teilnahme, da auch ihnen die Lizenz verweigert wurde.

Die Einzelheiten der Lizenzerteilung an Fußballklubs in **Deutschland** regelt das sog. **Ligastatut**, das aus der Lizenzierungsordnung (LO), der Lizenzordnung Spieler (LOS), der Spielordnung des Ligaverbandes (SpOL), der Ordnung für die Verwertung kommerzieller Rechte (OVR) sowie weiterer Richtlinien und Durchführungsbestimmungen besteht.

Die **Lizenzierungsordnung** (LO) für deutsche Fußballklubs (vgl. DFL 2014c) macht von der auch von der UEFA in Anhang III Nr. B 3 zugestandenen Option, die Mindestkriterien im nationalen Klublizenzierungsreglement zu verschärfen, wie folgt Gebrauch.

- Neben der Erfüllung von sportlichen, infrastrukturellen, personellen und administrativen, rechtlichen und finanziellen Kriterien wird in § 2 LO (DFL 2014c) auch die Erfüllung sog. **medientechnischer Kriterien** vorgegeben. Gemäß Präambel in Anhang XI zur DFL-Lizenzierungsordnung ist das „Ziel der Medienrichtlinien [.] die Schaffung eines weitgehend einheitlichen infrastrukturellen Rahmens für die Produktion und Herstellung eines [.] hochwertigen Medienprodukts".
- Der Nachweis der wirtschaftlichen Leistungsfähigkeit in Form **finanzieller Kriterien** muss gemäß § 8 LO (DFL 2014c) **vor einer Spielzeit** geführt und gemäß § 8a (DFL 2014c) **während der Spielzeit** bestätigt werden. Für weitere Ausführungen speziell zu den finanziellen Kriterien wird verwiesen auf Abschn. 4.2.
- Ab dem Lizenzierungsverfahren für die Spielzeit 2015/2016 werden Teile des **Lizenzierungsverfahrens online** durchgeführt werden, die Lizenzbewerber sind dann gemäß Präambel der Lizenzierungsordnung zur Nutzung des hierfür zur Verfügung gestellten Online-Tools verpflichtet.
- Es können gemäß § 1 LO (DFL 2014c) nur Fußballklubs eine Lizenz erhalten, die am Spielbetrieb der Bundesliga, der 2. Bundesliga oder der 3. Liga teilnehmen und deren Vereine oder Rechtsvorgänger seit mindestens **drei Jahren Mitglied des jeweiligen Landesverbandes** des DFB sind.

Eine weitere Besonderheit im deutschen Klubfußball ist die in § 16c Nr. 2 der DFB-Satzung (vgl. DFB 2014a) sowie in § 8 Nr. 2 der Satzung des Ligaverbandes (vgl. Ligaverband 2014) dokumentierte **Regelung „50 + 1"**. Danach kann eine **Kapitalgesellschaft** nur dann eine Lizenz erhalten, wenn ein Verein mehrheitlich an ihr beteiligt ist, der über eine eigene Fußballabteilung verfügt und der sich im Zeitpunkt, in dem sich die Kapitalgesellschaft erstmals für eine Lizenz bewirbt, sportlich für die Teilnahme an einer Lizenzliga qualifiziert hat. Der Verein („Mutterverein") ist an der Gesellschaft („Tochtergesellschaft") dann mehrheitlich beteiligt, wenn er über **50 % der Stimmenanteile zuzüglich mindestens einem weiteren Stimmenanteil** in der Versammlung der Anteilseigner verfügt. Eine Mehrheit der Kapitalanteile ist nicht erforderlich. Diese Regelung soll verhindern, dass Kapitalinvestoren mit rein wirtschaftlichen und nicht vordergründig sportlichen Interessen die Entscheidungsgewalt (Mehrheit) an den als Kapitalgesellschaften organisierten Klubs erlangen. Als **Ausnahmen** kann das DFB-Präsidium auf Antrag des Ligaverbandes Wirtschaftsunternehmen zulassen, die seit mehr als 20 Jahren den Fußballsport (und damit insbesondere auch den Amateurbereich) des Muttervereins ununterbrochen und erheblich gefördert haben, wie dies im Fall von Bayer 04 Leverkusen durch die Bayer AG und im Fall des VFL Wolfsburg durch die Volkswagen AG der Fall ist. **Anteile** an einer Tochtergesellschaft dürfen des Weiteren **nicht weiterveräußert** und nur

an den Mutterverein kostenlos rückübereignet werden. Mutterverein und Tochtergesellschaft können nicht gleichzeitig eine Lizenz besitzen. Bei einer Kommanditgesellschaft
auf Aktien (KGaA) muss der Mutterverein (oder eine von ihm zu 100 % beherrschte Tochter) die Stellung des Komplementärs innehaben. In diesem Fall genügt auch ein Stimmenanteil des Muttervereins von weniger als 50 %, wenn auf andere Weise sichergestellt ist,
dass eine vergleichbare Stellung eingenommen wird, wie ein an der Tochtergesellschaft
mehrheitlich beteiligter Gesellschafter. Dies setzt insbesondere voraus, dass dem Komplementär die kraft Gesetzes eingeräumte Vertretungs- und Geschäftsführungsbefugnis
uneingeschränkt zusteht.

▶   **Aktuelle Entwicklung**
    Die deutsche „50 + 1"-Regelung, dass bei Fußballkapitalgesellschaften die Stim-
    menmehrheit beim Mutterverein liegen muss, wurde oben in der aktuellsten
    verfügbaren Version ausgeführt. Der zuvor für Ausnahmeregelungen vorgese-
    hene und auf die Bayer AG und die Volkswagen AG adjustierte Stichtagshinweis
    „vor dem 01.01.1999" wurde im Zuge der Umsetzung eines DFB-Schiedsge-
    richtsbeschlusses vom 30.08.2011 nach einem jahrelangen Streit mit Martin
    Kind, dem Klubchef von Hannover 96, gestrichen, weil hierdurch gegen das
    Gleichbehandlungsgebot verstoßen wurde (vgl. DFB 2011). Von der DFL wurden
    im **Dezember 2014** offensichtlich in Abstimmung mit dem DFB **weitere Aus-
    nahmeregelungen** in der Form vorgesehen, dass nun auch natürliche Personen
    als Rechtssubjekt die Mehrheit an einem Verein halten dürfen. Voraussetzung
    bleibt wie bei Wirtschaftsunternehmen, dass diese Personen seit mehr als 20
    Jahren den Fußballsport (und damit insbesondere auch den Amateurbereich)
    des Muttervereins ununterbrochen und erheblich gefördert haben. Als Erster
    von dieser neuen Regelung Gebrauch gemacht hat nun im **Februar 2015 Diet-
    mar Hopp**, der sich auf der Hoffenheimer Vereinsmitgliederversammlung eine
    Komplettübernahme der Anteile an der TSG 1899 Hoffenheim Fußball-Spiel-
    betriebs GmbH zum 01.07.2015 genehmigen ließ. **Martin Kind** engagiert sich
    seit etwa 17 Jahren bei Hannover 96, eine Übernahme der Mehrheitsanteile an
    diesem Klub ist daher erst ca. **ab 2017** möglich (vgl. Brower-Rabinowitsch 2015).

Des Weiteren ist gemäß § 16c Nr. 2 der DFB-Satzung (vgl. DFB 2014a) eine mittel- oder
unmittelbare **Beteiligung von Fußballklubs an anderen Kapitalgesellschaften** (eine
Beteiligung an eingetragenen Vereinen scheitert bereits aufgrund der Rechtsform) der **ersten vier Männerligen** sowie der ersten beiden Frauenligen **verboten**. Aufgrund seiner
Zuständigkeit lediglich für die ersten beiden Bundesligen (Lizenzligen) ist dieses Verbot
in § 8 Nr. 2 der Satzung des Ligaverbandes (vgl. Ligaverband 2014) auf die mittel- und
unmittelbare Beteiligung von Lizenzvereinen und Kapitalgesellschaften an anderen Kapitalgesellschaften der Lizenzligen beschränkt. Dies bedeutet konkret, dass eine Beteiligung
eines finanzstarken Klubs wie zum Beispiel der FC Bayern München AG an einem finanz-
schwächeren Klub wie z. B. der SpVgg Greuther Fürth GmbH & Co. KGaA nicht möglich
ist, wenn der FC Bayern weiterhin eine Bundesligalizenz erhalten möchte. Und wenn der

FC Bayern und der VFL Wolfsburg zukünftig gemeinsam den deutschen Fußball in der Champions League vertreten wollen (die Abschlusstabelle der Hinrunde 2014/2015 determiniert dies zumindest rein sportlich betrachtet), muss der Stimmenanteil von Audi beim FC Bayern unter dem **Schwellenwert von 10 %** verbleiben (aktuell sind es 8,33 %, vgl. SZ 2014). Annahmegemäß wäre ansonsten bereits ein entscheidender Einfluss im Sinne von Art. 3.01 Buchstabe c Nr. iv des UEFA-Reglements Champions League (vgl. UEFA 2014c) möglich und damit eine Manipulationsgefahr gegeben, weil die Audi-Anteile dem VW-Konzern zugerechnet werden und dieser bereits das Kriterium eines **entscheidenden Einflusses bei einem anderen Klub** (eben dem VFL Wolfsburg) erfüllt.

Im aktuellen Bundesligareport 2014 (DFL 2014d) fehlen Hinweise zu den **Ergebnissen des DFL-Lizenzierungsverfahrens**. Gemäß einer Meldung des Sportfachmagazins Kicker vom 27.05.2014 hatten insgesamt 49 Vereine und Kapitalgesellschaften Unterlagen für das Lizenzierungsverfahren zur Saison 2014/2015 eingereicht und auch alle eine Lizenz erhalten. In der vorangegangenen Spielzeit hatten einige Bewerber, darunter der eingetragene Verein RB Leipzig, wohl Bedingungen auferlegt bekommen. Der Aufsteiger in die 2. Bundesliga war wegen seines Logos, der Höhe seiner Mitgliedsbeiträge sowie einem vermeintlichen Verstoß gegen die Regelung „50 + 1" (die gilt formal jedoch lediglich für Kapitalgesellschaften, siehe Ausführungen oben) kritisiert worden. Bei einem Gerichtsprozess sahen viele Juristen den Verein mangels konkreter Regelungen in allen drei Fällen in einer guten Rechtsposition gegenüber der DFL (vgl. Focus 2014). Letztlich wurde offensichtlich ein Kompromiss gefunden. Der Zweitligist RB Leipzig ist mit Abschluss der Hinrunde 2014/2015 der bestplatzierte der beiden einzig verbliebenen Profiklubs aus dem ehemaligen ostdeutschen Bundesgebiet. Für weiterführende Informationen zur gerichtlichen Überprüfbarkeit von Lizenzierungsentscheidungen wird verwiesen auf Holzhäuser (2012, S. 178–180).

Literatur

ADAC (2015) Einstimmiges Ja zur Reform. ADAC Motorwelt 1:74–78

Amtsgericht München (2014) ADAC Vereinsstatus (Pressemitteilung vom 08.12.2014). https://www.justiz.bayern.de/imperia/md/content/stmj_internet/gerichte/amtsgerichte/muenchen/pressemitteilungen/2014/pm54_141208.pdf. Zugegriffen: 27. Dez. 2014

BGB (2014) Stand (letzte Änderung) vom 22.07.2014. http://gesetze-im-internet.de. Zugegriffen: 27. Dez. 2014

BGH (1982) Urteil vom 29.09.1982 (Az. I ZR 88/80). https://www.jurion.de/Urteile/BGH/1982-09-29/I-ZR-88_80. Zugegriffen: 27. Dez. 2014

BGH (2007) Urteil vom 10.12.2007 (Az. II ZR 239/05). http://openjur.de/u/76812.html. Zugegriffen: 27. Dez. 2014

Britisches Nationalarchiv (2012) Companies Act 2006 (Stand 01.04.2012). http://www.legislation.gov.uk/ukpga/2006/46. Zugegriffen: 27. Dez. 2014

Brower-Rabinowitsch (2015) TSG Hoppenheim. Handelsblatt, 21 (11.02.2015)

Bundesanzeiger (2014) Diverse Online-Suchen im Bereich Rechnungslegung/Finanzberichte. http://www.bundesanzeiger.de. Zugegriffen: 27. Dez. 2014

DFB (2011) 50 + 1-Regel bleibt bestehen (Meldung vom 30.08.2011). http://www.dfb.de/news/detail/50-1-regel-bleibt-bestehen-28925/. Zugegriffen: 27. Dez. 2014

DFB (2014a) Satzung (Stand 25.10.2013). http://www.dfb.de/verbandsservice/verbandsrecht/satzungen-und-ordnungen/. Zugegriffen: 27. Dez. 2014

DFL (2014b) Satzung (ohne explizite Angabe des Standes). http://www.dfb.de/verbandsservice/verbandsrecht/satzungen-und-ordnungen/. Zugegriffen: 27. Dez. 2014

DFL (2014c) Lizenzierungsordnung (Stand 05.12.2014). http://www.bundesliga.de/media/native/dokument/Lizenzierungsordnung%20LO%202014-12-05%20Stand.pdf. Zugegriffen: 27. Dez. 2014

DFL (2014d) Bundesligareport 2014. https://www.bundesliga.de/media/native/dokument/dt_DFL_BL_Wirtschaftssituation_2014_72dpi.pdf. Zugegriffen: 27. Dez. 2014

DFL (2014e) Konzernabschluss der DFL Deutsche Fußball Liga GmbH per 30.06.2014. http://www.bundesanzeiger.de. Zugegriffen: 15. Feb. 2015

FIFA (2007) Reglement zur Klublizenzierung (Stand Oktober 2007). http://de.fifa.com/mm/document/affederation/administration/67/17/66/club_licensing_regulations_de_47343.pdf. Zugegriffen: 27. Dez. 2014

FIFA (2014a) Statuten (Ausgabe August 2014). http://www.fifa.com/mm/document/AFFederation/Generic/02/41/81/55/FIFAStatuten2014_D_German.pdf. Zugegriffen: 27. Dez. 2014

FIFA (2014b) Financial Report 2013. http://www.fifa.com/mm/document/affederation/administration/02/30/12/07/fifafr2013en_neutral.pdf. Zugegriffen: 27. Dez. 2014

FIFA (2015) Konföderationen. http://de.fifa.com/aboutfifa/organisation/confederations/index.html. Zugegriffen: 25. Feb. 2015

Focus (2014) Wird Red Bull zum Alptraum der Deutschen Fußball-Liga? (Online-Meldung vom 09.05.2014). http://www.focus.de/sport/fussball/dfl-im-lizenz-streit-mit-rb-leipzig-fussball-revolution-juristen-red-bull-hat-recht_id_3832678.html. Zugegriffen: 27. Dez. 2014

Handelsblatt (2014) VfB Stuttgart will als AG um Investoren werben. 24.–26.10.2014, S 22

Holzhäuser F (2012) Die rechtlichen Grundlagen des Lizenzierungsverfahrens des Ligaverbandes. In: Galli et al (Hrsg) Sportmanagement, 2. Aufl. Vahlen, München, S 165–183

HSV (2014a) Einzel- und Konzern-Jahresabschlüsse zum 30.06.2014 der HSV Fußball AG. http://www.hsv.de/verein/ueber-uns/jahresabschluesse/. Zugegriffen: 20. Feb. 2015

HSV (2014b) Einzel- und Konzern-Jahresabschlüsse zum 30.06.2014 des Hamburger Sport-Verein e. V. http://www.hsv.de/verein/ueber-uns/jahresabschluesse/. Zugegriffen: 20. Feb. 2015

Huwer E (2014) Der Jahresabschluss von Fußballunternehmen. Disserstation, Universität des Saarlandes

Kicker (2014) Keine Lizenzverweigerung - DFL winkt alle durch (Online-Meldung vom 27.05.2014). http://www.kicker.de/news/fussball/bundesliga/startseite/605198/artikel_keine-lizenzverweigerung_dfl-winkt-alle-durch.html. Zugegriffen: 27. Dez. 2014

LG München I (2001) Beschluss vom 30.08.2001 (Az. 17 HK T 23689/00). https://www.jurion.de/Urteile/LG-Muenchen_I/2001-08-30/17-HK-T-23689_00. Zugegriffen: 27. Dez. 2014

Ligaverband (2014) Satzung (ohne explizite Angabe des Standes). http://www.dfb.de/verbandsservice/verbandsrecht/satzungen-und-ordnungen/. Zugegriffen: 27. Dez. 2014

Noack U (2006) Air Berlin Börsengang als PLC. http://notizen.duslaw.de/air-berlin-borsengang-als-plc. Zugegriffen: 27. Dez. 2014

OLG Dresden (2005) Urteil vom 09.08.2005 (Az. 2 U 897/04). http://www.justiz.sachsen.de/esamosweb/documents/2U897.04.pdf. Zugegriffen: 27. Dez. 2014

Strauß M (2014) Fußballunternehmen in Europa. Disserstation, Universität des Saarlandes

SZ (2014) Allianz steigt beim FC Bayern ein (Ausgabe vom 11.02.2014). http://www.sueddeutsche.de/sport/neuer-anteilseigner-allianz-steigt-beim-fc-bayern-ein-1.1886121. Zugegriffen: 27. Dez. 2014

UEFA (2012) Reglement zur Klublizenzierung und zum finanziellen Fairplay (Ausgabe 2012). http://de.uefa.org/MultimediaFiles/Download/Tech/uefaorg/General/01/80/54/12/1805412_DOWNLOAD.pdf. Zugegriffen: 27. Dez. 2014

UEFA (2014a) Statuten (Ausgabe 2014). http://de.uefa.org/MultimediaFiles/Download/OfficialDo-
   cument/uefaorg/WhatUEFAis/02/09/93/28/2099328_DOWNLOAD.pdf. Zugegriffen: 27. Dez.
   2014
UEFA (2014b) Verfahrensregeln für die UEFA-Finanzkontrollkammer für Klubs (Ausgabe 2014).
   http://de.uefa.org/MultimediaFiles/Download/Tech/uefaorg/General/01/85/85/28/1858528_
   DOWNLOAD.pdf. Zugegriffen: 27. Dez. 2014
UEFA (2014c) Reglement der UEFA Champions League Zyklus 2012-15 (Ausgabe Saison 2014/
   2015). http://de.uefa.com/MultimediaFiles/Download/Regulations/uefaorg/Regulations/02/14/
   12/11/2141211_DOWNLOAD.pdf. Zugegriffen: 27. Dez. 2014
UEFA (2014d) Benchmarking-Bericht zur Klublizenzierung für das Finanzjahr 2012. http://de.ue-
   fa.org/MultimediaFiles/Download/Tech/uefaorg/General/02/11/39/48/2113948_DOWNLOAD.
   pdf. Zugegriffen: 27. Dez. 2014
Unternehmensregister (2015) Informationsabruf zum VfB Stuttgart. http://www.unternehmensre-
   gister.de. Zugegriffen: 15. Feb. 2015
ZDF (2014) FIFA versinkt im Korruptionssumpf (Reportage vom 16.11.2014). http://www.zdfsport.
   de/fussball-fifa-beckenbauer-fifa-versinkt-im-korruptionssumpf-35912050.html. Zugegriffen: 25.
   Feb. 2015
Zeit Online (2012) Was für eine gekaufte WM 2006 spricht (Meldung vom 16.07.2012). http://www.
   zeit.de/sport/2012-07/blatter-wm-2006-korruption. Zugregriffen: 27. Dez. 2014

Der Jahresabschluss von Unternehmen

3

▶   In diesem Kapitel werden die folgenden **Fragestellungen** beantwortet:
  - Welches Unternehmen muss wann in welcher Form welche Abschlussunter-lagen erstellen?
  - Was sind die (zentralen) Bestandteile einer Bilanz, einer Gewinn- und Ver-lust- sowie einer Kapitalfluss- beziehungsweise Cashflowrechnung?
  - Wann muss eine Insolvenz beantragt werden?
  - Welche der erstellten Unterlagen müssen handels- und steuerrechtlich geprüft werden?
  - Welche der erstellten Unterlagen müssen veröffentlicht werden?
  - Welche Gestaltungsmöglichkeiten zur Verbesserung des Jahresabschlusser-gebnisses ergeben sich in Konzernstrukturen?
  - Wie werden Einzelabschlüsse zu einem Konzernabschluss konsolidiert?
  - Welche grundlegenden Unterschiede bestehen zwischen den HGB- und den IFRS-Rechnungslegungsnormen?

3.1   Bestandteile eines Jahresabschlusses

Kaufleute (vgl. §§ 1–7 HGB) sind zur **Buchführung verpflichtet** (vgl. § 238 Abs. 1 HGB) und müssen am Ende eines jeden Geschäftsjahres eine Bilanz sowie eine Gewinn- und Verlustrechnung erstellen (vgl. § 242 HGB). Hinsichtlich der **Entstehung der Kauf-mannseigenschaft** ist zu differenzieren zwischen Kaufleuten kraft Gesetzes (Istkaufmann gemäß § 1 HGB sowie Formkaufmann gemäß § 6 HGB), kraft Eintragung im Handels-register (Kannkaufmann gemäß §§ 2 und 3 HGB sowie Fiktivkaufmann gemäß § 5 HGB) sowie kraft seines Auftretens (Scheinkaufmann kraft Rechtsschein gemäß § 242 BGB).

© Springer Fachmedien Wiesbaden 2016
L. Hierl, R. Weiß, *Bilanzanalyse von Fußballvereinen*, DOI 10.1007/978-3-658-07916-1_3

Eine **Befreiung** von der Verpflichtung zur Buchführung ist lediglich für **Einzelkauf-leute** möglich (und damit insbesondere nicht für Kleinstkapitalgesellschaften), wenn sie am ersten Abschlussstichtag nach der Gründung oder an zwei aufeinanderfolgenden Jahresabschlussstichtagen die beiden folgenden Merkmale nicht überschreiten (vgl. § 241a HGB):

- 500 T€ Umsatzerlöse
- 50 T€ Jahresüberschuss

Charakteristika für die Einstufung als „Nichtkaufleute" sind beispielsweise eine fehlende Gewinnerzielungsabsicht, keine nachhaltig selbständige Tätigkeit oder das Vorliegen einer rein wissenschaftlichen beziehungsweise künstlerischen Tätigkeit. **Freiberuflich Tätige** (z. B. Anwälte, Ärzte und Unternehmensberater), stille Gesellschaften und Partnergesellschaften sind von einer Buchführungsverpflichtung unabhängig vom Ausmaß ihrer Geschäftstätigkeit ausgenommen (vgl. Beck'scher Bilanz-Kommentar 2014, § 238 Rn. 14–29).

Gemäß § 257 Abs. 3 HGB sind Belege sowie Buchführungs- und Jahresabschlussunterlagen weiterhin zehn Jahre aufzubewahren. Bei Handelsbriefen ist eine sechsjährige Aufbewahrung ausreichend. Eine vorgesehene Verkürzung der **Aufbewahrungsfristen** durch das Jahressteuergesetz 2013 ist noch unter der Vorgängerbundesregierung am Bundesratswiderstand gescheitert (vgl. Deutscher Bundestag 2013a, b).

▶   **Vereine**, deren Zweck nicht auf einen wirtschaftlichen Geschäftsbetrieb gerichtet sind, erlangen Rechtsfähigkeit durch Eintragung in das Vereinsregister des zuständigen Amtsgerichts (vgl. § 21 BGB). Eine handelsrechtliche Pflicht zur Rechnungslegung ergibt sich in diesem Fall in Ermangelung einer Kaufmannseigenschaft nicht, eine geordnete Zusammenstellung von Einnahmen und Ausgaben sowie ein Bestandsverzeichnis (bzw. eine Vermögensübersicht) sind im Grundsatz ausreichend, damit der Vorstand seine Auskunftspflichten gegenüber den Mitgliedern nach den §§ 27 Abs. 3, 259 Abs. 1, 260 Abs. 1 und 666 BGB erfüllt. Vereinen, welche die Grenzen zur Befreiung von Einzelkaufleuten von der Buchführungspflicht überschreiten, wird jedoch bei einer Übertragung der Anwendung dieser Regelung eine Buchführung empfohlen.
      Wie in Abb. 2.3 aufgezeigt, firmiert nahezu die Hälfte der Profifußballklubs der ersten und zweiten Bundesliga noch in der Rechtsform eingetragener Vereine (e. V.). Zu der damit verbundenen Problematik einer eventuellen Rechtsformverfehlung, deren Auswirkungen sowie Lösungsansätze durch Ausgliederungen vgl. Huwer (2014), S. 12–35 sowie Strauß (2014), S. 56–92. Zur Rechnungslegung von Vereinen allgemein vgl. die IDW-Stellungnahme RS HFA 14 (IDW 2013).

Eine sich lediglich steuerrechtlich ergebende sog. originäre Buchführungspflicht gemäß § 141 AO setzt eine gewerbliche oder land- und forstwirtschaftliche Tätigkeit voraus sowie:

- Umsatzerlöse > 500 T€ oder
- Gewinn > 50 T€ oder
- Wirtschaftswert von selbstbewirtschafteten land- und forstwirtschaftlichen Flächen > 25 T€

Um eine Verwechslung von Buchführungs- und Einkommensteuerpflicht auszuschließen, wird zusätzlich darauf hingewiesen, dass gemäß § 2 Abs. 1 Nr. 3 EStG natürlich alle Einkünfte aus selbständiger Arbeit der Einkommensteuer unterliegen. Bei einer **fehlenden Buchführung** kann der Gewinn anstelle eines Betriebsvermögensvergleichs im Sinn der allgemeinen Definition in § 4 Abs. 1 S. 1 EStG gemäß § 4 Abs. 3 EStG auch mit Hilfe einer sog. **Einnahmen-Überschussrechnung** (EÜR) ermittelt werden.

In der **Bilanz** (vgl. Abb. 3.1, für die Strukturvorlage in Abschn. 5.1 erfolgte eine Verdichtung von Positionen) werden zu einem bestimmten Stichtag die Vermögenswerte (Anlage- und Umlaufvermögen) und Schulden (Rückstellungen und Verbindlichkeiten) gegenübergestellt, die Differenz hieraus ist das sog. Reinvermögen (Eigenkapital). Für eine Kurzbeschreibung der einzelnen Bilanzpositionen vgl. Abschn. 4.3.

Sofern das vorhandene Vermögen die Schulden nicht mehr deckt, liegt eine **bilanzielle Überschuldung** vor. In diesem Fall ist bei einer juristischen Person (neben Kapitalgesellschaften gehören dazu im Privatrecht auch eingetragene Vereine und Stiftungen) im Grundsatz ein Insolvenzverfahren zu eröffnen (vgl. § 19 Abs. 1 InsO). In Abgrenzung zu den anderen beiden Insolvenztatbeständen (drohende und eingetretene Zahlungsunfähigkeit gemäß §§ 17, 18 InsO) besteht jedoch die Möglichkeit, von einer Insolvenzbeantragung abzusehen, wenn die Fortführung des Unternehmens nach den Umständen überwiegend wahrscheinlich ist. Diese **insolvenzrechtliche Verknüpfung von Überschuldung und Fortführung** wurde in Folge der Weltwirtschaftskrise mit Art. 5 des Finanzmarktstabilisierungsgesetzes vom 17.10.2008 eingeführt. Die zunächst vorgesehene zweijährige Befristung wurde mit Art. 1 des Gesetzes zur Erleichterung der Sanierung von Unternehmen vom 24.09.2009 bis zum 31.12.2013 verlängert. Eine dauerhafte Entfristung wurde schließlich mit Art. 18 des Gesetzes zur Einführung einer Rechtsbehelfsbelehrung im Zivilprozess und zur Änderung anderer Vorschriften vom 05.12.2012 beschlossen. Ein bilanziell überschuldetes Unternehmen ist somit (zumindest bis zu einem neuen Gesetzesbeschluss in dieser Angelegenheit) nicht im insolvenzrechtlichen Sinn überschuldet, sofern eine positive Fortführungsprognose zum weiteren Geschäftsverlauf gegeben werden kann. Weil der Gesetzgeber hierfür jedoch weder den Zeitraum, noch die Inhalte der durchzuführenden Prognose definiert, ergibt sich ein breites Interpretationsspektrum (vgl. Kirchhof et al. 2013, Rn. 57). Zu prinzipiellen Vorgehensweisen zur Messung von Überschuldung vgl. Kirchhof et al. (2013), Rn. 21–57. Der **Tatbestand der Überschuldung** ist **in der Praxis de facto bedeutungslos geworden**. Im langjährigen Durchschnitt der Jahre 2000 bis 2011 wurde lediglich noch in 2,4 % der Fälle ein Insolvenzantrag basierend auf § 19 InsO gestellt (vgl. Kirchhof et al. 2013, Rn. 21). Dem interessierten Leser erschließt sich nun, warum sich beispielsweise der Vorstandsvorsitzende der **Solarworld AG** Frank Asbeck in einem Interview im April 2013 sehr gelassen gezeigt hat, obwohl das Eigenkapital zu diesem Zeitpunkt in einer ad hoc-Mitteilung als aufgezehrt vermeldet werden

Bilanz [Name] zum Stichtag [Datum]

Aktiva	Passiva

Aktiva

A. Anlagevermögen
  I. Immaterielle Vermögensgegenstände
    1. Selbst geschaffene gewerbliche Schutzrechte und ähnliche Rechte und Werte
    2. Entgeltlich erworbene Konzessionen, gewerbliche Schutzrechte und ähnliche Rechte und Werte sowie Lizenzen an solchen Rechten und Werten
    3. Geschäfts- oder Firmenwert
    4. Geleistete Anzahlungen
  II. Sachanlagen
    1. Grundstücke, grundstücksgleiche Rechte und Bauten einschließlich der Bauten auf fremden Grundstücken
    2. Technische Anlagen und Maschinen
    3. Andere Anlagen, Betriebs- und Geschäftsausstattung
    4. Geleistete Anzahlungen und Anlagen im Bau
  III. Finanzanlagen
    1. Anteile an verbundenen Unternehmen
    2. Ausleihungen an verbundene Unternehmen
    3. Beteiligungen
    4. Ausleihungen an Unternehmen, mit denen ein Beteiligungsverhältnis besteht
    5. Wertpapiere des Anlagevermögens
    6. Sonstige Ausleihungen
B. Umlaufvermögen
  I. Vorräte
    1. Roh-, Hilfs- und Betriebsstoffe
    2. Unfertige Erzeugnisse, unfertige Leistungen
    3. Fertige Erzeugnisse und Waren
    4. Geleistete Anzahlungen
  II. Forderungen und sonstige Vermögensgegenstände
    1. Forderungen aus Lieferungen und Leistungen
    2. Forderungen gegen verbundene Unternehmen
    3. Forderungen gegen Unternehmen, mit denen ein Beteiligungsverhältnis besteht
    4. Sonstige Vermögensgegenstände
  III. Wertpapiere
    1. Anteile an verbundenen Unternehmen
    2. Sonstige Wertpapiere
  IV. Kassenbestand, Bundesbankguthaben, Guthaben bei Kreditinstituten und Schecks
C. Rechnungsabgrenzungsposten
D. Aktive latente Steuern
E. Aktiver Unterschiedsbetrag aus der Vermögensverrechnung

Bilanzsumme Aktiva

Passiva

A. Eigenkapital
  I. Gezeichnetes Kapital
  II. Kapitalrücklage
  III. Gewinnrücklagen
    1. Gesetzliche Rücklage
    2. Rücklage für Anteile an einem herrschenden oder mehrheitlich beteiligten Unternehmen
    3. Satzungsmäßige Rücklagen
    4. Andere Gewinnrücklagen
  IV. Gewinnvortrag/Verlustvortrag
  V. Jahresüberschuss/Jahresfehlbetrag
B. Rückstellungen
    1. Rückstellungen für Pensionen und ähnliche Verpflichtungen
    2. Steuerrückstellungen
    3. Sonstige Rückstellungen
C. Verbindlichkeiten
    1. Anleihen
       davon konvertibel
    2. Verbindlichkeiten gegenüber Kreditinstituten
    3. Erhaltene Anzahlungen auf Bestellungen
    4. Verbindlichkeiten aus Lieferungen und Leistungen
    5. Verbindlichkeiten aus der Annahme gezogener Wechsel und der Ausstellung eigener Wechsel
    6. Verbindlichkeiten gegenüber verbundenen Unternehmen
    7. Verbindlichkeiten gegenüber Unternehmen, mit denen ein Beteiligungsverhältnis besteht
    8. Sonstige Verbindlichkeiten
       davon aus Steuern
       davon im Rahmen der sozialen Sicherheit
D. Rechnungsabgrenzungsposten
E. Passive latente Steuern

Bilanzsumme Passiva

Abb. 3.1 Bilanz gemäß § 266 Abs. 2 und 3 HGB

musste (vgl. Asbeck 2013). Oder warum der FC Schalke 04, der 1. FC Köln, Hertha BSC und der Hamburger SV nach wie vor in der Bundesliga spielen dürfen und trotz jeweils negativem Eigenkapital noch keine Insolvenz anmelden mussten.

Hinzuweisen ist ferner darauf, dass das deutsche Insolvenzrecht auf die Bewältigung der Insolvenz einzelner Rechtsträger zugeschnitten ist und damit **weder eine Konzern-insolvenz** (mangels Rechtsfähigkeit), **noch ein gemeinsames Insolvenzverfahren für zu einem Konzern verbundenen Unternehmen** kennt. Für jedes Unternehmen ist deshalb bei Vorliegen eines Insolvenztatbestands gegenwärtig noch ein separates Insolvenzverfah-ren zu eröffnen. Mit dem Entwurf eines Gesetzes zur Erleichterung der Bewältigung von Konzerninsolvenzen vom 30.01.2014 (vgl. BMJV 2014c) soll die wirtschaftliche Einheit von konzernförmig organisierten Unternehmen auch im Insolvenzfalle möglichst erhalten und damit die Chancen zur gemeinsamen Sanierung verbessert werden. Der Gesetzesent-wurf verzichtet allerdings weiterhin bewusst auf die Konsolidierung von Verfahren oder Haftungsmassen und beschränkt sich auf die bessere Abstimmung der Insolvenzverfahren über konzernangehörige Unternehmen (sog. Koordinationsverfahren).

▶ Aufgrund der Aktualität der Ereignisse wird zur Meldung vom 19.12.2014 von Spiegel-Online (2014) zur Situation des Hamburger SV an dieser Stelle mit Hilfe des vorliegenden Konzernjahresabschlussergebnisses (vgl. HSV 2014a) per 30.06.2013 Stellung genommen.

Die zentrale Frage ist, ob der HSV in der Tat erheblich insolvenzgefährdet ist.

Zunächst ist nochmals darauf hinzuweisen, dass ein Konzern nicht rechts- und damit nicht insolvenzfähig ist (vgl. Abschn. 3.4.1). Es wäre daher eigentlich für jedes Unternehmen des HSV-Konzerns separat zu prüfen, ob ein Insol-venztatbestand vorliegt. Dies unterbleibt an dieser Stelle aus Gründen der Komplexitätsreduktion.

Des Weiteren werden die in Abschn. 5.3 angeführten Analyserestriktionen deutlich. Buchführungsdaten sind zum einen vergangenheitsorientiert und daher für Prognosen ohnehin bereits eingeschränkt aussagekräftig. Zum ande-ren datiert der Tag der Fragestellung mehr als 1,5 Jahre nach dem vorliegenden Jahresabschlussstichtag. Ein Spiel wird jedoch bekanntlich erst mit dem Abpfiff entschieden (vgl. WM-Qualifikationsspiel Deutschland gegen Schweden am 16.10.2012 in Berlin, das nach 4:0 noch 4:4 endete). Daher geben auch wir nicht vorschnell auf und setzen die Betrachtung fort.

Ausgangspunkt: Das Eigenkapital beträgt – 17,1 Mio. €, es liegt eine bilanzielle Überschuldung vor. Dies allein ist jedoch kein hinreichender Grund zur Insol-venzeröffnung, solange bestehende Zahlungsverpflichtungen erfüllt werden können und damit eine positive Fortführungsprognose gegeben werden kann, vgl. obige Ausführungen.

Im Hinblick auf die zu gebende Fortführungsprognose erfolgt zunächst eine Cashflow-Prognose:

- In der Spielzeit 2012/2013 war das Cashflow-Ergebnis mit 1,9 Mio. € positiv. Allerdings nur, weil eine Anleihe begeben wurde (17,5 Mio. €), neue Kredite aufgenommen wurden (16,0 Mio. €) und ein Darlehensgeber (Sportive) auf die Rückzahlung von 12,4 Mio. € verzichtet hat.
- Per 30.06.2013 wurden Verbindlichkeiten in Höhe von 99,6 Mio. € ausgewiesen. Davon sind 39,2 Mio. € als kurzfristig zur Rückzahlung fällig anzusehen. Gemäß Erläuterung der sonstigen Rückstellungen sind auch diese als im Folgejahr in Höhe von 3,0 Mio. € zahlungswirksam einzustufen. Dies ergibt eine voraussichtliche Zahlungsbelastung von 42,2 Mio. € alleine für den kurzfristigen Schuldendienst.
- Den Schulden standen Sachanlagevermögenswerte für beispielsweise die Imtech Arena (38,7 Mio. €), Spielerwerte (37,0 Mio. €), Forderungen (3,3 Mio. €) sowie Liquide Mittel (9,2 Mio. €) gegenüber.
- Dass sich laufende Einzahlungen (aus beispielsweise Umsatzerlösen) und Auszahlungen (für beispielsweise Spielergehälter) ausgleichen, wird im Zweifel zu Gunsten des HSV angenommen.
- **Zwischenergebnis 1**: Die Cashflow-Prognose ist tendenziell negativ. Ohne weitere Kapitalaufnahmen (durch Eigen- oder Fremdkapitalgeber) müssten zur Vermeidung einer Zahlungsunfähigkeit entweder Lizenzspieler und/ oder die Arena verkauft werden.

Als nächstes ist daher die Liquidierbarkeit von Spielerwerten und der Imtech Arena zu prüfen:

- Die zukünftigen Einzahlungen aus dem Verkauf von Lizenzspielern (zur Bilanzposition Spielerwerte vgl. Abschn. 4.3) werden die Auszahlungen für die erforderlichen Neuerwerbungen wohl nicht signifikant übersteigen. Im Sommer 2014 war der Saldo sogar negativ, es wurden 27 Mio. € für Neuverpflichtungen ausgegeben und lediglich etwa 23 Mio. € aus Spielerabgaben eingenommen (vgl. Sportbild 2014).
- Die langfristigen Verbindlichkeiten gegenüber Kreditinstituten (42,1 Mio. €) sind durch Grundpfandrechte, andere Pfandrechte sowie Sicherungsübereignungen und -abtretungen besichert, d. h. die Erlöse aus einem Stadionverkauf (sofern ein Verkauf überhaupt möglich wäre) müssten unmittelbar zur Tilgung dieser langfristigen Verbindlichkeiten verwendet werden. Sofern der Verkaufspreis für das Stadion den Buchwert übersteigt, könnten zumindest stille Reserven liquiditäts- und erfolgswirksam realisiert werden.
- **Zwischenergebnis 2**: Die Arena dient langfristigen Kreditgebern als Sicherheit, ein Verkauf zur Rückzahlung von kurzfristigen Schulden ist daher nicht möglich. Ein positiver Saldo aus Transfergeschäften erscheint vom Größenordnungspotenzial nicht ausreichend zur Deckung der Liquiditätslücke, zumal wohl negative sportliche Folgewirkungen damit verbunden wären. Als weitere Liquiditätsbelastung droht die Rückzahlung eines Darlehens:
- Im Berichtszeitraum 2012/2013 wurde der HSV-Stadion Vermögensverwaltungs GmbH & Co. KG ein Darlehen in Höhe von 8 Mio. € vom Unternehmer

Kühne gewährt. Dieses Darlehen wurde in 2013/2014 auf 25 Mio. € aufgestockt. Anstelle einer erhofften Umwandlung in Eigenkapitalanteile sollte das Darlehen zwischenzeitlich bis 2017 in drei Raten zurückbezahlt werden (vgl. HSV 2014a; HSV 2014c; Sportbild 2014).

- **Zwischenergebnis 3**: Zusammen mit den Spieler- und Arena-Verkaufsproblematiken bekräftigt diese Situation die These, dass der HSV ohne neue Kapitalgeber in der Tat erheblich insolvenzgefährdet ist.

  Zur Abwendung der Insolvenzgefahr ist es daher erforderlich, neue Kapitalgeber zu gewinnen:

- Die bisherigen Vermögenswerte sind bereits weitgehend besichert. Ohne Sicherheiten ist die Gewährung neuer Kredite (Fremdkapitalgeber) jedoch kaum realisierbar.

- Der Klub benötigt demzufolge Investoren, die unternehmerische Risiken eingehen. Der HSV belegt gemäß BrandFinanceFootball (2014) mit einem Markenwert von 101 Mio. € immerhin noch Platz 18 der global wertvollsten Fußballklubmarken. Ausgehend von einem Market Approach-Multiplikator von etwa 1,9 wie bei Borussia Dortmund (Markenwert 240 Mio. €, Börsenwert Anfang 2015 460 Mio. €) ergibt sich ein (fairer) Unternehmenswert von etwa 200 Mio. €.

- Dem potenziellen Investor Kühne wurden für 25 Mio. zunächst etwa 7,6 % der Unternehmensanteile angeboten, vgl. Sportbild (2014). Daraus ergibt sich eine Unternehmensbewertung von knapp 330 Mio. €, die eine Wirtschaftsprüfungsgesellschaft wohl auch in dieser Höhe ermittelt hatte.

- Die Allianz musste für den Einstieg als Investor bei Bayern München für 8,33 % der Anteile 110 Mio. € bezahlen (vgl. SZ 2014), d. h. 13,2 Mio. € je 1 % bzw. 1 Mio. € je 0,08 % Unternehmensanteil. Als Unternehmenswert ergaben sich dadurch 1,3 Mrd. €, der Multiplikator zum Markenwert der Bayern (659 Mio. €) gemäß BrandFinanceFootball (2014) betrug etwa 2,0.

- **Ergebnis**: Der Preis in Höhe von 1 Mio. € je 0,3 % Unternehmensanteil bzw. 3,3 Mio. € je 1 % Unternehmensanteil wurde vom HSV eventuell zu hoch bemessen. Der faire Unternehmenswert des HSV liegt vermutlich eher bei 200 Mio. € denn bei 330 Mio. €. **Zur Vermeidung einer Insolvenz sollte die Verhandlungsposition daher überdacht und potenziellen Investoren mehr Anteile je 1 Mio. € Beteiligungsvolumen zugestanden werden**.

- Kurz vor Redaktionsschluss erfolgte eine Einigung mit dem Investor Kühne. Für 18,75 Mio. € Beteiligungskapital wurden ihm wohl 7,5 % der Unternehmensanteile übertragen (vgl. Kicker 2015), dies ergibt eine Unternehmensbewertung in Höhe von knapp 247 Mio. €. Es ist jedoch darauf hinzuweisen, dass es sich lediglich um eine Umwidmung eines Kredits handelt, d. h. die Liquiditätsproblematik kann damit lediglich in der Form kurzfristig etwas entschärft werden, dass ein ursprünglich längerfristiger Kredit nun als zurückbezahlt zu werten ist. Die Cashflow-Prognose und damit die Fortführungsprognose bleiben tendenziell negativ, die Insolvenzgefahr wurde hierdurch noch nicht abgewendet.

In der **Gewinn- und Verlustrechnung** werden die Erträge und Aufwendungen eines Geschäftsjahres gegenübergestellt, die Differenz hieraus ist der sog. Jahresüberschuss (bei
einem positiven Saldo) bzw. Jahresfehlbetrag (wenn die Aufwendungen die Erträge übersteigen). Ein Jahresüberschuss (Jahresfehlbetrag) mehrt (mindert) das zuvor zu Geschäftsjahresbeginn vorhandene Eigenkapital. Das Eigenkapital kann sich aber auch durch Kapitalmaßnahmen (Erhöhungen und Herabsetzungen) sowie durch die Ausschüttung eines
Bilanzgewinns verändern. Für die Anwender besteht ein Wahlrecht zur Darstellung der
Erfolgsrechnung in Form eines **Gesamtkostenverfahrens** (GKV) **oder** als **Umsatzkostenverfahren** (UKV). Das GKV ist sachkonten- bzw. produktionsorientiert, das UKV
eher funktions- bzw. absatzorientiert. Wie Abb. 3.2 zeigt, unterscheiden sich die beiden
Verfahren hinsichtlich der Umsatzerlöse, den sonstigen betrieblichen Aufwendungen und
Erträgen sowie dem Finanz-, Steuer- und außerordentlichen Ergebnis nicht. Während
beim GKV alle weiteren Aufwendungen berücksichtigt werden, sind beim UKV nur die
weiteren Aufwendungen relevant, die auch zur Umsatzerzielung beigetragen haben (sog.
Herstellungskosten). Im Gegenzug werden beim GKV Bestandsänderungen berücksichtigt, sodass beide Verfahren im Grundsatz zu identischen GuV-Ergebnissen führen (vgl.
komplexitätsreduzierte Übungsaufgabe).

Beispiel

Die folgende, komplexitätsreduzierte **Übungsaufgabe** soll die zentralen Differenzen
von GKV- und UKV-Ergebnisermittlung verdeutlichen. Von einem Unternehmen sind
folgende Angaben bekannt:
- Jahr 1:
    - Produktionsmenge 100 St. (z. B. Fernseher oder Fahrräder)
    - Absatzmenge 80 St.
    - Aufwendungen 400 €/St.
    - Verkaufspreis 600 €/St. (netto, d. h. ohne Umsatzsteuer)
    - Lagerbestand zu Beginn der Periode 0 St.
- Jahr 2:
    - Produktionsmenge 100 St.
    - Absatzmenge 120 St.
    - Aufwendungen 400 €/St.
    - Verkaufspreis 600 €/St. (netto, d. h. ohne Umsatzsteuer)
    - Lagerbestand zum Ende der Periode 0 St. – hätte auch berechnet werden können ☺
Aufgabenstellung: Skizzieren Sie das **GKV- und das UKV-Ergebnis** in beiden Jahren.
    Zusatzfrage: Wie verändern sich die Ergebnisse, wenn ein Bruttoverkaufspreis in-
klusive 19 % Umsatzsteuer in Höhe von 714 € je Stück gegeben ist?
    Lösung:
- GKV (Jahr 1):
    - Umsatzerlöse: 80 St. * 600 €/St. = 48.000 €
    - Aufwendungen: 400 €/St. * 100 St. = 40.000 €

Gesamtkostenverfahren (GKV)

1. Umsatzerlöse
2. Erhöhung oder Verminderung des Bestands an fertigen und unfertigen Erzeugnissen
3. Andere aktivierte Eigenleistungen
4. Sonstige betriebliche Erträge
5. Materialaufwand
   a) Aufwendungen für Roh-, Hilfs- und Betriebsstoffe und für bezogene Waren
   b) Aufwendungen für bezogene Leistungen
6. Personalaufwand
   a) Löhne und Gehälter
   b) Soziale Abgaben und Aufwendungen für Altersversorgung und für Unterstützung
   davon für Altersversorgung
7. Abschreibungen
   a) Auf immaterielle Vermögensgegenstände des Anlagevermögens und Sachanlagen
   b) Auf Vermögensgegenstände des Umlaufvermögens, soweit diese die in der Kapitalgesellschaft üblichen Abschreibungen überschreiten
8. Sonstige betriebliche Aufwendungen
9. Erträge aus Beteiligungen
   davon aus verbundenen Unternehmen
10. Erträge aus anderen Wertpapieren und Ausleihungen des Finanzanlagevermögens
    davon aus verbundenen Unternehmen
11. Sonstige Zinsen und ähnliche Erträge
    davon aus verbundenen Unternehmen
12. Abschreibungen auf Finanzanlagen und auf Wertpapiere des Umlaufvermögens
13. Zinsen und ähnliche Aufwendungen
    davon an verbundene Unternehmen
14. Ergebnis der gewöhnlichen Geschäftstätigkeit
15. Außerordentliche Erträge
16. Außerordentliche Aufwendungen
17. Außerordentliches Ergebnis
18. Steuern vom Einkommen und vom Ertrag
19. Sonstige Steuern
20. **Jahresüberschuß/Jahresfehlbetrag**

Umsatzkostenverfahren (GKV)

1. Umsatzerlöse
2. Herstellungskosten der zur Erzielung der Umsatzerlöse erbrachten Leistungen
3. Bruttoergebnis vom Umsatz
4. Vertriebskosten
5. Allgemeine Verwaltungskosten
6. Sonstige betriebliche Erträge
7. Sonstige betriebliche Aufwendungen
8. Erträge aus Beteiligungen
   davon aus verbundenen Unternehmen
9. Erträge aus anderen Wertpapieren und Ausleihungen des Finanzanlagevermögens
   davon aus verbundenen Unternehmen
10. Sonstige Zinsen und ähnliche Erträge
    davon aus verbundenen Unternehmen
11. Abschreibungen auf Finanzanlagen und auf Wertpapiere des Umlaufvermögens
12. Zinsen und ähnliche Aufwendungen
    davon an verbundene Unternehmen
13. Ergebnis der gewöhnlichen Geschäftstätigkeit
14. Außerordentliche Erträge
15. Außerordentliche Aufwendungen
16. Außerordentliches Ergebnis
17. Steuern vom Einkommen und vom Ertrag
18. Sonstige Steuern
19. **Jahresüberschuß/Jahresfehlbetrag**

Abb. 3.2 GuV-Schemen gemäß § 275 Abs. 2 und 3 HGB

- – Bestandserhöhung (Lagerleistung): 20 St. * 400 €/St. = 8000 €
- – Jahresüberschuss: 48.000 – 40.000 + 8000 € = 16.000 €
- • UKV (Jahr 1):
  - – Umsatzerlöse: 80 St. * 600 €/St. = 48.000 €
  - – Aufwendungen: 400 €/St. * 80 St. = 32.000 € (nur für die abgesetzte Menge)
  - – Bestandserhöhung (Lagerleistung): gibt es bei diesem Verfahren nicht
  - – Jahresüberschuss: 48.000 – 32.000 € = 16.000 € (= GKV-Ergebnis)
- • GKV (Jahr 2):
  - – Umsatzerlöse: 120 St. * 600 €/St. = 72.000 €
  - – Aufwendungen: 400 €/St. * 100 St. = 40.000 € (nur für Produktion)
  - – Bestandsminderung (Lagerleistung): 20 St. * 400 €/St. = 8000 €
  - – Jahresüberschuss: 72.000 – 40.000 – 8.000 € = 24.000 €
- • UKV (Jahr 2):
  - – Umsatzerlöse: 120 St. * 600 €/St. = 72.000 €
  - – Aufwendungen: 400 €/St. * 120 St. = 48.000 € (Absatzmenge > Produktionsmenge)
  - – Bestandserhöhung (Lagerleistung): gibt es bei diesem Verfahren nicht
  - – Jahresüberschuss: 72.000 – 48.000 € = 24.000 € (= GKV-Ergebnis)
- • Bei einer Berücksichtigung der Umsatzsteuer verändern sich die Ergebnisse in den beiden Jahren nicht. Die **Umsatzsteuer ist zahlungswirksam, aber nicht erfolgswirksam**.

Bei der in Abschn. 5.1 gewählten, positionsverdichteten Strukturvorlage handelt es sich um ein GKV-Schema, weil damit die Anforderungen des Anhang VI Nr. C des Reglements zur Klublizenzierung (UEFA 2012) beziehungsweise der Anhänge VII Nr. 5.1.2. und VIIa Nr. 5.4. der DFL-Lizenzierungsordnung (DFL 2014b) besser erfüllt werden können als mit einem UKV-Schema.

Die zentralen handelsrechtlichen Maßstäbe für die Ermittlung von Aufwendungen, die über eine Aktivierungskontierung in der Erfolgswirksamkeit neutralisiert werden können, sind die Anschaffungskosten (externer Erwerb) und die Herstellungskosten (interne Herstellung).

Anschaffungskosten

§ 255 Abs. 1 HGB: „Anschaffungskosten sind die Aufwendungen, die geleistet werden, um einen Vermögensgegenstand zu erwerben und ihn in einen betriebsbereiten Zustand zu versetzen, soweit sie dem Vermögensgegenstand einzeln zugeordnet werden können. Zu den Anschaffungskosten gehören auch die Nebenkosten sowie die nachträglichen Anschaffungskosten. Anschaffungspreisminderungen sind abzusetzen."

Herstellungskosten

§ 255 Abs. 2 HGB: „Herstellungskosten sind die Aufwendungen, die durch den Verbrauch von Gütern und die Inanspruchnahme von Diensten für die Herstellung eines

Vermögensgegenstands, seine Erweiterung oder für eine über seinen ursprünglichen Zustand hinausgehende wesentliche Verbesserung entstehen. Dazu gehören die Materialkosten, die Fertigungskosten und die Sonderkosten der Fertigung sowie angemessene Teile der Materialgemeinkosten, der Fertigungsgemeinkosten und des Werteverzehrs des Anlagevermögens, soweit dieser durch die Fertigung veranlasst ist. Bei der Berechnung der Herstellungskosten dürfen angemessene Teile der Kosten der allgemeinen Verwaltung sowie angemessene Aufwendungen für soziale Einrichtungen des Betriebs, für freiwillige soziale Leistungen und für die betriebliche Altersversorgung einbezogen werden, soweit diese auf den Zeitraum der Herstellung entfallen. Forschungs- und Vertriebskosten dürfen nicht einbezogen werden."

Bei Kapitalgesellschaften umfasst der Abschluss zudem einen **Anhang** (vgl. §§ 284 bis 289 HGB), der insbesondere der Erläuterung der Bilanz und der Gewinn- und Verlustrechnung dient. Im Anhang müssen (zum Teil nur bei Erfüllung angeführter Bedingungen) unter anderem angegeben werden:

• Angewandte Bilanzierungs- und Bewertungsmethoden sowie Abweichungen davon
• Grundlagen für die Umrechnung von Fremdwährungen in Euro
• Angaben über den Einbezug von Fremdkapitalzinsen in die Herstellungskostenermittlung
• Aufgliederung der Umsatzerlöse nach Tätigkeitsbereichen und Regionen
• Art und Form der den Gläubigern gewährten Sicherheiten für die Verbindlichkeiten
• Die durchschnittliche Zahl der während des Geschäftsjahres beschäftigten Arbeitnehmer
• Material- und Personalaufwand bei Anwendung des Umsatzkostenverfahrens
• Namen und Gesamtbezüge der Geschäftsführungs- und Aufsichtsratsmitglieder
• Gesamtbetrag der Forschungs- und Entwicklungskosten im Falle einer Aktivierung

Mittelgroße, große und kapitalmarktorientierte Kapitalgesellschaften (Letztere gelten unabhängig von ihrer tatsächlichen Größe stets als groß, vgl. § 267 Abs. 3 S. 2 HGB) müssen des Weiteren ihrem Abschluss einen **Lagebericht** beifügen (vgl. §§ 289, 289a HGB). Dieser muss unter anderem enthalten (zum Teil nur bei Erfüllung angeführter Bedingungen):

• Analyse von Geschäftsverlauf, Geschäftsergebnis und Lage der Gesellschaft
• Entwicklungsprognose mit Beschreibung der wesentlichen Chancen und Risiken
• Nach Ende des Geschäftsjahres eingetretene Vorgänge von besonderer Bedeutung
• Risikomanagementziele und -methoden der Gesellschaft
• Wesentliche Merkmale des internen Kontroll- und Risikomanagementsystems
• Preisänderungs-, Ausfall- und Liquiditätsrisiken
• Forschungs- und Entwicklungstätigkeiten bzw. -ergebnisse
• Bestehende Zweigniederlassungen der Gesellschaft
• Grundzüge des Vergütungssystems der Gesellschaft
• Erklärung zum Corporate Governance Kodex (vgl. § 161 AktG)

Kriterien für Größenklasseneinteilung	Kleinst	Klein	Mittel	Groß
Bilanzsumme	≤ 350 T€	≤ 4.840 T€	≤ 19.250 T€	> 19.250 T€
Jahresumsatz	≤ 700 T€	≤ 9.680 T€	≤ 38.500T€	> 38.500 T€
Anzahl Arbeitnehmer	≤ 10	≤ 50	≤ 250	> 250

Abb. 3.3 Derzeitige Größenklassen Einzelabschluss gemäß §§ 267, 267a HGB

▷ § 264d HGB: „Eine Kapitalgesellschaft ist **kapitalmarktorientiert**, wenn sie einen organisierten Markt im Sinn des § 2 Abs. 5 des Wertpapierhandelsgesetzes durch von ihr ausgegebene Wertpapiere im Sinn des § 2 Abs. 1 S. 1 des Wertpapierhandelsgesetzes in Anspruch nimmt oder die Zulassung solcher Wertpapiere zum Handel an einem organisierten Markt beantragt hat."

In diesem Zusammenhang ist zu beachten, dass nicht jede Aktiengesellschaft zugleich kapitalmarktorientiert sein muss. Beispielsweise können Aktien der FC Bayern München AG nicht an einer Börse erworben werden. Des Weiteren wurden von der FC Bayern München AG bislang keine Anleihen über eine Börse begeben.

Die **Kriterien** für die **Einordnung** zu der jeweiligen **Unternehmens-Größenklasse** ergeben sich aus den §§ 267, 267a HGB (vgl. Abb. 3.3). Die Anzahl der Arbeitnehmer wird gemäß § 267 Abs. 5 HGB als Durchschnitt der vier Quartalsstichtagswerte ermittelt. Die Rechtsfolgen der nächsthöheren (bzw. nächstgeringeren) Größenklasse treten ein, wenn an den Abschlussstichtagen von zwei aufeinanderfolgenden Geschäftsjahren mindestens zwei der drei Kriterien überschritten (bzw. unterschritten) werden. Nur im Falle einer Umwandlung oder Neugründung treten die Rechtsfolgen bereits ein, wenn am ersten Abschlussstichtag nach der Umwandlung oder Neugründung mindestens zwei Kriterien einer Größenklasse über- bzw. unterschritten werden (vgl. § 267 Abs. 4 HGB).

Gemäß Referentenentwurf des Bundesministeriums der Justiz und für Verbraucherschutz zur Umsetzung der Richtlinie 2013/34/EU in deutsches Recht werden die Größenklassen spätestens bis zum 20.07.2015 voraussichtlich wie in Abb. 3.4 dargestellt angepasst werden (vgl. BMJV 2014a, Art. 1 Nr. 10). Der in Kap. 1 Art. 3 Abs. 2 S. 2 der EU-Bilanzierungsrichtlinie 2013/34/EU vorgesehene Spielraum zur Anhebung der Größenkriterien für kleine Kapitalgesellschaften wurde dabei maximal ausgeschöpft. Weil dadurch zukünftig für bis zu 7.000 Gesellschaften unter anderem eine honorarpflichtige Prüfung ihres Jahresabschlusses zu entfallen droht, sieht die Wirtschaftsprüferkammer diesen Entwurf verständlicherweise kritischer als die dadurch entlasteten Unternehmen (vgl. WPK 2014, Nr. 1). Kurz vor Redaktionsschluss zu dieser Arbeit wurde vom BMJV noch der

Kriterien für Größenklasseneinteilung	Kleinst	Klein	Mittel	Groß
Bilanzsumme	≤ 350 T€	≤ 6.000 T€	≤ 20.000 T€	> 20.000 T€
Jahresumsatz	≤ 700 T€	≤ 12.000 T€	≤ 40.000T€	> 40.000 T€
Anzahl Arbeitnehmer	≤ 10	≤ 50	≤ 250	> 250

Abb. 3.4 Zukünftige Größenklassen Einzelabschluss

Gesetzentwurf zur Umsetzung der Richtlinie 2013/34/EU in deutsches Recht vorgelegt (vgl. BMJV 2014b). Änderungen gegenüber dem Referentenentwurf ergeben sich insbesondere bei den Erstanwendungsvorschriften, nicht jedoch bei den neuen Größenkriterien. Verpflichtender Erstanwendungszeitpunkt ist nach Art. 2 Nr. 2 des Gesetzentwurfs das nach dem 31.12.2015 beginnende Geschäftsjahr. Eine frühere, freiwillige Anwendung ist vorgesehen.

Konzerne (vgl. § 18 AktG; §§ 271 Abs. 2, 290–315a HGB) sowie kapitalmarktorientierte Kapitalgesellschaften, die nicht zur Aufstellung eines Konzernabschlusses verpflichtet sind, haben den Jahresabschluss um nachfolgend angeführte Bestandteile zu erweitern. Möglichkeiten zur Befreiung von der Konzernabschlusserstellungspflicht (vgl. §§ 290 Abs. 5, 291, 293 HGB) sind zu prüfen. Der BMJV-Referentenentwurf zur Umsetzung der Richtlinie 2013/34/EU in deutsches Recht sieht auch hier eine Anhebung der Größenklassen des § 293 HGB vor (vgl. BMJV 2014a, Art. 1 Nr. 27). Der Gesetzentwurf zur Umsetzung der Richtlinie 2013/34/EU in deutsches Recht bestätigt dies (vgl. BMJV 2014b, Art. 1 nun jedoch Nr. 28).

- **Kapitalflussrechnung**: Die Verwendung des Begriffs „Cashflowrechnung" bzw. „Geldflussrechnung" im Sinne einer Darstellung der Veränderung der liquiden Mittel im Geschäftsjahresverlauf wäre zutreffender.
- **Eigenkapitalspiegel**: Zeigt neben den über die GuV gebuchten erfolgswirksamen auch die erfolgsneutralen Eigenkapitalveränderungen des Geschäftsjahres auf.
- **Segmentberichterstattung (optional)**: Aufspaltung der aggregierten Abschlussdaten z. B. nach Produktsparten, Regionen oder Profitcentern.

▶ Das Bundesministerium der Justiz und für Verbraucherschutz hat am 02.04.2014 den neuen Rechnungslegungsstandard **DRS 21** mit zu beachtenden Grundsätzen bei der Durchführung einer **Kapitalflussrechnung** über den Bundesanzeiger bekannt gemacht (vgl. Bundesanzeiger 2014).

Ziel der Kapitalflussrechnung ist es, einen Einblick zu erhalten in die Fähigkeit des Unternehmens:

- zukünftig finanzielle Überschüsse zu erwirtschaften,
- seine Zahlungsverpflichtungen zu erfüllen und
- Ausschüttungen an die Anteilseigner zu leisten.

Ausgangspunkt der Kapitalflussrechnung ist der sog. **Finanzmittelfonds** zu Beginn der Periode. Er setzt sich ausschließlich aus Zahlungsmitteln (Bar- und Giralgeld) sowie Zahlungsmitteläquivalenten zusammen und wird gemeinhin auch als **„Cashbestand"** bzw. **„Liquider Mittelbestand"** definiert. Zahlungsmitteläquivalente sind als Liquiditätsreserve gehaltene, äußerst liquide Finanzmittel, die jederzeit in Zahlungsmittel umgewandelt werden können und nur unwesentlichen Wertschwankungen unterliegen. Sofern im Finanzmittelfonds Fremdwährungsbestände enthalten sind, ist am Abschlussstichtag eine Umrechnung in Euro zum Devisenkassamittelkurs durchzuführen.

Die **Veränderung** dieser prinzipiell sofort (oder gemäß Definition in DRS 21 Nr. 9 spätestens in drei Monaten) verfügbaren Mittel durch Ein- und Auszahlungen wird als **Cashflow** bezeichnet. Ein negativer Cashflow in einem Geschäftsjahr (Periode) ist (wie im Übrigen auch bei Privatpersonen) nur dann möglich, wenn zu Periodenbeginn ein positiver Cashbestand vorhanden war oder im Geschäftsjahr eine Überziehungskreditlinie in Anspruch genommen werden konnte.

$$\text{Cashflow} = \text{Summe aller Einzahlungen} - \text{Summe aller Auszahlungen}$$

Der **Cashflow** kann **bilanziell** relativ einfach ermittelt werden durch einen Abzug des Jahresanfangsbestandes an liquiden Mitteln vom Jahresendbestand. In der Praxis ist jedoch von elementarem Interesse, woher die Geldmittel kommen (z. B. von Kunden, aus Investoren-Einlagen oder durch Krediterhalt) und wohin bzw. wofür sie abfließen (z. B. an Lieferanten, an Mitarbeiter, für Investitionen, zur Gewinnausschüttung oder zur Schuldentilgung). Sobald ein Unternehmen zahlungsunfähig ist oder zahlungsunfähig zu werden droht, ist ein Insolvenztatbestand gegeben (vgl. §§ 17, 18 InsO). Um dies zu verhindern, wird allen Unternehmen empfohlen,

- eine fristenkongruente Finanzplanung durchzuführen sowie
- die Zahlungsströme den drei Bereichen
  - **laufende Geschäftstätigkeit** (operativer Cashflow),
  - **Investitionstätigkeit** (investiver Cashflow) sowie
  - **Finanzierungstätigkeit** (Finanzierungs-Cashflow) zuzuordnen (vgl. Abb. 3.5).

Der operative Cashflow ist dabei zumeist positiv, der investive Cashflow zumeist negativ und das Vorzeichen des Finanzierungs-Cashflows schwankt, je nachdem ob im Saldo die Kapitalaufnahmen oder die Kapitalrückzahlungen dominieren.

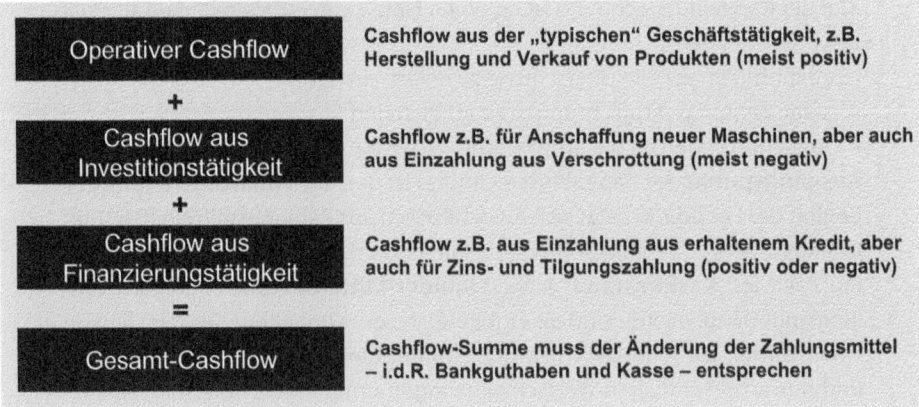

Abb. 3.5 Teilbereiche einer Cashflowrechnung gemäß DRS 21

Die Zuordnung der Zahlungsströme zur laufenden Geschäfts-, zur Investitions-oder zur Finanzierungstätigkeit sollte, soweit keine expliziten Vorgaben gemäß DRS 21 zu beachten sind, entsprechend der jeweiligen wirtschaftlichen Tätigkeit des Unternehmens erfolgen und in dieser Form beibehalten werden (Grundsatz der Stetigkeit). Die Darstellung des Cashflows aus der laufenden Geschäftstätigkeit kann direkt oder indirekt erfolgen. Die Cashflows aus der Investitions- und der Finanzierungstätigkeit sind immer direkt darzustellen. Bei der indirekten Methode ist das Periodenergebnis zu korrigieren um

- nicht zahlungswirksame Aufwendungen (z. B. Abschreibungen) und nicht zahlungswirksame Erträge (z. B. Umsatzerlöse, die zu Forderungsmehrungen und nicht zu Einzahlungen führen)
- nicht erfolgswirksame Zahlungen (z. B. An-, Abschlags- und Vorauszahlungen), auf die aus bilanziellen Bestandsänderungen rückgeschlossen werden kann sowie
- alle Posten, die der Investitions- oder Finanzierungstätigkeit zuzuordnen sind.

Vollständige **Mindestgliederungsschemen** der Kapitalflussrechnung nach DRS 21 bei Anwendung einer direkten und bei Anwendung einer indirekten Methode sind am Ende (vgl. Kap. 9) als **Anhang** beigefügt.

Für den IFRS-interessierten Leser wird darauf hingewiesen, dass das IASB am 18.12.2014 den Änderungsentwurf ED/2014/6 zur Verbesserung von IAS 7 (Kapitalflussrechnung) veröffentlicht hat.

Abschließend verbleibt, direkte und indirekte Kapitalfluss- bzw. Cashflowrechnungen von **rudimentären Ansätzen** (sog. Praktiker-Formeln) in der Literatur abzugrenzen. Das Jahresergebnis der GuV wird bei Letzteren lediglich um wenige, allerdings bedeutende, nicht zahlungswirksame Aufwendungen (z. B. für Abschreibungen oder für die Bildung einer Rückstellung) und Erträge (z. B. aus der Auflösung einer nicht erforderlichen Rückstellung) bereinigt.

$$\text{Cashflow (erheblich vereinfacht)}$$
$$= \text{Ergebnis GuV} + \text{Abschreibungen} \pm \text{Rückstellungsänderung}$$

Diese Ansätze sind in der Investitionsrechnung, bei der sich aufgrund längerer Betrachtungszeiträume Zahlungen und Erfolge vielfach nur noch geringfügig unterscheiden, angebracht. Ansonsten wird davon aufgrund einer zu starken Simplifizierung abgeraten. Kurzfristig können sich zahlungs- und erfolgswirksame Vorgänge auch nach Berücksichtigung der in den Praktiker-Formeln enthaltenen Komponenten erheblich unterscheiden.

Von den **größenabhängigen Erleichterungen** für einzelne Unternehmen (vgl. beispielsweise §§ 274a, 276, 288 HGB), wie z. B. die Reduktion von Bilanz- und GuV-Gliederungsvorschriften, sei an dieser Stelle lediglich exemplarisch ergänzend hervorgehoben, dass Kleinstkapitalgesellschaften den Jahresabschluss nicht um einen Anhang zu erweitern brauchen, wenn sie die folgenden Zusatzangaben tätigen (vgl. § 264 Abs. 1 S. 5 HGB):

- Bestehende Haftungsverhältnisse unter Angabe der gewährten Pfandrechte und sonstigen Sicherheiten (§§ 251, 268 Abs. 7 HGB).
- Gewährte Vorschüsse und Kredite an die Mitglieder des Geschäftsführungsorgans, eines Aufsichtsrats, eines Beirats oder einer ähnlichen Einrichtung. Für jede Personengruppe sind dabei gesondert die Zinssätze, die wesentlichen Bedingungen, die gegebenenfalls im Geschäftsjahr zurückgezahlten Beträge sowie die zugunsten dieser Personen eingegangenen Haftungsverhältnisse anzugeben (§ 285 Nr. 9c HGB).
- Im Falle einer AG oder KGaA ist auch der Bestand an eigenen Aktien der Gesellschaft anzugeben, die sie, ein abhängiges oder im Mehrheitsbesitz der Gesellschaft stehendes Unternehmen oder ein anderer für Rechnung der Gesellschaft oder eines abhängigen oder eines im Mehrheitsbesitz der Gesellschaft stehenden Unternehmens erworben oder als Pfand genommen hat. Dabei sind die Zahl dieser Aktien und der auf sie entfallende Betrag des Grundkapitals sowie deren Anteil am Grundkapital, für erworbene Aktien ferner der Zeitpunkt des Erwerbs und die Gründe für den Erwerb anzugeben. Sind solche Aktien im Geschäftsjahr erworben oder veräußert worden, so ist auch über den Erwerb oder die Veräußerung unter Angabe der Zahl dieser Aktien, des auf sie entfallenden Betrags des Grundkapitals, des Anteils am Grundkapital und des Erwerbs- oder Veräußerungspreises, sowie über die Verwendung des Erlöses zu berichten (vgl. § 160 Abs. 1 Satz 1 Nr. 2 AktG).

Des Weiteren ist darauf hinzuweisen, dass ein **Personenunternehmen mit nicht wenigstens einer privat haftenden, natürlichen Person** (dies ist z. B. bei einer GmbH & Co. KG der Fall) gemäß § 264a Abs. 1 HGB **behandelt** wird **wie eine Kapitalgesellschaft** der entsprechenden Größenordnung.

Zusammenfassend ergibt sich für Personenunternehmen und Kapitalgesellschaften in Deutschland unter Vernachlässigung weiterer Erleichterungen oder ergänzender Angaben allgemein das in Abb. 3.6 dargestellte **Prüfschema bezüglich der zu erstellenden Jahresabschlussunterlagen.**

Auf eine Darstellung, welche Regelungen im Hinblick auf die zu erstellenden Jahresabschlussunterlagen für **nicht deutsche Fußballklubs** im Detail gelten, wird verzichtet. Im Grundsatz gilt, dass Jahresabschlussunterlagen innerhalb der EU zumindest für Kapitalgesellschaften weitgehend einheitlich und damit zum großen Teil analog der dargestellten deutschen Rechtslage zu erstellen sind (vgl. 4. EU-Bilanzierungsrichtlinie 78/660/EWG, Abschn. 1; Bilanzierungsrichtlinie 2013/34/EU, Kap. 2, die allerdings erst bis zum 20.07.2015 in jeweiliges Landesrecht umzusetzen ist). Weiterhin ist darauf hinzuweisen, dass sich die deutsche Lizenzierungsordnung an dem für den europäischen Kontinentalverband (Konföderation) geltenden UEFA-Reglement zur Klublizenzierung (zu den Jahresabschlussbestandteilen vgl. UEFA 2012, Art. 47 Nr. 3) und das UEFA-Reglement sich wiederum an dem global geltenden **FIFA-Reglement** zur Klublizenzierung orientiert. Dass dabei **Fußballklubs wie Kapitalgesellschaften zu behandeln** sind, wird in Art. 10.4

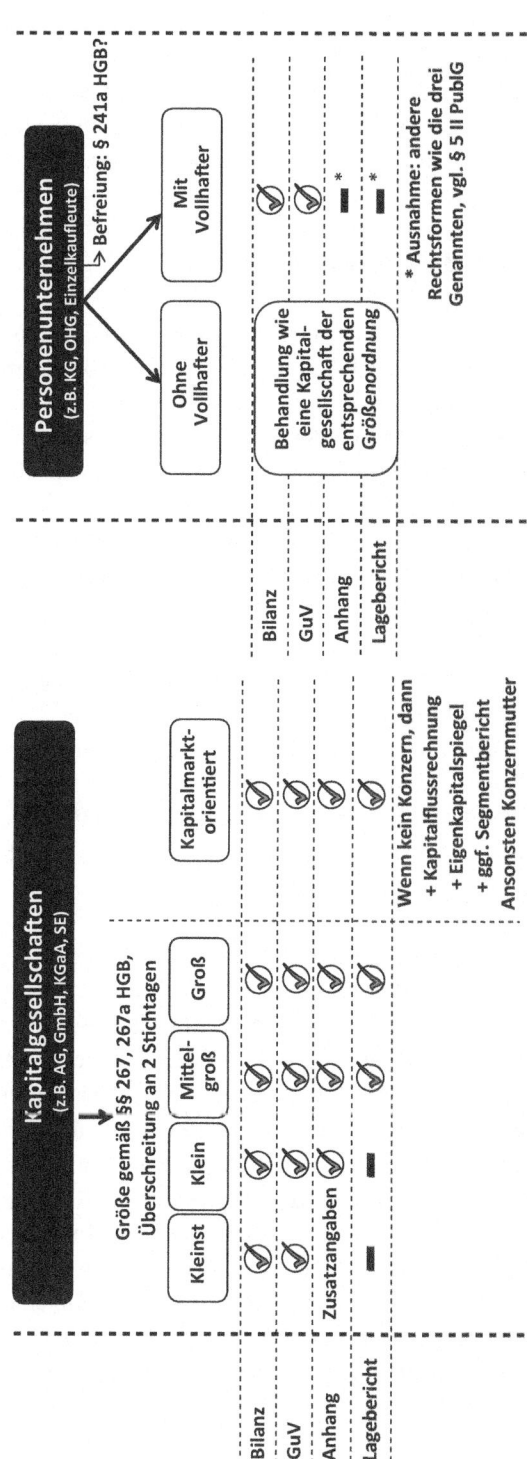

Abb. 3.6 Prüfschema zur **Erstellung** von Jahresabschlussunterlagen

Nr. F.01 des FIFA-Reglements (2007) unmissverständlich zum Ausdruck gebracht: „Ungeachtet der Rechtsform des Lizenzbewerbers muss ein Jahresabschluss, bestehend aus Bilanz, Erfolgsrechnung und Anhängen, gemäss den lokalen gesetzlichen Vorschriften für Kapitalgesellschaften erstellt und von unabhängigen Buchprüfern geprüft werden."

3.2 Wirtschafts- und Betriebsprüfung

Die **handelsrechtliche** Buchführung, der Jahresabschluss sowie der Lagebericht von mittelgroßen und großen Kapitalgesellschaften (vgl. Abb. 3.3), von Konzernen sowie von mittelgroßen und großen Personenunternehmen ohne Vollhafter sind durch einen von den Gesellschaftern gewählten **Abschlussprüfer** zu prüfen. Mit Ausnahme von mittelgroßen Gesellschaften mit beschränkter Haftung und mittelgroßen Personenhandelsgesellschaften können für eine Abschlussprüfung lediglich Wirtschaftsprüfer oder Wirtschaftsprüfungsgesellschaften bestellt werden. In den beiden anderen Fällen ist eine Abschlussprüfung alternativ durch vereidigte Buchprüfer oder Buchprüfungsgesellschaften zulässig.

Zu prüfen ist unter anderem,

- ob die gesetzlichen Vorschriften sowie ergänzende Bestimmungen des Gesellschaftsvertrags oder der Satzung beachtet wurden,
- ob der Lagebericht insgesamt eine zutreffende Vorstellung von der Lage des Unternehmens beziehungsweise des Konzerns vermittelt,
- ob die Chancen und Risiken der künftigen Entwicklung zutreffend dargestellt sind und
- ob ein geeignetes Risikofrüherkennungssystem im Sinn des § 91 Abs. 2 AktG eingerichtet wurde (nur bei börsennotierten Aktiengesellschaften).

Ergebnis der Prüfung ist ein **Prüfungsbericht** sowie ein mit einem **Bestätigungs- bzw. Versagensmerk** zusammengefasstes Prüfungsergebnis. Der interessierte Leser findet in den §§ 264a Abs. 1, 316–324a HGB sowie § 6 Abs. 1 PublG weitere Details.

Zahlreiche Bilanzskandale (u. a. Enron und WorldCom in den USA sowie Comroad und Flowtex in Deutschland), die von den jeweiligen Aufsichtsräten und Abschlussprüfern der betroffenen Unternehmen nicht erkannt wurden, waren in vielen Ländern Auslöser für nationale Gesetzgebungsverfahren zur besseren Identifikation und Beseitigung von Verstößen gegen Rechnungslegungsvorschriften. In Deutschland wurde hierzu durch das Bilanzkontrollgesetz vom 15.12.2004 ein sog. **zweistufiges Enforcement**-System eingeführt (vgl. §§ 342b–342e HGB sowie §§ 37n–37u WpHG). Neben der privatrechtlich organisierten Deutschen Prüfstelle für Rechnungslegung e. V. (**DPR**) in einer ersten Prüfstufe kann auch die mit hoheitlichen Befugnissen ausgestattete Bundesanstalt für Finanzdienstleistungsaufsicht (**BaFin**) in einer zweiten Prüfstufe die Rechnungslegung kapitalmarktorientierter Unternehmen prüfen. Die Grundsätze einer stichprobenartigen Prüfung (vgl. DPR 2009) bedeuten im Übrigen, dass alle in einem Index gelisteten Unternehmen (DAX, MDAX, SDAX sowie TecDAX) innerhalb von 4–5 Jahren und alle übrigen, kapitalmarktorientierten Unternehmen innerhalb von 8–10 Jahren routinemäßig geprüft werden.

Ergänzend dazu wird die BaFin beispielsweise dann tätig, wenn ein Unternehmen eine Kooperation mit der DPR verweigert, eine Fehlerfeststellung durch die DPR nicht akzeptiert oder wenn von Seiten der BaFin Zweifel an der Richtigkeit des Prüfungsergebnisses bestehen. Für weitergehende Informationen zum Themenbereich Enforcement werden die Quellen Deloitte (2011) sowie Zülch et al. (2014) empfohlen. Ein **Beispiel für die Arbeit der DPR** bei einem Fußballklub findet sich bei **BVB** (2009). Die Ertragsrealisierung eines Ausrüstervertrages war hier fehlerhaft. Inwieweit selbst die Wirtschaftsprüferkammer (WPK) bei der Erstellung des eigenen Abschlusses schwerwiegende Fehler begangen hat, bleibt mit Spannung abzuwarten. Gemäß einem Bericht in Handelsblatt (2014) sollen im Jahresabschluss 2013 der WPK real entstandene Verluste unzulässiger Weise mit zukünftigen Einnahmen ausgeglichen worden sein.

▶ Die **Deutsche Prüfstelle für Rechnungslegung** hat gemäß ihrem **Tätigkeitsbericht** (vgl. DPR 2015) im Jahr 2014 insgesamt 104 Prüfungen abgeschlossen. In 99 Fällen handelte es sich um Stichproben und in den übrigen 5 Fällen um anlassbezogene oder auf Verlangen der Bundesanstalt für Finanzdienstleistungsaufsicht (BaFin) durchgeführte Prüfungen. Während die Quote der Fälle mit fehlerhafter Rechnungslegung im Jahr 2011 noch bei 25 % lag, hat sich dieser Fehlerwert über die Jahre 2012 (16 %), 2013 (14 %) und 2014 (13 %) kontinuierlich verbessert. Ursächlich für diesen Rückgang der Fehlerquote sind nach Auffassung der DPR insbesondere die folgenden Gründe:
- Zahlreiche Unternehmen wurden bereits wiederholt geprüft, DPR-Prüfungen sind somit zu einem festen Bestandteil für kapitalmarktorientierte Unternehmen und deren Abschlussprüfer geworden.
- Der Anteil der fehleranfälligeren Kleinunternehmen an der Enforcement-Grundgesamtheit ist zurückgegangen, weil einige dieser Unternehmen den Regulierten Markt verlassen haben.
- Die präventiven Maßnahmen seitens der DPR zeigen positive Wirkung. So werden beispielsweise jährliche Gespräche mit Wirtschaftsprüfungsgesellschaften geführt sowie Workshops mit Vorständen und Aufsichtsräten angeboten. Des Weiteren erfolgt ein regelmäßiger Austausch mit den Standardsetzern, so z. B. im Jahr 2014 mit dem deutschen Standardsetzer DRSC (Deutsches Rechnungslegungs Standards Committee) zum Thema Lageberichterstattung nach DRS 20.

Von der handelsrechtlichen Abschlussprüfung abzugrenzen ist die **steuerrechtliche Betriebsprüfung** (vgl. §§ 193–207 AO), die der Ermittlung und Überprüfung der steuerlichen Verhältnisse des Steuerpflichtigen dient und von den für die Besteuerung zuständigen Finanzbehörden durchgeführt wird. Der Umfang dieser sog. Außenprüfung wird von der jeweiligen Finanzbehörde in einer schriftlich zu erteilenden Prüfungsanordnung, der eine Rechtsbehelfsbelehrung beizufügen ist, bestimmt. Der Steuerpflichtige ist im Grundsatz zur Mitwirkung verpflichtet. Aufgrund der medialen Beachtung des Steuerstrafverfahrens gegen „Ulrich H." wird gesondert auf die §§ 370 und 371 AO verwiesen, in denen die

Steuerhinterziehung als Straftat sowie die Voraussetzungen einer freiheitsstrafbefreienden Selbstanzeige geregelt sind.

Der Begriff **Betriebsprüfung** wiederum wird auch im Zusammenhang mit einer **sozial-versicherungsrechtlichen Prüfung** der Träger der Rentenversicherung bei den Arbeitgebern verwendet. Gemäß § 28p Abs. 1 SGB IV prüfen die Rentenversicherungsträger bei den Arbeitgebern, „ob diese ihre Meldepflichten und ihre sonstigen Pflichten nach diesem Gesetzbuch, die im Zusammenhang mit dem Gesamtsozialversicherungsbeitrag stehen, ordnungsgemäß erfüllen". Spätestens alle vier Jahre muss insbesondere geprüft werden, ob die Zahlungen der Beiträge sowie die Durchführung der Sozialversicherungsmeldungen richtig erfolgt sind.

3.3   Offenlegung von Jahresabschlussunterlagen

In Deutschland **offenlegungspflichtig** sind im Grundsatz **Kapitalgesellschaften und Konzerne** (vgl. § 325 Abs. 1 und 3 HGB) sowie Unternehmenssonderformen wie Genossenschaften (vgl. § 339 HGB), Kreditinstitute (vgl. § 340 l HGB) und Versicherungsunternehmen (vgl. § 341 l HGB). Sobald mindestens zwei Größenkriterien des § 1 Abs. 1 PublG (vgl. Abb. 3.7) an drei aufeinanderfolgenden Abschlussstichtagen überschritten werden, sind weitere, in § 3 Abs. 1 PublG explizit genannte Unternehmensformen wie beispielsweise der **Verein**, „dessen Zweck auf einen wirtschaftlichen Geschäftsbetrieb gerichtet ist", ab dem dritten Abschlussstichtag offenlegungspflichtig. Die Beurteilung, ob mit dieser Regelung lediglich Vereine erfasst werden, die ihre Rechtsfähigkeit durch staatliche Verleihung im Sinn des § 22 BGB erhalten haben oder auch sog. Idealvereine wie Profifußballklubs mit dem (eventuell verfehlten) Rechtsformzusatz e. V. (vgl. auch Hinweise in Abschn. 3.1), wird einem juristischen Diskurs vorbehalten.

Hinsichtlich einer Verpflichtung zur Offenlegung eines Konzernabschlusses für weitere, bis hierhin nicht explizit genannte bzw. erfasste Unternehmensformen sieht § 11 Abs. 1 PublG dieselben Größenkriterien wie § 1 Abs. 1 PublG vor.

Von den deutschen Fußballklubs, die weder Kapitalgesellschaft, noch wie beispielsweise Schalke 04 kapitalmarktorientiert sind (vgl. Unternehmensanleihe mit der Wertpapierkennnummer ISIN DE000A1ML4T7), überschreitet jedoch bislang kein Verein diese Publizitätskriterien. Gemäß Deloitte (2014) wären der Hamburger SV sowie der VfB Stuttgart aufgrund ihrer Umsatzentwicklung noch am ehesten „gefährdet" im Hinblick auf eine eintretende Offenlegungspflicht.

Kriterien für Größenklasseneinteilung	PublG
Bilanzsumme	> 65.000 T€
Jahresumsatz	> 130.000 T€
Anzahl Arbeitnehmer	> 5.000

Abb. 3.7 Publizitätskriterien gemäß § 1 Abs. 1 PublG bzw. § 11 Abs. 1 PublG

▶ Für eine Jahresabschlussanalyse von Unternehmen sollten, soweit verfügbar, Primärdaten verwendet werden. Bei einem Rückgriff auf Sekundärdaten können sich Unstimmigkeiten ergeben. Deloitte (2014) weist beispielsweise für den HSV in der Football Money League für das Geschäftsjahr 2012/2013 einen Konzernumsatzerlös in Höhe von 135,4 Mio. € aus. Gemäß Konzernabschluss des HSV wurden jedoch lediglich 116,7 Mio. € erzielt, was einer Abweichung von − 14 % entspricht.

Die Tatsache, dass der Hamburger Sport-Verein e. V. auf seiner Vereinshomepage den Einzel- und den Konzernabschluss per 30.06.2012 und per 30.06.2013 veröffentlicht hat (vgl. HSV 2014a), veranlasst uns zu der nachfolgenden **Übungsaufgabe** mit dem Ziel einer Ergründung, ob es hierfür eine gesetzliche Verpflichtung gab oder dies freiwillig geschah.

Beispiel

Zum HSV e. V. sind in den Jahresabschlüssen folgende Größenangaben zu finden:
a. Umsatzerlöse
   – Verein: 40,65 Mio. € (2013) sowie 40,07 Mio. € (2012)
   – Konzern: 116,71 Mio. € (2013) sowie 115,45 Mio. € (2012)
b. Bilanzsumme
   – Verein: 67,72 Mio. € (2013) sowie 47,86 Mio. € (2012)
   – Konzern: 118,81 Mio. € (2013) sowie 109,66 Mio. € (2012)
c. Anzahl Mitarbeiter im Jahresdurchschnitt
   – Verein: 186 (2013) sowie 215 (2012)
   – Konzern: 249 (2013) sowie 277 (2012)
Weiterhin ist über die Vereinshomepage in Erfahrung zu bringen, dass der Hamburger Sport-Verein e. V. eine Anleihe bei seinen Fans platzieren konnte (vgl. HSV 2014b).

Zentrale Fragestellung ist nun, ob sich aus diesen Angaben eine Offenlegungspflicht ergibt?

Antwort, Teil 1: Es ist durchaus strittig, ob Profifußballklubs auch bei einer Rechtsform als eingetragene Vereine (e. V.) einen in kaufmännischer Weise eingerichteten wirtschaftlichen Geschäftsbetrieb erfordern und damit ebenso wie Fußball-Kapitalgesellschaften als Kaufleute behandelt werden sollten (vgl. Hinweise in Abschn. 2.2, 3.1 und 3.3). Als solche hätten sie gemäß § 242 HGB am Ende eines jeden Geschäftsjahres einen Abschluss zu erstellen, der zumindest aus einer Bilanz und einer Gewinn- und Verlustrechnung bestehen würde. Dass alle Bundesligaklubs für Lizenzierungszwecke sogar strengeren rechtlichen Erfordernissen wie große Kapitalgesellschaften unterliegen (vgl. Abschn. 4.2), bestätigt implizit das Vorliegen wirtschaftlicher Geschäftsbetriebe. Profifußballklubs sind jedoch auch bei einer eventuellen Rechtsformverfehlung nicht automatisch Kapitalgesellschaften, auch wenn von der FIFA vorgegeben wird, dass sie als solche zu behandeln sind. Der zweite Abschnitt HGB ist daher nicht anzuwenden. Insbesondere eine Offenlegungspflicht gemäß § 325 Abs. 1 und 3 HGB ergibt sich somit derzeit nicht.

Antwort, Teil 2: Als nächstes ist eine Verpflichtung zur Offenlegung gemäß Publizitätsgesetz zu prüfen. Eine Pflicht zur Offenlegung des Einzelabschlusses ergibt sich bei dreimaliger Überschreitung von noch zu beschreibenden Größenkriterien (vgl. § 1 Abs. 1 PublG) nur für Vereine, deren Zweck auf einen wirtschaftlichen Geschäftsbetrieb ausgerichtet ist (vgl. § 3 Abs. 1 Nr. 3 PublG). Ein solcher wirtschaftlicher Verein im Sinn des § 22 BGB erlangt Rechtsfähigkeit durch staatliche Verleihung. Für ins Handelsregister eingetragene Profifußballvereine (vgl. § 21 BGB) wie den Hamburger Sport-Verein e. V. kann damit im Grundsatz keine Offenlegungspflicht für den Einzelabschluss entstehen, auch wenn dies durchaus diskurswürdig ist. Gemäß § 11 Abs. 1 PublG kann sich jedoch unabhängig von der Unternehmensrechtsform und damit auch für Fußballvereine eine Verpflichtung zur Offenlegung eines Konzernabschlusses ergeben. Dazu müssten mindestens zwei der Größenkriterien des § 11 Abs. 1 PublG, die im Übrigen deckungsgleich mit den Größenkriterien des § 1 Abs. 1 PublG sind, an letztlich drei aufeinanderfolgenden Abschlussstichtagen überschritten werden. Eine Mitarbeiterzahl von mehr als 5.000 wird derzeit von keinem Fußballverein auch nur annähernd erreicht. Gemäß dem aktuellen Bundesligareport (DFL 2014a) betrug die Anzahl aller Vollzeitangestellten der 36 Teams der 1. und 2. Bundesliga in Summe 4146. Die Bilanzsumme von 65 Mio. € wurde vom HSV-Konzern zweimal nacheinander übertroffen. Die Umsatzerlösgrenze könnte vom Konzern in näherer Zukunft erreicht werden, wurde bis dato jedoch noch unterschritten. In Conclusio könnte sich für den Vereins-Konzern eine Offenlegungsverpflichtung gemäß Publizitätsgesetz frühestens zum 30.06.2016 ergeben.

Antwort, Teil 3: Abschließend bleibt zu prüfen, ob aufgrund der Begebung einer Anleihe eine Kapitalmarktorientierung im Sinn des § 264d HGB vorliegt und hieraus eine Offenlegungspflicht folgt. Die Prüfung, ob ein Verein in diesem Fall wie eine offene Handelsgesellschaft zu behandeln ist und damit gemäß § 264a HGB mangels eines persönlich haftenden Gesellschafters § 264d HGB zur Anwendung gelangt, kann hier unterbleiben, da die Anleihe lediglich im unmittelbaren Fanumfeld platziert wurde, eine Börsennotierung erfolgte nicht (vgl. HSV 2014b). Damit gibt es keinen organisierten Markt im Sinn des § 264d HGB und entsprechend keine Pflicht zur Offenlegung gemäß §§ 267 Abs. 3, 325 Abs. 1 und 3 HGB.

Zusammenfassung: Eine Pflicht zur Offenlegung ergibt sich aus diesen Jahresabschlussdaten nicht. Die freiwillige Offenlegung, die im Übrigen für alle Profifußballvereine wünschenswert wäre, wurde auf der Mitgliederversammlung 2012 beschlossen (vgl. HSV 2014a).

Ausblick: Wie beschlossen soll die Profiabteilung in eine Aktiengesellschaft ausgegliedert werden. Es ist davon auszugehen, dass die Umsatzerlöse und die Bilanzsumme so hoch sein werden, dass die Kriterien für eine Behandlung als große Kapitalgesellschaft unabhängig von der Mitarbeiterzahl erfüllt sein werden. Wenn im Anhang für das Geschäftsjahr 2012/2013 nicht der allgemeine Hinweis enthalten wäre, dass die Vorschriften für große Kapitalgesellschaften bereits jetzt und damit im Zweifel auch zukünftig freiwillig berücksichtigt werden, würde der folgende Aspekte Anlass zur

Kritik bieten. Nach etlichen Entlassungen liegt die Mitarbeiterzahl im Konzern mit nun durchschnittlich 249 im Geschäftsjahr 2012/2013 so knapp unter der Grenze des § 267 Abs. 2 Nr. 3 und Abs. 3 HGB, dass eine entsprechende Gestaltung vermutet werden könnte.

Update: Kurz vor Einreichung des Manuskriptes zu diesem Buch beim Verlag hat der HSV die Einzel- und Konzernabschlüsse sowohl der HSV Fußball AG, als auch des Hamburger Sport-Verein e. V. per 30.06.2014 auf seiner Homepage veröffentlicht (vgl. HSV 2014d und HSV 2014e). Damit können noch weitere Sachverhalte und ein spontanes **Beispiel einer Jahresabschlussanalyse** in die Überlegungen einbezogen werden. Zum besseren Verständnis empfiehlt sich vorab ein Studium von Abschn. 3.4.

- Die HSV Sport AG wurde am 07.07.2014 umbenannt in die HSV Fußball AG.
- Die HSV Fußball AG (in diesem Beispiel fortan nur noch als „AG" bezeichnet) war per 30.06.2014 noch eine 100%ige Tochter des Hamburger Sport-Verein e. V. (in diesem Beispiel fortan nur noch als „Verein" bezeichnet), d. h. externe Investoren waren zu diesem Zeitpunkt noch nicht beteiligt.
- Der HSV veröffentlicht deutlich schneller und deutlich mehr als die gesetzlich vorgeschriebenen Abschlussunterlagen. Diese Transparenzentscheidung ist vorbildlich und verdient Anerkennung.
- Die AG verfügte sowohl im Einzel-, als auch im Konzernabschluss per 30.06.2014 durchaus etwas überraschend über ein sehr hohes positives Eigenkapital (im AG-Konzern etwa +16,6 Mio. €). Das Eigenkapital des Vereins-Konzerns hatte per 30.06.2013 noch -17,1 Mio. € betragen. Ursächlich hierfür sind allerdings weder ein erfolgreiches Geschäftsjahr, noch eine externe Beteiligung, noch ein Vorzeichenfehler. Vielmehr liegt ein anschauliches Lehrbeispiel vor für **Gestaltungen im Zuge der Ausgliederung einer Profifußballabteilung**:
  - In Abschn. 3.1 wurde noch angedeutet, dass die Imtech-Arena nicht verkauft werden kann und dadurch die Hebung stiller Reserven nicht möglich ist, weil das Stadion langfristigen Kreditgebern als Sicherheit dient. Im Zuge der Ausgründung hat der AG-Konzern die Vermögenswerte (inklusive Stadion) und Schulden des Vereins-Konzerns im Grundsatz übernommen. Im Zuge der Neubewertungsmethode im Rahmen der Kapitalkonsolidierung im AG-Konzern wurden nun stille Reserven in Höhe von etwa 22,2 Mio. € gehoben. Im Vereins-Konzern wird unter anderem aufgrund der Beachtung des Stetigkeitsgrundsatzes weiterhin die Buchwertmethode angewandt, der Vermögenswert des Stadions notiert dort entsprechend geringer.
  - Dass die HSV Fußball AG noch zum HSV-Verein gehört (dafür bedarf es keines Verweises auf die „50+1"-Regel, im vorliegenden Fall sind sogar noch 100% der Anteile im Besitz des Vereins) und den Namen „HSV" nutzen darf ist nicht ganz so selbstverständlich, wie viele Leser an dieser Stelle spontan annehmen mögen. Im vorliegenden Fall hat die AG wohl an den Verein (fiktiv) 41,2 Mio. € für die Nutzung von Markenrechten bezahlt. Der Verein hat einen Ertrag in dieser Höhe (der im Vereins-Konzernabschluss wieder konsolidiert wird) und die AG

aktiviert im vorliegenden Fall einen „Markenwert" und neutralisiert damit den dadurch entstandenen Aufwand. Der § 248 Abs. 2 HGB möchte solche Gestaltungen eigentlich verhindern. Für „selbst geschaffene Marken" besteht ein ausdrückliches Bilanzierungsverbot, das hier wohl durch eine Erwerbsfiktion unter fremden Dritten umgangen wurde.

- Auch die Aufdeckung von stillen Reserven im Spielerkader in Höhe von 5,3 Mio. € ist nicht unbedenklich (auch dies wird im Vereins-Konzernabschluss wieder konsolidiert). Das sowohl handels-, als auch FIFA- und UEFA-rechtliche Verbot der Erhöhung des buchwertfortgeführten Spielerwertansatzes (vgl. Ausführungen in Kap. 4) wird hier wohl ebenfalls umgangen durch die Fiktion eines tatsächlich durchgeführten Verkaufs an eine fremde, dritte Gesellschaft (vom Verein an die AG). Auch dies muss im Vereins-Konzernabschluss wieder konsolidiert werden.

- Im AG-Konzern wird ein noch höherer Eigenkapitalwertansatz für diese Sachverhalte (22,2+41,2+5,3=68,7) begrenzt durch den Ansatz passiver Latenter Steuern in Höhe von 12,2 Mio. € sowie den Ansatz des Unterschiedsbetrags aus der Kapitalkonsolidierung in Höhe von 8,6 Mio. € (d. h. 68,7−12,2−8,6=47,9). Ausgehend von den +16,6 Mio. € im AG-Konzern ist der Eigenkapitalwert im Vereins-Konzern nach Konsolidierung dieser AG-Sachverhalte (der Verein ist die Mutter dieser AG) dann auch mit −26,9 Mio. € um 43,5 Mio. € geringer. Die verbleibende Differenz in Höhe von 4,4 Mio. € ist im Saldo auf zwischenzeitliche Bewertungskorrekturen durch Abschreibungen, Rückstellungsbildungen und Rechnungsabgrenzungen sowie anderweitige Vereinsaktivitäten außerhalb des Fußballbereichs zurückzuführen.

- **Ergebnis**: Mit der Ausgründung ist es gelungen, den HSV Fußball AG-Konzern auf den ersten Blick mit einer soliden Eigenkapitalausstattung (+16,6 Mio. €) zu versehen. Die dafür erforderlichen buchhalterischen Gestaltungen bieten durchaus Anlass zur Kritik, sind letztlich rechtlich allerdings zulässig und werden auf Ebene des Vereins-Konzernabschlusses auch wieder konsolidiert (daher beträgt der Eigenkapitalwert dort auch −26,9 Mio. €). Die KPMG als Wirtschaftsprüfungsgesellschaft bestätigt dies (vgl. Bestätigungsvermerk in HSV 2014d). Ob diese Positionen im AG-Konzern auch tatsächlich so werthaltig sind, wie sie ausgewiesen werden, wird sich vielleicht bereits bald erweisen müssen. Bei den „ehrlicheren", da nicht manipulierbaren Positionen hat sich die Situation nämlich nicht entscheidend verbessert. Der Cashbestand ist von 9,2 auf nur noch 1,6 Mio. € gesunken und die Verbindlichkeiten betragen anstelle von zuvor 99,6 Mio. € immer noch 90,5 Mio. €. Die einzelnen Unternehmen innerhalb des HSV Fußball AG-Konzerns sind damit (weiterhin) mindestens latent insolvenzgefährdet.

Nachdem vor diesem etwas ausführlicheren Anwendungsbeispiel die Frage darin bestand, unter welchen Voraussetzungen sich eine Publizitätsverpflichtung ergibt, sind nun die weiteren Schritte zu prüfen, sofern dies zutrifft.

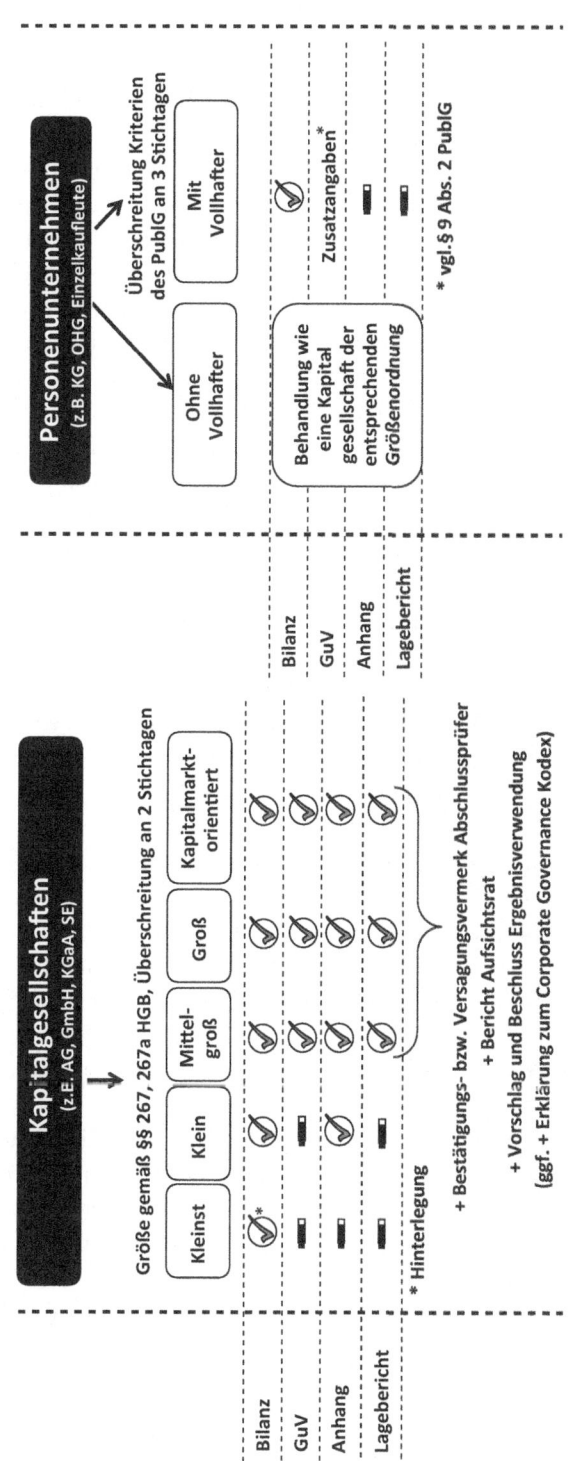

Abb. 3.8 Prüfschema zur **Offenlegung** von Jahresabschlussunterlagen

Mit Eintritt der Offenlegungspflicht sind alle Abschlussunterlagen in der erstellten Form (Erweiterungen und Verkürzungen siehe unten) innerhalb von zwölf Monaten nach dem Abschlussstichtag elektronisch beim Betreiber des Bundesanzeigers über www.publikations-plattform.de einzureichen (vgl. § 325 Abs. 1 HGB und § 9 PublG). Bei einer Kapitalmarktorientierung (vgl. § 264d HGB) verkürzt sich diese **Frist** auf vier Monate (vgl. § 325 Abs. 4 HGB). Der Bundesanzeiger Verlag führt im Auftrag des Bundesministeriums der Justiz und für Verbraucherschutz neben dem Bundesanzeiger auch das Unternehmensregister. Ein Abruf der veröffentlichten Unterlagen ist daher für die interessierte Öffentlichkeit sowohl unter www.unternehmensregister.de, als auch unter www.bundesanzeiger. de im Grundsatz barriere- und kostenfrei möglich. In der Praxis können sich sowohl die Einreichung der Unterlagen durch das offenlegungspflichtige Unternehmen, als auch die Bearbeitung durch den Bundesanzeiger verzögern.

Bei einer fehlenden oder unvollständigen Einreichung ist ein **Ordnungsgeldverfahren** möglich (vgl. § 329 Abs. 4 HGB). Es kann ein Ordnungsgeld (auch wiederholt) von bis zu 25.000 € festgesetzt werden (vgl. § 335 Abs. 1 HGB). Bei einer unrichtigen Darstellung beziehungsweise Veröffentlichung droht eine Freiheitsstrafe von bis zu drei Jahren (vgl. §§ 331, 332 HGB). Unter Abwägung dieser beiden Folgen ist Vorständen bzw. Geschäftsführern von publizitätspflichtigen Unternehmen bei internen Problemen bezüglich der Jahresabschlusserstellung zu empfehlen, sich eher für eine verspätete, denn für eine unrichtige Veröffentlichung zu entscheiden.

Ab der Größenordnung „mittelgroß" sind **zusätzlich** zu den anderen **Abschlussunterlagen** (Bilanz, GuV, Anhang und Lagebericht) folgende Unterlagen zur Veröffentlichung einzureichen (vgl. § 325 Abs. 1 HGB):

- Bestätigungsvermerk des Abschlussprüfers (oder der Vermerk über dessen Versagung)
- Bericht des Aufsichtsrats
- Vorschlag und Beschluss zur Verwendung des Jahresergebnisses
- Entsprechungserklärung zum Corporate Governance Kodex (nur bei börsennotierten Aktiengesellschaften bzw. Kommanditgesellschaften auf Aktien, vgl. § 161 AktG)

An **Erleichterungen** für bestimmte Unternehmen ist unter anderem vorgesehen:

- Bei der Größenordnung „kleinst" ist eine Hinterlegung der Bilanz ausreichend (vgl. § 326 Abs. 2 HGB). Für interessierte Leser ist der Zugriff nicht mehr barriere- und kostenfrei, aber die erforderliche Registrierung und die fällige Gebühr von derzeit 4,50 € zzgl. Umsatzsteuer stellen zumindest kein unüberwindbares Hindernis dar (vgl. Unternehmensregister 2014).
- Bei „klein" brauchen weder eine GuV, noch Angaben zur GuV im Anhang veröffentlicht werden (vgl. § 326 Abs. 1 HGB).
- Bei „mittelgroß" kann immerhin noch die Bilanzgliederung reduziert werden (vgl. § 327 HGB).
- Bei Personenhandelsgesellschaften mit einer natürlichen Person als Vollhafter und Einzelkaufleuten kann gemäß § 9 Abs. 2 PublG auf die Veröffentlichung einer GuV

verzichtet werden. Voraussetzung ist, dass in einer Anlage die nach § 5 Abs. 5 S. 3 PublG erforderlichen Zusatzangaben angegeben werden zu Umsatzerlösen, Erträgen aus Beteiligungen, Löhnen, Gehältern, sozialen Abgaben, Aufwendungen für Altersversorgung und Unterstützung, Bewertungs- und Abschreibungsmethoden einschließlich wesentlicher Änderungen sowie die Zahl der Beschäftigten.

Zusammenfassend ergibt sich für Personenunternehmen und Kapitalgesellschaften in Deutschland unter Vernachlässigung weiterer Erleichterungen oder ergänzender Angaben allgemein das in Abb. 3.8 dargestellte **Prüfschema bezüglich der zu veröffentlichenden Jahresabschlussunterlagen**.

Gemäß den Voraussetzungen der §§ 264 Abs. 3, 264b HGB kann sich ein Tochterunternehmen von der **Veröffentlichungspflicht befreien** lassen, wenn es in den von einem übergeordneten Mutterunternehmen offengelegten Konzernabschluss einbezogen wurde. Abschlüsse der Fußballklubs Bayer 04 Leverkusen und VfL Wolfsburg finden sich daher nicht im Bundesanzeiger. Die **Bayer 04 Leverkusen** Fußball GmbH wird in den Konzernabschluss der Bayer AG einbezogen und ist damit nicht separat über den Bundesanzeiger verfügbar. Dasselbe gilt für die **VfL Wolfsburg**-Fußball GmbH, diese ist in den Abschluss der alleinigen Gesellschafterin einbezogen, der AutoVision GmbH, deren alleinige Gesellschafterin wiederum die Volkswagen AG ist.

Seit dem 01.01.2005 sind alle börsennotierten Unternehmen in der EU verpflichtet, ihren Konzernabschluss **IFRS-konform** zu erstellen. Ein separater HGB-Konzernabschluss ist dann gemäß § 315a HGB nicht mehr erforderlich. Sofern die Unternehmensanteile einer Aktiengesellschaft im Prime Standard der Deutschen Börse notiert werden, sind gemäß § 51 der Börsenordnung der Frankfurter Wertpapierbörse (2014) auch **Quartals- und Halbjahresfinanzberichte** zu veröffentlichen. „Gesetzliche Vorschriften über den Halbjahres- und Quartalsfinanzbericht bleiben [davon] unberührt" (§ 51 Abs. 6 der Börsenordnung), d. h. die mit der Änderungsdirektive 2013/50/EU (vgl. EU-Transparenzrichtlinie 2013) zur EU-Transparenzrichtlinie 2004/109/EG vorgesehene Streichung der Verpflichtung zur Quartalsberichterstattung wird ihre Wirkung nur dann entfalten können, wenn sich auch die Deutsche Börse daran orientiert und ihre Zulassungsbedingungen entsprechend anpasst.

► Bezug nehmend auf ein Memorandum der EU-Kommission vom 12.06.2013 wird die Abschaffung der Quartalsberichterstattungspflicht wie folgt begründet: „In order to reduce the administrative burden and to encourage long term investment, the requirement to publish quarterly financial information is abolished." Der amerikanische Top-Manager Michael Dell wird in der Wirtschaftswoche ähnlich zitiert: „Denn die Manager in börsennotierten Unternehmen denken möglicherweise kaum noch darüber nach, welches Neugeschäft sie in einem oder in zwei Jahren starten könnten. Das würde ja Investitionen und Ausgaben erfordern, die kurzfristig an die Profitabilität und die Dividende gehen. Der Chef eines solchen Unternehmens erfährt gar nicht von all den guten Ideen um ihn herum, weil er sich ebenfalls völlig auf die Quartalszahlen konzentriert"

(Dell 2014). Auch der Siemens-Vorstandsvorsitzende Kaeser sieht das ähnlich, in einem Interview sagte er, dass „unser Unternehmen nicht nur fürs nächste Quartal oder das nächste Jahr ausgerichtet wird, sondern für eine Generation" (Kaeser 2014).

Die **Aktien von Borussia Dortmund** (vgl. Wertpapierkennnummer ISIN DE0005493092) waren bis zum 29.05.2014 lediglich im General Standard gelistet. Anstelle von § 51 der Börsenordnung (vgl. Frankfurter Wertpapierbörse 2014) galten für die Quartals- und Halbjahresfinanzberichte die weniger strengen Regelungen der §§ 37w, 37x WpHG, d. h. unter anderem war anstelle von Quartalsberichten eine Zwischenmitteilung der Geschäftsführung ausreichend und eine zusätzliche Aufstellung von Abschlüssen **auch in englischer Sprache** konnte unterbleiben. Mit Wirkung zum 30.05.2014 hat die Borussia Dortmund GmbH & Co. KGaA die Zulassung zum Prime Standard der Frankfurter Wertpapierbörse von der Deutschen Börse AG erhalten (vgl. BVB 2014) und es greifen nun die strengst möglichen Publizitätsanforderungen.

Auf eine Darstellung, welche Regelungen im Hinblick auf die zu veröffentlichenden Jahresabschlussunterlagen für **nicht deutsche Fußballvereine** im Detail gelten, wird verzichtet. Im Grundsatz gilt, dass erstellte Jahresabschlussunterlagen innerhalb der EU zumindest für Kapitalgesellschaften weitgehend einheitlich und damit zum großen Teil analog der dargestellten deutschen Rechtslage zu veröffentlichen sind (vgl. Abschn. 10 der 4. EU-Bilanzierungsrichtlinie 78/660/EWG sowie Kapitel 7 der neuen EU-Bilanzierungsrichtlinie 2013/34/EU, die allerdings erst bis zum 20.07.2015 in jeweiliges Landesrecht umzusetzen ist).

Aufgrund der überragenden Bedeutung hinsichtlich der Möglichkeit eines zeitnahen Einblicks in die Vermögens-, Finanz- und Ertragslage der beiden spanischen Top-Klubs wird auf das königliche Dekret 19/2013 vom 09.12.2013 „de transparencia, acceso a la informacion publica y buen gobierno" (Boletin Oficial del Estado 2013) hingewiesen. Seit Kurzem sind die Jahresabschlüsse der in der Rechtsform **spanischer Vereine** geführten Fußballklubs FC Barcelona und Real Madrid nun ebenfalls zeitnah verfügbar. In der Vergangenheit waren deren vollständige Finanzinformationen zumeist erst mit einem Zeitverzug von etwa drei bis fünf Jahren zugänglich. Diesem Gesetz ist es auch zu verdanken, dass der Abschluss des amtierenden spanischen Meisters Atletico Madrid über dessen Homepage abgerufen und in die Untersuchung einbezogen werden konnte. Ein gebührenpflichtiger Abruf des Abschlusses dieser Kapitalgesellschaft über das spanische Handelsregister hatte zuvor online nicht geklappt.

In den **UEFA- und FIFA-Reglements** zur Klublizenzierung finden sich im Übrigen **keine Hinweise bezüglich einer Verpflichtung zur Offenlegung**. Es erfolgt eine Einreichung der Unterlagen beim Lizenzgeber, eine Information der interessierten Öffentlichkeit ist nicht vorgesehen.

3.4 Abgrenzung von Einzel- und Konzernabschluss

3.4.1 Handelsrechtliche Konzernabschlussregelungen

Der Zweite Unterabschnitt der ergänzenden Vorschriften für Kapitalgesellschaften betreffend das deutsche Handelsrecht behandelt ausführlich den Konzernabschluss und -lagebericht (vgl. §§ 290–315a HGB). Auch wenn Vereine, Personengesellschaften oder Kapitalgesellschaften wie eine GmbH oder eine KGaA ebenfalls eine Konzernstruktur bilden können, findet sich lediglich im Aktiengesetz ein expliziter Hinweis, was unter dem Begriff „Konzern" zu verstehen ist.

§ 18 AktG: „Konzern und Konzernunternehmen

(1) Sind ein herrschendes und ein oder mehrere abhängige Unternehmen unter der einheitlichen Leitung des herrschenden Unternehmens zusammengefaßt, so bilden sie einen Konzern; die einzelnen Unternehmen sind Konzernunternehmen. Unternehmen, zwischen denen ein Beherrschungsvertrag (§ 291) besteht oder von denen das eine in das andere eingegliedert ist (§ 319), sind als unter einheitlicher Leitung zusammengefaßt anzusehen. Von einem abhängigen Unternehmen wird vermutet, daß es mit dem herrschenden Unternehmen einen Konzern bildet.

(2) Sind rechtlich selbständige Unternehmen, ohne daß das eine Unternehmen von dem anderen abhängig ist, unter einheitlicher Leitung zusammengefaßt, so bilden sie auch einen Konzern; die einzelnen Unternehmen sind Konzernunternehmen."

Kurz gefasst ist ein **Konzern** also ein **wirtschaftlicher Zusammenschluss von mindestens zwei (weiterhin) rechtlich selbständigen Einzelunternehmen**. Der Konzernverbund (vgl. § 271 Abs. 2 HGB) selbst ist lediglich ein fiktives Gebilde ohne eigene Rechtspersönlichkeit, ohne eigene Organe und ohne eigene Anteilseigner. Sowohl Anteilseigner, als auch Fiskus und Gläubiger können Ansprüche nur gegenüber den Einzelunternehmen, nicht jedoch gegenüber dem Konzern geltend machen; das Ergebnis eines Konzerns ist weder relevant für eine Gewinnausschüttung, noch wird es zur Steuerbemessung herangezogen (vgl. Wysocki et al. 2014, S. 3–9). Ein Konzernabschluss **dient allein der Information**, vgl. § 297 Abs. 2 HGB. Gemäß der in § 297 Abs. 3 S. 1 HGB kodifizierten **Einheitstheorie** ist hierzu die Vermögens-, Finanz- und Ertragslage der in einen Konzernabschluss einbezogenen Unternehmen so darzustellen, als ob diese Unternehmen insgesamt ein einziges Unternehmen wären. Dieser Konzerntheorie steht die in § 310 HGB kodifizierte **Interessentheorie** mit Regelungen für eine lediglich anteilsmäßige Konsolidierung gegenüber. Zur Fiktion der wirtschaftlichen Einheit des Konzerns mit Einheits- und Interessentheorie vgl. ausführlicher Beck'scher Bilanz-Kommentar (2014, § 297 Rn. 190–193).

Gemäß § 290 Abs. 1 HGB müssen die gesetzlichen Vertreter eines sog. Mutterunternehmens innerhalb von fünf Monaten (bei einer Kapitalmarktorientierung innerhalb von

vier Monaten) nach dem Ende des Geschäftsjahres einen **Konzernabschluss** und einen
Konzernlagebericht aufstellen, sofern auf mindestens ein sog. Tochterunternehmen mit-
tel- oder unmittelbar ein beherrschender Einfluss ausgeübt werden kann (sog. Control-
Konzept). Ein beherrschender Einfluss eines Mutterunternehmens in der Rechtsform einer
Kapitalgesellschaft (oder gemäß § 264a HGB ihr gleichgestellte Personengesellschaften)
besteht dabei gemäß § 290 Abs. 2 HGB stets bei

- Stimmrechtsmehrheit,
- Gesellschafterstellung mit Recht zur Besetzung oder Abberufung von Organmitglie-
  dern,
- Vorliegen eines Beherrschungsvertrags sowie bei
- Zurechnung der Mehrheit der Risiken und Chancen an einer Zweckgesellschaft (bei
  wirtschaftlicher Betrachtung).

Diese Regelungen gelten für Unternehmen anderer Rechtsformen gemäß den §§ 11 Abs. 1,
13 Abs. 1 **PublG** bei einer Überschreitung von mindestens zwei der Größenkriterien Bilanzsumme (65 Mio. €), Anzahl Mitarbeiter (5.000) sowie Umsatzerlöse (130 Mio. €) an
drei aufeinanderfolgenden Abschlussstichtagen analog.

Ein **Konzernabschluss** umfasst gemäß § 297 Abs. 1 HGB als **Bestandteile** eine Konzernbilanz, eine Konzern-Gewinn- und Verlustrechnung, einen Konzernanhang, eine Kapitalflussrechnung sowie einen Eigenkapitalspiegel. Eine Erweiterung um eine Segmentberichterstattung ist optional. Der Konzernlagebericht ist gemäß § 290 Abs. 1 HGB ein
eigener, ergänzender Bestandteil.

Eine **Befreiung von der Verpflichtung zur Erstellung eines HGB-Konzernabschlusses** ist in den folgenden Fällen unter Beachtung der im Gesetz jeweils genannten,
weiteren Voraussetzungen möglich:

- §§ 291, 292 HGB: Das zu befreiende Mutterunternehmen und seine Tochterunternehmen wurden in den veröffentlichten Konzernabschluss eines übergeordneten Mutterunternehmens wirksam einbezogen und das zu befreiende Unternehmen hat weder
  börsennotierte Wertpapiere ausgegeben, noch verlangen Gesellschafter, die mindestens
  10 % der Aktien bzw. 20 % der GmbH-Anteile halten, fristgerecht dessen Aufstellung.
- § 293 HGB: Die HGB-Größenkriterien werden unterschritten (vgl. Abb. 3.9).

HGB-Größenkriterien für die Befreiung von einer Konzernaufstellungspflicht	Bruttomethode "Summe Mutter und Töchter"	Nettomethode "konsolidierter Probeabschluss"
Bilanzsumme	≤ 23.100 T€	≤ 19.250 T€
Jahresumsatz	≤ 46.200 T€	≤ 38.500 T€
Anzahl Arbeitnehmer	≤ 250	≤ 250

Abb. 3.9 Größenkriterien zur Befreiung von der Erstellung eines Konzernabschlusses gemäß § 293
HGB

- § 290 Abs. 5 HGB: Es gibt lediglich Tochterunternehmen, die gemäß § 296 HGB nicht in den Konzernabschluss einbezogen werden brauchen.
- § 315a HGB: Ein befreiender IFRS-Konzernabschluss wird vorgelegt.

Für die Konzernabschlussunterlagen besteht gemäß § 316 Abs. 2 HGB eine Pflicht zur **Prüfung** durch einen Abschlussprüfer. Die Pflicht zur **Offenlegung** im Bundesanzeiger ergibt sich aus § 325 Abs. 3 HGB. In beiden Fällen sind Ausnahmen in Form beispielsweise größenabhängiger Erleichterungen nicht vorgesehen.

Bezüglich der **Insolvenzfähigkeit** eines Konzerns wird nochmals darauf hingewiesen, dass diese in der gegenwärtigen rechtlichen Ausgestaltung in Deutschland **nicht vorgesehen** ist. Das deutsche Insolvenzrecht ist auf die Bewältigung der Insolvenz einzelner Rechtsträger zugeschnitten und kennt damit weder eine Konzerninsolvenz (mangels Rechtsfähigkeit), noch ein gemeinsames Insolvenzverfahren für zu einem Konzern verbundene Unternehmen. Für jedes Unternehmen ist deshalb bei Vorliegen eines Insolvenztatbestands gegenwärtig noch ein separates Insolvenzverfahren zu eröffnen. Mit dem Entwurf eines Gesetzes zur Erleichterung der Bewältigung von Konzerninsolvenzen vom 30.01.2014 (vgl. BMJV 2014c) soll die wirtschaftliche Einheit von konzernförmig organisierten Unternehmen auch im Insolvenzfalle möglichst erhalten und damit die Chancen zur gemeinsamen Sanierung verbessert werden. Der Gesetzesentwurf verzichtet allerdings weiterhin bewusst auf die Konsolidierung von Verfahren oder Haftungsmassen und beschränkt sich auf die bessere Abstimmung der Insolvenzverfahren über konzernangehörige Unternehmen (sog. Koordinationsverfahren).

3.4.2 Konsolidierungsmaßnahmen im Konzern

Sofern im Zuge der Erstellung eines Konzernabschlusses die Ergebnisse der Einzelabschlüsse **lediglich summiert** werden würden, käme es zu **Doppelerfassungen** (vgl. Abb. 3.14 in Abschn. 3.4.3). Zur korrekten Darstellung der Vermögens-, Finanz- und Ertragslage im Konzern sind daher nach der Zusammenfassung Bereinigungen (sog. Konsolidierungsmaßnahmen) vorzunehmen. Transaktionen zwischen den in den Konzernabschluss einbezogenen Unternehmen sind zu korrigieren, wenn sich durch diese bilanz- oder erfolgswirksame Veränderungen ergeben haben.

Bevor mit der eigentlichen Konsolidierung begonnen werden kann, sind **vorbereitende Maßnahmen** durchzuführen. Die Einzelabschlüsse (sog. Handelsbilanzen I bzw. HB I) werden hierzu modifiziert. Nach einer Anpassung an den Rechtsrahmen des Mutterunternehmens (u. a. Umrechnung von Fremdwährungen in die Konzernberichtswährung) sowie einer Vereinheitlichung des Konzernabschlussstichtags und der Ausübung von Ansatz-, Bewertungs- und Ausweiswahlrechten ergibt sich die sog. HB II. Nach weiteren Anpassungen wie der Aufdeckung von stillen Reserven und stillen Lasten wird diese in der Praxis in eine sog. Neubewertungsbilanz (HB III) überführt (vgl. §§ 298–300 und 308 HGB; Beck'scher Bilanzkommentar, § 301 Rn. 53; Wysocki et al. 2014, S. 19 und 128).

Im Zuge der **Vollkonsolidierung** von verbundenen Unternehmen treten gemäß § 300 Abs. 1 HGB an die Stelle der Beteiligungsbuchwerte des Mutterunternehmens die Vermögensgegenstände, Schulden, Rechnungsabgrenzungs- und Sonderposten der Tochterunternehmen. Die Konsolidierungsarbeiten zur Erstellung einer Konzernbilanz unterteilen sich in die **vier Bereiche** Kapitalkonsolidierung, Schuldenkonsolidierung, Zwischenergebniseliminierung sowie Aufwands- und Ertragskonsolidierung. Wird ein Konzernunternehmen gemeinsam mit einem anderen Unternehmen geführt (sog. Gemeinschaftsunternehmen), so ist diese Beteiligung zwar angelehnt an die Vollkonsolidierung, aber hinsichtlich der einzelnen Positionswerte lediglich quotal, d. h. in Abhängigkeit des Anteilsbesitzes, in den Konzernabschluss einzubeziehen (sog. **Quotenkonsolidierung**). Sofern von einem Konzernunternehmen auf ein anderes Unternehmen ein maßgeblicher Einfluss ausgeübt wird (d. h. mindestens 20 % der Anteile gehalten werden), aber weder die Stimmrechtsmehrheit, noch die weiteren Voraussetzungen des § 290 HGB vorliegen, sind die §§ 311, 312 HGB anzuwenden. Das sog. assoziierte Unternehmen ist dann als Beteiligung im Finanzanlagevermögen zu aktivieren, die Vermögenswerte und Schulden werden allerdings nicht in die Konzernbilanz übernommen, auch nicht anteilig (sog. **Equity-Methode**, vgl. DRSC 2010).

Bei der **Kapitalkonsolidierung** (vgl. § 301 HGB) werden die jeweiligen Beteiligungsbuchwerte des Mutterunternehmens mit dem auf diese Anteile entfallenden Eigenkapitalanteil der jeweiligen Töchterunternehmen verrechnet. Das Eigenkapital ist dabei mit dem Betrag anzusetzen, der dem Zeitwert der in den Konzernabschluss aufzunehmenden Vermögensgegenstände, Schulden und sonstiger Posten entspricht. Bei dieser sog. Neubewertungsmethode empfiehlt es sich, bei den betroffenen Töchterunternehmen in der Höhe der aufgedeckten stillen Reserven und stillen Lasten eine Neubewertungsrücklage innerhalb des Eigenkapitals zu bilden (vgl. Beck'scher Bilanz-Kommentar 2014, § 301 Rn. 55 f.). Ein nach der Verrechnung verbleibender aktiver Unterschiedsbetrag zwischen dem ermittelten Unternehmenswert und dem bezahlten Kaufpreis ist in der Konzernbilanz als Goodwill zu aktivieren und über eine in der Regel fünfjährige Nutzungsdauer planmäßig abzuschreiben (vgl. §§ 301 Abs. 3, 309 Abs. 1, 246 Abs. 1, 253 Abs. 3, 314 Abs. 1 Nr. 20 HGB). Ergibt sich nach der Verrechnung ein passiver Unterschiedsbetrag (sog. Badwill oder Lucky Buy), so ist dieser auf der Passivseite nach dem Eigenkapital als Unterschiedsbetrag aus der Kapitalkonsolidierung auszuweisen (vgl. §§ 301 Abs. 3 HGB) und nur unter den Voraussetzungen des § 309 Abs. 2 HGB aufzulösen.

Bei der **Schuldenkonsolidierung** (vgl. § 303 HGB) werden Ausleihungen und andere Forderungen, Rückstellungen, Verbindlichkeiten sowie entsprechende Rechnungsabgrenzungsposten und Haftungsverhältnisse zwischen den in den Konzernabschluss einbezogenen Unternehmen verrechnet. Sofern sich bei der Eliminierung aller bestehenden Schuldverhältnisse im Konzernverbund sog. echte Aufrechnungsdifferenzen ergeben, sind diese im Jahr der Entstehung erfolgswirksam über die GuV auszugleichen (vgl. Beck'scher Bilanz-Kommentar 2014, § 303 Rn. 60–68).

Sofern am Konzernabschlussstichtag in einem Konzernunternehmen aktivierte Vermögenswerte vorhanden sind, die auf Lieferungen oder Leistungen eines anderen Konzernunternehmens beruhen, sind gemäß § 304 HGB im Rahmen der **Zwischenergebnis-eliminierung** die aus Konzernsicht noch nicht realisierten Gewinne (oder Verluste) des veräußernden Konzernunternehmens zu bereinigen.

Als abschließende Konsolidierungsmaßnahme sind im Rahmen der **Aufwands- und Ertragskonsolidierung** (vgl. § 305 HGB) alle wesentlichen ergebniswirksamen Vorgänge zwischen Konzernunternehmen zu bereinigen, wie beispielsweise Aufwendungen und Erträge aus Innenumsätzen, Ergebnisübernahmen und Beteiligungen (vgl. Beck'scher Bilanz-Kommentar 2014, § 305 Rn. 40).

Im Rahmen der Erstellung eines Konzernabschlusses ist in einem dreistufigen Prozess für alle Handelsbilanz-Ebenen I, II und III die Entstehung von **Latenten Steuern** zu prüfen, vgl. hierzu Abschn. 6.4.2.

3.4.3 Fallbeispiel

Zur Veranschaulichung der Abgrenzung von Einzel- und Konzernabschlüssen sowie der entstehenden Verschleierungoptionen, wenn vom Lizenzgeber anstelle eines konsolierten Konzernabschlusses lediglich ein im Verbund gestalteter Einzelabschluss betrachtet wird, wird nachfolgend ein umfassendes **Fallbeispiel** illustriert. Auf komplexitätserhöhende, aber nicht entscheidungsrelevante Aspekte wie beispielsweise den Einbezug von Umsatzsteuern, Sozialaufwendungen, Rückstellungen, Rechnungsabgrenzungsposten, Latenten Steuern etc. wurde verzichtet.

In der **Ausgangssituation** (Situation 1) wurde ein Unternehmen („**Mutter AG**") gegründet. Das gezeichnete Kapital in Höhe von 50 T€ wurde vom Gesellschafter auf das betriebliche Bankkonto überwiesen. Warenvorräte wurden im Wert von 200 T€ gekauft, aber noch nicht bezahlt. Der Erwerb eines Gebäudes für 300 T€ wurde über einen langfristigen Bankkredit finanziert, die wirtschaftliche Nutzungsdauer wurde festgelegt auf 20 Jahre. Die Personalaufwendungen betragen 5 T€ pro Monat. Der Absatz stockt, es konnten aber zumindest Waren für 70 T€ verkauft werden. Im Verkaufspreis enthalten war ein Handling- und Gewinnaufschlag in Höhe von 40 %. Die Geschäftsvorfälle ereigneten sich annahmegemäß überwiegend zu Geschäftsjahresbeginn. Unter Berücksichtigung der Abschreibungsaufwendungen in Höhe von 15 T€ (= 300 T€/20 Jahre) ergeben sich Ende des Jahres 1 (Situation 1) die beiden Jahresabschlussbestandteile Bilanz und GuV (vgl. Abb. 3.10, alle Angaben in T€). Der Bankguthabensaldo von 60 T€ ergibt sich dabei aus

Aktiva		Bilanz Mutter AG		Passiva	Aktiva		GuV Mutter AG		Passiva
Anlagevermögen	**285**	**Eigenkapital**		**-5**	Materialaufwand	50	Umsatzerlöse		70
Gebäude	285	Gezeichnetes Kapital		50	Personalaufwand	60			
		Jahresergebnis (aus GuV)		-55	Abschreibungsaufwand	15			
Umlaufvermögen	**210**						Jahresfehlbetrag		55
Vorräte	150	**Verbindlichkeiten**		**500**					
Bankguthaben	60	Banken (langfristig)		300					
		Lieferanten		200					
Bilanzsumme Aktiva	**495**	**Bilanzsumme Passiva**		**495**	Kontensumme	125	Kontensumme		125

Abb. 3.10 Ausgangssituation Mutter AG

Bilanz Mutter AG

Aktiva		Passiva	
Anlagevermögen	310	Eigenkapital	-5
Gebäude	285	Gezeichnetes Kapital	50
Finanzanlagen	25	Jahresergebnis (aus GuV)	-55
Umlaufvermögen	185	Verbindlichkeiten	500
Vorräte	150	Banken (langfristig)	300
Bankguthaben	35	Lieferanten	200
Bilanzsumme Aktiva	**495**	**Bilanzsumme Passiva**	**495**

Bilanz Tochter GmbH

Aktiva		Passiva	
Anlagevermögen	0	Eigenkapital	25
		Stammkapital	25
Umlaufvermögen	25		
Bankguthaben	25	Verbindlichkeiten	0
Bilanzsumme Aktiva	**25**	**Bilanzsumme Passiva**	**25**

Abb. 3.11 Bilanzen nach Ausgründung einer Tochter GmbH

Bilanz Mutter AG

Aktiva		Passiva	
Anlagevermögen	310	Eigenkapital	205
Gebäude	285	Gezeichnetes Kapital	50
Finanzanlagen	25	Verlustvortrag	-55
		Ergebnis Situation 3	210
Umlaufvermögen	395	Verbindlichkeiten	500
Vorräte	0	Banken (langfristig)	300
Bankguthaben	35	Lieferanten	200
Forderungen (Tochter)	360		
Bilanzsumme Aktiva	**705**	**Bilanzsumme Passiva**	**705**

GuV Mutter AG

Aktiva		Passiva	
Materialaufwand	150	Umsatzerlöse	300
		Erträge (Gebäudenutzung)	60
Überschuss (Situation 3)	210		
Kontensumme	360	Kontensumme	360

Abb. 3.12 Bilanz und GuV Mutter nach Transaktionen mit Tochter

50 T€ (Einzahlung gezeichnetes Kapital) plus 70 T€ (Einzahlungen Kunden aus Warenverkauf) minus 60 T€ (Auszahlung Personalaufwand). Der Lieferant wurde noch nicht bezahlt und die Abschreibungs- und Materialaufwandsbuchungen sind nicht zahlungswirksam.

Aufgrund der bilanziellen Überschuldung (das Eigenkapital beträgt − 5 T€) entschließt sich die Mutter AG mit Beginn des neuen Jahres zur **Gründung eines Tochterunternehmens**. Die „Tochter GmbH" wird mit einem Stammkapital von 25 T€ ausgestattet. Nach Ausführung der entsprechenden Banktransaktion ergeben sich die in Abb. 3.11 dargestellten Bilanzen (**Situation 2**).

Um die Situation bei der Mutter AG erfreulicher zu gestalten, wird mit der Ausgründung auch sofort das verbliebene Vorratsvermögen an die Tochter GmbH zum Preis von 300 T€ verkauft. Der Handling- und Gewinnaufschlag beträgt jetzt 100 % und wurde damit gegenüber den Verkäufen an externe Kunden um den Faktor 2,5 erhöht. Weil beide Unternehmen ihren steuerlichen Firmensitz in Deutschland haben, ergibt sich die für Konzerntransaktionen typische Verrechnungspreisproblematik in diesem Fall gegebenenfalls lediglich für die Gewerbesteuerzahllasten. Des Weiteren wird ein Nutzungsvertrag für das Gebäude abgeschlossen, die sofort fällige Nutzungsgebühr beträgt 60 T€ pro Jahr (auf eine Erfolgsabgrenzung wird zur besseren Veranschaulichung verzichtet). **Nach diesen beiden konzerninternen Vorgängen (Situation 3)** hat die **Mutter** AG zwar nicht mehr Liquide Mittel als zuvor (es wird eine Forderung gegenüber der Tochter aktiviert), aber das Vermögen und das Eigenkapital konnten enorm gesteigert werden (vgl. Abb. 3.12).

Die Situation der **Tochter** GmbH (**Situation 3**) ist zwar verheerend schlecht (vgl. Abb. 3.13), aber diese Gesellschaft steht ja nicht im Blickpunkt der Bewertung. Für Li-

Aktiva	Bilanz Tochter GmbH		Passiva
Anlagevermögen	0	**Eigenkapital**	-35
		Stammkapital	25
		Ergebnis Situation 3	-60
Umlaufvermögen	325		
Bankguthaben	25	**Verbindlichkeiten**	360
Vorräte	300	Gegenüber Mutter AG	360
Bilanzsumme Aktiva	325	**Bilanzsumme Passiva**	325

Aktiva	GuV Tochter GmbH		Passiva
Aufwand aus der Gebäudenutzung	60		
		Fehlbetrag (Situation 3)	60
Kontensumme	60	Kontensumme	60

Abb. 3.13 Bilanz und GuV Tochter nach Transaktionen mit Mutter

zenzierungszwecke war in der Vergangenheit lediglich die „gestaltete" Situation der Mutter AG relevant und deren Abschluss kann in unserem Fallbeispiel nun voller Zuversicht eingereicht werden.

Im **nächsten Schritt** wird aufgezeigt, wie aus den beiden Einzelabschlüssen der Mutter und der Tochter ein **Konzernabschluss** entsteht, der mit Hilfe von **Konsolidierungsmaßnahmen** um die Gestaltungselemente zur Verbesserung der wirtschaftlichen Situation der Mutter bereinigt wird.

Zunächst wird eine **Summenbilanz** aus den Aktiv- und Passivposten der Einzelbilanzen aller Konzernunternehmen gebildet. Die sich ergebende Situation 4 ist noch immer deutlich besser als in der Ausgangssituation 1 (vgl. Abb. 3.14), doch dies wird sich nach der Konsolidierung ändern.

Bei der **Kapitalkonsolidierung** wird auf der Aktivseite die Finanzanlage mit 25 T€ und auf der Passivseite das Stammkapital mit 25 T€ beseitigt. Die **Schuldenkonsolidierung** führt dazu, dass die konzerninternen Forderungen und Verbindlichkeiten in Höhe von 360 T€ gestrichen werden. Bei der **Zwischenergebniseliminierung** erfolgt eine Bewertung der Vorräte zu Anschaffungs- und Herstellungskosten, d. h. mit 150 T€ anstelle mit 300 T€, wodurch sich als Gegenkonto auch das Eigenkapital um 150 T€ reduziert. Im Zuge der **Aufwands- und Ertragskonsolidierung** wird die Gebühr zur Nutzung des Gebäudes (60 T€) bereinigt. Die sich nach Abschluss aller Konsolidierungsmaßnahmen er-

Aktiva	Summenbilanz Konzern		Passiva
Anlagevermögen	**310**	**Eigenkapital**	**170**
Gebäude	285	Gezeichnetes Kapital	50
Finanzanlagen	25	Stammkapital	25
		Verlustvortrag	-55
Umlaufvermögen	**720**	Saldo Ergebnis Situation 3	150
Vorräte	300		
Bankguthaben	60	**Verbindlichkeiten**	**860**
Forderungen (Tochter)	360	Banken (langfristig)	300
		Lieferanten	200
		Tochter an Mutter	360
Bilanzsumme Aktiva	**1030**	**Bilanzsumme Passiva**	**1030**

Abb. 3.14 Summenbilanz Konzernunternehmen

Aktiva		Konzernbilanz		Passiva
Anlagevermögen	**285**	**Eigenkapital**		**-5**
Gebäude	285	Gezeichnetes Kapital		50
		Verlustvortrag		-55
Umlaufvermögen	**210**			
Vorräte	150	**Verbindlichkeiten**		**500**
Bankguthaben	60	Banken (langfristig)		300
		Lieferanten		200
Bilanzsumme Aktiva	**495**	**Bilanzsumme Passiva**		**495**

Abb. 3.15 Konzernbilanz

gebende Konzernbilanz (Situation 5, vgl. Abb. 3.15) entspricht der ursprünglichen Bilanz der Mutter vor Ausgründung der Tochter (Situation 1). Ausgründungen mit dem alleinigen Ziel der Bilanzkosmetik lohnen sich demzufolge nicht, wenn der Lizenzgeber die Entscheidung einer Lizenzgewährung auf Basis von eingereichten Konzernabschlussunterlagen tätigt.

3.5 Abgrenzung von HGB- und IFRS-Rechnungslegung

Die deutsche Rechnungslegung nach dem **Handelsgesetzbuch (HGB)** ist vom Prinzip einer kaufmännisch vorsichtigen Bilanzierung geprägt. Im Mittelpunkt stehen die Ausschüttungsbemessung sowie die Informationsfunktion über die Vermögens-, Finanz- und Ertragslage für interne (z. B. Management) und externe (z. B. Gläubiger) Adressaten. Die (fortgeführten) historischen Anschaffungs- bzw. Herstellungskosten bilden den zentralen Bewertungsmaßstab. Auch nach dem Bilanzrechtsmodernisierungsgesetz vom 25.05.2009 bildet der HGB-Abschluss gemäß § 5 Abs. 1 EStG weiterhin eine Orientierungsgrundlage zur steuerlichen Wertermittlung. Bei den **International Financial Reporting Standards (IFRS)** dominiert die Informationsfunktion für Investoren, diesen sollen entscheidungsrelevante Informationen bereitgestellt werden. Aspekte der Vorsicht und der Risikovorsorge rücken bei den IFRS zu Gunsten einer Fair Presentation in den Hintergrund, der sog. Fair Value (beizulegender Zeitwert) ist ein zentraler Bewertungsmaßstab. Dass allerdings insbesondere der Ausweis nicht realisierter Gewinne auch erhebliche Gefahren birgt und damit das HGB den moderner anmutenden IFRS nicht zwingend unterlegen ist, hat spätestens die in 2007 begonnene Finanz- und Wirtschaftskrise gezeigt. In Wirtschaftszeiten mit beispielsweise höheren Börsenkursen von Finanzanlagen sind deren bilanzielle Wertansätze und damit über Wertzuschreibungen (Erträge) die IFRS-Ergebnisse besser. Sobald die Börsenbewertungen (rapide) sinken, entfaltet dieser Effekt jedoch gegenteilige Wirkung. Küting et al. (2013, S. 232) sprechen in diesem Zusammenhang von einer kleineren „Fallhöhe" nach HGB.

▷   Auf die Frage, was denn IFRS (International Financial Reporting Standards)
    bzw. IAS (International Accounting Standards) sind und worin der Unterschied
    besteht, findet sich in dem von der Wirtschafts- und Steuerberatungsgesell-
    schaft RBS RoeverBroennerSusat GmbH & Co. KG (2014) betriebenen IFRS-Por-
    tal die folgende, sehr gelungene Antwort:
    Das Bedürfnis nach internationaler Vergleichbarkeit der Rechnungslegung ist
    keineswegs neu. Bereits 1973 wurde das International Accounting Standards
    Committee (IASC) als privatrechtlicher Verein nationaler Verbände von Rech-
    nungslegern und Wirtschaftsprüfern, mit Sitz in London gegründet. Über viele
    Jahre führte das IASC ein kaum beachtetes Schattendasein, bis die Europäische
    Union im Jahr 2000 beschloss, bei der Fortentwicklung von Rechnungslegungs-
    vorschriften mit dem IASC zusammen zu arbeiten.
    Im Jahr 2001 erfolgte eine Umstrukturierung des IASC und die Umbenennung
    in IASB (International Accounting Standards Board). Sämtliche bis dahin vom
    IASC verabschiedeten International Accounting Standards (IAS) behielten
    zunächst ihre Gültigkeit und wurden (und werden noch) nach und nach modi-
    fiziert oder vom IASB durch neue Standards ersetzt. Die neuen, vom IASB entwi-
    ckelten Rechnungslegungsstandards heißen nunmehr International Financial
    Reporting Standards (IFRS) und werden fortlaufend durchnummeriert.
    Der IASB wird in der Auslegung der Standards von dem IFRS Interpretations
    Committee (vormals International Financial Reporting Interpretations Com-
    mittee, kurz IFRIC und bis 2001 Standing Interpretations Committee, kurz SIC)
    unterstützt. Dessen Aufgabe besteht in der Beantwortung von Fragen und
    Interpretationen seitens der IFRS-Anwender und somit einer inhaltlichen Ver-
    bindung der einzelnen IFRS. Zudem unterbreitet das IFRS Interpretations Com-
    mittee aufgrund seiner Erfahrungen mit Umsetzungsproblemen dem IASB
    Vorschläge zur Verbesserung einzelner Standards.
    Der erste IFRS wurde im Juni 2003 vom IASB veröffentlicht (IFRS1 Erstmalige
    Anwendung der International Financial Reporting Standards). Weitere Stan-
    dards werden laufend vom IASB verabschiedet. Damit diese gesetzliche Wir-
    kung entfalten, übernimmt die Europäische Kommission die Standards in
    einem so genannten Endorsement-Prozess (Komitologie-Verfahren). Eine
    Überführung in nationales Recht ist nicht erforderlich, da die EU-Verordnungen
    unmittelbar für alle Mitgliedstaaten der Europäischen Union gelten.

Einige konkrete **Beispiele** für Differenzen hinsichtlich **Bilanzierungs- und Bewertungs-
unterschieden** zwischen einer Rechnungslegung nach HGB und nach den IFRS:

• Der Goodwill aus Unternehmenserwerben ist nach IFRS zu aktivieren und nur bei einer
  Wertminderung außerplanmäßig abzuschreiben. Bei einer Aktivierung nach HGB be-
  steht eine Pflicht zur Abschreibung über eine planmäßige Nutzungsdauer von in der
  Regel fünf Jahren (vgl. §§ 246 Abs. 1, 285 Nr. 13 HGB).

- Für selbst geschaffene immaterielle Vermögensgegenstände des Anlagevermögens besteht gemäß § 248 Abs. 2 HGB ein Aktivierungswahlrecht, nach den IFRS ergibt sich unter bestimmten Voraussetzungen eine Ansatzpflicht (z. B. für Entwicklungskosten).
- Die unter anderem bei einer Auftragsfertigung nach HGB verbotene anteilige Gewinnrealisierung in Abhängigkeit des Projektfortschritts ist nach IFRS verpflichtend.
- Nach IFRS sind alle Arten von Aufwandsrückstellungen verboten.

Unabhängig vom jeweiligen Börsensegment (z. B. General oder Prime Standard in Deutschland) sind seit dem 01.01.2005 alle **börsennotierten Unternehmen in der EU verpflichtet**, ihren Konzernabschluss **IFRS**-konform zu erstellen (vgl. § 315a HGB). In Deutschland ist davon Borussia Dortmund als bislang einziges börsennotiertes Fußballunternehmen betroffen.

Ein IFRS-Konzernabschluss besteht gemäß IAS 1.10 unabhängig von der Größe, der Rechtsform und einer Börsennotierung immer aus den Bestandteilen Bilanz (Balance Sheet), GuV (Income Statement), Eigenkapitalveränderungsrechnung (Statement of Changes in Equity), Kapitalflussrechnung (Cashflow Statement), einem umfangreichen Anhang (Notes) sowie im Falle einer Börsennotierung aus einer Segmentberichterstattung (Segment Reporting).

▶   Eine Mustervorlage eines IFRS-Konzernabschlusses wird von der Wirtschaftsprüfungsgesellschaft KPMG unter folgender Internetadresse kostenfrei zur Verfügung gestellt: http://www.kpmg.com/DE/de/Bibliothek/2014/Seiten/ifrs-muster-konzernabschluss-2014.aspx.

Literatur

AktG (2013) Stand (letzte Änderung) vom 23.07.2013. http://gesetze-im-internet.de. Zugegriffen: 25. Feb. 2015
AO (2014) Stand (letzte Änderung) vom 25.07.2014. http://gesetze-im-internet.de. Zugegriffen: 25. Feb. 2015
Asbeck F (2013) Unsere Liquidität ist hoch. Handelsblatt 19.–21.04.2013, S 7
Beck'scher Bilanz-Kommentar (2014) Handels- und Steuerbilanz, 9. Aufl. C.H. Beck, München
BGB (2014) Stand (letzte Änderung) vom 22.07.2014. http://gesetze-im-internet.de. Zugegriffen: 25. Feb. 2015
BilKoG (2004) Gesetz zur Kontrolle von Unternehmensabschlüssen vom 15.12.2004. http://www.bgbl.de/banzxaver/bgbl/start.xav?start=//*%5B@attr_id='bgbl104s3389.pdf'%5D#__bgbl__%2F%2F*%5B%40attr_id%3D%27bgbl104s3408.pdf%27%5D__1419884768277. Zugegriffen: 25. Feb. 2015
BilMoG (2009) Gesetz zur Modernisierung des Bilanzrechts vom 25.05.2009. http://www.bgbl.de/banzxaver/bgbl/start.xav?start=%2F%2F*%5B%40attr_id%3D'bgbl109s1102.pdf%5D#__bgbl__%2F%2F*%5B%40attr_id%3D%27bgbl109s1102.pdf%27%5D__1421068136063. Zugegriffen: 25. Feb. 2015
BMJV (2014a) Referentenentwurf für ein BilRUG (Stand 27.07.2014). http://www.bmjv.de/DE/Ministerium/Gesetzarchiv/_node.html?gtp=5149784_list%253D2. Zugegriffen: 27. Dez. 2014

BMJV (2014b) Gesetzentwurf für ein BilRUG (Stand 17.12.2014). http://www.bmjv.de/Shared-Docs/Downloads/DE/pdfs/Gesetze/GE_Bilanzrichtlinie-Umsetzungsesetz.pdf?__blob=publicationFile. Zugegriffen: 17. Jan. 2015

BMJV (2014c) Entwurf eines Gesetzes zur Erleichterung der Bewältigung von Konzerninsolvenzen (Stand 30.01.2014). http://www.bmjv.de/SharedDocs/Downloads/DE/pdfs/Gesetze/RegE_Entwurf_eines_Gesetzes_zur_Erleichterung_der_Bewaeltigung_von_Konzerninsolvenzen.pdf?__blob=publicationFile. Zugegriffen: 25. Feb. 2015

Boletin Oficial del Estado (2013) Ley 19/2013 de 9 de diciembre de transparencia acceso a la informacion publica y buen gobierno. Ausgabe Nr. 295 vom 10.12.2013. Sektion I. Ministerio de la Presidencia, Madrid, S 97922–97952

BrandFinanceFootball (2014) The annual report on the world's most valuable fottball brands 2014. http://www.brandfinance.com/images/upload/brandfinance_football_50_2014_web.pdf. Zugegriffen: 25. Feb. 2015

Bundesanzeiger (2014) Bekanntmachung des DRS 21 vom 02.04.2014. https://www.bundesanzeiger.de/ebanzwww/wexsservlet?page.navid=official_starttoofficial_view_publication&session.sessionid=9439d016e9579de72ccd80e3545ed42b&fts_search_list.selected=9097372c9e3ab867&&fts_search_list.destHistoryId=80984&fundstelle=BAnz_AT_08.04.2014_B2. Zugegriffen: 25. Feb. 2015

BVB (2009) Borussia Dortmund ändert Jahresabschlüsse 2005/2006, 2006/2007 und 2007/2008 (Ad-Hoc News vom 14.07.2009). http://aktie.bvb.de/IR-News/Ad-Hoc-News/Borussia-Dortmund-aendert-Jahresabschluesse-2005–2006-2006–2007-und-2007–2008-Anerkennung-einer-DPR-Fehlerfeststellung. Zugegriffen: 25. Feb. 2015

BVB (2014) Borussia Dortmund has been admitted to ‚Prime Standard' (Corporate News vom 27.05.2014). http://aktie.bvb.de/ger/aktie.bvb.de/IR-News/Corporate-News/Borussia-Dortmund-has-been-admitted-to-Prime-Standard. Zugegriffen: 25. Feb. 2015

Dell M (2014) Beitrag in der Wirtschaftswoche. 06.10.2014, S 51

Deloitte (2011) Enforcement der Rechnungslegung. http://www.deloitte.com/assets/Dcom-Germany/Local%20Assets/Documents/05_Wirtschaftspruefung/2011/De_DPR_komplett.pdf. Zugegriffen: 25. Feb. 2015

Deloitte (2014) Football Money League. 17. Aufl. http://www2.deloitte.com/content/dam/Deloitte/uk/Documents/sports-business-group/deloitte-uk-deloitte-football-money-league-2014.pdf. Zugegriffen: 25. Feb. 2015

Deutscher Bundestag (2013a) Entwurf eines Gesetzes zur Verkürzung der Aufbewahrungsfristen sowie zur Änderung weiterer steuerlicher Vorschriften vom 24.04.2013. http://dip21.bundestag.de/dip21/btd/17/132/1713268.pdf. Zugegriffen: 25. Feb. 2015

Deutscher Bundestag (2013b) Unterrichtung durch den Bundesrat vom 07.05.2013 zur Anrufung des Vermittlungsausschusses. http://dipbt.bundestag.de/dip21/btd/17/133/1713389.pdf. Zugegriffen: 25. Feb. 2015

DFL (2014a) Bundesligareport 2014. https://www.bundesliga.de/media/native/dokument/dt_DFL_BL_Wirtschaftssituation_2014_72dpi.pdf. Zugegriffen: 25. Feb. 2015

DFL (2014b) Lizenzierungsordnung (Stand 05.12.2014). http://www.bundesliga.de/media/native/dokument/Lizenzierungsordnung%20LO%202014-12-05%20Stand.pdf. Zugegriffen: 25. Feb. 2015

DPR (2009) Grundsätze für die stichprobenartige Prüfung vom 20.04.2009. http://www.frep.info/pruefverfahren/verfahrensregelungen.php. Zugegriffen: 17. Dez. 2014

DPR (2015) Tätigkeitsbericht 2014. http://www.frep.info/presse/taetigkeitsberichte.php. Zugegriffen: 25. Feb. 2015

DRSC (2010) DRS8 – Bilanzierung von Anteilen an assoziierten Unternehmen im Konzernabschluss (Stand: 05.01.2010). http://www.drsc.de/service/drs/standards/?ixstds_do=show_details&entry_id=14. Zugegriffen: 25. Feb. 2015

EStG (2014) Stand (letzte Änderung) vom 02.12.2014. http://gesetze-im-internet.de. Zugegriffen: 25. Feb. 2015

EU-Bilanzierungsrichtlinie (2013) Richtlinie 2013/34/EU des Europäischen Parlaments und des Rates vom 26.06.2013 (ersetzt die bisherige Bilanzierungsrichtlinie 78/660/EWG und die Konzernbilanzierungsrichtlinie 83/349/EWG). http://eur-lex.europa.eu/LexUriServ/LexUriServ.do?uri=OJ:L:2013:182:0019:0076:DE:PDF. Zugegriffen: 25. Feb. 2015

EU-Kommission (2013) Revised Directive on transparency requirements for listed companies (Memo vom 12.06.2013). http://europa.eu/rapid/press-release_MEMO-13-544_en.htm. Zugegriffen: 25. Feb. 2015

EU-Transparenzrichtlinie (2013) Richtlinie 2013/50/EU vom 22.10.2013 zur Änderung der Richtlinie 2004/109/EG des Europäischen Parlaments und des Rates vom 15.12.2004. http://eur-lex.europa.eu/LexUriServ/LexUriServ.do?uri=OJ:L:2013:294:0013:0027:DE:PDF. Zugegriffen: 25. Feb. 2015

FIFA (2007) Reglement zur Klublizenzierung (Stand Oktober 2007). http://de.fifa.com/mm/document/affederation/administration/67/17/66/club_licensing_regulations_de_47343.pdf. Zugegriffen: 25. Feb. 2015

Finanzmarktstabilisierungsgesetz (2008) Gesetz zur Umsetzung eines Maßnahmenpakets zur Stabilisierung des Finanzmarktes vom 17.10.2008. http://www.bgbl.de/banzxaver/bgbl/start.xav?startbk=Bundesanzeiger_BGBl#_bgbl_%2F%2F*%5B%40attr_id%3D%27bgbl108s1982.pdf%27%5D_1420715174989. Zugegriffen: 25. Feb. 2015

Frankfurter Wertpapierbörse (2014) Börsenordnung (Stand 01.12.2014). http://deutsche-boerse.com/dbg/dispatch/de/page/gdb_navigation/info_center?pane=fwb_regulation_detail&object_id=84XHGZ360NSGDDE. Zugegriffen: 25. Feb. 2015

Gesetz zur Einführung einer Rechtsbehelfsbelehrung im Zivilprozess und zur Änderung anderer Vorschriften (2012) vom 05.12.2012. http://www.bgbl.de/banzxaver/bgbl/start.xav?startbk=Bundesanzeiger_BGBl#_bgbl_%2F%2F*%5B%40attr_id%3D%27bgbl112s2418.pdf%27%5D_1420715595609. Zugegriffen: 25. Feb. 2015

Gesetz zur Erleichterung der Sanierung von Unternehmen (2009) vom 24.09.2009. http://www.bgbl.de/banzxaver/bgbl/start.xav?startbk=Bundesanzeiger_BGBl#_bgbl_%2F%2F*%5B%40attr_id%3D%27bgbl109s3151.pdf%27%5D_1420715895349. Zugegriffen: 25. Feb. 2015

Handelsblatt (2014) Die fantasievolle Bilanz der Wirtschaftsprüferkammer (Bericht vom 15.07.2014). https://kaufhaus.handelsblatt.com/artikel/wirtschaftsprueferkammer-fantasievolle-bilanz-p7314.html?readmode=1. Zugegriffen: 28. Feb. 2015

HGB (2014) Stand (letzte Änderung) vom 15.07.2014. http://gesetze-im-internet.de. Zugegriffen: 25. Feb. 2015

HSV (2014a) Einzel- und Konzern-Jahresabschlüsse zum 30.06.2012 und 30.06.2013. http://www.hsv.de/verein/ueber-uns/jahresabschluesse/. Zugegriffen: 15. Jan. 2015

HSV (2014b) Anleihe. http://www.hsv-anleihe.de/?p=anleihe. Zugegriffen: 15. Jan. 2015

HSV (2014c) Klaus-Michael Kühne unterstützt HSV Fußball AG mit substantiellem Darlehen (Meldung vom 04.08.2014). http://www.hsv.de/verein/meldungen/verein/2014/august/klaus-michael-kuehne-unterstuetzt-hsv-fussball-ag-mit-substantiellem-darlehen/. Zugegriffen: 25. Feb. 2015

HSV (2014d) Einzel- und Konzern-Jahresabschlüsse zum 30.06.2014 der HSV Fußball AG. http://www.hsv.de/verein/ueber-uns/jahresabschluesse/. Zugegriffen: 25. Feb. 2015

HSV (2014e) Einzel- und Konzern-Jahresabschlüsse zum 30.06.2014 des Hamburger Sport-Verein e. V. http://www.hsv.de/verein/ueber-uns/jahresabschluesse/. Zugegriffen: 25. Feb. 2015

Huwer E (2014) Der Jahresabschluss von Fußballunternehmen. Disseration, Universität des Saarlandes

IAS (2014) IFRS-Texte Auflage 4.0. http://www.ifrs-portal.com (Originaltexte über http://www.ifrs.org). Zugegriffen: 25. Feb. 2015

IDW (2013) Stellungnahme zur Rechnungslegung IDW RS HFA 14 vom 06.12.2013. IDW-Verlag, Düsseldorf

IFRS (2014) IFRS-Texte Auflage 4.0. http://www.ifrs-portal.com (Originaltexte über http://www.ifrs.org). Zugegriffen: 25. Feb. 2015

InsO (2013) Stand (letzte Änderung) vom 31.08.2013. http://gesetze-im-internet.de. Zugegriffen: 25. Feb. 2015

Kaeser J (2014): Beitrag in der Wirtschaftswoche vom 20.12.2014. http://www.wiwo.de/unternehmen/industrie/groesster-deutscher-industriekonzern-siemens-chef-kaeser-verspricht-wachstumskurs-ab-2016/11144240.html. Zugegriffen: 15. Jan. 2015

Kicker (2015) HSV – Kühne steigt ein (Meldung vom 22.01.2015). http://www.kicker.de/news/fussball/bundesliga/startseite/619567/artikel_hsv_kuehne-steigt-ein--volksparkstadion-kehrt-zurueck.html. Zugegriffen: 25. Feb. 2015

Kirchhof H-P, Stürner R, Eidenmüller H (2013) Münchener Kommentar zur Insolvenzordnung, Bd. 1, 3. Aufl. C.H. Beck, München

Küting K, Pfitzer N, Weber C-P (2013) IFRS oder HGB? 2. Aufl. Schäffer-Poeschel, Stuttgart

PublG (2013) Stand (letzte Änderung) vom 04.10.2013. http://gesetze-im-internet.de. Zugegriffen: 25. Feb. 2015

RBS RoeverBroennerSusat (2014) Was sind IFRS/IAS? http://www.ifrs-portal.com/Grundlagen/Was_sind_IFRS_IAS/Was_sind_IFRS_IAS_01.htm. Zugegriffen: 25. Feb. 2015

SGB IV (2014) Stand (letzte Änderung) vom 11.08.2014. http://gesetze-im-internet.de. Zugegriffen: 25. Feb. 2015

Spiegel-Online (2014) Kühne-Rückzug beim HSV (Meldung vom 19.12.2014). http://www.spiegel.de/sport/fussball/bundesliga-hsv-hat-enorme-geldsorgen-wegen-kuehne-rueckzug-a-1009442.html. Zugriffen: 25.02.2015

Sportbild (2014) Investor Kühne will 25-Mio-Darlehen zurück (Meldung vom 19.12.2014). http://sportbild.bild.de/bundesliga/vereine/bundesliga/hsv-investor-kuehne-will-rueckzahlung-des-darlehens-39042678.sport.html. Zugegriffen: 25. Feb. 2015

Strauß M (2014) Fußballunternehmen in Europa. Dissertation, Universität des Saarlandes

SZ (2014) Allianz steigt beim FC Bayern ein (Ausgabe vom 11.02.2014). http://www.sueddeutsche.de/sport/neuer-anteilseigner-allianz-steigt-beim-fc-bayern-ein-1.1886121. Zugegriffen: 25. Feb. 2015

UEFA (2012) Reglement zur Klublizenzierung und zum finanziellen Fairplay (Ausgabe 2012). http://de.uefa.org/MultimediaFiles/Download/Tech/uefaorg/General/01/80/54/12/1805412_DOWNLOAD.pdf. Zugegriffen: 25. Feb. 2015

Unternehmensregister (2014) Kosten der Nutzung. https://www.unternehmensregister.de/ureg/how-to1.8.html;jsessionid=64ADD82ED29E980DBD67C88CAE088808.web02-1. Zugegriffen: 15. Jan. 2015

WpHG (2014) Stand (letzte Änderung) vom 15.07.2014. http://gesetze-im-internet.de. Zugegriffen: 25. Feb. 2015

WPK (2014) Stellungnahme der WPK vom 02.10.2014 zum Entwurf eines Gesetzes zur Umsetzung der Bilanzrichtlinie 2013/34/EU (BilRUG). http://www.wpk.de/neu-auf-wpkde/rechnungslegung/2014/. Zugegriffen: 25. Feb. 2015

Wysocki Kv, Wohlgemuth M, Brösel G (2014) Konzernrechnungslegung, 5. Aufl. UTB, Konstanz

Zülch H et al (2014) Enforcement-Guide, 2. Aufl. Erich Schmidt, Berlin

Besonderheiten des Jahresabschlusses von Fußballunternehmen

4

▶ In diesem Kapitel werden die folgenden **Fragen** beantwortet:
- Welche finanziellen Mindestkriterien muss ein Fußballklub erfüllen, um gemäß FIFA- und UEFA-Statuten eine Lizenz für den professionellen Spielbetrieb erhalten zu können?
- Wie ist die deutsche Lizenzierungsordnung ausgestaltet, welche Besonderheiten und Erweiterungen gelten für die beiden Profiligen gegenüber internationalen Vorgaben?
- Welche branchenspezifischen Besonderheiten bestehen bei Fußballklub-Abschlüssen im Hinblick auf die einzelnen Bilanz- und Gewinn- und Verlustrechnungspositionen?
- Was ist unter der Bilanzposition Spielerwert zu verstehen?
- Welche aktuelle Entwicklung ist bei Spielertransfermodellen mit Investorenbeteiligung zu beachten?
- Was ist der Unterschied zwischen Mehrwertsteuer, Umsatzsteuer und Vorsteuer?

4.1 Finanzielle Lizenzierungsvorgaben von FIFA und UEFA

In der Einleitung zu den **finanziellen Kriterien** erkennt die **FIFA** in ihrem Klublizenzierungsreglement (2007) in Art. 10.1 zunächst an, dass sich die Rechnungslegung von Unternehmen innerhalb der einzelnen Mitgliedsverbände aufgrund einer Vielzahl an sozialen, ökonomischen und rechtlichen Rahmenbedingungen sowie in Abhängigkeit der Informationsempfänger unterscheidet. Trotz dieses Umstands werden in Art. 10.4 (FIFA 2007) drei zentrale Anforderungen vorgegeben:

© Springer Fachmedien Wiesbaden 2016
L. Hierl, R. Weiß, *Bilanzanalyse von Fußballvereinen,* DOI 10.1007/978-3-658-07916-1_4

- Unabhängig von der Rechtsform- und der Unternehmensstrukturierung müssen Fußballklubs, die eine Profilizenz erhalten wollen, einen von einem unabhängigen Abschlussprüfer **geprüften Jahresabschluss** vorlegen. Neben einer Bilanz und einer Gewinn- und Verlustrechnung besteht dieser auch aus einem Anhang gemäß nationaler Vorgaben für Kapitalgesellschaften.
- Es dürfen **keine überfälligen Verbindlichkeiten** gegenüber anderen Fußballklubs aus Transfergeschäften bestehen.
- Es dürfen **keine überfälligen Verbindlichkeiten** gegenüber Mitarbeitern sowie Sozial- oder Steuereinrichtungen bestehen.

Die **UEFA** hat auch bei den finanziellen Kriterien die FIFA-Lizenzierungsregelungen präzisiert und erweitert, insbesondere Art. 47 sowie Anhang VI (vgl. UEFA 2012a). Die Bilanzpositionen wurden von 22 auf 25 erweitert. Bei der GuV sind es bei der UEFA 17 im Vergleich zu 14 Positionen bei der FIFA. Diese jeweiligen Mindestangaben können gegebenenfalls auch in einem Anhang dargestellt werden. Der von einem unabhängigen Abschlussprüfer im Sinn des Code of Ethics for Professional Accountants der International Federation of Accountants (vgl. IFAC 2013) zu prüfende **Jahresabschluss** muss neben einer Bilanz, einer Gewinn- und Verlustrechnung und einem Anhang des Weiteren noch eine Kapitalflussrechnung sowie einen Lagebericht der Unternehmensleitung umfassen. Der **Berichtskreis** des Abschlusses sollte alle in der rechtlichen Konzernstruktur des Fußballklubs enthaltenen Unternehmen einschließen, bei denen Einnahmen oder Ausgaben anfallen im Zusammenhang mit den folgenden Aktivitäten:

- Eintrittskartenverkauf
- Sponsoring und Werbung
- Broadcasting
- Merchandising und Hospitality
- Klubbetrieb (z. B. Administration, Aktivitäten an Spieltagen und Reisen)
- Finanzierung (einschließlich Finanzierungen, bei denen Vermögenswerte des Lizenzbewerbers als Sicherheit oder Pfand dienen)
- Nutzung und Verwaltung von Stadien und Trainingseinrichtungen
- Juniorenbereich

Ein Unternehmen kann nur dann aus dem Berichtskreis ausgenommen werden, wenn es im Vergleich zum Gesamtkonzern des Lizenzbewerbers unerheblich ist oder wenn seine Haupttätigkeit keinen Bezug zu den Aktivitäten, Standorten, Vermögenswerten oder der Marke des Fußballklubs hat.

Wenn der Abschlussstichtag des Lizenzbewerbers mehr als sechs Monate vor dem Termin zur Einreichung der Liste der Lizenzentscheidungen bei der UEFA liegt, muss der Lizenzbewerber zusätzlich einen prüfungspflichtigen **Zwischenabschluss** für die Zwischenberichtsperiode erstellen und einreichen. Weitere Details dazu finden sich in Art. 48 (UEFA 2012a). Zur Beweisführung, dass **keine überfälligen Verbindlichkeiten** gegenüber anderen Fußballklubs, gegenüber Mitarbeitern oder gegenüber Sozial- oder Steuereinrichtungen bestehen, sind umfangreiche Berichtspflichten vorgesehen (vgl. UEFA 2012a, Art. 49 f.) Schließlich sind gemäß Art. 52 (UEFA 2012a) auch noch **zukunftsbezogene Finanzinformationen** zum Nachweis der Fortführungsfähigkeit des Fußballklubunternehmens bis zum Ende der lizenzierten Spielzeit zusammenzustellen. Auf eine Plan-GuV und eine Plan-Kapitalflussrechnung (zumal auf Quartalsbasis) sowie weitere Angaben und Erläuterungen kann verzichtet werden, sofern der Jahresabschluss zumindest im Hinblick auf die Unternehmensfortführung vom Abschlussprüfer mit einem uneingeschränkten Bestätigungsvermerk versehen wurde. Zudem darf sich das Eigenkapital gegenüber dem Vorjahr nicht verschlechtert haben. Bei der letztgenannten inhaltlichen Ausgestaltung ergibt sich allerdings eine sprachliche Diskrepanz zu der Überschrift des Indikators 2 in Art. 52 Nr. 2b (UEFA 2012a), die eigentlich eine Ausführung zu einem „negativen Eigenkapital" und nicht zu einer „negativen Änderung" vermuten lässt. Ein Abgleich mit den englischsprachigen UEFA Club Licensing and Financial Fair Play Regulations (2012b) offenbart, dass es sich hierbei um einen Übersetzungsfehler handeln könnte. Das Online-Wörterbuch Leo.org liefert für das Verb „to deteriorate" zwar auch „sich verschlechtern", die UEFA könnte hier allerdings eher eine adjektivierte Form „deteriorated" intendiert haben und hier wäre dann „verfallen" im Sinn von „es hat keinen positiven Wert mehr" wieder kongruent zur Überschrift.

▶ **Bilanzposition Spielerwert**
Aufgrund der enormen Bedeutung der **Bilanzposition „Spielerwert"** und der damit verbundenen Missverständnisse bei vielen Fußballinteressierten, werden an dieser Stelle die wichtigsten lizenzrechtlichen Vorgaben der UEFA dargestellt, vgl. Anhang VII Nr. C in UEFA (2012a).
- Es ist zulässig, die Kosten im Zusammenhang mit dem Erwerb von Spielerregistrierungen (sog. Ablöse- oder Transferzahlungen zuzüglich Nebenkosten wie beispielsweise Spielervermittlergebühren) **nicht zu kapitalisieren** (also keinen bilanziellen immateriellen Vermögenswert zu generieren), sondern in einer Summe sofort als Aufwand in der GuV zu erfassen. Voraussetzung ist, dass dies gemäß den jeweiligen nationalen Rechnungslegungsvorschriften zulässig ist. In Deutschland ist dies zumindest **steuerrechtlich nicht zulässig** (vgl. BFH-Urteile in Abschn. 4.3). Für das Lizenzierungsverfahren ist im Fall der Nicht-Kapitalisierung eine Anpassung des nationalen Abschlusses um eine Kapitalisierung dieser Kosten ausdrücklich nicht erforderlich.
- Bei einer **Kapitalisierung** von Kosten im Zusammenhang mit dem Erwerb von Spielerregistrierungen ist Folgendes zu beachten:
  - Das Exklusivnutzungsrecht an einem Spieler endet mit Ablauf des Arbeitsvertrags, danach kann dieser ablösefrei den Fußballklub wechseln.
  - Für jede Spielerregistrierung ist daher das gesamte Abschreibungsvolumen über die Laufzeit des Vertrags des jeweiligen Spielers zu verteilen. Es muss eine **Einzelbewertung** vorgenommen werden, eine zusammenfassende Bewertung von mehreren Spielern ist nicht zulässig.

- **Nur direkte Kosten** im Zusammenhang mit dem Erwerb einer Spieler-registrierung können kapitalisiert werden.
- Der Buchwert eines einzelnen Spielers darf zu Rechnungslegungszwe-cken nicht in einer Neubewertung höher angegeben werden, selbst wenn die Unternehmensleitung der Auffassung ist, dass der Marktwert über dem Buchwert liegt. **Bewertungsobergrenze** sind somit die **fort-geführten Anschaffungskosten**.
- Obwohl allgemein anerkannt ist, dass der Lizenzbewerber einen Gegen-wert aus dem Einsatz bzw. dem Transfer von selbst ausgebildeten Junio-renspielern erzielen kann, dürfen die Kosten im Zusammenhang mit eigenen Jugendspielern nicht in die Bilanz aufgenommen werden, da **nur die Kosten von entgeltlich erworbenen Spielern** kapitalisiert wer-den dürfen.
- Die **Amortisation beginnt**, sobald die Spielerregistrierung übergeht. Die **Amortisation endet** entweder zu dem Datum, an dem der Vermögens-wert als zur Veräußerung gehalten klassifiziert wird (held-for-sale nach IFRS), oder dem Datum, an dem der Vermögenswert ausgebucht wird (d. h. die Spielerregistrierung wird an einen anderen Klub übertragen), je nachdem welches Datum früher eintritt.
- Das gesamte Spielervermögen ist **jedes Jahr** von der Unternehmenslei-tung auf **Wertminderung zu prüfen** (sog. impairment test nach IFRS). Wenn der Marktwert für einen einzelnen Spieler niedriger ist als der in der Bilanz angegebene Buchwert, muss der Buchwert an den Marktwert angepasst werden. Der Anpassungsbetrag ist in der Gewinn- und Verlust-rechnung als Abschreibungsaufwand zu erfassen.
- Bei einer **Veräußerung** einer Spielerregistrierung an einen anderen Klub entspricht der Unterschied zwischen dem Veräußerungserlös und dem Rest-buchwert der Spielerregistrierung in der Bilanz zum Zeitpunkt des Transfers dem in der Gewinn- und Verlustrechnung auszuweisenden Gewinn bzw. Verlust aus dieser Transaktion.
- Ein Gewinn im Zusammenhang mit einem Spieler, dessen Registrierung beim Lizenzbewerber verbleibt (sog. **Ausleihe**), darf nicht in der Gewinn- und Verlustrechnung ausgewiesen werden. Gewinne aus der Veräußerung wirtschaftlicher Rechte an einem Spieler oder Ähnlichem an eine andere Partei sind abzugrenzen. Ein Gewinn darf erst dann ausgewiesen werden, wenn der dauerhafte Transfer der Spielerregistrierung an einen anderen Klub erfolgt ist.

In diesem Zusammenhang sind auch die folgenden Sachverhalte von Bedeu-tung:

- Aufgrund des entsprechenden expliziten lizenzrechtlichen Hinweises, darf in einer im Rahmen der Lizenzierung eingereichten Bilanz jeder einzelne Spielerwert nur maximal mit den fortgeführten Anschaffungskosten ange-setzt worden sein. Für die handelsrechtliche Bilanz nach deutschem Recht gilt dies ebenfalls, d. h. hier ergibt sich keine Divergenz. Nach IFRS muss im Grundsatz die Anwendbarkeit des **Neubewertungsmodells** (vgl. IAS 38.75–38.87) geprüft werden. Weil alle Fußballspieler (und nicht nur z. B. Arjen Robben, Cristiano Ronaldo und Lionel Messi) einzigartig sind und zudem nur zwei Mal im Jahr innerhalb der offiziellen Fristen ihren Arbeitgeber wechseln dürfen (vgl. FIFA 2014a, § 6 Nr. 1), ist allerdings die **Anwendungsvoraussetzung nicht erfüllt**. Ein aktiver Markt im Sinne der Definition im Anhang zu IFRS 13 ist nicht vorhanden.

• Zum **Schutz von Minderjährigen** ist der internationale Transfer von Spielern im Grundsatz nur erlaubt, wenn diese das 18. Lebensjahr vollendet haben (vgl. FIFA 2014a, § 19 Nr. 1). Es gibt jedoch auch einige Ausnahmemöglichkeiten, beispielsweise wenn „The player's parents move to the country in which the new club is located for reasons not linked to football" (FIFA 2014a, § 19 Nr. 2a). Dieses Verbot hat der **FC Barcelona** offensichtlich in mindestens zehn Fällen missachtet und dürfte daher nach einer im Dezember 2014 erfolgten Bestätigung des FIFA-Strafmaßes durch den Internationalen Sportgerichtshof CAS erst im Januar 2016 wieder auf dem Transfermarkt aktiv werden (vgl. Kicker 2014).

• Im Dezember 2014 hat die FIFA eine Reglementänderung zum Status und Transfer von Spielerrechten beschlossen. Unter anderem darf gemäß neuem Artikel „18ter" weder ein Verein noch ein Spieler „mit einer Drittpartei einen Vertrag abschliessen [sic!], der einer Drittpartei einen gänzlichen oder partiellen Anspruch auf eine Entschädigung [gewährt], die bei einem künftigen Transfer eines Spielers von einem Verein zu einem anderen fällig wird" (FIFA 2014b). Diese Entscheidung, die primär getroffen wurde aufgrund von Fehlentwicklungen in Südamerika, wird zukünftig auch in Deutschland entsprechende **Spielertransfermodelle mit Investoren** verhindern. Beispielsweise hat der Investor Kühne in der Vergangenheit den HSV bei der Verpflichtung von Spielern unterstützt und sich im Gegenzug eine Beteiligung an den Transfererlösen bei einem späteren Weiterverkauf der Spieler gesichert (vgl. Kicker 2015). Dies ist seit dem 01.01.2015 **verboten**. Für bereits bestehende Verträge wurden Übergangsfristen eingeräumt.

4.2   DFL-Lizenzierungsordnung im Bereich finanzieller Kriterien

Neben eventuellen handels- und publizitätsrechtlichen Vorgaben sind von den Fußballklubs, die am Spielbetrieb der deutschen Profiligen (weiterhin) teilnehmen wollen, auch lizenzrechtliche Anforderungen zu erfüllen. Für den Erwerb der erforderlichen Lizenz vom Ligaverband ist neben der Erfüllung von sportlichen, rechtlichen, infrastrukturellen, medientechnischen sowie personellen und administrativen Kriterien insbesondere auch die Erfüllung finanzieller Kriterien erforderlich. Diese werden nachfolgend beschrieben.

Die Generalversammlung des Ligaverbandes hat 2013 eine Umstellung des Lizenzierungsverfahrens **ab der Saison 2014/2015** beschlossen (vgl. DFL 2014b). Zukünftig erfolgt die **Lizenzierung** nicht mehr auf Basis eines aussagerestringierten Einzelabschlusses (vgl. Abschn. 5.3), sondern **auf Basis** eines deutlich weniger manipulationsanfälligen **Konzernabschlusses** (vgl. Abschn. 3.4 sowie das in Abschn. 4.3 beschriebene Beispiel „Hertha BSC"). Die Finanzinformationen des Lizenzbewerbers und aller seiner Tochter- und Schwesterunternehmen (wie beispielsweise Stadion- und Rechte-Gesellschaften) sind so zu kombinieren bzw. zu konsolidieren, als wenn es sich um ein einziges Unternehmen handeln würde. Diese Entwicklung, die sehr zu begrüßen ist, setzt die entsprechenden Lizenzierungsvorgaben der UEFA um. Wie oben dargestellt zielt die UEFA auf einen **vollständigen Berichtskreis**, unabhängig davon, ob dieser formal als Konzern bezeichnet wird. Ein Unternehmen kann gemäß dem vor Art. 47 eingefügten Art. „46bis" (vgl. UEFA 2012a) nur dann aus dem Berichtskreis ausgenommen werden, wenn es im Vergleich zum Gesamtkonzern des Lizenzbewerbers unerheblich ist oder wenn seine Haupttätigkeit keinen Bezug zu den Aktivitäten, Standorten, Vermögenswerten oder der Marke des Fußballklubs hat. Diese Formulierung wurde von der DFL deckungsgleich in „Vor § 8" Nr. 1.6. (DFL 2014a) übernommen.

Nachfolgend werden die wichtigsten weiteren finanziellen Kriterien der aktuellsten **Lizenzierungsordnung** (vgl. DFL 2014a mit **Stand 05.12.2014**) dargestellt. In § 8 (DFL 2014a) ist der Nachweis der wirtschaftlichen Leistungsfähigkeit vor einer Spielzeit, in § 8a (DFL 2014a) die Bestätigung der wirtschaftlichen Leistungsfähigkeit während der Spielzeit geregelt. Gemäß Anhang IX (DFL 2014a) ist das **vorrangige Kriterium** für die Beurteilung der wirtschaftlichen Leistungsfähigkeit eines Lizenzbewerbers dessen **Liquiditätssituation** und damit die Frage, ob der Bewerber während der zu lizenzierenden Spielzeit jederzeit in der Lage sein wird, die Aufrechterhaltung seines Spielbetriebes zu gewährleisten. Daneben wird auch die **Vermögenslage** mit der voraussichtlichen Entwicklung unter Einbezug des **Eigenkapitals** mit seiner Haftungs- und Risikopufferfunktion berücksichtigt. Zur Prüfung der wirtschaftlichen Leistungsfähigkeit vor einer Spielzeit wird die Liquiditätsberechnung für den Zeitraum 31.12.t−1 bis 30.06.t+1 gemäß dem im Anhang beigefügten Grundschema vorgenommen (vgl. Kap. 9). Dem Ligaverband wird dabei explizit ein Beurteilungs- und Ermessensspielraum zugestanden.

Ein Bewerber, dessen **Geschäftsjahr dem Kalenderjahr entspricht** muss dem Ligaverband gemäß § 8 Nr. 1.1 (DFL 2014a) folgende Unterlagen einreichen (mit t = aktuelles Jahr):

- Konzernbilanz zum 31.12.t−1
- Konzern-Gewinn- und Verlustrechnung für das Geschäftsjahr (01.01.t−1 bis 31.12.t−1),
- Konzernanhang unter Einbeziehung der Ligaverband-Formblätter gemäß Anhang VII (DFL 2014a)
- Konzernlagebericht
- Konzern-Plan-Gewinn- und Verlustrechnungen für die zweite Hälfte des laufenden Spieljahres (01.01.t bis 30.06.t) und für die kommende Spielzeit (01.07.t bis 30.06.t+1)

mit Istzahlen für das abgelaufene Spieljahr (01.07.t-2 bis 30.06.t−1) und für die erste Hälfte des laufenden Spieljahres (01.07.t−1 bis 31.12.t−1)
- Bericht eines Wirtschaftsprüfers über die Prüfung der genannten Unterlagen

Ein Bewerber, dessen **Geschäftsjahr dem Spieljahr entspricht**, muss dem Ligaverband gemäß § 8 Nr. 1.2 (DFL 2014a) folgende Unterlagen einreichen (mit t=aktuelles Jahr):

- Konzernbilanz zum 31.12.t−1
- Konzern-Gewinn- und Verlustrechnung für die erste Hälfte des laufenden Spieljahres (01.07.t−1 bis 31.12.t−1)
- Konzernanhang unter Einbeziehung der Ligaverband-Formblätter gemäß Anhang VII (DFL 2014a)
- Konzern-Plan-Gewinn- und Verlustrechnungen für die zweite Hälfte des laufenden Spieljahres (01.01.t bis 30.06.t) und für die kommende Spielzeit (01.07.t bis 30.06.t+1) mit den Istzahlen für das abgelaufene Spieljahr (01.07.t−2 bis 30.06.t−1) und für die erste Hälfte des abgelaufenen Spieljahres (01.07.t−1 bis 31.12.t−1)
- Bericht eines Wirtschaftsprüfers über die prüferische Durchsicht der genannten Unterlagen

Gemäß § 8 Nr. 2 (DFL 2014a) dürfen **keine überfälligen Verbindlichkeiten gegenüber Fußballklubs** bestehen. Der Bewerber hat durch Bescheinigung eines Wirtschaftsprüfers bis zum 10.04. des aktuellen Jahres (t) nachzuweisen, dass zum 31.03. des aktuellen Jahres (t) keine überfälligen Verbindlichkeiten aus vor dem 31.12. des Vorjahres (t−1) erfolgten Spielertransfers bestanden haben. Analog ist gemäß § 8 Nr. 3 (DFL 2014a) zu verfahren beim Nachweis, dass zum 31.03. des aktuellen Jahres (t) **keine überfälligen Verbindlichkeiten gegenüber Arbeitnehmern und Sozialversicherungsinstitutionen bzw. Steuerbehörden** bestanden haben. Bestanden zum 31.03. überfällige Verbindlichkeiten in einer der beiden Kategorien und werden diese erst bis zu einem durch eine Bedingung festgelegten Termin erfüllt, berechtigt die vom Ligaverband erteilte Lizenz nicht zur Teilnahme an den UEFA-Klubwettbewerben (vgl. DFL 2014a, § 8 Nr. 2.8 und 3.11).
   Des Weiteren sind gemäß § 8 Nr. 4 und 5 (DFL 2014a) insgesamt 13 rechtsverbindliche, schriftliche Erklärungen vorzulegen. Die vollständigen Lizenzierungsunterlagen sind einzureichen bis spätestens zu folgenden Terminen (**Ausschlussfrist**):

- 01. März, 15.30 Uhr (Bewerber aus der 3. Liga)
- 15. März, 15.30 Uhr (Bewerber aus den Lizenzligen)

Um im Falle des Auf- oder Abstiegs auch eine Lizenz für die betreffende Spielklasse zu erhalten, sind bis zum 01.04. des aktuellen Geschäftsjahres (t) die Plan-Erfolgsrechnungen eines Erstligisten auch für die 2. Bundesliga vorzulegen und umgekehrt.

Zur Bestätigung seiner **wirtschaftlichen Leistungsfähigkeit** während der Spielzeit muss jeder Lizenznehmer, dessen **Geschäftsjahr dem Kalenderjahr** entspricht, dem Ligaverband folgende Unterlagen bis spätestens zum 31.10. des aktuellen Geschäftsjahres (t) einreichen:

- Konzernbilanz zum 30.06.t
- Konzern-Gewinn- und Verlustrechnung für das abgelaufene Halbjahr (01.01.t bis 30.06.t)
- Konzernanhang unter Einbeziehung der Ligaverband-Formblätter gemäß Anhang VIIa (DFL 2014a)
- Aktualisierte Konzern-Plan-Gewinn- und Verlustrechnung des laufenden Spieljahres, aufgeteilt in Halbjahre (01.07.t bis 31.12.t sowie 01.01.t+1 bis 30.06.t+1) mit den Istzahlen für das abgelaufene Spieljahr (01.07.t−1 bis 30.06.t)
- Bericht eines Wirtschaftsprüfers über die prüferische Durchsicht der genannten Unterlagen

Entspricht das **Geschäftsjahr dem Spieljahr** des Lizenznehmers, sind dem Ligaverband folgende Unterlagen bis spätestens zum 31.10. des aktuellen Geschäftsjahres (t) einzureichen:

- Konzernbilanz zum 30.06.t
- Konzern-GuV für das abgelaufene Geschäftsjahr (01.07.t−1 bis 30.06.t)
- Konzernanhang unter Einbeziehung der Ligaverband-Formblätter gemäß Anhang VIIa (DFL 2014a)
- Konzernlagebericht
- Aktualisierte Konzern-Plan-Gewinn- und Verlustrechnung der laufenden Spielzeit, aufgeteilt in Halbjahre (01.07.t bis 31.12.t sowie 01.01.t+1 bis 30.06.t+1)
- Bericht eines Wirtschaftsprüfers über die Prüfung der genannten Unterlagen

Um die wirtschaftliche Leistungsfähigkeit in der laufenden Spielzeit und damit die Finanzierung des Spielbetriebes sicherzustellen, kann der Ligaverband dem Lizenznehmer nach Abschluss der Überprüfung **Auflagen** erteilen (vgl. DFL 2014a, § 8a Nr. 4). Bei einer Liquiditätsunterdeckung kann der Ligaverband beispielsweise die Auflage erteilen, dass der Lizenznehmer innerhalb einer bestimmten Frist Nachweise zur Schließung der Liquiditätslücke vorlegen oder eine Liquiditätsreserve im Sinne des Anhang IX (DFL 2014a) stellen muss. Der Ligaverband kann auch die Auflage erteilen, dass vor einer Verpflichtung eines Spielers in der Wechselperiode die schriftliche Zustimmung der DFL einzuholen ist. Die Zustimmung dazu wird erteilt, wenn der Lizenznehmer nachweist, dass in der laufenden Spielzeit die Erfüllung sämtlicher mit der Untervertragnahme des Spielers verbundenen finanziellen Verpflichtungen sowie der laufende Spielbetrieb gewährleistet sind. Der Anhang IX zur DFL-Lizenzierungsordnung (DFL 2014a) sieht unter Nr. IV des Weiteren die Möglichkeit einer **Kapitalauflage** vor. Sofern beispielsweise bei einem Erstligisten im Vorjahr ein negatives Eigenkapital festgestellt wurde, so muss sich dieser Wert zum Folgestichtag prinzipiell um 10 % verbessern. Bei einem Abstieg in der Vorperiode dürfte sich dieser Wert in der folgenden Zweitligaperiode zumindest nicht verschlechtern. Die derzeitigen, noch nicht angepassten Formulierungen beinhalten weitere Schwachstellen:

- Die DFL behält sich mit der nicht handlungsdeterminierenden Formulierung „kann" eine diskriminierende Ungleichbehandlung von Fußballklubs vor.
- Eine prozentuale Verbesserung ist ausgehend von einem negativen Wert rechnerisch prinzipiell ermittelbar, wird aber bei einer Annäherung an die Nullmarke infinitesimal gering.
- Trotz entsprechender Einreichungsverpflichtungen (vgl. oben) wird nicht das Eigenkapital des (saldierten) Konzernabschlusses, sondern das Eigenkapital des Einzelabschlusses zur Beurteilung herangezogen. Dadurch erscheinen kreative Bilanzierungsoptionen im Konzerngeflecht prinzipiell weiterhin möglich (vgl. Fallbeispiel in Abschn. 3.4.3). Zumindest werden ergebnisverzerrende außerordentliche Transaktionen wie die Veräußerung von Rechten ausgenommen.

4.3 Positionen und Inhalte der Bilanz

Die Bilanz eines Fußballklubs **unterscheidet** sich gemäß Anlage VII zur DFL-Lizenzierungsordnung vom **Standardschema gemäß § 266 HGB** im Wesentlichen lediglich durch den **Ausweis von Spielerwerten innerhalb des immateriellen Vermögens sowie durch den Ausweis von Forderungen und Verbindlichkeiten aus Transfergeschäften**. Nachfolgend erfolgen insbesondere auch Hinweise, wie die Bilanzen der in Kap. 6 untersuchten Fußballklubabschlüsse strukturell aufbereitet wurden.

Das **Anlagevermögen** besteht aus folgenden Komponenten:

- **Immaterielle Vermögenspositionen** wie z. B. Rechte, Lizenzen, Patente, Geschäfts- oder Firmenwerte sowie Spielerwerte unterliegen einer planmäßigen Wertminderung, gegebenenfalls sind außerplanmäßige Abschreibungen vorzunehmen.
- **Sachanlagen** wie z. B. Grundstücke, Gebäude, Maschinen und Anlagen sowie Betriebs- und Geschäftsausstattung werden mit Ausnahme von Grund und Boden planmäßig abgeschrieben sowie bei Bedarf außerplanmäßig wertberichtigt.
- **Finanzanlagen** sind nur bei einer voraussichtlich dauerhaften Wertminderung außerplanmäßig im Wertansatz zu berichtigen. Eine Klassifizierung wird anhand der Höhe der erworbenen Anteile an einem anderen Unternehmen vorgenommen.
  - Anteilsbesitz $\geq 50\,\%$: Finanzanlage = Anteile an einem verbunden Unternehmen
  - Anteilsbesitz $\geq 20\,\%$: Finanzanlage = Beteiligung

– Anteilsbesitz < 20 %: Finanzanlage = Wertpapierbestand. Dies ist die einzige Position, die in der Bilanz doppelt verwendet wird. In Abgrenzung zum Wertpapierbestand des Umlaufvermögens handelt es sich bei Wertpapieren des Anlagevermögens um langfristige, strategische Investments.

Fußballklubs, bei denen nur auf einen Einzel- und nicht auf einen Konzernabschluss zurückgegriffen werden kann, werden mit dem Generalverdacht belegt, dass der Einzelabschluss insbesondere im Bereich „**Rechte**" ein verfälschtes Bild der Vermögens-, Finanz- und Ertragslage widergibt, wie nachfolgendes Beispiel exemplarisch zeigt.

Beispiel

Bei Betrachtung des Einzelabschlusses der Hertha BSC GmbH & Co. KGaA per 30.06.2012 zeigt sich, dass der Jahresüberschuss (12,71 Mio. €) und das EBT (14,14 Mio. €) und damit auch entsprechende Renditekennzahlen durch ein sonstiges Betriebsergebnis in Höhe von 20 Mio. € verzerrt werden. Eine genauere Analyse ergibt, dass diese außerordentlichen Erträge aus der Ausgliederung der Markenrechte „Hertha BSC" auf die Tochtergesellschaft Hertha BSC Rechte GmbH und Co. KG resultieren. Bei einem Konzernabschluss würde dieses interne „Nullsummenspiel" konsolidiert werden (vgl. Abschn. 3.4), nicht jedoch im Einzelabschluss.

Ein entgeltlich erworbener **Geschäfts- oder Firmenwert** ergibt sich gemäß § 246 Abs. 1 HGB, wenn der Kaufpreis eines Unternehmens den Wert der einzelnen Vermögensgegenstände des Unternehmens abzüglich der Schulden im Zeitpunkt der Übernahme übersteigt. Bei Fußballklubs sind Übernahmen von Wettbewerbern gemäß den Lizenzierungsregularien ausgeschlossen. Wenn jedoch Vereine von Investoren übernommen werden, kann dadurch ein Goodwill beim übernehmenden Unternehmen entstehen. Bei Manchester United (übrigens mit Unternehmenssitz auf den Cayman Islands) wird beim Goodwill eine negative Rekordmarke von umgerechnet fast 493 Mio. € ausgewiesen. Zur Begründung wird bei ihrem bei der US Securities and Exchange Commission (SEC) aufgrund eines Börsengangs in New York eingereichten Form 20-F-IFRS-Berichts für das Geschäftsjahr 2013 ausgeführt, dass dieser „arose largely in relation to the Group's acquisition of Manchester United Limited in 2005" (Manchester United 2013, S. 149). Planmäßige Abschreibungen sind nach IFRS nicht vorgesehen, sodass dieser Wertansatz in absehbarer Zeit zwar weiterhin nicht die GuV von Manchester United belasten, aber doch wie ein immenser Felsbrocken auf der Bilanz lasten wird. Nach HGB beträgt die planmäßige Nutzungsdauer des Geschäfts- oder Firmenwertes fünf Jahre, mit Begründung ist auch ein längerer Abschreibungszeitraum möglich (vgl. § 285 Nr. 13 HGB).

Ausdrücklich darauf hinzuweisen ist, dass es sich bei der Bilanzposition „**Spielerwerte**" innerhalb des immateriellen Vermögens nicht um den geschätzten aktuellen Marktwert aller Lizenzspieler eines Vereins handelt. Vielmehr gibt es gemäß dem Urteil des Bundes-

Spielername	Kauf zu Beginn der Saison	Ablösesumme	Marktwert Januar 2015	Vertragslaufzeit bei Kauf	Abschreibung pro Jahr	Spielerwert Ende 2014/2015
Franck Ribery	2007/2008	25,0 Mio. €	38,0 Mio. €	4 Jahre	6,25 Mio. €	0 €
Manuel Neuer	2011/2012	27,5 Mio. €	40,0 Mio. €	5 Jahre	5,50 Mio. €	5,50 Mio. €
Robert Lewandowski	2014/2015	0 €	50,0 Mio. €	5 Jahre	-	0 €
Philipp Lahm	eigene Jugend	0 €	30,0 Mio. €	-	-	0 €
Thomas Müller	eigene Jugend	0 €	50,0 Mio. €	-	-	0 €
Bastian Schweinsteiger	eigene Jugend	0 €	35,0 Mio. €	-	-	0 €
Cristiano Ronaldo	2009/2010	94,0 Mio. €	120,0 Mio. €	5 Jahre	18,80 Mio. €	0 €

Abb. 4.1 Spielerwerte ausgewählter Profifußballer

finanzhofs vom 14.12.2011 (BFH 2011), hierdurch wird das ursprüngliche Urteil BFH (1992) bestätigt und fortentwickelt, die (streng genommen nur steuerrechtliche) Pflicht, Ablöse- und Provisionszahlungen an andere Fußballklubs für den Wechsel von Spielern zu aktivieren und über die vereinbarte Laufzeit des Vertrags mit einem Spieler abzuschreiben. Die planmäßige, linear durchzuführende Abschreibung beginnt mit dem Zeitpunkt des Erhalts der Spielerlaubnis. Außerplanmäßige Abschreibungen sind bei Spielerwerten gemäß § 253 Abs. 3 HGB bei einer voraussichtlich dauernden Wertminderung (z. B. aufgrund einer sportlichen Invalidität) vorzunehmen. Zur Bilanzposition „Spielerwert" finden sich weitere, ausführliche Informationen bei den UEFA-Lizenzierungsvorgaben in Abschn. 4.1.

Basierend auf den obigen Ausführungen sowie den Statistiken von Transfermarkt (2015) einige Rechenbeispiele mit ermittelten Spielerwerten (illustrativ) per 30.06.2015. Neben Spielern der FC Bayern München AG wird der mit 120 Mio. € zum Stand der Manuskripteinreichung zusammen mit Lionel Messi geschätzt teuerste Fußballprofi der Welt Cristiano Ronaldo in die Überlegungen einbezogen (vgl. Abb. 4.1):

- Die Transferentschädigung für Franck Ribery wurde zwischenzeitlich vollständig über die ursprüngliche Vertragslaufzeit abgeschrieben, es ergibt sich kein Spielerwert mehr.
- Philipp Lahm, Thomas Müller und Bastian Schweinsteiger kamen ablösefrei aus der eigenen Jugend, d. h. diese Spieler haben nie einen immateriellen Vermögensgegenstand generiert.
- Die FC Bayern München AG wird für Manuel Neuer am Ende der Saison 2014/2015 noch einen „Restwert" von geschätzt 5,5 Mio. € auf der Aktivseite der Bilanz ausweisen.
- Robert Lewandowski wechselte ablösefrei, d. h. in einem solchen Fall wird ebenfalls kein Spielerwert generiert.
- Cristiano Ronaldo mag derzeit der Spieler mit dem aktuell weltweit höchsten Marktwert sein, in der Bilanz von Real Madrid steht bei seinem Namen aufgrund des Ablaufs der Erstvertragslaufzeit dennoch eine Null.

Zugangs- und Folgebewertung von unterjährig erworbenen Spielern am Beispiel von Xabi Alonso:

- Lizenzübergang auf die FC Bayern AG: 29.08.2014
- Vertragslaufzeit: etwa 22 Monate bis 30.06.2016
- Abschreibungszeitraum: 23 Monate (inklusive Monat der Anschaffung)
- Ablösesumme: 10 Mio. €
- Spielerwert per 30.06.2015
    - Berechnung: 10 Mio. € − (10 Mio. €/23 Monate * 11 Monate) = 5,22 Mio. €
    - Fall 1: Marktwert > 5,22 Mio. € → Eine Erhöhung des Buchwertes darf nicht durchgeführt werden, die Bewertungsobergrenze bilden die fortgeführten Anschaffungskosten (vgl. § 253 Abs. 1 HGB).
    - Fall 2: Marktwert < 5,22 Mio. € → Eine Anpassung des Buchwertes an einen niedrigeren Marktwert ist bei einer voraussichtlich dauerhaften Wertminderung vorzunehmen (vgl. § 253 Abs. 3 HGB).

▶ Gemäß dem Ende Januar 2015 veröffentlichten **Global Transfer Market Report** (vgl. FIFA TMS 2015) wurden in 2014 erstmals Spieler mit einem Gesamtablösevolumen von mehr als 4,1 Mrd. $ zwischen Klubs transferiert. Mit in Summe 1335 Kaufs- und Verkaufstransaktionen waren brasilianische Klubs global am aktivsten. Spieler mit einer brasilianischen Nationalität wechselten in 1493 Fällen und damit am häufigsten ihren Arbeitgeber. Wenig überraschend waren die Ausgaben für neue Spieler bei den kapitalstarken englischen Klubs mit 1,2 Mrd. $ am höchsten. Sie allein beanspruchten damit bereits 29 % des globalen Gesamtvolumens. Spanische Klubs haben mit 0,7 Mrd. $ die höchsten Einnahmen aus Spielerverkäufen erzielt. Hinter Spanien belegt Deutschland mit 0,3 Mrd. $ Platz 3 bei den höchsten Ausgaben für Spielerkäufe, aus Spielerverkäufen wurden weniger als 0,2 Mrd. $ eingenommen.

Das **Umlaufvermögen** besteht aus folgenden Komponenten:

- Vorräte: Hierunter werden insbesondere Roh-, Hilfs- und Betriebsstoffe sowie Fertig- und Unfertigerzeugnisse erfasst.
- Forderungen: Sofern Kunden die erhaltenen Leistungen nicht sofort bezahlen, entstehen Forderungen. Im Rahmen der Jahresabschlussarbeiten sind gegebenenfalls Einzel- und Pauschalwertberichtigungen durchzuführen. Die bedeutendsten Forderungen bei Fußballklubs entstehen bei ablösepflichtigen Spielerverkaufsgeschäften.
- Wertpapiere: In Abgrenzung zu den Wertpapieren des Anlagevermögens handelt es sich hier um eher kürzerfristige, spekulative Investments.
- Bankguthaben und Kassenbestände: Diese Positionen müssen nicht erst liquidiert werden, sondern stehen unmittelbar als Cash zur Verfügung.
- Aktive Rechnungsabgrenzungsposten: Sofern eine Auszahlung noch im Geschäftsjahr erfolgt, deren Erfolgswirksamkeit als Aufwand erst im Folgejahr begründet ist, ist zur periodengerechten Erfolgsermittlung eine Abgrenzung dieses Geschäftsvorfalls vorzunehmen.

- Aktive Latente Steuern: Für temporäre und quasi-permanente Differenzen zwischen handels- und steuerrechtlichen Wertansätzen mit in der Gegenwart handelsrechtlich höheren Schulden oder geringeren Vermögenswerten sind aktive Latente Steuern zu bilden (Gegenbuchung: Latenter Steuerertrag). Hierzu finden sich ausführlichere Informationen in Abschn. 6.4.
- Aktiver Unterschiedsbetrag aus der Vermögensverrechnung: Gemäß § 246 Abs. 2 Sätze 2 und 3 HGB ist unter dieser Position der Wert anzusetzen, um den der Zeitwert der Vermögenspositionen, die Altersversorgungsverpflichtungen oder vergleichbaren langfristig fälligen Verpflichtungen dienen und daher für einen Zugriff gesperrt sind, die korrespondierenden Verpflichtungen übersteigen.

Im Rahmen der Untersuchung wird beim Umlaufvermögen eine für alle betrachteten Fußballklubs einheitliche Aufbereitung gewählt. Es erfolgt lediglich eine Unterteilung in Liquide Mittel wie Bankguthaben und Kassenbestände sowie weiteres Umlaufvermögen, das alle anderen Positionen wie Vorräte, Forderungen sowie Abgrenzungs- und Sonderposten umfasst.

Das **Gesamtvermögen** (=Anlage- und Umlaufvermögen) entspricht der Aktivseite einer Bilanz.

Das **Gesamtkapital** (=Passivseite einer Bilanz), das in der Höhe mit dem Gesamtvermögen übereinstimmen muss, unterteilt sich in Eigenkapital und Schulden in Form von Rückstellungen und Verbindlichkeiten. Den Begriff Fremdkapital kennt das Handelsrecht offiziell nicht, ist in der Praxis jedoch sehr gebräuchlich als Synonym für Schulden.

- **Eigenkapitalpositionen:**
  - Gezeichnetes Kapital (bei einer AG) bzw. Stammkapital (bei einer GmbH): Das Mindesthaftungskapital bei Gründung beträgt 50 T€ bei einer AG (vgl. § 7 AktG) bzw. 25 T € bei einer GmbH (vgl. § 5 Abs. 1 GmbHG).
  - Kapitalrücklagen: Der Aufpreis (Agio) bei der Ausgabe von Unternehmensanteilen gegenüber dem Nennwert ist in die Kapitalrücklage einzustellen.
  - Gewinnrücklagen: Hier werden gesetzliche, satzungsmäßige sowie andere (freiwillige) Gewinnrücklagen unterschieden.
  - Gewinn- bzw. Verlustvortrag: Sofern die Verwendung bzw. Deckung eines Jahresergebnisses noch unklar ist, wird dieses in das nächste Geschäftsjahr vorgetragen.
  - Jahresüberschuss bzw. Jahresfehlbetrag: Diese Position entspricht dem Ergebnis der Gewinn- und Verlustrechnung der aktuellen Abrechnungsperiode vor einer Verwendung.
  - Bilanzgewinn: Diese Position repräsentiert den an die Anteilseigner ausschüttungsfähigen Betrag, es ist allerdings noch eine Genehmigung durch die Haupt- (bei einer AG) oder Gesellschafterversammlung (bei einer GmbH) notwendig. Zur besseren Verständlichkeit des Entstehens dieser Position erfolgt entgegen einer häufigen Praxis der Ausweis innerhalb des Eigenkapitals, auch wenn mit der Bildung die Entstehung einer „Schuld" gegenüber den Anteilseignern angenommen wird. Sobald dann

eine Ausschüttung tatsächlich veranlasst wird, reduziert sich diese Passivposition entsprechend und im Gegenzug mindert sich als Gegenkonto das Bankguthaben.

- **Fremdkapitalpositionen:**
  - Rückstellungen: Schulden, bei denen der Zeitpunkt der Begleichung und bzw. oder die Höhe der Schuld ungewiss sind, z. B. für Pensionen oder drohende Verluste.
  - Verbindlichkeiten: Schulden, bei denen der Zeitpunkt der Begleichung und die Höhe der Schuld gewiss sind, z. B. gegenüber Banken oder Lieferanten.
  - Passive Rechnungsabgrenzungsposten: Sofern eine Einzahlung noch im Geschäftsjahr erfolgt, deren Erfolgswirksamkeit als Ertrag erst im Folgejahr begründet ist, ist zur periodengerechten Erfolgsermittlung eine Abgrenzung dieses Geschäftsvorfalls vorzunehmen. Typische Beispiele im Fußballklubumfeld sind die periodengerechten Ertragsabgrenzungen aus dem Verkauf von Dauerkarten und aus bereits erhaltenen Sponsoringzahlungen, die mehrere Geschäftsjahre umfassen.
  - Passive Latente Steuern: Für temporäre und quasi-permanente Differenzen zwischen handels- und steuerrechtlichen Wertansätzen mit in der Gegenwart handelsrechtlich geringeren Schulden oder höheren Vermögenswerten sind passive Latente Steuern zu bilden (Gegenbuchung: Latenter Steueraufwand). Hierzu finden sich ausführliche Informationen in Abschn. 6.4.

Für die in Kap. 6 durchgeführte Jahresabschlussanalyse wurden die **Verbindlichkeiten** nach **kurzfristig** (inkl. Sonderposten) sowie **längerfristig** (Fälligkeit > 1 Jahr) aufgeteilt. Auch passive Rechnungsabgrenzungsposten sowie passive Latente Steuern wurden in der vereinfachten Gliederungsstruktur der Untersuchung den kurzfristigen Verbindlichkeiten zugeordnet.

Gemäß § 251 HGB sind **Haftungsverhältnisse** (Eventualverbindlichkeiten) „unter der Bilanz" (und damit de facto im Anhang) anzugeben. In Abgrenzung zu Verbindlichkeiten und Rückstellungen wird hier davon ausgegangen, dass die Schuld als solche ungewiss ist und das Unternehmen nicht davon ausgeht, dass eine entsprechende Verpflichtung tatsächlich eintreten wird (Eintrittswahrscheinlichkeit < 50 %). Typische Anwendungsfälle sind die Begebung und Übertragung von Wechseln, Bürgschaften, Gewährleistungsverträge sowie Haftungsverhältnisse aus der Bestellung von Sicherheiten.

Entgegen § 268 Abs. 3 HGB wird (sofern zutreffend) ein **negatives Eigenkapital** (präziser formuliert ein „nicht durch Eigenkapital gedeckter Fehlbetrag") zur besseren Übersichtlichkeit nicht „am Schluß der Bilanz auf der Aktivseite gesondert" ausgewiesen, sondern mit einem Minuszeichen versehen auf der Passivseite oberhalb der Fremdkapitalpositionen.

Sofern das Ergebnis der Gewinn- und Verlustrechnung positiv (negativ) ist, handelt es sich um einen **Jahresüberschuss** (Jahresfehlbetrag), welcher das Eigenkapital entsprechend mehrt (mindert). Unter Beachtung rechtlicher und satzungsmäßiger Bestimmungen kann die Bilanzerstellung auch nach einer teilweisen oder vollständigen Verwendung des

Abb. 4.2 Überleitungsrechnung vom Jahresergebnis zum
Bilanzgewinn in Anlehnung an
§ 158 Abs. 1 AktG

Jahresüberschuss bzw. Jahresfehlbetrag
+ Gewinnvortrag (bzw. - Verlustvortrag) aus dem Vorjahr
+ Entnahmen aus Kapital- und Gewinnrücklagen
- Einstellungen in Gewinnrücklagen
= Bilanzgewinn bzw. Bilanzverlust

Jahresergebnisses erstellt werden (vgl. §§ 268 Abs. 1 HGB, 158 Abs. 1 AktG). Zur Überleitungsrechnung vom Jahresergebnis zum Bilanzgewinn vgl. Abb. 4.2.

Übungsaufgabe zur Ermittlung eines maximal möglichen Bilanzgewinns

Angaben: Umsatzerlöse 70 M€, EBIT 14 M€, Verlustvortrag (Stand Vorjahresende)
4 M€, Gewinnrücklagen (Stand Vorjahresende) 8 M€ (davon 5 Mio. € verpflichtend
gemäß Gesetz und Satzung), Körperschaftsteueraufwand 1 M€, sonstiger Ertragsteuer-
aufwand 2 M€, Zinsaufwand 2 M€, Zinserträge 1 M€. 10 % eines eventuellen Jahresüberschusses sollen gemäß Satzung als Gewinnvortrag ins neue Geschäftsjahr vorgetragen werden.

Frage: Wie hoch ist der Ausschüttungshöchstbetrag?

Lösung: Jahresüberschuss 10 M€ (14 M€ − 1 M€ Zinsergebnis − 3 M€ Steuerergebnis) − Verlustvortrag 4 M€ + Auflösung Gewinnrücklagen 3 M€ − Gewinnvortrag für
das Folgegeschäftsjahr 1 M€ (10 % des Jahresüberschusses) = Bilanzgewinn 8 M€.

Stille Reserven(Synonym:**stille Rücklagen**) sind nicht in einer Bilanz ersichtlich. Sie
entstehen zum einen, wenn die Zeitwerte von Vermögenspositionen deren handelsrechtliche Wertansätze übersteigen und zum anderen, wenn die Zeitwerte von Schuldpositio-
nen eigentlich geringer sind als die handelsrechtlichen Wertansätze. Ursache ist eine in
Deutschland übliche kaufmännisch vorsichtige Bilanzierung, die auf folgenden Grundsätzen ordnungsgemäßer Buchführung fußt:

- Anschaffungskostenprinzip: Die Anschaffungs- bzw. Herstellungskosten bilden die
  Bewertungsobergrenze von Vermögen, d. h. ein Gewinnausweis darf nicht vor einer
  tatsächlichen Realisation erfolgen.
- Vorsichts- bzw. Niederstwertprinzip: Wertminderungen von Vermögensgegenständen
  müssen in der Regel sofort beachtet werden, d. h. Schulden werden tendenziell höher
  und damit vorsichtiger angesetzt.
- Imparitätsprinzip: Im Gegensatz zu noch nicht realisierten Gewinnen müssen noch
  nicht realisierte Verluste als solche ausgewiesen werden.

4.4   Positionen und Inhalte der Gewinn- und Verlustrechnung

Die GuV eines Fußballklubs **unterscheidet** sich gemäß Anlage VII zur DFL-Lizenzierungsordnung (DFL 2014a) vom **Standardschema gemäß § 275 HGB** lediglich durch eine erhebliche **Detaillierung** des Ausweises der Umsatzerlöse sowie der sonstigen betrieblichen Erträge und Aufwendungen. Bei Personal- und Abschreibungsaufwendungen gibt es weitere Angabepflichten, der Materialaufwand wird nach Fan-/Merchandising-Artikel sowie nach sonstiger Materialaufwand differenziert. Nachfolgend erfolgen insbesondere auch Hinweise, wie die Erfolgsrechnungen der in Kap. 6 untersuchten Fußballklubabschlüsse strukturell aufbereitet wurden.

Gemäß § 277 Abs. 1 HGB sind Umsatzerlöse die um Umsatzsteuer und Minderungen bereinigten Erlöse aus dem Verkauf, der Vermietung oder der Verpachtung von für die gewöhnliche Geschäftstätigkeit typischen Erzeugnissen, Waren und Dienstleistungen. Während das Handelsrecht keine weitere Untergliederung verlangt (gemäß § 285 Nr. 4 HGB lediglich Anhangangaben nach Tätigkeitsbereichen sowie nach geographisch bestimmten Märkten), werden die **Umsatzerlöse** von Fußballklubs innerhalb der GuV nach fünf Kategorien unterteilt ausgewiesen.

- **Spielbetrieb** (u. a. Verkauf von Eintrittskarten bei nationalen Meisterschafts- und Pokalspielen sowie bei internationalen Spielen)
- **Werbung** (u. a. Trikot- und sonstigen Sponsoren inklusive Bandenwerbung)
- **Mediale Verwertungsrechte** und gemeinschaftliche Vermarktung (für nationale Meisterschaft und Pokal sowie internationale und sonstige Spiele)
- **Transfer-, Ausleih- und Ausbildungsentschädigungen** (für Lizenzspieler)
- **Handel** (u. a. Merchandising, Überlassung von Nutzungsrechten sowie Catering)

▶   Sky wird allein für die inländischen Fernseh-Vermarktungsrechte der Premier League ab der Saison 2016/2017 für drei Jahre 2,30 Mrd. € pro Saison zahlen. Im Vergleich dazu wäre die DFL für die Bundesliga bereits froh, wenn für die Saison 2016/2017 ein Vertragsabschluss gelingen würde, mit dem inklusive der Auslandsvermarktungsrechte Einnahmen von mehr als 0,85 Mrd. € erzielt werden könnten (vgl. Herz 2015).

Der Ausweis der Umsatzerlöse hat dabei in doppelter Hinsicht „netto" zu erfolgen (vgl. § 277 Abs. 1 HGB). Zum einen sind die folgenden Erlösschmälerungen zu berücksichtigen:

- Skonti: Nachlässe aufgrund fristgerechter Bezahlung
- Rabatte: Nachlässe aufgrund von Kunden- (z. B. Stammkundenrabatt) oder Sondersituationen (z. B. Schlussverkauf)
- Boni: Rückwirkende Nachlässe, z. B. weil im Geschäftsjahr eine bestimmte Bestellmengengrenze überschritten wurde

Zum anderen darf erhaltene Umsatzsteuer aufgrund der fehlenden Erfolgswirksamkeit nicht als Umsatzerlös fehlinterpretiert werden. Das deutsche Umsatzsteuersystem (der Regelsteuersatz beträgt derzeit 19 %, der ermäßigte Satz 7 %) ist als **Mehrwertsteuersystem** konzipiert, d. h. auf der jeweiligen Leistungs- bzw. Wertschöpfungsstufe sind mit dem Finanzamt im Rahmen einer Umsatzsteuererklärung die erhaltene Umsatzsteuer (USt) mit der bezahlten Umsatzsteuer (diese wird begrifflich zur sog. Vorsteuer, abgekürzt VSt) zu verrechnen (vgl. § 15 UStG). Der Saldo ist an das Finanzamt abzuführen bzw. wird von diesem rückerstattet. Insofern stellen die erhaltene und die bezahlte Umsatzsteuer für Unternehmen lediglich sog. „durchlaufende Posten" dar (vgl. Abb. 4.3). Die Umsatzsteuer ist zahlungs-, aber nicht erfolgswirksam.

Sonstige betriebliche Erträge entstehen beispielsweise durch erhaltene Entschädigungszahlungen für die Abstellung von Spielern an das Nationalteam, durch Mitgliedsbeiträge sowie durch Zuschüsse von Verbänden und staatlichen Behörden.

Bei industriellen Unternehmen entstehen **Materialaufwendungen** vor allem durch den Verbrauch von Roh-, Hilfs- und Betriebsstoffen sowie den Bezug von externen Leistungen (Fremdleistungen). Bei Fußballklubs werden unter dieser Position vor allem Aufwendungen für Merchandising-Artikel erfasst. Eine von einem Lieferanten bzw. Dienstleister in der Rechnung ausgewiesene Umsatzsteuer ist im deutschen Mehrwertsteuersystem als sog. Vorsteuer im Rahmen der Umsatzsteuererklärung abzugsfähig (vgl. § 15 UStG), d. h. diese wird vom Finanzamt erstattet bzw. mit der Umsatzsteuer verrechnet und darf aufgrund der fehlenden Erfolgswirksamkeit nicht als Materialaufwand (oder sonstiger betrieblicher Aufwand) fehlinterpretiert werden. Für eine exemplarische Darstellung des deutschen Mehrwertsteuersystems (Saldo aus Umsatz- und Vorsteuer wird mit dem Finanzamt verrechnet) als sog. „durchlaufenden Posten" vgl. Abb. 4.3.

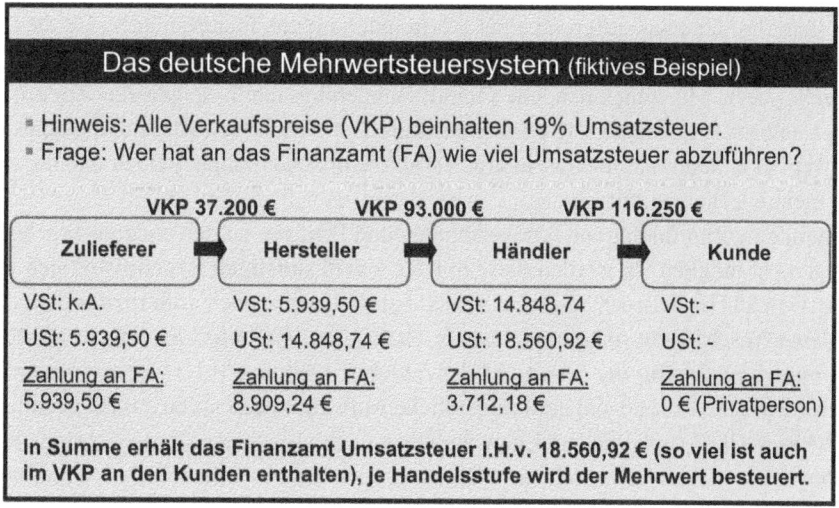

Abb. 4.3 Beispielhafte Darstellung des deutschen Mehrwertsteuersystems

Die Höhe der **Personalaufwendungen** wird maßgeblich von den Gehältern sowie den Einsatz- und Leistungsprämien für die **Profifußballer** determiniert. Daneben fließen unter anderem auch die Löhne, Gehälter und Sozialabgaben für die Verwaltungs- und Vertriebsmitarbeiter in diese Position ein.

Abschreibungsaufwendungen ergeben sich durch plan- und außerplanmäßige Wertminderungen von Sachanlagen und immateriellem Vermögen (wie z. B. Spielerwerte). Bei Grund und Boden sowie bei Finanzanlagen sind aufgrund einer fehlenden zeitlichen Nutzungsbegrenzung keine planmäßigen, sondern lediglich außerplanmäßige Abschreibungen möglich (vgl. § 253 Abs. 3 HGB). Bei Vermögensgegenständen des Umlaufvermögens sind Wertminderungen vorzunehmen, um diese mit einem niedrigeren Wert anzusetzen, der sich aus einem Börsen- oder Marktpreis am Abschlussstichtag ergibt (vgl. § 253 Abs. 4 HGB). Zu beachten ist, dass Abschreibungen auf Finanzanlagen und auf Wertpapiere des Umlaufvermögens dem Finanzergebnis zugeordnet werden.

Die **sonstigen betrieblichen Aufwendungen** umfassen nicht bereits als Material, Personal- oder Abschreibungsaufwand kontierte Aufwendungen für beispielsweise Abgaben an DFB, DFL und Ligaverband sowie Reisen, Versicherungen, gesundheitliche Betreuung von Spielern, Entschädigung von Spielgegnern, Aufwendungen für Kleidung und Materialien, die Miete, Pacht und Instandhaltung von Sportstätten sowie Aufwendungen für andere Fußballmannschaften und Abteilungen.

Das **EBIT** (Earnings Before Interest and Taxes) entspricht nach herrschender Meinung dem handelsrechtlichen Betriebsergebnis, d. h. dem Ergebnis vor Zinsen und Steuern und sonstigen, insbesondere außerordentlichen Ergebnisbestandteilen. Bei dieser Ergebniskennzahl werden im Vergleich zum Jahresergebnis Finanzierungs- und Steuerstandorteffekte von Unternehmen bereinigt.

Das **Finanzergebnis** wird ermittelt aus der Differenz von Finanz- und Zinserträgen (vor allem aus Beteiligungen und Wertpapieren) sowie Finanz- und Zinsaufwendungen (vor allem für Schulden, aufgrund einer Wertminderung von Finanzanlagen, für die Übernahme eines negativen Beteiligungsergebnisses oder die Abführung eines positiven Jahresergebnisses). Mit zunehmendem Fremdfinanzierungsanteil steigen die Zinsaufwendungen selbst bei konstanten Kreditkonditionen. Der Ansatz von Zinsaufwendungen für Eigenkapital ist lediglich in einer internen (kalkulatorischen), nicht jedoch in einer externen Ergebnisrechnung zulässig.

Sofern eine Zuordnung von Aufwendungen und Erträgen zu den anderen Ergebnisbereichen nicht möglich ist, werden diese in Kap. 6 dem **sonstigen Ergebnisbereich** zugeordnet. Gemäß Handelsrecht sind dies aktuell beispielsweise noch **außerordentliche Posten**, deren Abschaffung spätestens zum Geschäftsjahr 2016 aufgrund einer entsprechenden Umsetzungsfrist für die neue EU-Bilanzierungsrichtlinie 2013/34/EU vorgesehen ist. Außerordentliche Erträge und außerordentliche Aufwendungen fallen gemäß derzeitigem § 277 Abs. 4 HGB „außerhalb der gewöhnlichen Geschäftstätigkeit" an oder sind „einem anderen Geschäftsjahr zuzurechnen". Bei einer nicht unwesentlichen Bedeutung ist der ausgewiesene Betrag im Anhang zu erläutern.

Das **EBT** (Earnings Before Taxes) entspricht handelsrechtlich dem Ergebnis vor Steuern. Zur Berechnung kann wahlweise zum EBIT das Finanzergebnis addiert oder das Jahresergebnis um das Steuerergebnis bereinigt werden.

Zur Ermittlung des (standortabhängigen) **Steuerergebnisses** werden zunächst die erfolgsabhängigen Steueraufwendungen für beispielsweise Körperschaft- und Gewerbeertragsteuern von den Steuererträgen für beispielsweise Steuerrückerstattungen abgezogen. Anschließend werden die sonstigen Verbrauchsteuern in Form von beispielsweise Grund- oder Energiesteuern berücksichtigt.

Ist der Saldo der Gewinn- und Verlustrechnung positiv, so wurde ein **Jahresüberschuss** (JÜ) erwirtschaftet. Im Falle eines negativen Saldos wurde ein Jahresfehlbetrag (JF) generiert. Wie bereits angemerkt, mehrt (bei einem JÜ) bzw. mindert (bei einem JF) das Ergebnis der GuV das Eigenkapital eines Unternehmens.

Literatur

AktG (2013) Stand (letzte Änderung) vom 23.07.2013. http://gesetze-im-internet.de. Zugegriffen: 25. Feb. 2015

BFH (1992) Urteil vom 26.08.1992 (Az. I R 24/91). https://www.jurion.de/Urteile/BFH/1992-08-26/I-R-24_91. Zugegriffen: 25. Feb. 2015

BFH (2011) Urteil vom 14.12.2011 (Az. I R 108/10). http://www.bundesfinanzhof.de/entscheidungen/entscheidungen-online. Zugegriffen: 25. Feb. 2015

DFL (2014a) Lizenzierungsordnung (Stand 5.12.2014). http://www.bundesliga.de/media/native/dokument/Lizenzierungsordnung%20LO%202014-12-05%20Stand.pdf. Zugegriffen: 25. Feb. 2015

DFL (2014b) Bundesligareport 2014. https://www.bundesliga.de/media/native/dokument/dt_DFL_BL_Wirtschaftssituation_2014_72dpi.pdf. Zugegriffen: 25. Feb. 2015

EU-Bilanzierungsrichtlinie (2013) Richtlinie 2013/34/EU des Europäischen Parlaments und des Rates vom 26.06.2013 (ersetzt die bisherige Bilanzierungsrichtlinie 78/660/EWG und die Konzernbilanzierungsrichtlinie 83/349/EWG). http://eur-lex.europa.eu/LexUriServ/LexUriServ.do?uri=OJ:L:2013:182:0019:0076:DE:PDF. Zugegriffen: 25. Feb. 2015

FIFA (2007) Reglement zur Klublizenzierung (Stand Oktober 2007). http://de.fifa.com/mm/document/affederation/administration/67/17/66/club_licensing_regulations_de_47343.pdf. Zugegriffen: 25. Feb. 2015

FIFA (2014a) Regulations on the Status and Transfer of Players (Edition 2014). http://www.fifa.com/mm/document/affederation/administration/01/95/83/85/regulationsstatusandtransfer_2014_e_neutral.pdf. Zugegriffen: 25. Feb. 2015

FIFA (2014b) Zirkular Nr. 1464 an die Mitglieder der FIFA. http://de.fifa.com/mm/document/affederation/administration/02/49/57/42/tpocircular1464_de_german.pdf. Zugegriffen: 25. Feb. 2015

FIFA TMS (2015) Global Transfer Market Report 2015. http://www.fifatms.com. Zugegriffen: 25. Feb. 2015

GmbHG (2015) Stand (letzte Änderung) vom 23.07.2013. http://gesetze-im-internet.de. Zugegriffen: 25. Feb. 2015

Herz C (2015) Britische Klubs im Milliardenrausch. Handelsblatt S 23 (12.02.2015)

HGB (2014) Stand (letzte Änderung) vom 15.07.2014. http://gesetze-im-internet.de. Zugegriffen: 25. Feb. 2015

IAS (2014) IFRS-Texte Auflage 4.0. http://www.ifrs-portal.com (Originaltexte über http://www.ifrs. org). Zugegriffen: 25. Feb. 2015

IFAC (2013) Handbook of the Code of Ethics for Professional Accountants (Edition 2013). http:// www.ifac.org/sites/default/files/publications/files/2013-IESBA-Handbook.pdf. Zugegriffen: 25. Feb. 2015

IFRS (2014) IFRS-Texte Auflage 4.0. http://www.ifrs-portal.com (Originaltexte über http://www. ifrs.org). Zugegriffen: 25. Feb. 2015

Kicker (2014) CAS bestätigt Transferverbot für FC Barcelona (Meldung vom 30.12.2014). http:// www.kicker.de/news/fussball/intligen/startseite/618221/artikel_cas-bestaetigt-transferverbot-fuer-fc-barcelona.html. Zugegriffen: 25. Feb. 2015

Kicker (2015) FIFA – Rot für Kühne & Co. (Meldung vom 19.01.2015). http://www.kicker.de/news/ fussball/bundesliga/startseite/619369/artikel_fifa_rot-fuer-kuehne-26-co-.html. Zugegriffen: 25. Feb. 2015

Manchester United (2013) Annual Report 2013 Manchester United plc pursuant to section 13 or 15(d) of the Securities Exchange Act of 1934. http://ir.manutd.com/~/media/Files/M/Manutd-IR/ Annual%20Reports/manchester-united-plc-20f-20131024.pdf. Zugegriffen: 25. Feb. 2015

Transfermarkt (2015) Spielertransfers. http://www.transfermarkt.de/. Zugegriffen: 25. Feb. 2015

UEFA (2012a) Reglement der UEFA zur Klublizenzierung und zum finanziellen Fairplay (Ausgabe 2012). http://www.uefa.com/MultimediaFiles/Download/uefaorg/Clublicensing/01/50/09/ 24/1500924_DOWNLOAD.pdf. Zugegriffen: 25. Feb. 2015

UEFA (2012b) Club Licensing and Financial Fair Play Regulations (Edition 2012). http://www.uefa. org/MultimediaFiles/Download/Tech/uefaorg/General/01/80/54/10/1805410_DOWNLOAD. pdf. Zugegriffen: 25. Feb. 2015

UStG (2014) Stand (letzte Änderung) vom 22.12.2014. http://gesetze-im-internet.de. Zugegriffen: 25. Feb. 2015

Vorgehen bei der Analyse von Jahresabschlüssen

5

▶ Neben Hinweisen unter anderem zu den typischen Arbeitsschritten und Bewertungsbereichen bei der Durchführung von Jahresabschlussanalysen steht in diesem Kapitel im Vordergrund, die bei der späteren empirischen Studie (siehe Kap. 6) verwendeten etwa 50 Kennzahlen mit Berechnungs- und Interpretationshinweisen vorzustellen. Die Kennzahlen werden dabei gruppiert nach den Bereichen Vermögens- und Kapital-, Finanz- und Liquiditäts- sowie Ertragsanalyse. Die sonstigen Kennzahlen sind überwiegend branchenspezifisch, können jedoch dem Leser als Anregung für eigene Überlegungen dienen. Zur Vermeidung von Fehlentscheidungen basierend auf den Ergebnissen einer Jahresabschlussanalyse sollten die aufgezeigten Restriktionen beachtet werden.

5.1 Arbeitsschritte und Bewertungsbereiche einer Jahresabschlussanalyse

Wie bereits einleitend definiert, ist das Ziel einer Bilanz- bzw. Jahresabschlussanalyse die Beurteilung der **Vermögens-, Finanz- und Ertragslage** eines Unternehmens (vgl. § 264 Abs. 2 HGB).

Informationsempfänger (Adressaten) des Analyseergebnisses können verschiedene Stakeholder (Interessengruppen) sein, vgl. Abbildung 5.1.

Exemplarische Fragestellungen aus der jeweiligen Stakeholder-Perspektive an das Unternehmen:

- Shareholder (Eigentümer): Werden die Renditeziele für das eingesetzte Kapital erreicht?
- Mitarbeiter: Sind aufgrund der wirtschaftlichen Lage Arbeitsplätze gefährdet?

© Springer Fachmedien Wiesbaden 2016
L. Hierl, R. Weiß, *Bilanzanalyse von Fußballvereinen*, DOI 10.1007/978-3-658-07916-1_5

Abb. 5.1 Stakeholder im
Profifußball

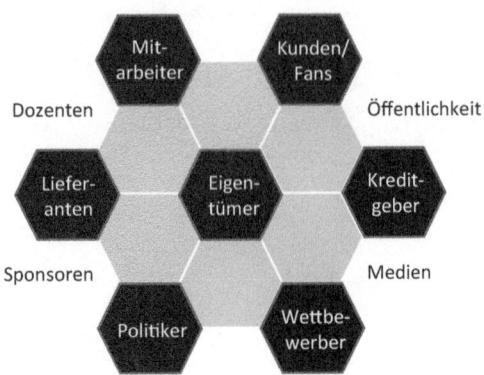

- Kunden (bzw. Fans): Sind die Produkte (z. B. Fanartikel) und Dienstleistungen (z. B. Catering) zu teuer, d. h. die Renditen zu hoch?
- Lieferanten: Sollten Lieferungen nur noch gegen Vorauskasse erbracht werden?
- Kreditgeber: Sind noch ausreichend liquide Mittel für Zins- und Tilgungszahlungen vorhanden?
- Beschäftigungspolitiker: Können weitere Arbeitsplätze geschaffen werden?
- Fiskalpolitiker: Werden gewerbe- und körperschaftsteuerpflichtige Erträge erwirtschaftet?
- Wettbewerber: Wie ist die Kapitalkraft, z. B. bei einem bevorstehenden „Preiskampf" (um einen Spieler)?
- Öffentlichkeit: Ist ein Rückschluss auf die gesamtwirtschaftliche Entwicklung ableitbar?
- Medien: Ist ein Exklusivinterview zur Steigerung der eigenen Auflage möglich?
- Sponsoren: Welcher Nutzen ist im Gegenzug für die Unterstützung zu erwarten?
- Dozenten: Welche Erkenntnisse ergeben sich für meine Kursteilnehmer?

Wie Abb. 3.1 und 3.2 in Abschn. 3.1 zeigen, können die Bilanz und die Erfolgsrechnung (GuV) eines Unternehmens sehr umfangreich und damit unübersichtlich sein. Einzelne Positionen sollten daher zu zentralen Auswertungsbereichen **verdichtet** werden. Eventuell sind auch **Umgliederungen** (z. B. passive Rechnungsabgrenzungsposten zu kurzfristigen Verbindlichkeiten) sowie **Bewertungskorrekturen** (z. B. Hebung stiller Reserven) erforderlich, vgl. Hinweise in Abschn. 6.2.

Um die Abschlüsse verschiedener Unternehmen einer Branche zu vergleichen, sollte des Weiteren ein **einheitliches Berichtslayout** verwendet werden. Beispielhaft wird in Abb. 5.2 jeweils ein Muster einer Struktur-Bilanz sowie einer Struktur-GuV angeführt, die in dieser Form als Vorlage für den Anwendungsteil in Kap. 6 dienten. Bei der gewählten GuV-Strukturvorlage handelt es sich um ein GKV-Schema (Gesamtkostenverfahren), weil dieses die Anforderungen des Anhang VI Nr. C des UEFA-Reglement Klublizenzierung (UEFA 2012) beziehungsweise der Anhänge VII Nr. 5.1.2. und VIIa Nr. 5.4. der DFL-Li-

Unternehmensname

Saison 2012 / 2013, GAAP: z.B. HGB (Konzern-)GuV, Bilanzstichtage:	30.06.2013	alle Angaben in T€ 30.06.2012
Umsatzerlöse		
+ Sonstige betriebliche Erträge		
– Materialaufwand / bezogene Lstg.		
– **Personalaufwand**		
– **Abschreibungsaufwand**		
– Sonstige betriebliche Aufwendungen		
= **Betriebsergebnis (EBIT)**		
± **Finanzergebnis**		
± **Sonstiges Ergebnis**		
= **Ergebnis vor Steuern (EBT)**		
± Steuerergebnis		
= **Jahresüberschuss**		

Unternehmensname

Saison 2012 / 2013, GAAP: z.B. HGB (Konzern-)Bilanz, Bilanzstichtage:	30.06.2013	alle Angaben in T€ 30.06.2012
A. Anlagevermögen		
I. Immaterielles Vermögen		
II. Sachanlagen		
III. Finanzanlagen		
B. Umlaufvermögen		
I. Liquide Mittel (Bank, Kasse)		
II. Weiteres UV und Sonstiges		
Σ **Bilanzsumme Aktiva**		
A. Eigenkapital		
B. Rückstellungen		
C. Verbindlichkeiten		
I. Kurzfristig inkl. Sonderposten		
II. Längerfristig (Fälligkeit > 1 Jahr)		
Σ **Bilanzsumme Passiva**		

Abb. 5.2 Vorlagemuster einer Struktur-Bilanz und einer Struktur-GuV in Anlehnung an §§ 266, 275 HGB

zenzierungsordnung (DFL 2014b) besser als das UKV-Schema (Umsatzkostenverfahren) erfüllt.

Das **dominierende Instrument einer Jahresabschlussanalyse ist die Kennzahlen-analyse** (vgl. grundlegend Coenenberg et al. 2014). Im nächsten Schritt sind daher die Bewertungsbereiche sowie dafür geeignete Kennzahlen (siehe Abschn. 5.2) festzulegen.

A. Vermögens- und Kapitalanalyse

Bei der Vermögensanalyse wird die Aktivseite der Bilanz untersucht. Wie wurde das zur Verfügung stehende Kapital verwendet? Wurde eher kürzer- oder eher längerfristig inves-tiert und welchen Anteil haben einzelne Vermögenspositionen wie Sachanlagen, Forde-rungen oder liquide Mittel am Gesamtbestand? Anlagevermögen bietet dem Unternehmen zwar Sicherheit in Form beispielsweise eines beleihbaren Gebäudes. Andererseits sind da-mit auch fixe Kosten in Form von Abschreibungen verbunden und eine flexible Reaktion auf kurzfristige Markt- und Nachfrageänderungen ist schwerer möglich. Eine Empfehlung zur Erhöhung des Umlaufvermögensanteils kann hieraus jedoch keineswegs abgeleitet werden. Während Vorrats- und Forderungswerte risikobehaftet sind und hier gegebenen-falls Wertberichtigungen vorzunehmen sind, können liquide Mittel die Renditeforderun-gen der Kapitalgeber insbesondere im aktuellen Marktumfeld mit diskutierten negativen Einlagezinsen nicht erwirtschaften.

Bei der Kapitalanalyse steht die Passivseite der Bilanz im Vordergrund. Es wird die Kapitalherkunft bzw. die Finanzierungstätigkeit untersucht. Wie hoch ist der eigene Fi-nanzierungsanteil, wie groß die Abhängigkeit von Gläubigern? Steht Fremdkapital eher längerfristig zur Verfügung oder ergibt sich eine Insolvenzgefahr bei kurzfristigen Rück-zahlungsverpflichtungen?

B. Finanz- und Liquiditätsanalyse

Der Cash-Endbestand (sog. Barliquidität) ist unmittelbar im Umlaufvermögen ersichtlich. Die Veränderung der liquiden Mittel ergibt sich rechnerisch durch einen Vergleich von Anfangs- und Endbestand. Zur Vermeidung einer tatsächlichen oder drohenden Zahlungs-unfähigkeit und damit den beiden zentralen Insolvenztatbeständen (vgl. §§ 17, 18 InsO) ist eine Fristenkongruenz von Kapitalverwendung und Kapitalherkunft anzustreben. Si-cherheits- bzw. Liquiditätspuffer sollten in jeder betrieblichen Finanzplanung vorgesehen werden, da auch kurzfristige Vermögenspositionen wie Vorräte und Forderungen in der Praxis unter Handlungsdruck bisweilen schwer oder nur mit erheblichen Bewertungsab-schlägen liquidierbar sind.

▶ **Goldene Finanzierungsregel** Die Kapitalbindungs- und die Kapitalbereitstellungs-fristen sollten übereinstimmen, d. h. langfristiges Vermögen sollte langfristig und kurz-fristiges Vermögen kurzfristig finanziert werden.

C. Ertragsanalyse

Bei der Analyse der Erfolgsrechnung werden zunächst die **Quellen des Erfolgs** bzw. Misserfolgs identifiziert und das Ergebnis unter anderem in Betriebs-, Finanz- und Steuerergebnis gespalten. Der außerordentliche Ergebnisbereich, in dem Einmal- und Sondereffekte gesammelt werden können, bietet Gestaltungsspielräume zum Missbrauch. Gerade die von immer mehr Unternehmen favorisierte Ergebniskennzahl EBIT ist umso besser, je mehr Aufwendungen als außerordentlich deklariert werden können. In Deutschland ist das EBIT i.d. R mit dem Betriebsergebnis gleichzusetzen, d. h. es handelt sich nicht nur um das Ergebnis vor Zinsen und Steuern, sondern letztlich auch vor Außerordentlichem, wie auch immer das vom jeweiligen Unternehmen definiert wird. Zur besseren Vergleichbarkeit von Jahresabschlussergebnissen wird daher ausdrücklich begrüßt, dass die neue EU-Bilanzierungsrichtlinie 2013/34/EU gemäß Art. 13 Abs. 1 sowie den Anhängen V und VI vorgibt, dass ein **außerordentlicher Ergebnisbereich in den nationalen Regelungen nicht mehr vorzusehen ist**. Der BMJV-Referentenentwurf vom 27.07.2014 (vgl. BMJV 2014a) setzt dies in Art. 1 Nr. 15 für die deutsche Rechnungslegung des § 275 HGB um. Der Gesetzentwurf vom 17.12.2014 (vgl. BMJV 2014b, Art. 1 nun jedoch Nr. 16) bestätigt dies. In Kap. 6 wird dies bei unseren Auswertungen durch eine Umgliederung des außerordentlichen in ein sonstiges betriebliches Ergebnis bereits berücksichtigt.

Neben absoluten Ergebniswerten können mit Hilfe des GuV-Ergebnisses auch relative Bezüge in Form von **Rentabilitätskennzahlen** hergestellt werden. Die bekanntesten Beispiele sind hier Umsatz-, Eigen- sowie Gesamtkapitalrentabilität. Mangels einer gesetzlichen Basis ergeben sich allerdings auch hier zahlreiche Möglichkeiten zur Beeinflussung von Zähler und Nenner, doch dazu später mehr.

Bevor im nächsten Abschnitt die im Rahmen dieser Arbeit verwendeten Kennzahlen sowie Interpretationsansätze vorgestellt werden, an dieser Stelle noch ein wichtiger Hinweis zu einem **letzten Bearbeitungsschritt**, der bei keiner Jahresabschlussanalyse fehlen sollte:

▶ **Prüfen Sie die Ergebnisse kritisch!** So führt beispielsweise ein Jahresfehlbetrag bei einem negativen Eigenkapital zu einer positiven Eigenkapitalrendite. Dies ist zwar mathematisch richtig, ein negativer Wert geteilt durch einen negativen Wert („minus durch minus") ergibt in der Tat ein positives Ergebnis. Wenn jedoch das Eigenkapital aufgezehrt ist, kann es sich nicht mehr verzinsen, weder positiv noch negativ. Ein Jahresfehlbetrag verschlechtert einen negativen Eigenkapitalwert noch weiter. Dies als positive Rentabilität anzusehen, wäre ein schwerer Interpretationsfehler, den es zu vermeiden gilt.

Zum vorgenannten Tipp noch eine kurze Übungsaufgabe:

Beispiel

Das Eigenkapital der Hertha BSC GmbH & Co. KGaA war am 30.06.2012 mit -454 T € negativ. Im Geschäftsjahr 2012/2013 wurde ein Jahresergebnis von -7803 T€ erwirtschaftet. Wie hoch war der Eigenkapitalstand am 30.06.2013 und wie hoch die Eigenkapitalrentabilität (EKR) im Geschäftsjahr? Hinweise zur Berechnung im Bedarfsfall bitte nachlesen in Abschn. 5.2.

Antwort: Der neue Eigenkapitalstand am 30.06.2013 beträgt -8257 T€ (das Jahresergebnis verändert den Eigenkapitalstand, Kapitalmaßnahmen haben unterjährig nicht stattgefunden). Die EKR beträgt rein rechnerisch -7803 T € (Jahresergebnis)/-454 T € (Anfangsbestand Eigenkapital) $* 100\% = +1719\%$. Ein traumhafter Wert, oder? Wo liegt der Interpretationsfehler?

5.2   Verwendete Kennzahlen mit Interpretationshinweisen

In der Literatur werden vielfach Richtwerte für bestimmte Kennzahlen angegeben und so beispielsweise eine Eigenkapitalquote ab 30% als „gut" oder eine Eigenkapitalrentabilität unter 10% als „schlecht" bezeichnet. In dieser Arbeit wurde hierauf bewusst verzichtet, weil ein Rückgriff auf pauschale Richtwerte bei der Interpretation von Kennzahlen nur eingeschränkt zielführend ist. Stattdessen sollte **bei jeder Kennzahl** zunächst ein **interner Abgleich mit Vorjahres- und Planwerten** (Längsvergleich) erfolgen. Ergänzend sollte anschließend ein **überbetrieblicher Vergleich mit Wettbewerbern** derselben Branche (Quervergleich) beziehungsweise der Benchmark erfolgen (vgl. das nachfolgend aufgezeigte Beispiel). Im Rahmen dieser Arbeit erfolgt ein Vergleich der Kennzahlen von ausgewählten Fußballklubs unter Einbezug von Vorjahreswerten und damit der Entwicklungsdynamik. Unabhängig von der betrachteten Branche werden Geschäftsberichte von Unternehmen zwar mit zahlreichen bunten Bildern angereichert, aber eine umfassende Gegenüberstellung von ursprünglicher Planung und tatsächlich eingetretener Geschäftsentwicklung fehlt leider nahezu ausnahmslos. So sind auch bei Fußballklubs Planwerte leider nicht zugänglich.

Beispiel

Die Berechnung der Umsatzrendite eines Einzelhandelsunternehmens ergibt einen Wert von 2,9%. Spontan wird dies bei einem neutralen Leser eher keine Begeisterung hervorrufen, das Ergebnis erscheint auf den ersten Blick „schwach". Wenn der Vorjahreswert z. B. bei 3,2% lag, dann hat sich das Unternehmen in der Tat um 0,3 PP (Prozentpunkte) verschlechtert. Wenn jedoch im Rahmen der Unternehmensplanung ein Wert von 2,7% vorgegeben wurde, um den Marktanteil über reduzierte Verkaufspreise zu erhöhen, so wurde dieses Ziel übertroffen, die Entwicklung ist erfreulicher als geplant verlaufen. Weiterhin sollte in die Überlegungen ein Vergleich mit dem Wettbewerb einbezogen werden. Wenn dieser im Durchschnitt nach wie vor einen geringeren

Wert erzielt (z. B. 2,5 %), sich jedoch dynamischer entwickelt hat (z. B. Steigerung von 2,3 auf 2,5 % und damit eine Erhöhung um 0,2 PP anstelle der obigen Reduktion), so relativiert dies die Entwicklung des betrachteten Unternehmens ebenfalls. Pauschale Richtwerte können daher eventuell eine erste Indikation, aber keinesfalls eine unternehmensspezifische Entwicklungsbewertung anzeigen.

Bei der **Auswahl von Kennzahlen** waren folgende Aspekte entscheidungsrelevant:

- Die jeweilige Kennzahl sollte bei allen untersuchten Fußballklubs für das Vorjahr und das aktuelle Geschäftsjahr berechnet werden können.
- Insgesamt sollte ein **breites Spektrum** mit einer Vielzahl an Kennzahlen aufgezeigt und keine Fokussierung auf wenige Anwendungsbeispiele vorgenommen werden. Dadurch entstehende Redundanzen hinsichtlich der Aussagekraft werden zum Teil zur Stärkung des Gesamtbildes bewusst akzeptiert, zum Teil werden Kennzahlen jedoch auch von einer Bewertung ausgenommen.
- Auf Branchenspezifika sowie Lizenzierungsvorgaben in Form eines Verbotes von überfälligen Verbindlichkeiten wird Rücksicht genommen. Kennzahlen zu Warenumschlagshäufigkeiten und Lagerdauern bleiben dadurch ebenso wie Debitoren- und Kreditorenlaufzeiten außerhalb der Betrachtung.

5.2.1 Kennzahlen zur Vermögens- und Kapitalanalyse

Die in diesem Abschnitt vorgestellten Kennzahlen werden zunächst im Überblick dargestellt (vgl. Abb. 5.3). Anschließend werden die zehn Kennzahlen zur Vermögens- und Kapitalanalyse jeweils hinsichtlich der Berechnungsmethodik, der Wertdimension, der möglichen Interpretationsaspekte sowie einem Fazit für die Fußballklubbewertung in diesem Buch ausgeführt. Die Kennzahlen 1, 3 und 9 wurden nicht in das Klubranking einbezogen.

1. **Anlagenintensität**
   - Berechnung: **Anlagevermögen/Gesamtvermögen** * 100 %
   - Wertdimension: in %
   - Interpretationsaspekte:
     - Je größer der Anteil des Anlagevermögens am Gesamtvermögen ist, desto mehr Vermögen ist langfristig im Unternehmen gebunden und desto größer sind in den Folgegeschäftsjahren die bereits absehbaren laufenden Ergebnisbelastungen in Form planmäßiger Abschreibungen.
     - Die Höhe des Anlagevermögens bei Fußballklubs wird maßgeblich von den geleisteten und zu aktivierenden Transferzahlungen für Spieler sowie den getätigten Investitionen in Sportanlagen wie Trainingsgelände und Spielstätte bestimmt. Sofern Sportanlagen lediglich gemietet, geleast oder gepachtet werden, erfolgt in der Regel keine Bilanzierung beim Fußballklub. Das Anlagevermögen und damit die Anlagenintensität sind in diesem Fall entsprechend geringer.

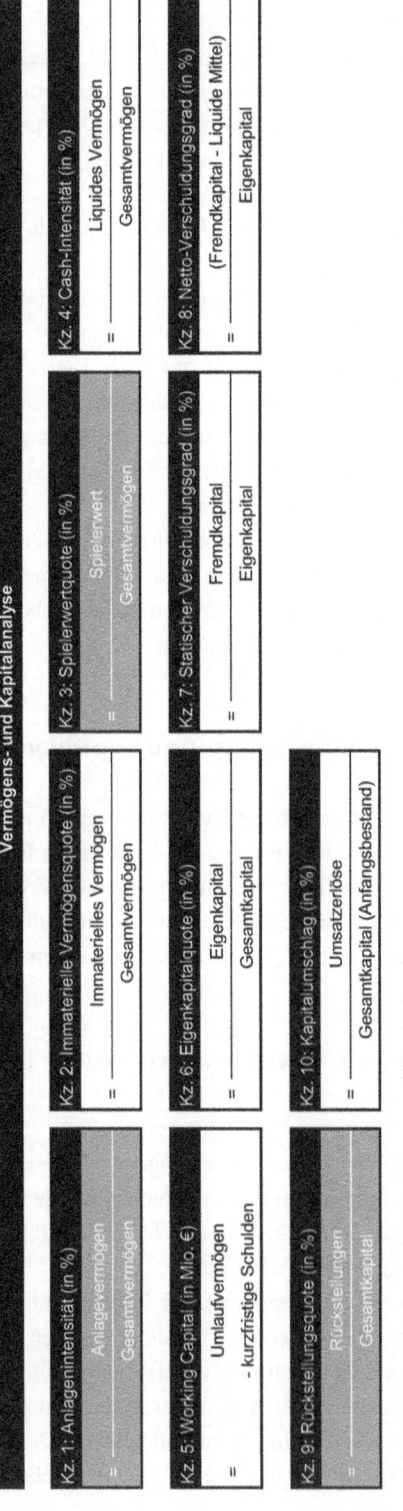

Abb. 5.3 Kennzahlen zur Vermögens- und Kapitalanalyse

- Im Vergleich mit z. B. Industrieunternehmen sind die unter anderem aus Fanartikeln bestehenden Vorratspositionen geringer wertiger. Forderungen im größeren Umfang entstehen überwiegend bei Zahlungsansprüchen aus Spielerverkäufen gegen Ablöse. Insgesamt ist das Umlaufvermögen in der Fußballbranche daher tendenziell geringer und damit die Anlagenintensität aufgrund eines geringeren Gesamtvermögens größer als in anderen Branchen.
- **Fazit**: Eine pauschale Aussage, ob eine bestimmte Anlagenintensität als „hoch" oder „niedrig" bzw. als „gut" oder „bedenklich" einzustufen ist, kann nicht erfolgen. Diese Kennzahl wird daher nicht in die Bewertung der Fußballklub-Ergebnisse einbezogen.

2. Immaterielle Vermögensquote
- Berechnung: **Immaterielles Vermögen/Gesamtvermögen** * 100 %
- Wertdimension: in %
- Interpretationsaspekte:
  - Gerade zu Beginn des 21. Jahrhunderts wurden potenzielle Wachstumsunternehmen mit kaum relevanter Haftungsmasse zu extrem hohen Preisen übernommen. Der sich dadurch ergebende Goodwill erhöhte das immaterielle Vermögen zwar deutlich, belastete die übernehmenden Unternehmen aber noch Jahre später mit entsprechenden Abschreibungen. In vielen Fällen führten diese Fehlinvestitionen mangels Werthaltigkeit letztlich in die Insolvenz.
  - Sofern für neue Spieler hohe Ablösesummen bezahlt werden, wird temporär ein hohes bilanzielles Spielervermögen geschaffen. Dieses ist unabhängig davon, ob die Spieler erfolgreich im neuen Klub agieren oder auch nicht, sowohl gemäß HGB, als auch gemäß der Fußballrechnungslegungsstatuten über die Vertragslaufzeit planmäßig abzuschreiben und belastet damit absehbar die GuV.
- **Fazit**: Die Werthaltigkeit von immateriellen Vermögen ist zweifelhaft und risikobehaftet, daher wird ein Fußballklub umso besser bewertet, je geringer die immaterielle Vermögensquote ist.

3. Spielerwertquote
- Berechnung: **Spielerwert/Gesamtvermögen** * 100 %
- Wertdimension: in %
- Interpretationsaspekte:
  - Das Spielervermögen ist Teil des immateriellen Vermögens und ist damit analog den vorhergehenden Ausführungen in den Folgejahren eine absehbare Fixkostenbelastung für die GuV.
  - In Abschn. 4.3 finden sich Hinweise, warum ein hoher Spielerwert keine Aussagekraft dahingehend besitzt, ob ein Fußballklub mit qualitativ hochwertigen Lizenzspielern ausgestattet ist. Selbst wenn dies der Fall wäre, ergäbe sich keine unmittelbare Kausalität zum (weiteren) sportlichen Erfolg. Zudem bestehen zum Teil extreme Diskrepanzen zwischen einem (vermeintlichen) Marktwert eines Spielers und dem entsprechenden bilanziellen Spielerwert.

– **Fazit**: Eine hohe Spielerwertquote ist analog der Argumentation bei der immateriellen Vermögensquote tendenziell als bedenklich einzustufen. Weil sich kein zusätzlicher Erkenntnisgewinn ergibt, wird zur Vermeidung einer Redundanz diese Kennzahl nicht in die Bewertung der Fußballklub-Ergebnisse einbezogen.

4. **Cash-Intensität**
   – Berechnung: **Liquides Vermögen/Gesamtvermögen** * 100 %
   – Wertdimension: in %
   – Interpretationsaspekte:
      – Diese Kennzahl gibt an, wie hoch der Anteil der liquiden Mittel (Bank und Kasse) in Relation zum gesamten Vermögen ist.
      – Ein hoher **Cashbestand** (diese Kennzahl wird separat erhoben) sichert die Zahlungsfähigkeit bei der Fälligkeit von Schulden, erhöht die Kreditwürdigkeit bei Banken und Lieferanten und eröffnet Investitionsspielräume für beispielsweise kurzfristig erforderliche Spielerkäufe.
      – Die Guthabenverzinsung ist in der Praxis geringer als die Verzinsung von Schulden. Es sollte daher gegebenenfalls geprüft werden, inwieweit die bestehenden Cashbestände zur Rückzahlung von Schulden verwendet werden können, ohne dass eine Zahlungsunfähigkeit beim Eintritt unvorhergesehener Ereignisse droht.
   – **Fazit**: Cash ist ein wichtiger Liquiditäts- und Sicherheitsindikator und daher wird ein Fußballklub umso besser bewertet, je größer die Cash-Intensität ist.

5. **Working Capital**
   – Berechnung: **Umlaufvermögen – kurzfristige Schulden**
   – Wertdimension: in Mio. Euro
   – Interpretationsaspekte:
      – Kurzfristiges Vermögen sollte kurzfristig finanziert sein, das Umlaufvermögen daher die kurzfristigen Schulden in jedem Fall übersteigen.
      – Ein zu hohes Working Capital kann aber auch bedeuten, dass Vorratsvermögen nicht abgesetzt werden konnte und unter anderem dem Risiko des Verderbs ausgesetzt ist. Weiterhin kann es sein, dass Kunden Zahlungsschwierigkeiten haben oder Rechnungen aufgrund von Produkt-/Qualitätsmängeln nicht bezahlen und damit die Forderungsquote zu hoch ist. Branchen- bzw. unternehmensindividuell ist daher festzulegen, ab wann ein Working Capital-Wert als problematisch einzustufen ist und bis zu welcher Grenze ein Working Capital als umso erfreulicher zu bewerten ist, je weiter der Wert ansteigt.
      – Bei Profifußballklubs besteht einerseits die lizenzrechtliche Sondersituation, dass Außenstände in der Regel zeitnah bezahlt werden (müssen). Andererseits ist das Vorratsvermögen kaum bedeutend.
   – **Fazit**: Das Working Capital ist ebenfalls ein wichtiger Liquiditäts- und Sicherheitsindikator und daher wird ein Fußballklub umso besser bewertet, je größer das Working Capital ist. Eine Obergrenze ist aufgrund der branchenspezifischen Sondersituation nicht zu beachten.

6. Eigenkapitalquote

- Berechnung: **Eigenkapital/Gesamtkapital** * 100 %
- Wertdimension: in %
- Interpretationsaspekte:
  - Diese Kennzahl gibt an, wie hoch der Anteil des Eigenkapitals am gesamten Kapital ist. Je größer dieser Wert ist, desto unabhängiger kann das Unternehmen von Fremdkapitalgebern (z. B. Banken) agieren und desto geringer sind die (zukünftigen) Erfolgsbelastungen durch Fremdkapitalzinsen.
  - In der Praxis können sich durch externe Eigenkapitalinvestoren unerwünschte Mitspracherechte ergeben. Zudem sind die Renditeerwartungen von Eigenkapitalgebern in der Regel höher als von Gläubigern.
- **Fazit**: Eigenkapital ist ein wichtiger Unabhängigkeits- und Selbstfinanzierungsindikator, daher wird ein Fußballklub umso besser bewertet, je größer die Eigenkapitalquote ist.
- **Achtung**: Bei einer Eigenkapitalquote von beispielsweise 25 % ergeben sich rechnerisch zwangsläufig eine **Fremdkapitalquote** (Anteil Fremdkapital am Gesamtkapital) von 75 % sowie ein statischer Verschuldungsgrad (siehe nachfolgend) von 300 %.

► Die Eigenkapitalrentabilität (EKR) ist bei einem gegebenen Gewinn umso größer, je geringer das dafür eingesetzte Eigenkapital ist, d. h. bei einer **sinkenden Eigenkapitalquote** kann die EKR verbessert werden, auch wenn sich an der Gewinnsituation des Unternehmens nichts ändert. Dieser sog. **Leverage Effekt** funktioniert, solange Fremdkapital günstiger ist als der durchschnittliche Kapitalkostensatz, d. h. es muss gelten Fremdkapitalzins (i) < Gesamtkapitalrendite (r).

Beispiel

Zur Verdeutlichung der Wirkung des sog. Leverage Effektes ein kurzes Übungsbeispiel mit drei unternehmerischen Situationen, es wird in zunehmendem Maße eigenes durch fremdes Kapital ersetzt. Das Gesamtkapital beträgt jeweils 1000 T€, an Gewinn vor Berücksichtigung der Fremdkapitalzinsen (5 %) wurden jeweils 100 T€ erwirtschaftet. Als Aufgabenstellung sind die Eigen- (EKR) und die Gesamtkapitalrentabilität (GKR) zu ermitteln, die Berechnungsmethodik kann bei Bedarf in Abschn. 5.2.3 nachgeschlagen werden.

1. Situation: Eigenkapital = 1000 T€ (100 %), Fremdkapital = 0 T€
2. Situation: Eigenkapital = 500 T€ (50 %), Fremdkapital = 500 T€
3. Situation: Eigenkapital = 200 T€ (20 %), Fremdkapital = 800 T€

Lösung:

1. Situation
   - Fremdkapitalzinsen: 0 T€, Gewinn nach Abzug FK-Zinsen: 100 T€
   - Eigenkapitalrentabilität: 100 T€/1000 T€ = 10 %
   - Gesamtkapitalrentabilität: (100 T€ + 0 T€)/1000 T€ = 10 %

2. Situation
   - Fremdkapitalzinsen: 25 T€, Gewinn nach Abzug FK-Zinsen: 75 T€
   - Eigenkapitalrentabilität: 75 T€/500 T€ = 15 %
   - Gesamtkapitalrentabilität: (75 T€ + 25 T€)/1000 T€ = 10 %
3. Situation
   - Fremdkapitalzinsen: 40 T€, Gewinn nach Abzug FK-Zinsen: 60 T€
   - Eigenkapitalrentabilität: 60 T€/200 T€ = 30 %
   - Gesamtkapitalrentabilität: (60 T€ + 40 T€)/1000 T€ = 10 %

Fazit: Obwohl der absolute Gewinn von 100 auf 60 T€ und damit um 40 % einbricht, hat sich die EKR von 10 auf 30 % verdreifacht. Dies konnte jedoch nur funktionieren, weil i (5 %) < GKR (10 %). Der Leverage Effekt funktioniert in der Praxis leider zu gut und hat mit zur Auslösung der letzten Wirtschafts- und Finanzkrise beigetragen.

7. **Statischer Verschuldungsgrad**
   - Berechnung: **Fremdkapital/Eigenkapital** * 100 %
   - Wertdimension: in %
   - Interpretationsaspekte:
     - Je größer dieser Wert ist, desto abhängiger ist das Unternehmen von Fremdkapitalgebern und desto geringer ist in der Regel die Bonitätseinstufung bzw. das Unternehmensrating.
     - In der Bewertungspraxis widersprechen sich fälschlicherweise häufig die Bewertungen der Eigenkapitalquote (z. B. 25 % werden als gut erachtet) sowie des statischen Verschuldungsgrades (z. B. 300 % werden als schlecht erachtet). Bei einer EKQ von 25 % folgt jedoch zwingend ein Fremdkapitalanteil von 75 %. Die Schulden sind drei Mal so hoch wie das Eigenkapital, der statische Verschuldungsgrad muss damit ebenso zwingend 300 % ergeben.
     - Allein aufgrund von optischen Befindlichkeiten wird diese Kennzahl in der Praxis häufig nicht in der vorgestellten, sondern in einer weiter aufbereiteten Form verwendet. Zur Reduktion der im Beispiel ermittelten und als hoch verschuldet erscheinenden 300 % werden im Zähler beispielsweise liquide Mittel abgezogen oder andere Bereinigungen durchgeführt. Mangels entsprechender legislativer Basen kann die Praxis Begriffe und Definitionen branchen- beziehungsweise unternehmensindividuell gestalten. Dies wird an einem dem Fazit nachfolgenden Beispiel verdeutlicht.
     - Bei einem negativen Eigenkapital ist von einer Berechnung abzusehen.
     - Diese Kennzahl wird in der praktischen Anwendung zum Teil auch als **Gearing** oder **Leverage Ratio** bezeichnet
   - **Fazit**: Es ergibt sich eine zur Eigenkapitalquote vergleichbare Aussage, wobei unter Vernachlässigung von Leverage-Effekten ein geringerer Wert prinzipiell ein besserer Wert ist. Weil sich dieser Zusammenhang selbst fachkundigen Bilanzlesern nicht immer sofort erschließt, fließt diese Kennzahl trotz einer Redundanz in die Gesamtbewertung ein.

Beispiel

Die Deutsche Bank bezeichnet den statischen Verschuldungsgrad als Verschuldungs-
quote und berechnet diese Finanzkennzahl, „indem wir die Bilanzsumme durch das
Eigenkapital dividieren" (Deutsche Bank 2013, S. 53). Das Eigenkapital wird hierfür
zunächst bereinigt, die Bilanzsumme um 37 % reduziert. Als bereinigte Verschuldungs-
quote ergibt sich dann ein Wert von 19 (unbereinigt 31). Zu beachten ist, dass dies
einem prozentualen Wert von 1900 % entspricht, d. h. das Fremdkapital ist 19 mal
größer als das Eigenkapital. Der bereinigte Eigenkapitalanteil beträgt demzufolge ca.
5 %. Als nicht bereinigte Eigenkapitalquote wird auf S. 65 desselben Zwischenberichts
ein Wert von 3 % ausgewiesen.

8. **Netto-Verschuldungsgrad**
   – Berechnung: **(Fremdkapital - Liquide Mittel)/Eigenkapital** * 100 %
   – Wertdimension: in %
   – Interpretationsaspekte:
     – Diese Kennzahl gibt an, wie hoch die Schulden (Fremdkapital) nach Abzug des
       Bestandes an Liquiden Mitteln (Bank und Kasse) in Relation zum Eigenkapital
       sind. Je größer der Wert ist, desto größer sind die Abhängigkeit von Gläubigern
       sowie die latente Insolvenzgefahr, da bei einer Fälligkeit von Schulden eventuell
       nicht ausreichend liquide Mittel zur Bezahlung vorhanden sind.
     – Bei einem negativen Eigenkapital ist von einer Berechnung abzusehen.
     – Aufgrund der Berücksichtigung von Liquiden Mitteln ergibt sich keine analoge
       Aussage zum statischen Verschuldungsgrad.
     – Diese Kennzahl wird in der praktischen Anwendung zum Teil auch als **Net Gea-
       ring** oder **Net Leverage Ratio** bezeichnet.
   – **Fazit**: Der Netto-Verschuldungsgrad ist ein wichtiger Unabhängigkeits- und Sicher-
     heitsindikator, daher wird ein Fußballklub umso besser bewertet, je geringer der
     Netto-Verschuldungsgrad ist.

9. **Rückstellungsquote**
   – Berechnung: **Rückstellungen/Gesamtkapital** * 100 %
   – Wertdimension: in %
   – Interpretationsaspekte:
     – Diese Kennzahl gibt an, wie hoch die Rückstellungen in Relation zum Gesamtka-
       pital sind. Je größer der Wert ist, desto mehr zukünftige Verpflichtungen (Schul-
       den) sind absehbar, die lediglich hinsichtlich Zeitpunkt und (bzw. oder) Höhe
       ungewiss sind. Die Belastung der Erfolgsrechnung hat mit einer entsprechenden
       Aufwandskontierung zur Bildung von Rückstellungen bereits in der Gegenwart
       stattgefunden. Liquide Mittel, die in der Zukunft voraussichtlich benötigt werden
       und erst dann zu einem entsprechenden Zahlungsmittelabfluss führen, werden
       im Unternehmen bereits in der Gegenwart durch eine Jahresüberschussreduktion
       zurückbehalten bzw. exakter formuliert eine Ausschüttung durch eine Reduktion

des maximal möglichen Bilanzgewinns begrenzt. Eine entsprechende Berücksichtigung in der Finanzplanung wird angeraten.

- Eine typische Verständnis-Fehlerquelle ist übrigens die Verwechslung von
  Rückstellungen (eine ungewisse Schuld) mit Rücklagen (Gewinn- und
  Kapitalrücklagen sind Eigenkapitalpositionen) und Liquiden Mitteln (eine
  Umlaufvermögensposition).

- **Fazit**: Eine ergänzende Aussagekraft neben den angeführten Vermögens-, Kapital-
  und Ertragskennzahlen ergibt sich nur begrenzt. Zudem ist unklar, ob eine hohe
  Rückstellungsquote (mit dem Argument einer entsprechenden Risikovorsorge) oder
  ein geringer Wert (mit dem Argument es gibt kaum Risiken) besser ist. Von einer
  Bewertungsrelevanz wird daher abgesehen.

10. **Kapitalumschlag**
    - Berechnung: **Umsatzerlöse/Gesamtkapital (Anfangsbestand)** * 100%
    - Wertdimension: in %
    - Interpretationsaspekte:
      - Diese Kennzahl gibt an, wie oft das zu Geschäftsjahresbeginn vorhandene
        Gesamtkapital über die Umsatzerlöse umgeschlagen wurde. Ein Kapitalum-
        schlag von beispielsweise 300% bedeutet, dass ein Unternehmen für jeden als
        Kapital eingesetzten Euro einen Umsatz von drei Euro erwirtschaftet.
      - Zielsetzung ist, Umsatzerlöse mit einem möglichst geringen Kapitalbedarf zu
        generieren, d. h. beispielsweise Umsatzerlöse ohne zusätzlichen Kapitalbedarf
        zu steigern oder bei konstanten Umsatzerlösen den Kapitalbedarf zu reduzie-
        ren, weil damit auch die tatsächliche Fremdkapital- bzw. die erwartete Eigen-
        kapitalzinsbelastung für das Unternehmen sinkt. Wenn das Eigen- und/oder
        Fremdkapital gesenkt werden kann, steigt die Eigen- und/oder Gesamtkapital-
        rentabilität (vgl. Kennzahlen in Abschn. 5.2.3). Zu beachten ist jedoch, dass
        beim Return on Investment (ROI) ein gegenteiliger Effekt eintreten kann, d. h.
        bei einer Steigerung des Kapitalumschlags sinkt der ROI bei einer konstanten
        Umsatzrendite.
      - Der Kapitaleinsatz kann reduziert werden, wenn beispielsweise Lagerbestände
        abgesenkt werden, nicht ausgelastete Anlagen verkauft werden, auf Leasing
        anstelle Kauf umgestellt wird oder das Mahnwesen verbessert wird.
    - **Fazit**: Der Kapitalumschlag ist ein Indikator für die Effizienz des Kapitaleinsat-
      zes, daher wird ein Fußballklub umso besser bewertet, je größer der Kapitalum-
      schlag ist.

5.2.2   Kennzahlen zur Finanz- und Liquiditätsanalyse

Auch hier werden die in diesem Abschnitt vorgestellten Kennzahlen zunächst im Überblick dargestellt (vgl. Abb. 5.4). Anschließend werden die acht Kennzahlen zur Finanz-
und Liquiditätsanalyse jeweils hinsichtlich der Berechnungsmethodik, der Wertdimension,

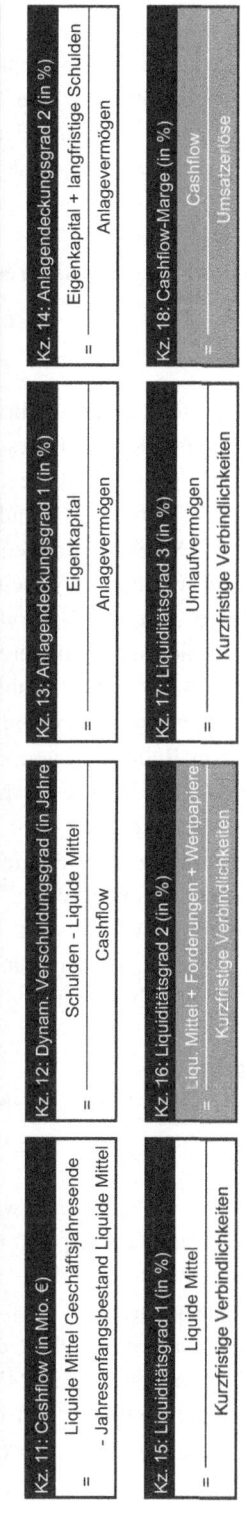

Abb. 5.4 Kennzahlen zur Finanz- und Liquiditätsanalyse

der möglichen Interpretationsaspekte sowie einem Fazit für die Fußballklubbewertung in Kap. 6 ausgeführt. Die Kennzahl 16 (L2) konnte nicht in das Klubranking einbezogen werden, da auf eine dafür erforderliche, differenzierte Erfassung des Umlaufvermögens verzichtet wurde. Aufgrund einer bereits ausreichenden Würdigung des Cashflows als Kennzahl wurde auf einen Einbezug der Cashflow-Marge verzichtet.

11. **Cashflow**
    - Berechnung: **Liquide Mittel Geschäftsjahresende - Jahresanfangsbestand Liquide Mittel**
    - Wertdimension: in Mio. Euro
    - Interpretationsaspekte:
        - Diese Kennzahl gibt an, wie hoch die Mehrung an liquiden Mitteln wie beispielsweise Bankguthaben und Kasse im Geschäftsjahr war. Je größer der Wert ist, desto mehr Cash konnte generiert werden, das in der Zukunft für Ausschüttungen (Dividenden), zur Tilgung von Schulden oder zur Selbstfinanzierung von Investitionen (z. B. für Spielerkäufe) genutzt werden kann.
        - Der Jahresanfangsbestand an Liquiden Mitteln muss aufgrund des Grundsatzes der Bilanzidentität mit dem Jahresendbestand des Vorjahres übereinstimmen.
        - Auf eine Unterteilung in die drei Cash-Bereiche operativer Cashflow, Cashflow aus Investitionstätigkeit sowie Cashflow aus Finanzierungstätigkeit musste mangels entsprechenden Angaben in einigen Fußballklubabschlüssen verzichtet werden. Der zur Bedienung von Eigen- und Fremdkapitalgeberansprüchen zur Verfügung stehende **Free Cashflow** als Summe aus operativem und investivem Cashflow konnte daher ebenfalls nicht ermittelt werden.
        - Auf die alternative Ermittlung von rudimentären Cashflow-Ansätzen (sog. Praktiker-Formeln) wie beispielsweise „Ergebnis GuV + Abschreibungen ± Rückstellungsänderung" (vgl. Abschn. 3.1) wurde ebenfalls verzichtet.
    - **Fazit**: Der Cashflow ist ein wichtiger Liquiditäts- und Sicherheitsindikator, daher wird ein Fußballklub umso besser bewertet, je größer dieser Wert ist.

12. **Dynamischer Verschuldungsgrad**
    - Berechnung: **(Schulden - Liquide Mittel)/Cashflow**
    - Wertdimension: in Jahre
    - Interpretationsaspekte:
        - Diese Kennzahl gibt Aufschluss darüber, in wie vielen Jahren die Verschuldung des Unternehmens (d. h. das Fremdkapital) unter Berücksichtigung des aktuellen Bestands an Liquiden Mitteln und des aktuellen Cashflows abgebaut ist (theoretische Entschuldungsdauer).
        - Kritisch anzumerken ist, dass ein gleichbleibend positiver Cashflow über die folgenden Geschäftsjahre unterstellt wird. Bei einem gegenwärtig negativen Cashflow können die Schulden rein rechnerisch niemals zurückbezahlt werden.
        - Bei einem negativen Cashflow ist von einer Berechnung abzusehen.

- **Alternative Berechnung**: Anstelle einer Division durch den gesamten Cash-flow wäre es auch möglich, im Nenner lediglich den operativen Cashflow anzusetzen. Das Ergebnis würde sich dadurch wahrscheinlich verbessern, weil der Investitions- und der Finanzierungscashflow tendenziell eher negativ sind.
- **Fazit**: Der dynamische Verschuldungsgrad ist ein wichtiger Finanzindikator, daher wird ein Fußballklub umso besser bewertet, je geringer dieser Wert ist.

13. **Anlagendeckungsgrad 1**
    - Berechnung: **Eigenkapital/Anlagevermögen** * 100 %
    - Wertdimension: in %
    - Interpretationsaspekte:
        - In einer engeren Fassung der Fristenkongruenzbetrachtung postuliert die sog. **Goldene Bilanzregel** die Finanzierung des Anlagevermögens mit Eigenkapital und gibt damit 100 % als Zielwert für den Anlagendeckungsgrad 1 vor.
        - Bei einer kurzfristigen Finanzierung des langfristigen Vermögens besteht die Gefahr, dass Anlagevermögen verkauft werden muss, um kurzfristig fällig werdende Schulden zu begleichen. Es würde dann eine Fristeninkongruenz zwischen Mittelherkunft und Mittelverwendung bestehen.
        - Bei einem negativen Eigenkapital ist von einer Berechnung abzusehen.
    - **Fazit**: Der Anlagendeckungsgrad 1 ist ein wichtiger Indikator für die Finanz- und Vermögenslage, daher wird ein Fußballklub umso besser bewertet, je größer dieser Wert ist.

14. **Anlagendeckungsgrad 2**
    - Berechnung: **(Eigenkapital + langfristige Schulden)/Anlagevermögen** * 100 %
    - Wertdimension: in %
    - Interpretationsaspekte:
        - In einer weiteren Fassung der Fristenkongruenzbetrachtung postuliert die sog. **Silberne Bilanzregel** die Finanzierung des Anlagevermögens mit Eigenkapital und langfristig bereitstehendem Fremdkapital.
        - Wenn neben dem Eigenkapital im Zähler auch langfristige Schulden einbezogen werden, sollte zumindest damit das Anlagevermögen finanziert sein und der Wert ≥ 100 % sein.
        - Bei einem negativen Eigenkapital ist von einer Berechnung abzusehen, wenn die langfristigen Schulden diesen Wert nicht ausgleichen können.
    - **Fazit**: Der Anlagendeckungsgrad 2 ist ebenfalls ein wichtiger Indikator für die Finanz- und Vermögenslage, daher wird ein Fußballklub umso besser bewertet, je größer dieser Wert ist.

15. **Liquiditätsgrad 1**
    - Berechnung: **Liquide Mittel/kurzfristige Verbindlichkeiten** * 100 %
    - Wertdimension: in %
    - Interpretationsaspekte:

- Der Liquiditätsgrad 1 (L1) wird auch als sog. **Cash-Ratio** bezeichnet.
- Diese Kennzahl gibt an, inwiefern die sofort verfügbaren liquiden Mittel wie beispielsweise Bankguthaben und Kassenbestände zur Deckung von kurzfristig, d. h. innerhalb von maximal einem Jahr, fälligen Verbindlichkeiten beispielsweise gegenüber Kreditinstituten, Lieferanten oder aus Spielertransfers ausreichen.
- Je größer dieser Wert ist, desto geringer ist die Insolvenzgefahr. Ein Zielwert für L1 von etwa 20 % wird vielfach bereits als ausreichend erachtet, da ein Cashbestand in der Regel keine Rendite erwirtschaften kann. In der Unternehmenspraxis kann es jedoch auch bei deutlich höheren Werten zu Zahlungsschwierigkeiten kommen bzw. eine Solvenz auch bei deutlich geringeren Werten gewährleistet bleiben. Die zentrale, in der Kennzahl jedoch nicht ersichtliche Herausforderung ist, eine Kongruenz der Fälligkeitstermine von Schulden mit den Verfügbarkeitsterminen von Vermögenspositionen zu erreichen.
- Zu beachten ist, dass es sich hierbei lediglich um einen statischen Wert zum Bilanzstichtag handelt und das Ergebnis einen Tag vorher oder nachher bereits ein völlig anderes sein kann.
- **Fazit**: Der Liquiditätsgrad 1 ist ein wichtiger Insolvenzindikator, daher wird ein Fußballklub umso besser bewertet, je größer dieser Wert ist.

16. **Liquiditätsgrad 2**
    - Berechnung: **(Liquide   Mittel + Forderungen + Wertpapiere)/kurzfristige Verb.** * 100 %
    - Wertdimension: in %
    - Interpretationsaspekte:
        - Der Liquiditätsgrad 2 (L2) wird auch als sog. **Quick-Ratio** bezeichnet.
        - Gegenüber L1 werden im Zähler Forderungen sowie zeitnah liquidierbare Wertpapiere in die Berechnung einbezogen. Der einer groben Orientierung dienende Zielwert beträgt etwa 100 %.
        - Neben den Problemfeldern bei L1 (statische Betrachtung, Fristenkongruenz, mangelhafte Rendite von liquiden Mitteln) ist bei L2 in der Praxis zusätzlich kritisch zu hinterfragen, ob die Forderungen bei Fälligkeit von kurzfristigen Verbindlichkeiten auch tatsächlich ohne große Abschläge durch beispielsweise Factoring (Forderungsverkauf) liquidiert werden können.
        - Ein Anstieg der Forderungen kann auf eine Verschlechterung der Zahlungsmoral von Kunden, auf ein schlechtes Mahnwesen sowie eine Verminderung der Produktqualität (bedingt eine Erhöhung von Reklamationen) zurückzuführen sein.
    - **Fazit**: Im Rahmen dieser Untersuchung wäre für diese Kennzahl eine Differenzierung des Umlaufvermögens in Liquide Mittel, Forderungen und Wertpapiere erforderlich gewesen. Auf eine Ermittlung wurde daher bewusst verzichtet. Auf die Ermittlung einer **Forderungsquote** (Anteil der Forderungen am Gesamtvermögen) wurde aufgrund der Besonderheit von Fußballklubabschlüssen (Lizenzierungsvorgaben bedingen geringere Forderungsbestände) ebenfalls verzichtet.

17. **Liquiditätsgrad 3**
    - Berechnung: **Umlaufvermögen/kurzfristige Verbindlichkeiten** * 100%
    - Wertdimension: in %
    - Interpretationsaspekte:
        - Der Liquiditätsgrad 3 (L3) wird auch als sog. **Current-Ratio** bezeichnet.
        - Gegenüber L2 wird im Zähler nun das gesamte Umlaufvermögen einbezogen. Der einer groben Orientierung dienende Zielwert beträgt etwa 200%.
        - Der Liquiditätspuffer beim Zielwert ist dem Umstand geschuldet, dass insbesondere Forderungen und Vorräte bei einer Fälligkeit der kurzfristigen Verbindlichkeiten in der Regel nicht ausreichend schnell liquidiert werden können.
        - Zur Vermeidung von Lieferengpässen gerade auch bei die Lieferkette unterbrechenden Störereignissen wie beispielsweise der Nuklearkatastrophe von Fukushima im Jahr 2011 ist eine Vorratshaltung anzustreben, die Sicherheitsbestände berücksichtigt.
        - Hohe Forderungs- und Vorratsquoten sind mit Wertberichtigungsrisiken verbunden, daher sollte L3 nicht größer als etwa 300% sein. Bei Fußballklubs ist diese Obergrenze aufgrund der branchenspezifischen Situation mit nicht zulässigen überfälligen Verbindlichkeiten (damit werden Forderungen zeitnah abgebaut) sowie wertgeringen Vorratslagern nicht relevant.
    - **Fazit**: Der Liquiditätsgrad 3 ist ebenfalls ein wichtiger Insolvenzindikator, daher wird ein Fußballklub umso besser bewertet, je größer dieser Wert ist.

18. **Cashflow-Marge**
    - Berechnung: **Cashflow/Umsatzerlöse** * 100%
    - Wertdimension: in %
    - Interpretationsaspekte:
        - Bei dieser Kennzahl wird ermittelt, wie viel Überschuss an liquiden Mitteln letztlich mit jedem umgesetzten Euro im Unternehmen verbleibt.
        - Anstelle des gesamten Cashflows sollte in der unternehmerischen Praxis eine Fokussierung auf den operativen Cashflow erfolgen. Dann zeigt diese Kennzahl an, welcher Anteil der Umsatzerlöse dem Unternehmen für zahlungswirksame Investitionen, Schuldentilgungen und Dividendenzahlungen zur Verfügung steht.
        - Wie bereits angesprochen musste in der vorliegenden Fußballklubuntersuchung allerdings auf eine Unterteilung in die drei Cash-Bereiche operativer Cashflow, Cashflow aus Investitionstätigkeit sowie Cashflow aus Finanzierungstätigkeit mangels entsprechenden Angaben verzichtet werden.
        - Vorteil gegenüber den Ertragskennzahlen Umsatzrentabilität und EBIT-Marge ist, dass bei der Cashflow-Marge (wie auch im Insolvenzrecht) die Zahlungs- und nicht die Erfolgswirksamkeit im Vordergrund steht.
        - Bei einem negativen Cashflow ist von einer Berechnung abzusehen.
    - **Fazit**: Die Cashflow-Marge liefert Erkenntnisse über die Fähigkeit, aus der wichtigsten Ertragsquelle einen Zahlungsüberschuss zu generieren. Weil der Cashflow als Kennzahl bereits ausreichend gewürdigt wurde, wurde von einer Bewertungsrelevanz abgesehen.

5.2.3 Kennzahlen zur Ertragsanalyse

Zunächst werden 20 der in diesem Abschnitt angeführten 30 Kennzahlen im Überblick dargestellt (vgl. Abb. 5.5) sowie anschließend jeweils hinsichtlich der Berechnungsmethodik, der Wertdimension, der möglichen Interpretationsaspekte sowie einem Fazit für die in Kap. 6 durchgeführte Fußballklubbewertung ausgeführt. Zentrale Fragestellung ist, ob sich die unternehmerische Tätigkeit gelohnt hat beziehungsweise welche Komponenten jeweils den Erfolg vermehrt oder vermindert haben. Zur Begrenzung des Umfangs der Untersuchung wurden die Kennzahlen 37 bis 48 nicht in das Klubranking einbezogen und auch weitgehend inhaltlich nicht ausgeführt.

19. **Umsatzerlöse**
    - Berechnung: **Position innerhalb der GuV**
    - Wertdimension: in Mio. Euro
    - Interpretationsaspekte:
        - Umsatzerlöse bilden die wichtigste Ertragsquelle eines Fußballklubs und sind in der Football Money League von Deloitte (2014) die zentrale Kennzahl im Klubvergleich.
        - Während das HGB keine weitere Untergliederung vorschreibt, werden die Umsatzerlöse von Fußballunternehmen unterteilt ausgewiesen nach den fünf Kategorien Spielbetrieb, Werbung, mediale Verwertungsrechte, Handel sowie Transfer-, Ausleih- und Ausbildungsentschädigungen. Auf eine solche Detaillierung wurde im Rahmen dieser Untersuchung verzichtet.
        - Erlösminderungen sowie erhaltene Umsatzsteuern sind bei der Umsatzerlösermittlung zu bereinigen.
        - Gerade bei Handelsunternehmen wird diese Kennzahl typischerweise in Relation zu den vorhandenen Mitarbeiter- und Flächenzahlen betrachtet.
    - **Fazit**: Die Umsatzerlöse sind ein zentraler Indikator für die Ertragskraft eines Unternehmens. Ein Fußballklub wird daher umso besser bewertet, je größer dieser Wert ist.

20. **Jahresüberschuss (Net Income)**
    - Berechnung: **Position innerhalb der GuV**
    - Wertdimension: in Mio. Euro
    - Interpretationsaspekte:
        - Ist der Saldo der Gewinn- und Verlustrechnung positiv, so wurde ein Jahresüberschuss erwirtschaftet. Im Falle eines negativen Saldos wurde ein Jahresfehlbetrag generiert. Das Ergebnis der GuV mehrt beziehungsweise mindert das Eigenkapital eines Unternehmens und verbessert somit dessen Selbstfinanzierungskraft durch eine Stärkung der Eigenkapitalbasis.
        - Das Eigenkapital kann sich auch erfolgsneutral ändern durch beispielsweise eine Kapitalerhöhung oder -herabsetzung.

Ertragsanalyse

Kz. 19: Umsatzerlöse (in Mio. €)

$$= \text{Position innerhalb der GuV}$$

Kz. 20: Jahresüberschuss (in Mio. €)

$$= \text{Position innerhalb der GuV}$$

Kz. 21: Personalaufwand (in Mio. €)

$$= \text{Position innerhalb der GuV}$$

Kz. 22: Personalaufwandsquote (in %)

$$= \frac{\text{Personalaufwand}}{\text{Umsatzerlöse}}$$

Kz. 23: Abschreibungsaufwand (in Mio. €)

$$= \text{Position innerhalb der GuV}$$

Kz. 24: Abschreibungsaufwandsquote (in %)

$$= \frac{\text{Abschreibungsaufwand}}{\text{Umsatzerlöse}}$$

Kz. 25: EBT (in Mio. €)

$$= \text{Position innerhalb der GuV}$$

Kz. 26: EBIT (in Mio. €)

$$= \text{Position innerhalb der GuV}$$

Kz. 27: EBITDA (in Mio. €)

$$= \text{Position innerhalb der GuV}$$

Kz. 28: EBIT-Marge (in %)

$$= \frac{\text{EBIT}}{\text{Umsatzerlöse}}$$

Kz. 29: EBITDA-Marge (in %)

$$= \frac{\text{EBITDA}}{\text{Umsatzerlöse}}$$

Kz. 30: Finanzergebnis (in Mio. €)

$$= \text{Position innerhalb der GuV}$$

Kz. 31: Steuerergebnis (in Mio. €)

$$= \text{Position innerhalb der GuV}$$

Kz. 32: Steuerquote (in %)

$$= \frac{\text{Steuerergebnis}}{\text{Ergebnis vor Steuern}}$$

Kz. 33: Umsatzrentabilität (in %)

$$= \frac{\text{Jahresüberschuss}}{\text{Umsatzerlöse}}$$

Kz. 34: Eigenkapitalrentabilität (in %)

$$= \frac{\text{Jahresüberschuss}}{\text{Eigenkapital (Anfangsbestand)}}$$

Kz. 35: Gesamtkapitalrentabilität (in %)

$$= \frac{\text{Jahresüberschuss + Fremdkapitalzinsen}}{\text{Gesamtkapital (Anfangsbestand)}}$$

Kz. 36: CFROI (in %)

$$= \frac{\text{Cashflow + Fremdkapitalzinsen}}{\text{Gesamtkapital (Anfangsbestand)}}$$

Kz. 37: RONA (in %)

$$= \frac{\text{EBIT}}{\text{Gesamtvermögen - Liquide Mittel}}$$

Kz. 38: ROCE (in %)

$$= \frac{\text{EBIT}}{\text{Capital Employed}}$$

Abb. 5.5 Kennzahlen zur Ertragsanalyse

- Das Ergebnis der GuV ist Ausgangspunkt für die Ermittlung von Rendite-kennzahlen und hat dadurch eine erhebliche Bedeutung für die Bewertung der Ertragskraft von Unternehmen.
- **Fazit**: Der Jahresüberschuss ist ein wichtiger Selbst- bzw. Innenfinanzierungs-indikator zur Stärkung der Eigenkapitalbasis. Ein Fußballklub wird daher umso besser bewertet, je größer dieser Wert ist.

21. Personalaufwand
- Berechnung: **Position innerhalb der GuV**
- Wertdimension: in Mio. Euro
- Interpretationsaspekte:
  - Bei Profifußballklubs ist der Personalaufwand, der auch soziale Abgaben und Aufwendungen für die Altersversorgung von Mitarbeitern einschließt, eine zentrale Ergebnisminderungskomponente.
  - Weil Lizenzspieler von positiven Spielergebnissen über Prämien, Zulagen und Gehaltserhöhungen profitieren, wird der Personalaufwand zumindest zum Teil vom sportlichen Erfolg determiniert.
  - Bei einem rückläufigen sportlichen Erfolg sinken die Umsatzerlöse jedoch stärker als der Personalaufwand, es besteht die für Fixkosten übliche Rema-nenzproblematik, d. h. die Grundgehälter können nicht ausreichend schnell an die negative Entwicklung angepasst werden. Zur Lösung würde sich anbieten, in die Verträge mit den Spielern für den Fall von (entscheidenden) Niederlagen einen Malus-Automatismus hinsichtlich der Gehaltshöhe aufzunehmen.
- **Fazit**: Der Personalaufwand ist eine zentrale Fixkostenposition. Ein Fußballklub wird umso besser bewertet, je geringer dieser Wert ist.

22. Personalaufwandsquote
- Berechnung: **Personalaufwand/Umsatzerlöse** * 100 %
- Wertdimension: in %
- Interpretationsaspekte:
  - Zur Ermittlung dieser Kennzahl wird der Personalaufwand in Relation zu den Umsatzerlösen gesetzt. Es ist erkennbar, wie viel Cent an Personalaufwand für die Erwirtschaftung von einem Euro Umsatzerlös aufgewendet werden mussten.
  - Gerade bei Fußballklubs mit Spielergehältern in Millionenhöhe ist diese Kenn-zahl von besonderem Interesse.
  - Wie bereits bei der Kennzahl Personalaufwand angemerkt, sinken die Umsatz-erlöse bei einem rückläufigen sportlichen Erfolg stärker als der Personalauf-wand, es besteht die für Fixkosten übliche Remanenzproblematik, vergleiche vorhergehende Ausführungen bei Nr. 21.
  - **Alternative Bezeichnung und Berechnung**: Die Relation von Personalauf-wand zu Umsatzerlöse bzw. zur betrieblichen Gesamtleistung wird häufig auch als **Personalintensität** bezeichnet.
- **Fazit**: Die Personalaufwandsquote ist ein wichtiger Erfolgsminderungsindikator. Ein Fußballklub wird daher umso besser bewertet, je geringer dieser Wert ist.

23. **Abschreibungsaufwand**
    - Berechnung: **Position innerhalb der GuV**
    - Wertdimension: in Mio. Euro
    - Interpretationsaspekte:
        - Mit Ausnahme von Finanzanlagen sowie von Grund und Boden unterliegt langfristiges Anlagevermögen einer planmäßigen Wertminderung. Daneben sind gemäß § 253 Abs. 3 HGB für das gesamte Anlagevermögen außerplanmäßige Wertkorrekturen möglich.
        - Bei Vermögensgegenständen des Umlaufvermögens sind Wertminderungen vorzunehmen, um diese mit einem niedrigeren Wert anzusetzen, der sich aus einem Börsen- oder Marktpreis am Abschlussstichtag ergibt, vgl. § 253 Abs. 4 HGB.
        - Zu beachten ist, dass außerplanmäßige Abschreibungen auf Finanzanlagen und auf Wertpapiere des Umlaufvermögens dem Finanzergebnis zugeordnet werden.
        - Bei Fußballklubs bilden die Abschreibungen für Spielerwerte (vgl. Abschn. 4.3) sowie für Sachanlagen wie beispielsweise Sportanlagen zentrale Fixkostenpositionen, die das Ergebnis der Gewinn- und Verlustrechnung in den Folgejahren belasten.
    - **Fazit**: Der Abschreibungsaufwand ist eine zentrale Fixkostenposition. Ein Fußballklub wird umso besser bewertet, je geringer dieser Wert ist.

24. **Abschreibungsaufwandsquote**
    - Berechnung: **Abschreibungsaufwand/Umsatzerlöse** * 100 %
    - Wertdimension: in %
    - Interpretationsaspekte:
        - Zur Ermittlung dieser Kennzahl wird der Abschreibungsaufwand in Relation zu den Umsatzerlösen gesetzt. Es ist erkennbar, wie viel Cent an Abschreibungsaufwand für die Erwirtschaftung von einem Euro Umsatzerlös aufgewendet werden mussten.
        - Eine hohe Abschreibungsaufwandsquote bedeutet eine hohe jährliche Ergebnisbelastung, das Risiko eines Geschäftsjahresverlusts ist aufgrund des Fixkostencharakters auch in den Folgejahren entsprechend hoch.
        - **Alternative Bezeichnung und Berechnung**: Die Relation von Abschreibungsaufwand zu Umsatzerlöse bzw. zur betrieblichen Gesamtleistung wird häufig auch als **Abschreibungsintensität** bezeichnet.
    - **Fazit**: Die Abschreibungsaufwandsquote ist ein wichtiger Erfolgsminderungsindikator. Ein Fußballklub wird daher umso besser bewertet, je geringer dieser Wert ist.

25. **Ergebnis vor Steuern (EBT)**
    - Berechnung: **Position innerhalb der GuV**
    - Wertdimension: in Mio. Euro
    - Interpretationsaspekte:

- Das EBT (Earnings Before Taxes) entspricht handelsrechtlich dem Ergebnis vor Steuern.
- Zur Berechnung wird zum EBIT das Finanzergebnis addiert oder das Jahresergebnis um das Steuerergebnis bereinigt.
- Besonders bei internationalen Vergleichen mit unterschiedlichen Steuersätzen in den betrachteten Ländern ist das EBT eine wichtige Kennzahl für die Beurteilung der Ertragskraft von Unternehmen.
- In Abgrenzung zum EBIT wird das Finanzergebnis nicht bereinigt.
- **Fazit**: Das Ergebnis vor Steuern ist ein zentraler Indikator für den Erfolg eines Unternehmens im Hinblick auf seine operativen Tätigkeiten sowie sein Finanzmanagement. Ein Fußballklub wird daher umso besser bewertet, je größer dieser Wert ist.

26. **Ergebnis vor Zinsen und Steuern (EBIT)**
    - Berechnung: **Position innerhalb der GuV**
    - Wertdimension: in Mio. Euro
    - Interpretationsaspekte:
        - Das EBIT (Earnings Before Interest and Taxes) entspricht handelsrechtlich dem Betriebsergebnis, d. h. ausgehend vom Jahresüberschuss sollten neben dem Finanz- und dem Steuerergebnis auch außerordentliche Ergebnisbestandteile bereinigt werden.
        - Vorteil dieser Ergebniskennzahl ist, dass diese im Vergleich zum Jahresergebnis unter anderem nicht durch Finanzierungsentscheidungen sowie durch die Wahl von Standort und Rechtsform ausgelöste Steuereffekte verzerrt wird.
        - Das aus dem angelsächsischen Raum stammende EBIT ist zwischenzeitlich auch in Deutschland eine sehr beliebte und zentrale Ergebnisgröße geworden. Insbesondere bei länderübergreifenden Vergleichen ist eine Anwendung durchaus zu empfehlen.
    - **Fazit**: Das Ergebnis vor Zinsen und Steuern ist ein zentraler Indikator für den Erfolg eines Unternehmens. Ein Fußballklub wird daher umso besser bewertet, je größer dieser Wert ist.

27. **Ergebnis vor Zinsen, Steuern und Abschreibungen (EBITDA)**
    - Berechnung: **Position innerhalb der GuV**
    - Wertdimension: in Mio. Euro
    - Interpretationsaspekte:
        - Das EBITDA (Earnings Before Interest, Taxes, Depreciation and Amortization) entspricht handelsrechtlich dem um Abschreibungsaufwendungen bereinigten Betriebsergebnis, d. h. das Jahresergebnis wird um die Ergebnisbestandteile Zinsen, Steuern und Abschreibungen korrigiert. Zur Kritik an diesem Vorgehen vergleiche die nachfolgend dargestellte Problematik.
        - Nach internationalen Rechnungslegungsvorschriften wird zwischen Abschreibungen für Sachanlagen und Abschreibungen für immaterielle Vermögengegenstände differenziert.

- Um die Ergebnisauswirkungen von Miete, Leasing oder Kauf von Anlagever-mögen zu bereinigen, müssten neben den Abschreibungsaufwendungen eigent-lich konsequenterweise auch die in den sonstigen betrieblichen Aufwendungen enthaltenen Miet- und Leasingaufwendungen herausgerechnet werden. Es würde sich dann ein **EBITDARL** (Earnings Before Interest, Taxes, Deprecia-tion, Amortization, Rent and Lease) ergeben.
- Zur steuerlichen Relevanz im Zusammenhang mit der Ermittlung der sog. Zinsschranke vgl. § 4h EStG sowie § 8a KStG.
- **Fazit**: Das Ergebnis vor Zinsen, Steuern und Abschreibungen ist ebenfalls ein häufig verwendeter Indikator für den Erfolg eines Unternehmens. Ein Fußballklub wird daher umso besser bewertet, je größer dieser Wert ist.

▶ Um die Problematik zu verdeutlichen, warum sich unter anderem die ursprüng-lich angelsächsischen Erfolgskennzahlen „Earnings before …" (EBT, EBIT, EBITDA, EBITDARL) im deutschen Management immer größerer Beliebtheit erfreuen, werden an dieser Stelle zwei weitere Kennzahlen angeführt, die Malik (2003) zunächst Fachbesuchern eines Symposiums und dann im manager magazin vorstellte. Dem fachkundigen Publikum erschloss sich die ironische Zuspitzung im Übrigen keineswegs sofort.

- **EBA (Earnings Before Anything)**: Das bestmögliche Ergebnis wird natürlich erzielt, wenn alle Ergebnisminderungsbestandteile, die das Management sicher ohnehin nicht zu verantworten hat, konsequent bereinigt werden. Was verbleibt? Die Umsatzerlöse als Erfolgsgröße.
- **EAE (Earnings After Everything)**: Die ehrlichste Erfolgsgröße bildet nach wie vor das Ergebnis der Erfolgsrechnung nach Berücksichtigung aller Erfolgsminderungskomponenten, der Jahresüberschuss. Denn leider ver-zichtet weder das Finanzamt auf die Steuerzahlungen, noch ein Kreditgeber auf die Zinszahlungen, noch ein Lieferant auf den Kaufpreis für eine Sach-anlage, nur weil beispielsweise bei der EBITDA-Kennzahl entsprechende auf-wandsauslösende Sachverhalte vollständig ausgeblendet werden.

28. EBIT-Marge
- Berechnung: **EBIT/Umsatzerlöse** * 100 %
- Wertdimension: in %
- Interpretationsaspekte:
  - Zur Ermittlung der EBIT-Marge wird das EBIT (=Betriebsergebnis) in Rela-tion zu den erwirtschafteten Umsatzerlösen gesetzt. Bei einem positiven Zäh-ler ist erkennbar, wie viel Cent an EBIT von jedem umgesetzten Euro quasi „übrig" bleiben.
  - Vorteil gegenüber der Kennzahl Umsatzrentabilität ist, dass die EBIT-Marge nicht durch Finanzierungs- („vor Zinsen") und Steuerstandorteffekte („vor Steuern") verzerrt wird.
  - Die EBIT-Marge ist somit ein Indikator für die operative Leistungsfähigkeit eines Unternehmens.

  – **Fazit**: Die EBIT-Marge ist eine wichtige Rentabilitätskennzahl, daher wird ein Fußballklub umso besser bewertet, je größer dieser Wert ist.

29. **EBITDA-Marge**
  – Berechnung: **EBITDA/Umsatzerlöse** * 100 %
  – Wertdimension: in %
  – Interpretationsaspekte:
    – Zur Ermittlung der EBITDA-Marge wird das EBITDA (=Betriebsergebnis vor Abschreibungen) in Relation zu den erwirtschafteten Umsatzerlösen gesetzt. Bei einem positiven Zähler ist erkennbar, wie viel Cent an EBITDA mit jedem umgesetzten Euro generiert werden.
    – Vorteil gegenüber der Kennzahl Umsatzrentabilität ist, dass die EBITDA-Marge nicht durch Finanzierungs- („vor Zinsen"), Steuerstandort- („vor Steuern") sowie Abschreibungseffekte („vor Abschreibungen") verzerrt wird.
    – Als Nachteil ist zu nennen, dass die ausgeklammerten Effekte in der Realität eben doch von erheblicher Bedeutung sein können, vor allem im Hinblick auf die Beurteilung der längerfristigen Leistungsfähigkeit eines Unternehmens. Zur Kritik vergleiche auch die oben nach dem EBITDA dargestellte Problematik.
  – **Fazit**: Die EBITDA-Marge ist eine wichtige Rentabilitätskennzahl, daher wird ein Fußballklub umso besser bewertet, je größer dieser Wert ist.

30. **Finanzergebnis**
  – Berechnung: **Position innerhalb der GuV**
  – Wertdimension: in Mio. Euro
  – Interpretationsaspekte:
    – Das Finanzergebnis wird ermittelt aus der Differenz von Finanz- und Zinserträgen (vor allem aus Beteiligungen und Wertpapieren) und den Finanz- und Zinsaufwendungen (vor allem für Schulden, aufgrund einer Wertminderung von Finanzanlagen, für die Übernahme eines negativen Beteiligungsergebnisses oder die Abführung eines positiven Jahresergebnisses).
    – Mit zunehmendem Fremdfinanzierungsanteil steigen die Zinsaufwendungen selbst bei konstanten Kreditkonditionen. Der Ansatz von Zinsaufwendungen für Eigenkapital ist lediglich in einer internen (kalkulatorischen), nicht jedoch in einer externen Ergebnisrechnung zulässig.
    – Das Finanzergebnis liefert eine Indikation für die Abhängigkeit von Fremdkapitalgebern beziehungsweise die Fähigkeit zur zinstragenden Anlage von liquiden Mitteln.
  – **Fazit**: Unternehmensindividuell sind hier sehr positive, aber auch sehr negative Ergebnisse möglich. Ein Fußballklub wird umso besser bewertet, je erfolgreicher das Finanzmanagement gelingt, d. h. je positiver das Finanzergebnis ist.

31. **Steuerergebnis**
  – Berechnung: **Position innerhalb der GuV**
  – Wertdimension: in Mio. Euro

- Interpretationsaspekte:
  - Das Steuerergebnis gibt Auskunft darüber, inwieweit ein Unternehmen seiner gesellschaftlichen Verantwortung zur Steuerzahlung nachkommt oder trotz eines positiven Ergebnisses vor Steuern (EBT) eher noch Subventionen empfängt, anstelle Steuern zu zahlen.
  - Zur Ermittlung des (standortabhängigen) Steuerergebnisses werden die Steueraufwendungen (aufgrund von erfolgsabhängigen Zahlungsverpflichtungen für beispielsweise Körperschaft- und Gewerbeertragsteuer) von den Steuererträgen (für beispielsweise Steuerrückerstattungen) abgezogen. Erfolgswirksame Kontierungen zur Bildung von Latenten Steuern sowie sonstige Aufwandssteuern (z. B. Grundsteuer) sind in die Ermittlung dieser Kennzahl ebenfalls einzubeziehen.
  - Zur Begründung der gewählten Bewertungssystematik wird Mary Buffet, die ehemalige Schwiegertochter von Warren Buffet angeführt. Sie schreibt, dass Warren gelernt hat, dass „Unternehmen, die eifrig das Finanzamt in die Irre führen, gewöhnlich auch eifrig ihre Aktionäre in die Irre führen" (Buffet und Clark 2012, S. 73).
- **Fazit**: Aus volkswirtschaftlicher Perspektive ist es besser, wenn ein Unternehmen mehr Steuern bezahlt und damit seiner gesellschaftlichen Verantwortung nachkommt. Ein Fußballklub wird daher umso besser bewertet, je negativer dieser Wert ist.

32. **Steuerquote**
    - Berechnung: **Steuerergebnis/Ergebnis vor Steuern** * 100 %
    - Wertdimension: in %
    - Interpretationsaspekte:
      - Zur Ermittlung dieser Kennzahl wird das Steuerergebnis in Relation zum Jahresergebnis vor Steuern (EBT) gesetzt. Bei einem positiven Nenner (ansonsten wird von einer Berechnung abgesehen) ist erkennbar, wie viel Cent an gewinnabhängigen und gewinnunabhängigen Steuern für einen Euro EBT aufgewendet werden mussten.
      - Bei einem positiven Zähler wurden per Saldo keine Steuern bezahlt und entsprechend ist dann ebenfalls von einer Berechnung der Steuerquote abzusehen.
      - In Deutschland beträgt die gewinnabhängige Steuergesamtbelastung für Kapitalgesellschaften derzeit ca. 30 % (15 % Körperschaftsteuer, 5,5 % des Körperschaftsteuerbetrages als Solidaritätszuschlag sowie beispielsweise 14 % Gewerbeertragsteuer bei einem Hebesatz von 400 %). Es bestehen jedoch (auch in Abhängigkeit der Rechtsform) gesetzeskonforme Steuergestaltungsmöglichkeiten.
      - Sofern die Steuerquote über 40 % liegt, ist das Vorsteuerergebnis entweder zu gering oder die gewinnunabhängigen Aufwands- bzw. Latenten Steuern zu hoch. Auf einen Bewertungsabzug wurde dennoch verzichtet.
    - **Fazit**: Die Steuerquote ist ein wichtiger gesellschaftlicher Nachhaltigkeitsindikator, daher wird ein Fußballklub umso besser bewertet, je höher dieser Wert ist.

33. **Umsatzrentabilität (Return on Sales)**
    - Berechnung: **Jahresüberschuss/Umsatzerlöse** * 100 %
    - Wertdimension: in %
    - Interpretationsaspekte:
        - Zur Ermittlung der Umsatzrentabilität (UR) bzw. des Return on Sales (ROS) wird der Jahresüberschuss in Relation zu den erwirtschafteten Umsatzerlösen gesetzt. Bei einem positiven Zähler ist erkennbar, wie viel Cent an Jahresergebnis mit einem umgesetzten Euro generiert wurden.
        - Im Periodenvergleich wird erkennbar, ob ein Umsatzwachstum durch eine Preis- bzw. Margenreduktion quasi „erkauft" wurde oder ob damit auch eine nachhaltige Renditesteigerung verbunden ist.
        - **Alternative Berechnung**: Häufig wird im Zähler anstelle des Jahresergebnisses der GuV auch das um Zins- und Steuereffekte bereinigte EBIT (Betriebsergebnis) verwendet. Die Umsatzrentabilität kann auch mittels des Ergebnisses vor Steuern (EBT) ermittelt werden.
    - **Fazit**: Die Umsatzrentabilität ist ein zentraler Renditeindikator, daher wird ein Fußballklub umso besser bewertet, je größer dieser Wert ist.

34. **Eigenkapitalrentabilität (Return on Equity)**
    - Berechnung: **Jahresüberschuss/Eigenkapital (AB)** * 100 %
    - Wertdimension: in %
    - Interpretationsaspekte:
        - Zur Ermittlung der Eigenkapitalrentabilität (EKR) beziehungsweise des Return on Equity (ROE) wird der Jahresüberschuss in Relation zu dem zu Geschäftsjahresbeginn vorhandenen Eigenkapital gesetzt.
        - Bei einem positiven Zähler ist erkennbar, wie viel Cent an Jahresergebnis mit einem investierten Euro Eigenmittel erwirtschaftet wurden. Die Renditeerwartungen eines Eigenkapitalgebers sind im Grundsatz höher als bei Fremdkapitalgebern und sind umso höher, je höher die übernommenen unternehmerische Risiken sowie die Verzinsungen alternativer Anlagemöglichkeiten sind.
        - Bei einem negativen Eigenkapital ist von einer Berechnung abzusehen.
        - Das Jahresergebnis mehrt das Eigenkapital und daher sollte im Nenner nicht der Eigenkapitalbestand zum Geschäftsjahresende verwendet werden (vgl. das nachfolgende, komplexitätsreduzierte Beispiel). Einer Verwendung von Eigenkapitaldurchschnittswerten wird zugestimmt (mangels dazu aufbereiteten Informationen nicht jedoch in dieser Untersuchung), wenn unterjährig Kapitalmaßnahmen wie z. B. eine Kapitalerhöhung durchgeführt wurden.
    - **Fazit**: Die Eigenkapitalrentabilität ist ein wichtiger Rentabilitätsindikator. Daher wird ein Fußballklub umso besser bewertet, je größer dieser Wert ist.

Beispiel

Sie haben zu Beginn des Jahres 10.000 € in Aktienoptionen investiert. Am Jahresende verkaufen Sie diese Aktienoptionen für 15.000 €. Sie haben damit einen „Gewinn" von 5000 € erzielt. In Relation zum Kapitaleinsatz ergibt dies eine Rendite von 50 % (= 5000 €/10.000 € * 100 %). Hätten Sie die 5000 € allerdings in Relation zu Ihrem Kapitalbestand am Jahresende gesetzt, hätte die Rendite lediglich 33 % (= 5000 €/15.000 € * 100 %) betragen.

35. **Gesamtkapitalrentabilität (Return on Investment)**
    - Berechnung: **(Jahresüberschuss + Fremdkapitalzinsen)/Gesamtkapital (AB) * 100 %**
    - Wertdimension: in %
    - Interpretationsaspekte:
        - Zur Ermittlung dieser Kennzahl werden der Jahresüberschuss und die Fremdkapitalzinsen in Relation zu dem zu Geschäftsjahresbeginn vorhandenen Gesamtkapital gesetzt (zur Begründung der Verwendung des Anfangsbestandes vgl. das komplexitätsreduzierte Beispiel zur Ermittlung der Eigenkapitalrentabilität oben).
        - Anstelle einer Berücksichtigung des gesamten Zinsaufwandes – wie im Rahmen dieser Untersuchung gehandhabt – wäre es auch möglich, nur einen Teil einzubeziehen.
        - Die Gesamtkapitalrentabilität (GKR) betrachtet die finanzielle Leistungsfähigkeit des Unternehmens aus Sicht aller Kapitalgeber. Bei einem positiven Zähler (im anderen Fall ist von einer Berechnung abzusehen) ist erkennbar, wie viele Cent an Ergebnis für Eigen- und Fremdkapitalgeber mit einem investierten Euro erwirtschaftet wurden. Aus Sicht der Fremdkapitalgeber stellen die erzielten Fremdkapitalzinsen die Rendite dar, daher muss der Jahresüberschuss um die (zuvor bei der Jahresüberschussermittlung abgezogenen) Fremdkapitalzinsen (wieder) erhöht werden. Durch diese Bereinigung der Finanzierungsstruktureffekte wird die Vergleichbarkeit der ROI-Ergebnisse von Unternehmen erhöht.
        - Die GKR bleibt von einem erhöhten Einsatz von Fremdkapital unberührt, der sog. Leverage-Effekt wirkt nur bei der EKR.
        - **Alternative Berechnung**: Im Kennzahlenschema nach **Du-Pont** werden in Abgrenzung zu der hier gewählten Berechnungsmethodik die Fremdkapitalzinsen nicht mit einbezogen, dort ergibt sich aufgrund einer Multiplikation der Umsatzrendite vor Steuern mit dem Kapitalumschlag die **ROI-Formel „Jahresüberschuss zu Gesamtkapitaleinsatz"**. Anstelle des Jahresüberschusses wiederum finden sich in Theorie und Praxis auch Definitionen, die beispielsweise im Zähler das um Zins- und Steuereffekte bereinigte EBIT (Betriebsergebnis) ansetzen.
    - **Fazit**: Die GKR (bzw. der ROI) ist ein wichtiger Erfolgsindikator. Daher wird ein Fußballklub umso besser bewertet, je größer dieser Wert ist.

36. **Cashflow Return on Investment (CFROI)**
    - Berechnung: **(Cashflow + Fremdkapitalzinsen)/Gesamtkapital (AB)** * 100 %
    - Wertdimension: in %
    - Interpretationsaspekte:
        - Der CFROI ist im vorliegenden Fall eine Variante des ROI. Anstelle des Ergebnisses der GuV wird in der zuvor dargestellten ROI-Formel der Cashflow verwendet.
        - Der CFROI zeigt somit an, welcher Cashflow unter Hinzurechnung der bezahlten Schuldzinsen bezogen auf das Gesamtkapital generiert wurde.
        - Bei einem negativen Zähler ist von einer Berechnung abzusehen.
        - **Alternative Berechnung**: Anstelle der Verwendung des Gesamtkapitals kann für den Nenner als eingesetzte Kapitalbasis auch ein sog. Bruttoinvestitionsbetrag ermittelt werden (dieser entspricht zumeist den ursprünglichen, ggf. inflationsadjustierten Anschaffungs- und Herstellungskosten). Im Zähler ist der Ansatz eines um ökonomische Abschreibungen korrigierten Bruttocashflows üblich. In Ermangelung entsprechender Angaben musste im vorliegenden Fall auf solche Berechnungsmethoden verzichtet werden.
    - **Fazit**: Der CFROI ist ein wichtiger Indikator für die Liquiditätsentwicklung eines Unternehmens. Daher wird ein Fußballklub umso besser bewertet, je größer dieser Wert ist.

37. **Return on Net Assets (RONA)**
    - Berechnung: **EBIT/(Gesamtvermögen - Liquide Mittel)** * 100 %
    - Wertdimension: in %
    - Interpretationsaspekte:
        - Der Return on Assets (ROA) sowie der Return on Net Assets (RONA) sind Kennzahlen, die eine finanzierungsneutrale Rentabilität im Sinne einer Gesamtkapitalrendite ermitteln. Das Ergebnis gibt an, um wie viel Prozent sich das investierte Kapital (bzw. das Nettokapital) verzinst hat.
        - Zur Ermittlung des RONA wird das Gesamtvermögen (im Nenner) um die vorhandene Liquidität gekürzt. Gegenüber dem ROA verbessert sich das Ergebnis entsprechend.
        - Bei einem negativen Zähler ist von einer Berechnung abzusehen.
        - **Alternative Berechnung**: Anstelle des EBIT könnte auch hier prinzipiell der Jahresüberschuss verwendet werden, dies ist allerdings unüblich.
    - **Fazit**: Der RONA ist eine interessante Variante der Rentabilitätskennzahlen. Von einer Bewertungsrelevanz wurde allerdings zur Begrenzung des Umfangs abgesehen.

38. **Return on Capital Employed (ROCE)**
    - Berechnung: **EBIT/Capital Employed** $\times$ 100 %
    - Wertdimension: in %

- Interpretationsaspekte:
  - Der ROCE ist eine weitere Renditekennzahl bzw. Steuerungsgröße für das Management.
  - Das Capital Employed entspricht dabei dem verzinslichen Kapital (zumeist Eigenkapital plus langfristiges Fremdkapital), wobei eine entsprechende Abgrenzung in der betrieblichen Praxis nicht immer eindeutig ist.
  - Im Unterschied zum Vorgehen bei der Ermittlung der Gesamtkapitalrendite wird beim ROCE nicht das gesamte Kapital zur Berechnung herangezogen. Somit ergeben sich prinzipiell höhere Renditen.
  - Bei einem negativen Zähler ist von einer Berechnung abzusehen.
  - **Alternative Berechnung**: Anstelle des EBIT könnte auch hier prinzipiell der Jahresüberschuss oder der NOPAT (Net Operating Profit After Taxes, d. h. das Betriebsergebnis nach Ertragsteuern) verwendet werden.
- **Fazit**: Der ROCE ist eine interessante Variante der Rentabilitätskennzahlen. Von einer Bewertungsrelevanz wurde allerdings zur Begrenzung des Umfangs abgesehen.

Weitere Beispiele für Ertragskennzahlen, die zur Begrenzung des Umfangs der Untersuchung **nicht in die Bewertung einbezogen** wurden bzw. mangels entsprechenden Angaben nicht ermittelt werden konnten:

39. **Materialaufwandsquote** (bzw. Materialintensität) = Materialaufwendungen/Umsatzerlöse * 100 % (alternativ Materialaufwendungen in Relation zur betrieblichen Gesamtleistung)

40. **Zins-Deckung** = EBIT/Fremdkapitalzinsen * 100 %

41. **Risk Adjusted Return on Capital** (RAROC) = Risikoangepasster Ertrag/ökonomisches Kapital × 100 %

42. **Net Operating Profit After Taxes** (NOPAT) = EBIT − Ertragsteuern (Ergebnis in Euro)

43. **Net Operating Profit Less Adjusted Taxes** (NOPLAT) = EBIT − angepasste (fiktive) Ertragsteuern (Ergebnis in Euro)

44. **Return on Invested Capital** (ROIC) = NOPLAT/Investiertes Kapital * 100 % (alternativ NOPAT/Investiertes Kapital * 100 %)

45. **Weighted Average Cost of Capital** (WACC) = durchschnittliche Gesamtkapitalkosten = Anteil Eigen- an Gesamtkapital * Eigenkapitalkostensatz + Anteil Fremd- an Gesamtkapital * Fremdkapitalkostensatz * (1 − Unternehmenssteuersatz)

46. **Economic Value Added** (EVA) = (Realisierte Rendite − Kapitalkosten) * Investiertes Kapital, d. h. beispielsweise (ROCE − WACC) * Investiertes Kapital (Ergebnis in Euro) oder (ROIC − WACC) * Investiertes Kapital (Ergebnis in Euro)

47. **Market Value Added** (MVA) = Marktwert des Gesamtkapitals − Investiertes Kapital (Ergebnis in Euro)

48. **Cash Value Added** (CVA) = (CFROI − WACC) * Investiertes Kapital (Ergebnis in Euro)

5.2.4 Sonstige Kennzahlen

Neben den aus einer Bilanz und einer Gewinn- und Verlustrechnung ermittelbaren Kennzahlen zur Vermögens-, Finanz- und Ertragslage, werden in die Fußballklub-Jahresabschlussanalysen weitere Bewertungskennzahlen einbezogen, vgl. Überblick in Abb. 5.6. Auch zu diesen 12 Kennzahlen werden jeweils die Berechnungsmethodik, die Wertdimension sowie die möglichen Interpretationsaspekte mit Fazit ausgeführt. Die Kennzahlen 51 sowie 57 bis 59 wurden allerdings nicht in das Klubranking einbezogen.

49. **Markenwert**
    - Berechnung: **Übernahme aus Quelle BrandFinanceFootball** (2013)
    - Wertdimension: in Mio. Euro
    - Interpretationsaspekte:
        - Die Werte für die Geschäftsjahre 2012 und 2013 wurden der im Mai 2013 veröffentlichten Studie BrandFinanceFootball (2013, S. 34 f.) entnommen. Die Ausgabe 2014 wird erst als Basis für entsprechende Auswertungen für das Geschäftsjahr 2014 dienen.
        - Neben wirtschaftlichen und ideellen Erfolgen der Fußballklubs in der Vergangenheit flossen in die Berechnungen von BrandFinanceFootball auch zukünftige Wachstumspotenziale ein.
        - Je höher der Markenwert ist, desto mehr Einnahmen können aus Verträgen mit Sponsoren, durch den Verkauf von Fanartikeln etc. generiert werden.
    - **Fazit**: Der Markenwert ist ein Attraktivitätsindikator für potenzielle Investoren sowie Werbepartner, daher wird ein Fußballklub umso besser bewertet, je größer dieser Wert ist.

50. **Marktanteil**
    - Berechnung: **Umsatzerlöse eines Klubs/Umsatzerlöse aller 25 untersuchten Klubs** * 100 %
    - Wertdimension: in %
    - Interpretationsaspekte:

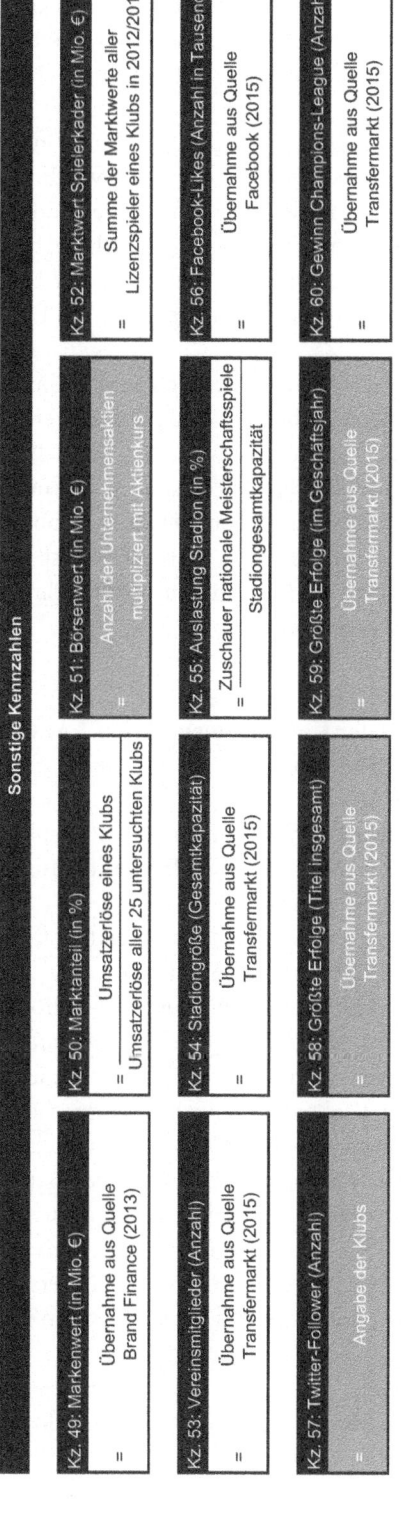

Abb. 5.6 Sonstige Kennzahlen

- Der Marktanteil eines Unternehmens wird in der Regel ermittelt als Absatz-
  bzw. Umsatzanteil eines Unternehmens am gesamten Absatz bzw. Umsatz
  einer Branche und gilt als zentraler Indikator für die Marktstellung eines
  Unternehmens.
- Bei der Portfolio-Matrix der Boston-Consulting-Group (vgl. BCG 2015) ergibt
  sich der relative Marktanteil als Absatz- bzw. Umsatzanteil eines Unternehmens in Relation zum Absatz bzw. Umsatz des stärksten Wettbewerbers.
- Im Rahmen dieser Untersuchung werden diese beiden Berechnungsmetho-
  den kombiniert. Der Marktanteil entspricht den Umsatzerlösen eines Klubs
  in Relation zu den Umsatzerlösen aller 25 in die Untersuchung einbezogenen
  Fußballklubs.
- Gemäß UEFA (2014, S. 56–63) erreichten die Einnahmen aller europäischen
  Erstligaklubs im Finanzjahr 2012 einen Rekordwert von 14,1 Mrd. Euro. Weil
  es sich hierbei nicht nur um Umsatzerlöse handelte und weil allein 269 von
  577 einbezogenen Fußballklubs Einnahmen von unter 1 Mio. Euro erzielten,
  erfolgte bewusst kein Rückgriff auf diesen Benchmarking-Bericht der UEFA.
- **Fazit**: Je höher der Marktanteil eines Fußballklubs ist, desto stärker ist seine wirtschaftliche Position und Finanzkraft. Ein Fußballklub wird daher umso besser
  bewertet, je größer dieser Wert ist.

51. Börsenwert
- Berechnung: **Anzahl der Unternehmensaktien * Aktienkurs**
- Wertdimension: in Mio. Euro
- Interpretationsaspekte:
  - Der Börsenwert wird ermittelt durch die Multiplikation der Gesamtzahl der
    Aktien mit dem Kurswert einer einzelnen Aktie. Eine alternative Bezeichnung
    ist die Marktkapitalisierung.
  - Ein hoher Börsenwert unterstreicht die Attraktivität eines Fußballklubs für der-
    zeitige und potenzielle künftige Investoren.
  - Durch eine Börsennotierung können zwar größere Investorenpotenziale
    erschlossen werden, andererseits ergeben sich daraus zusätzliche administra-
    tive Verpflichtungen sowie kurzfristigere Erfolgserwartungen, die dem Ziel
    einer nachhaltigen Klubentwicklung konträr gegenüberstehen.
  - Börsenwerte beruhen zudem nur teilweise auf fundamentalen Unternehmens-
    daten. Allgemeine Börsenphasen (Hausse oder Baisse), gesamtwirtschaftliche
    und zum Teil auch politische Ereignisse beeinflussen ebenso wie Kurserwartungen
    und die Risikofreude von Kapitalanlegern den Börsenwert eines Unternehmens.
- **Fazit**: Von einer Bewertungsrelevanz für die Untersuchung wurde abgesehen,
  zumal nur ein Teil der untersuchten Fußballklubs börsennotiert ist.

52. Marktwert Spielerkader
- Berechnung: **Übernahme aus Quelle Transfermarkt** (2015)
- Wertdimension: in Mio. Euro

- Interpretationsaspekte:
  - Der Marktwert der jeweils etwa 20–30 Spieler umfassenden Lizenzspielerka-der eines Fußballklubs in der Spielzeit 2012/2013 wurde unter Bezugnahme auf die Bewertungsergebnisse von Transfermarkt (2015) angesetzt.
  - Je größer dieser Wert ist, desto höher sind zwar in der Regel auch die Erfolgs-belastungen durch Spielergehälter, jedoch ergeben sich unter anderem auch entsprechende Merchandising- und Transfererlös-Potenziale.
  - Auf eine Differenzierung zur Bilanzposition „Spielerwert" (vgl. Abschn. 2.4), die vornehmlich zu aktivierende und über die Vertragslaufzeiten abzuschrei-bende Transferzahlungen umfasst, wird nochmals hingewiesen.
- **Fazit**: Aufgrund der Erlöspotenziale durch höher bewertete Lizenzspieler wird ein Fußballklub umso besser bewertet, je größer dieser Wert ist.

53. **Vereinsmitglieder**
- Berechnung: **Übernahme aus Quelle Transfermarkt** (2015)
- Wertdimension: Anzahl
- Interpretationsaspekte:
  - Die aktuelle Anzahl der jeweiligen Vereinsmitglieder wurde über die Quelle Transfermarkt (2015) recherchiert. Hinzuweisen ist, dass nicht für alle Fußball-klubs ein entsprechender Wert verfügbar war.
  - Eine Mitgliedschaft dokumentiert eine emotionale Verbundenheit mit einem Verein.
  - Je höher die Vereinsmitgliederzahl ist, desto höher sind gerade auch in sportlich schwierigeren Zeiten der Fanzuspruch und damit die Auslastung des Stadions.
  - Des Weiteren können bei einer höheren Mitgliederzahl auch höhere Erlöse durch Merchandising etc. erwartet werden.
- **Fazit**: Aufgrund der mit der Mitgliederzahl verbundenen Erlöspotenziale wird ein Fußballklub umso besser bewertet, je größer dieser Wert ist.

54. **Stadiongröße**
- Berechnung: **Übernahme aus Quelle Transfermarkt** (2015)
- Wertdimension: Anzahl Steh- und Sitzplätze (Gesamtkapazität)
- Interpretationsaspekte:
  - Die aktuelle Stadiongesamtkapazität wurde über die Quelle Transfermarkt (2015) recherchiert.
  - Je größer ein Stadion ist, d. h. über je mehr Steh- und Sitzplätze (inklusive Logen) es verfügt, desto höher sind zwar einerseits die Fixkosten für z. B. Abschrei-bung, Instandhaltung und Reinigung, aber andererseits auch das Ticketerlös-Potenzial für den jeweiligen Klub.
  - Eine entsprechende Attraktivität für Fans des Fußballklubs wird implizit voraus-gesetzt und gegebenenfalls durch den nächsten Bewertungsbereich korrigiert.
  - Trotz bereits relativ großer Stadien könnten beispielsweise Borussia Dort-mund, Bayern München und Manchester United bei Heimspielen häufig deut-lich mehr Tickets verkaufen.

- **Fazit**: Ein möglichst großes Stadion ist die Basis für laufend hohe Einnahmen aus Ticketverkäufen. Ein Fußballklub wird daher umso besser bewertet, je größer dieser Wert ist.

55. **Auslastung Stadion**
   - Berechnung: **Zuschauer nationale Meisterschaftsspiele/Stadiongesamtkapazität**
   - Wertdimension: in %
   - Interpretationsaspekte:
     - Die Auslastung der jeweiligen Klubstadien wurde ermittelt mit Hilfe der über die Quelle Transfermarkt (2015) recherchierten Zuschauerzahlen für nationale Meisterschaftsspiele in Relation zu der jeweils vorhandenen Stadiongesamtkapazität.
     - Die Besucherzahlen für nationale Pokalspiele sowie für internationale Spiele, bei denen die Stadiongesamtkapazität aufgrund von UEFA-Regularien geringer ist, gingen somit nicht in die Ermittlung ein.
     - Von einer Kausalität der Stadionauslastung auf Fixkostendegressionseffekte ist auszugehen. Noch bewertungsrelevanter sind jedoch die positiven Punkte-(Stichwort „12. Mann") und Erfolgsfolgeeffekte durch ein ausverkauftes Stadion.
     - Eine regelmäßig hohe Auslastung des Stadions mit vielen weit im Voraus ausverkauften Spielen gewährleistet zudem Einnahmen in beträchtlicher Höhe und erhöht die Planungssicherheit in wirtschaftlicher Hinsicht.
   - **Fazit**: Gut ausgelastete Stadien sorgen für hohe und sichere positive Cashflows. Daher wird ein Fußballklub umso besser bewertet, je größer dieser Wert ist.

56. **Facebook-Likes**
   - Berechnung: **Übernahme aus Quelle Facebook** (2015)
   - Wertdimension: Anzahl in Tausend
   - Interpretationsaspekte:
     - Die Anzahl an Facebook-Likes („gefällt mir") wurde über die Facebook-Seiten der jeweiligen Klubs recherchiert.
     - Je mehr Likes ein Nutzer des sozialen Netzwerks hat, desto beliebter ist dieser bei den anderen Nutzern. Von der Beliebtheit wiederum sind betriebswirtschaftlich relevante Rückschlüsse möglich auf beispielsweise Werbewirksamkeit und Erlöspotenzial.
     - Diese Kennzahl liefert damit eine Indikation beispielsweise für die Nachfrage nach Eintrittskarten zu den Spielen, für die Einschaltquoten bei Live-Übertragungen oder für die Nachfrage nach Fanartikeln.
   - **Fazit**: Über je mehr Facebook-Likes ein Klub verfügt, desto höher ist dessen Erlöspotenzial. Ein Fußballklub wird daher umso besser bewertet, je größer dieser Wert ist.

57. **Twitter-Follower**
    - Berechnung: **Angabe der Klubs**
    - Wertdimension: Anzahl
    - Interpretationsaspekte:
        - Über das soziale Netzwerk Twitter werden Textbeiträge in Kurznachrichten-form (sog. Tweets) in Echtzeit verbreitet und sind prinzipiell für alle Anwender einsehbar.
        - Als sog. Follower werden diejenigen bezeichnet, die von einem anderen Nut-zer (z. B. einem Fußballklub) über Neuigkeiten informiert werden wollen. Zu diesem Zweck werden die Tweets des „Verfolgten" abonniert.
        - Je mehr Follower ein Nutzer hat, desto beliebter ist dieser. Von der Beliebtheit wiederum sind betriebswirtschaftlich relevante Rückschlüsse möglich auf bei-spielsweise Werbewirksamkeit und Erlöspotenzial.
    - **Fazit**: Ein Unternehmen wird aufgrund betriebswirtschaftlicher Implikationen umso besser bewertet, je mehr Twitter-Follower es aufweisen kann. Im Rahmen dieser Untersuchung wurde jedoch auf die Erfassung der Daten zu dieser Kenn-zahl verzichtet.

58. **Größte Erfolge (Titel insgesamt)**
    - Berechnung: **Übernahme aus Quelle Transfermarkt** (2015)
    - Wertdimension: keine (Beschreibung)
    - Interpretationsaspekte:
        - Die größten Erfolge der Klubs insgesamt wurden über die Quelle Transfer-markt (2015) recherchiert.
        - Je mehr nationale und internationale Titel in der Vereinshistorie errungen werden konnten, desto höher sind erwartungsgemäß der Bekanntheitsgrad bei Anhängern und Investoren und damit das wirtschaftliche Potenzial eines Fußballklubs.
        - Eine Indikation für zukünftige Erfolge ist jedoch eher nicht möglich.
        - Relevant für die Zählung waren nationale Meisterschaften, nationale Pokal-wettbewerbe, nationale Liga-Pokale sowie internationale UEFA- und FIFA-Titel. Es wurden auch internationale Titel einbezogen, für die es mittlerweile Nachfolgewettbewerbe gibt, z. B. der Europapokal der Landesmeister (wurde 1992/1993 durch die Champions League ersetzt).
        - Auf eine differenzierte Erfassung nach nationalen und nach internationalen Titeln wurde verzichtet.
    - **Fazit**: Auf einen Einbezug dieser Kennzahl in die Klubbewertung musste mangels eines geeigneten Gewichtungsverfahrens verzichtet werden. Der Sieger in diesem Bewertungsbereich wäre nicht beispielsweise Real Madrid oder Bayern München gewesen, sondern Celtic Glasgow, das bislang in einem reduzierten und keines-wegs hochklassigen Teilnehmerfeld allein 45 Mal die schottische Meisterschaft und 36 Mal den schottische Pokal gewann. Es erfolgt daher lediglich ein kommen-tierender Hinweis bei den Klubabschlüssen (vgl. ▶ Abschn. 6.2).

59. Größte Erfolge (im Geschäftsjahr)
  - Berechnung: **Übernahme aus Quelle Transfermarkt** (2015)
  - Wertdimension: keine (Beschreibung)
  - Interpretationsaspekte:
    - Die größten Erfolge der Klubs in den untersuchten Spielzeiten wurden über die Quelle Transfermarkt (2015) recherchiert.
    - Sportliche Erfolge und Misserfolge einer Saison beeinflussen die wirt-schaftlichen Kennzahlen zumeist unmittelbar. Insbesondere Sponsoren- und Fernsehgelder (Umsatzerlöse), aber auch Spielergehälter und damit Gehalts-aufwendungen sind umso höher, je mehr Meisterschaftspunkte erzielt wurden und je länger ein Klub in der Champions League oder in nationalen Pokalwett-bewerben verbleibt.
    - Relevant für die Erwähnung waren Platzierungen in nationalen Meisterschaf-ten, Pokal- und Ligawettbewerben sowie Platzierungen in internationalen UEFA- und FIFA-Wettbewerben.
    - Für die Untersuchung ergibt sich keine unmittelbare Bewertungsrelevanz, jedoch ein Beleg für die entsprechenden wirtschaftlichen Entwicklungen in den Bilanzen und in den Gewinn- und Verlustrechnungen.
  - **Fazit**: Auf einen Einbezug in die Klubbewertung wurde verzichtet. Es erfolgt jedoch ein kommentierender Hinweis bei den Klubabschlüssen (vgl. Abschn. 6.2).

60. Gewinn der Champions-League bzw. des Europapokals der Landesmeister
  - Berechnung: **Übernahme aus Quelle Transfermarkt** (2015)
  - Wertdimension: Anzahl
  - Interpretationsaspekte:
    - Wie oft ein Klub ab 1992/1993 die Champions-League bzw. bis zur Saison 1991/1992 den Vorgänger-Wettbewerb Europapokal der Landesmeister gewon-nen hat, wurde über die Quelle Transfermarkt (2015) recherchiert.
    - Halbfinal- oder Finalteilnahmen wurden nicht gewertet. Es zählte lediglich, wie oft der bedeutendste europäische Titel jeweils gewonnen werden konnte.
    - Da viele der 25 analysierten Klubs diesen Titel noch nie errungen haben, erge-ben sich für diese in diesem Bewertungsbereich keine Punkte. Dies wurde bewusst so gewählt, um die herausragenden Leistungen, die in einer Saison notwendig sind, um Champions-League-Sieger zu werden, gebührend Wert zu schätzen.
  - **Fazit**: Ein Fußballklub wird umso besser bewertet, je häufiger er die Champions-League bzw. den Europapokal der Landesmeister gewonnen hat.

5.3 Restriktionen hinsichtlich der Aussagekraft von Jahresabschlussanalysen

Jahresabschlüsse stellen eine **stichtagsbezogene Momentaufnahme** der Vermögens-, Finanz- und Ertragslage eines Unternehmens dar. Würde als Stichtag für die Abschlusserstellung ein anderer Tag gewählt werden, könnte sich selbst bei einer Abweichung von lediglich einem Tag ein anderes Bewertungsergebnis ergeben. Beispielsweise sind Praxisfälle von Industrieunternehmen bekannt, bei denen zur optischen Verbesserung der Liquiditätslage Forderungsbestände unmittelbar vor dem Bilanzstichtag an einen Factoringdienstleister verkauft und später (nach Jahresabschlusserstellung) wieder zurückgekauft wurden. Ein Beispiel, bei dem die abschlussbezogene Liquidität negativ verzerrt ist, beschreibt der BVB-Geschäftsführer Watzke (2013) in einem Interview. So seien die Erlöse aus dem Transfer von Mario Götze von Dortmund nach München (37 Mio. €) genau „einen Tag nach Bilanzstichtag" eingegangen.

Des Weiteren sind Daten der Finanzbuchführung **vergangenheitsorientiert** und daher für in die Zukunft gerichtete Investitionsentscheidungen nur bedingt geeignet. Die Entscheidungsrelevanz verkürzt sich zudem umso mehr, je weiter die betrachteten Informationen zurückliegen. Die vorliegende, im Januar 2015 abgeschlossene Untersuchung bezieht sich auf 25 Jahresabschlüsse für die Saison 2012/2013 (bzw. vereinzelt für das Kalenderjahr 2013) unter Einbezug der jeweiligen Vorjahreswerte. Aufgrund von bis zu zwölfmonatigen Veröffentlichungsfristen (sofern überhaupt eine Offenlegungspflicht besteht, vgl. Abschn. 3.3) und in der Praxis vorkommenden längeren Einreichungs- und Bearbeitungsdauern (vgl. nachfolgendes Beispiel), werden detaillierte Finanzdaten für die bereits seit etlichen Monaten abgelaufene Saison 2013/2014 überwiegend erst im Sommer 2015 zur Verfügung stehen.

Beispiel

Von zwei Fußballklubs wurden uns freundlicherweise die relevanten Abschlussunterlagen vorab per Email überlassen, nachdem der Bundesanzeiger die Unterlagen auch einige Monate nach der Einreichung noch nicht verarbeiten und publizieren konnte.

Bedingt durch die Rechtsformwahl sowie einer Unterschreitung der Kriterien zur Offenlegungsverpflichtung sind **Jahresabschlussdaten** von Fußballklubs, die nicht kapitalmarktorientiert sind, in der Regel **nicht zugänglich**. Den nationalen Lizenzierungsverbänden liegen zwar die Abschlussinformationen aller Klubs vor, diese werden jedoch (wenn überhaupt) nicht einzeln, sondern lediglich in einem aggregierten Report veröffentlicht, vgl. beispielsweise den aktuellen Bundesligareport (DFL 2014a) für die Saison 2012/2013.

Im **europäischen Ausland** gelten für kapitalmarktorientierte Unternehmen aufgrund der EU-Bilanzierungsrichtlinie 78/660/EWG (bzw. zukünftig 2013/34/EU) prinzipiell vergleichbare, aber eben **keine identischen Regelungen**. Dies hat sowohl Auswirkungen auf die einzelnen Bewertungspositionen der vorliegenden Jahresabschlüsse, als auch, ob über

haupt ein Abschluss zugänglich ist. Hinsichtlich der Publizitätspflicht von nicht kapitalmarktorientierten Unternehmen bei einer Überschreitung gewisser Größenkriterien gab es
innerhalb der EU Divergenzen, die bei den beiden spanischen Top-Klubs Real Madrid und
FC Barcelona am offensichtlichsten waren. Aufgrund einer zulässigen Ausnahmeregelung
werden beide Klubs auch gegenwärtig noch in der Rechtsform von Vereinen geführt. Die
deutschen Publizitätsgrößenkriterien für Umsatzerlöse und Bilanzsumme wurden zwar
bereits seit vielen Jahren deutlich überschritten, die Jahresabschlüsse waren jedoch dessen
ungeachtet immer erst etwa drei bis fünf Jahre nach dem jeweiligen Abschlussstichtag
frei zugänglich. Zwischenzeitlich wurde das königliche Dekret 19/2013 vom 09.12.2013
„de transparencia, acceso a la informacion publica y buen gobierno" (Boletin Oficial del
Estado 2013) erlassen. Erfreulicherweise sind damit auch die Abschlüsse 2011/2012 und
2012/2013 frei zugänglich, so dass der amtierende Champions-League-Sieger Real Madrid sowie der viermalige Champions-League- bzw. Landesmeister-Sieger FC Barcelona
mit in die Untersuchung in Kap. 6 einbezogen werden konnten.

Weiterhin wird die Jahresabschlussanalyse dadurch eingeschränkt, dass nicht in allen
Fällen ein **Konzernabschluss** (zur Definition von „Konzern" vgl. § 18 AktG) zur Analyse
vorlag und daher zum Teil auf **Einzelabschlüsse** zurückgegriffen werden musste. Erfolge
und Misserfolge können prinzipiell relativ einfach in selbständige Tochterunternehmen
ausgelagert werden (vgl. Abschn. 3.4). Sofern die Voraussetzungen des Control-Konzepts
(vgl. § 290 Abs. 1 HGB) vorliegen, besteht eine Pflicht zur Erstellung eines Konzernabschlusses, bei dem solche ausgelagerten Ergebnisse im Konzern saldiert, d. h. bereinigt
werden. Sofern jedoch nicht zwei der in § 293 Abs. 1 HGB angeführten Größenkriterien
(vgl. Abb. 3.9 in Abschn. 3.4.1) an zwei aufeinander folgenden Bilanzstichtagen überschritten werden und des Weiteren keine Kapitalmarktorientierung vorliegt (d. h. keine
börsennotierten Wertpapiere ausgegeben wurden), ist eine Befreiung von der Erstellung
eines Konzernabschlusses möglich.

Eine **Befreiung von der Erstellung** eines HGB-Konzernabschlusses ist des Weiteren
möglich, wenn es lediglich Tochterunternehmen gibt, die gemäß §§ 290 Abs. 5, 296 HGB
nicht konsolidierungspflichtig sind (bei Fußballkonzernen ist dies annahmegemäß nicht
zutreffend) oder wie im Falle von Borussia Dortmund ein gemäß § 315a HGB befreiender
IFRS-Konzernabschluss vorgelegt wird. Bei der Inanspruchnahme einer Befreiung von
der Veröffentlichung eines Abschlusses gemäß § 264 Abs. 3 HGB (Einbezug in den Konzernabschluss eines Mutterunternehmens) ist wie im Fall von Bayer 04 Leverkusen und
VFL Wolfsburg weder ein Einzel-, noch ein Konzernabschluss zugänglich.

Den final angeführten Problemkreis bilden die **divergierenden Rechtsvorschriften**
zwischen **HGB**- (z. B. Bayern, Schalke und Gladbach), **UK GAAP**- (z. B. Chelsea und
Manchester City) und **IFRS**-Bilanzierung (z. B. Dortmund, Lyon und Turin). Während im
HGB nach wie vor das Prinzip einer kaufmännisch vorsichtigen Bilanzierung im Vordergrund steht und daher die historischen Anschaffungs- bzw. Herstellungskosten den zentralen Bewertungsmaßstab darstellen, überwiegt bei den International Financial Reporting
Standards der Grundsatz einer Fair Presentation (es sollen entscheidungsrelevante Informationen bereitgestellt werden) und damit der Fair Value als dominierender Bewertungs-

maßstab. Für weitere Informationen wird auf Abschn. 3.5 verwiesen. Die UK GAAP sind aufgrund der gleichen britischen Wurzeln und damit Rechnungslegungs-Sichtweisen an die IFRS angelehnt. Aus der Perspektive von Wirtschaftsprüfungsgesellschaften bestehen (verständlicherweise) erhebliche Unterschiede, die einen entsprechenden Beratungsbedarf generieren, vgl. Ernst & Young (2014), KPMG (2013) sowie PWC (2014). Im Rahmen dieser Arbeit wurde auf eine detailliertere Abweichungsprüfung verzichtet.

Literatur

AktG (2013) Stand (letzte Änderung) vom 23.07.2013. http://gesetze-im-internet.de. Zugegriffen: 25. Feb. 2015
BCG (2015) Portfoliomatrix. http://www.bcg.de/bcg_deutschland/geschichte/klassiker/portfolio-matrix.aspx. Zugegriffen: 25. Feb. 2015
BMJV (2014a) Referentenentwurf für ein BilRUG (Stand 27.07.2014). http://www.bmjv.de/DE/Ministerium/Gesetzarchiv/_node.html?gtp=5149784_list%253D2. Zugegriffen: 25. Feb. 2015
BMJV (2014b) Gesetzentwurf für ein BilRUG (Stand 17.12.2014). http://www.bmjv.de/Shared-Docs/Downloads/DE/pdfs/Gesetze/GE_Bilanzrichtlinie-Umsetzungsesetz.pdf?__blob=publicationFile. Zugegriffen: 25. Feb. 2015
Boletin Oficial del Estado (2013) Ley 19/2013 de 9 de diciembre de transparencia acceso a la informacion publica y buen gobierno. Ausgabe Nr. 295 vom 10.12.2013. Sektion I. Ministerio de la Presidencia, Madrid, S 97922–97952
BrandFinanceFootball (2013) The Brand Finance Football 50 2013. http://www.brandfinance.com/knowledge_centre/reports/brandfinance-football-50-2013. Zugegriffen: 25. Feb. 2015
Buffet M, Clark D (2012) So liest Warren Buffet Unternehmenszahlen. Börsenbuchverlag, Kulmbach
Coenenberg A, Haller A, Schultze W (2014) Jahresabschluss und Jahresabschlussanalyse, 23. Aufl. Schäffer-Poeschel, Stuttgart
Deloitte (2014) Football Money League, 17. Aufl. http://www2.deloitte.com/content/dam/Deloitte/uk/Documents/sports-business-group/deloitte-uk-deloitte-football-money-league-2014.pdf. Zugegriffen: 25. Feb. 2015
Deutsche Bank (2013) Zwischenbericht zum 30.09.2013. http://www.deutsche-bank.de. Zugegriffen: 17. Aug. 2014
DFL (2014a) Bundesligareport 2014. https://www.bundesliga.de/media/native/dokument/dt_DFL_BL_Wirtschaftssituation_2014_72dpi.pdf. Zugegriffen: 25. Feb. 2015
DFL (2014b) Lizenzierungsordnung (Stand 05.12.2014). http://www.bundesliga.de/media/native/dokument/Lizenzierungsordnung%20LO%202014-12-05%20Stand.pdf. Zugegriffen: 25. Feb. 2015
Ernst & Young (2014) The Future of UK and Irish GAAP. http://www.ey.com/UK/en/Services/Assurance/Accounting-Compliance-and-Reporting/Future-of-UK-GAAP-Certain-key-accounting-differences. Zugegriffen: 25. Feb. 2015
EStG (2014) Stand (letzte Änderung) vom 02.12.2014. http://gesetze-im-internet.de. Zugegriffen: 25. Feb. 2015
EU-Bilanzierungsrichtlinie (2013) Richtlinie 2013/34/EU des Europäischen Parlaments und des Rates vom 26.06.2013 (ersetzt die bisherige Bilanzierungsrichtlinie 78/660/EWG und die Konzernbilanzierungsrichtlinie 83/349/EWG). http://eur-lex.europa.eu/LexUriServ/LexUriServ.do?uri=OJ:L:2013:182:0019:0076:DE:PDF. Zugegriffen: 25. Feb. 2015
Facebook (2015) Recherche der Facebook-Likes zu den 25 untersuchten Fußballklubs. www.facebook.com. Zugegriffen: 6. Jan. 2015

HGB (2014) Stand (letzte Änderung) vom 15.07.2014. http://gesetze-im-internet.de. Zugegriffen: 25. Feb. 2015

InsO (2013) Stand (letzte Änderung) vom 31.08.2013. http://gesetze-im-internet.de. Zugegriffen: 25. Feb. 2015

KPMG (2013) Cutting through UK GAAP. http://www.kpmg.com/UK/en/IssuesAndInsights/ArticlesPublications/Documents/PDF/Audit/cutting-through-uk-gaap.pdf. Zugegriffen: 25. Feb. 2015

KStG (2014) Stand (letzte Änderung) vom 25.07.2014. http://gesetze-im-internet.de. Zugegriffen: 25. Feb 2015

Malik F (2003) Gefährliche Worte. In: manager magazin. 16.12.2003. http://www.manager-magazin.de/unternehmen/karriere/a-278499-2.html. Zugegriffen: 25. Feb. 2015

PWC (2014) UK GAAP. http://www.pwc.co.uk/audit-assurance/uk-gaap/index.jhtml. Zugegriffen: 25. Feb. 2015

Transfermarkt (2015) Verschiedene Statistiken zu den 25 untersuchten Fußballklubs. www.transfermarkt.de. Zugegriffen: 4. Jan. 2015

UEFA (2012) Reglement zur Klublizenzierung und zum finanziellen Fairplay (Ausgabe 2012). http://de.uefa.org/MultimediaFiles/Download/Tech/uefaorg/General/01/80/54/12/1805412_DOWNLOAD.pdf. Zugegriffen: 25. Feb. 2015

UEFA (2014) Benchmarking-Bericht zur Klublizenzierung für das Finanzjahr 2012. http://de.uefa.org/MultimediaFiles/Download/Tech/uefaorg/General/02/11/39/48/2113948_DOWNLOAD.pdf. Zugegriffen: 25. Feb. 2015

Watzke H-J (2013) Mehr rausholen. Wirtschaftswoche, 96 (14.10.2013)

Analyse der Jahresabschlüsse von Profifußballklubs im internationalen Vergleich

6

▶ In diesem Kapitel steht die Fragestellung im Vordergrund, wie sich die Vermögens-, Finanz- und Ertragslage der untersuchten 25 europäischen Fußballklubs im Vergleich darstellt. Neben einer Anführung aller Struktur-Bilanzen und -Erfolgsrechnungen wird in einem Scoring-Verfahren ein Ranking in Abschlusstabellenform für zahlreiche, ausgewählte Kennzahlen zum Geschäftsjahr und zur Vorjahresvergleichsentwicklung ermittelt. Neben einem Gewinner der statischen Betrachtung eines Geschäftsjahres gibt es somit auch einen Gewinner für die dynamische, intertemporale Vergleichsanalyse. Ein Gesamtranking mit einem „Titelträger" für den in der Gesamtbetrachtung insgesamt wirtschaftlich erfolgreichsten Fußballklub der Welt darf natürlich nicht fehlen. Mit den drei bestplatzierten deutschen, englischen und spanischen Teams erfolgte anschließend noch ein separater Nationenwettstreit zur Prüfung gängiger Thesen zu ausgewählten Kennzahlen wie beispielsweise Eigenkapitalausstattung, Verschuldung, Bestand an Liquiden Mitteln sowie Höhe des Personalaufwands. Weil sich in der betrachteten Spielperiode bei Manchester United erhebliche steuerliche Sondereffekte ergeben haben, wird der Themenbereich Latente Steuern in einem gesonderten Abschnitt bearbeitet.

6.1 Grundgesamtheit und Stichprobenwahl

Für die Spielzeit 2013/2014 bewarben sich innerhalb des Verantwortungsbereichs der UEFA insgesamt **577 Fußballklubs** um eine Lizenz bei den jeweiligen Mitgliedsverbänden (vgl. UEFA 2014).

Von dieser Grundgesamtheit wurden 25 Fußballklubs (vgl. Abb. 6.1) und damit **4,3 %** in die vorliegende Studie einbezogen. Die folgenden **Kriterien** bedingen, dass vornehm-

© Springer Fachmedien Wiesbaden 2016
L. Hierl, R. Weiß, *Bilanzanalyse von Fußballvereinen*, DOI 10.1007/978-3-658-07916-1_6

Nr.	Verein Kurzform	Vollständiger Klubname unter Beachtung der Rechtsform	Land	Abschlussart	Stichtag	GAAP
1	Arsenal	Arsenal Holdings plc	England	Konzern	31.05.	UK-GAAP
2	AS Rom	A.S. Roma S.p.A.	Italien	Konzern	30.06.	IFRS
3	Atletico Madrid	Club Atletico de Madrid S.A.D.	Spanien	Einzelabschluss	30.06.	Spanish-GAAP
4	Bayern	FC Bayern München AG	Deutschland	Konzern	30.06.	HGB
5	Bremen	SV Werder Bremen GmbH & Co. KGaA	Deutschland	Konzern	30.06.	HGB
6	Celtic Glasgow	Celtic plc	Schottland	Konzern	30.06.	IFRS
7	Chelsea	Chelsea FC plc	England	Konzern	30.06.	UK-GAAP
8	Dortmund	Borussia Dortmund GmbH & Co. KGaA	Deutschland	Konzern	30.06.	IFRS
9	FC Barcelona	Futbol Club Barcelona	Spanien	Einzelabschluss	30.06.	Spanish-GAAP
10	Frankfurt	Eintracht Frankfurt Fußball AG	Deutschland	Einzelabschluss	31.12.	HGB
11	Gladbach	Borussia VfL 1900 Mönchengladbach GmbH	Deutschland	Einzelabschluss	31.12.	HGB
12	Hannover	Hannover 96 GmbH & Co. KGaA	Deutschland	Einzelabschluss	30.06.	HGB
13	Hertha	Hertha BSC GmbH & Co. KGaA	Deutschland	Einzelabschluss	30.06.	HGB
14	Hoffenheim	TSG 1899 Hoffenheim Fußball-Spielbetriebs GmbH	Deutschland	Einzelabschluss	30.06.	HGB
15	HSV	Hamburger Sport-Verein e.V.	Deutschland	Konzern	30.06.	HGB
16	Juve	Juventus Football Club S.p.A. Turin	Italien	Einzelabschluss	30.06.	IFRS
17	Köln	1. FC Köln GmbH & Co. KGaA	Deutschland	Konzern	30.06.	HGB
18	Liverpool	The Liverpool Football Club and Athletic Grounds Ltd.	England	Einzelabschluss	31.05.	UK-GAAP
19	Lyon	Olympique Lyonnais Groupe	Frankreich	Konzern	30.06.	IFRS
20	Manchester City	Manchester City FC Ltd.	England	Konzern	31.05.	UK-GAAP
21	Manchester United	Manchester United plc	England	Konzern	30.06.	IFRS
22	Porto	Futebol Clube do Porto - Futebol, SAD	Portugal	Konzern	30.06.	IFRS
23	Real Madrid	Real Madrid Club de Futbol	Spanien	Konzern	30.06.	Spanish-GAAP
24	Schalke	FC Gelsenkirchen-Schalke 04 e.V.	Deutschland	Konzern	31.12.	HGB
25	Tottenham	Tottenham Hotspur Ltd.	England	Konzern	30.06.	IFRS

Abb. 6.1 In die Untersuchung einbezogene Fußballklubs

lich kapitalmarktorientierte Erstligisten ausgewählt wurden. Die Untersuchung erhebt daher nicht den Anspruch, hinsichtlich der Ergebnisse repräsentativ für die wirtschaftliche Lage des gesamten Klubfußballs in Europa zu sein.

- Verfügbarkeit der Abschlussinformationen: Primärquelle (kein Rückgriff auf Sekundärquellen)
- Abschlussstichtage: Saison- bzw. Geschäftsjahresende 2013 mit Vorjahreswerten
- Sprache: Deutsch, Englisch oder Spanisch
- Ligazugehörigkeit: Erstligisten aus den europäischen Top-Ligen
- Bekanntheitsgrad: Einschätzung nach subjektivem Empfinden

Von den 20 umsatzstärksten Fußballklubs der Welt gemäß Schätzung der Football Money League (vgl. Deloitte 2014) fehlen mit Paris St. Germain, AC Mailand, Inter Mailand, Galatasaray Istanbul und Fenerbahce Istanbul lediglich fünf Klubs. Und bei einem Abgleich mit der kurz vor Redaktionsschluss im Januar 2015 aktualisierten Football Money League (vgl. Deloitte 2015) fehlt mit Paris St. Germain sogar lediglich ein einziger Klub aus der ersten „Elf".

Insgesamt wurden neun Einzel- und sechzehn Konzernabschlüsse ausgewertet. Davon wurden zehn nach deutschem Handelsrecht, acht nach den International Financial Reporting Standards (IFRS), vier nach britischem Handelsrecht und drei Abschlüsse nach spanischem Handelsrecht erstellt. Regional betrachtet sind die Bundesliga mit elf, die englische Premier League mit sechs, die spanische Primera Division mit drei, die italienische Serie A mit zwei sowie die französische Ligue 1, die portugiesische Primeira Liga und die schottische Premier League (seit 2013 Scottish Premiership) mit jeweils einem Klub vertreten (vgl. Abb. 6.2).

Obwohl der **FC Barcelona** und **Real Madrid** nach wie vor in der Rechtsform eines Vereins geführt werden, konnten diese erstmalig zeitnah in eine Jahresabschlussanalyse

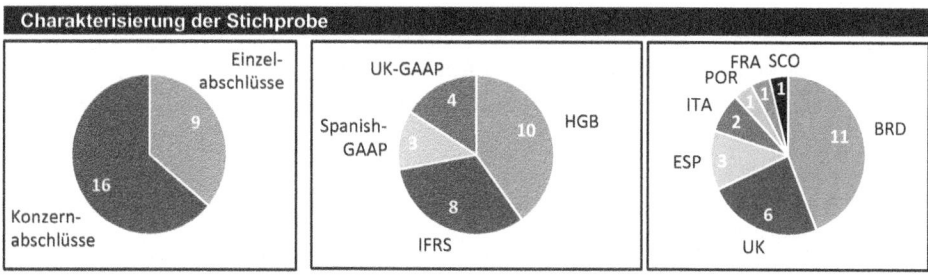

Abb. 6.2 Charakterisierung der Stichprobe

einbezogen werden. In der Vergangenheit waren deren vollständige Finanzinformationen zumeist erst mit einem Zeitverzug von etwa drei bis fünf Jahren verfügbar. Ursache für diese wohl nicht ganz freiwillige Offenheit ist das königliche Dekret 19/2013 vom 09.12.2013 „de transparencia, acceso a la informacion publica y buen gobierno" (vgl. Boletin Oficial del Estado 2013). Diesem Gesetz ist es auch zu verdanken, dass der Abschluss des amtierenden spanischen Meisters Atletico Madrid über dessen Homepage abgerufen und in die Untersuchung einbezogen werden konnte. Ein gebührenpflichtiger Abruf über das spanische Handelsregister hatte zuvor online nicht geklappt.

Für die folgenden drei Fußballklubs war für den ausgewählten Untersuchungszeitraum (noch) kein Jahresabschluss verfügbar, daher konnten diese nicht in die Untersuchung einbezogen werden:

- **Paris St. Germain**: Gerade vor dem Hintergrund des „Financial Fairplay" und Meldungen zu undurchsichtigen Jahresbilanzen (vgl. Spox 2013) wäre es schön gewesen, diesen Abschluss analysieren zu können. Leider stand dieser nicht vollständig zur Verfügung.
- **Bayer 04 Leverkusen**: Der von Fans anderer Klubs geprägte Beiname „Vizekusen" verdeutlicht, dass sich die Werkself seit vielen Jahren in der Bundesligaspitzengruppe etabliert hat. Umso bedauerlicher ist es, dass aufgrund eines Einbezugs in den Konzernabschluss der Bayer AG kein eigenständiger Abschluss frei zugänglich ist.
- **VFL Wolfsburg**: Auch für den nach der Hinrunde 2014/2015 aktuellen Vize-Herbstmeister der Bundesliga ist kein eigenständiger Abschluss frei zugänglich. Das Wahlrecht zur Befreiung von der Offenlegung aufgrund eines Einbezugs in den Konzernabschluss der Volkswagen AG wurde bedauerlicherweise ausgeübt.

Für die folgenden Fußballklubs lag zwar jeweils ein aktueller Jahresabschluss vor, allerdings nur in der jeweiligen **Landessprache**. Auf eine Übersetzung als Voraussetzung für einen Einbezug in die Untersuchung wurde verzichtet.

- AC Mailand (Associazione Calcio Milan S.p.A., Italien)
- Ajax Amsterdam (AFC Ajax N.V., Niederlande)
- Bröndby Kopenhagen (Bröndbyernes IF Fodbold A/S, Dänemark)
- Inter Mailand (FC Internazionale S.p. A., Italien)

- Sporting Lissabon (Sport Lisboa Benfica Futebol S.A.D., Portugal)
- Fenerbahce Istanbul (Fenerbahçe Futbol A.S., Türkei)
- Galatasaray Istanbul (Galatasaray Sportif Sinai ve Ticari Yatirimlar A.S., Türkei)

6.2   Strukturbilanzen und -erfolgsrechnungen aller untersuchten Fußballklubs

Als Basis für die durchgeführten Jahresabschlussanalysen (vgl. Abschn. 6.3) werden nachfolgend die Bilanzen, die Gewinn- und Verlustrechnungen sowie ausgewählte Hinweise
zu allen 25 untersuchten Fußballklubs angeführt. Es erfolgt eine **alphabetische Reihung**
nach den verwendeten **Kurzbezeichnungen** (vgl. Abb. 6.1).

Bezüglich der vorgenommenen, **komplexitätsreduzierenden und für alle Rechnungslegungsnormen einheitlichen Verdichtung** der Darstellungen der Klubbilanzen
und -Gewinn- und Verlustrechnungen ist noch auf Folgendes hinzuweisen:

- **Rechnungsabgrenzungsposten** und **Latente Steuern** werden, sofern vorhanden, ohne
  Rücksicht auf Fristigkeit und jeweiligen GAAP-Formvorgaben in der Bilanz einheit-
  lich unter „B. II. Weiteres UV und Sonstiges" beziehungsweise „C. I. Kurzfristig inkl.
  Sonderposten" ausgewiesen.
- Innerhalb der Bilanzposition „B. Rückstellungen" werden einheitlich alle lang- und
  kurzfristigen **Rückstellungen** ausgewiesen.
- **Forderungen** werden unabhängig von der Fristigkeit immer innerhalb des Umlaufver-
  mögens (B.II.) ausgewiesen.
- Bei fehlenden Angaben wird davon ausgegangen, dass die **immateriellen Vermögen-
  gegenstände** ausschließlich aus aktivierten Spielerwerten bestehen.
- Das **Ergebnis der Gewinn- und Verlustrechnung** wird immer insgesamt, d. h. für alle
  Anteilseigner ausgewiesen, es erfolgt auch bei Konzernabschlüssen keine Aufteilung
  der anfallenden Ergebnisse nach Mehrheitseignern, Minderheiten oder stillen Beteiligungen.
- Soweit nachvollziehbar wurden sämtliche erfolgswirksamen Steuerarten in der GuV in
  Konformität zum HGB im **Steuerergebnis** ausgewiesen. Dennoch könnte es sein, dass
  Klubs sog. Aufwandssteuern wie beispielsweise Kraftfahrzeug- oder Grundsteuern
  dem sonstigen betrieblichen Aufwand zugeordnet haben.
- Der ausgewiesene **Cashflow** ergibt sich jeweils aus der bilanziellen Differenz der liquiden Mittel (u. a. Bank, Kasse) zum Vorjahreswert. Gesonderte Cashflowrechnungen
  standen nur zum Teil zur Verfügung, daher musste auf eine Differenzierung nach operativem, investivem und Finanzierungs-Cashflow verzichtet werden.

Nun aber zu den einzelnen Klubabschlüssen:

1. **Arsenal** (Arsenal Holdings plc) (vgl. Abb. 6.3).

Hinweise:

- Der Jahresabschluss wurde in Britischen Pfund ausgewiesen. Alle Werte wurden mit dem Wechselkurs 1,1676 (Tageskurs am Bilanzstichtag 31.05.2013) in Euro umgerechnet. Dieser Umrechnungskurs wurde aus Vergleichsgründen auch für die Vorjahreswerte verwendet.
- Arsenal beendete die Saison 2012/2013 auf Platz 4 der Premier League und konnte auch sonst keine Titel gewinnen. Eine Tabellenregion, die von den „Gunners" fast schon fest abonniert zu sein scheint, seit der Saison 2005/2006 (bis einschließlich 2013/2014) wurden unter dem langjährigen Trainer Arsène Wenger immer die Tabellenplätze 3 oder 4 belegt.
- Arsenal konnte bislang national und international insgesamt 34 Titel gewinnen.

2. **AS Rom** (A.S. Roma S.p. A.) (vgl. Abb. 6.4)

Hinweise:

- Annahmegemäß sind keine Rückstellungen (accantonamento) vorhanden.
- Der AS Rom erreichte in der italienischen Serie A in der Saison 2012/2013 den 6. Rang, nach einem 7. Platz in der Saison zuvor.
- Der AS Rom konnte bislang national und international insgesamt 15 Titel gewinnen.

3. **Atletico Madrid** (Club Atletico de Madrid S.A.D.) (vgl. Abb. 6.5)

Hinweise:

- Die Position „Activos por impuesto differido" wurde wie bei Barcelona den Finanzanlagen zugeordnet.
- Der amtierende spanische Meister erreichte in der Primera División in der Saison 2012/2013 den 3. Rang, nach einem 5. Platz in der Saison zuvor. Atletico Madrid gewann in 2012 die Europa League und anschließend den UEFA Supercup. Zudem wurde in 2013 der spanische Pokal gewonnen.
- Atletico Madrid konnte bislang national und international insgesamt 28 Titel gewinnen.

4. **Bayern** (FC Bayern München AG) (vgl. Abb. 6.6)

Hinweise:

- Kurz vor Redaktionsschluss wurde vermeldet (vgl. Bayern München 2015), dass sich die Kapazität der Allianz Arena bis zum Ende der Rückrunde 2014/2015 bei nationalen Spielen um 4000 auf 75.000 Besucher und bei internationalen Spielen um rund 2000 auf knapp 70.000 Besucher erhöhen wird. Bei einem angenommenen Ticketpreis von

Arsenal Holdings plc		
Saison 2012 / 2013, GAAP: UK-GAAP	alle Angaben in T€	
Konzernbilanz, Bilanzstichtage:	31.05.2013	31.05.2012
A. Anlagevermögen	**610.730**	601.537
I. Immaterielles Vermögen	115.002	100.073
II. Sachanlagen	492.189	498.749
III. Finanzanlagen	3.539	2.716
B. Umlaufvermögen	**309.818**	292.407
I. Liquide Mittel (Bank, Kasse)	179.176	179.373
II. Weiteres UV und Sonstiges	130.642	113.034
∑ Bilanzsumme Aktiva	**920.548**	893.944
A. Eigenkapital	**354.197**	347.417
B. Rückstellungen	**70.527**	64.045
C. Verbindlichkeiten	**495.824**	482.482
I. Kurzfristig inkl. Sonderposten	175.059	169.488
II. Längerfristig (Fälligkeit > 1 Jahr)	320.764	312.994
∑ Bilanzsumme Passiva	**920.548**	893.944

Arsenal Holdings plc		
Saison 2012 / 2013, GAAP: UK-GAAP	alle Angaben in T€	
Konzern-GuV, Bilanzstichtage:	31.05.2013	31.05.2012
Umsatzerlöse	**330.167**	286.620
+ Sonstige betriebliche Erträge	54.861	76.426
- Materialaufwand / bezogene Lstg.	110.498	72.600
- Personalaufwand	**180.383**	167.490
- Abschreibungsaufwand	**69.505**	62.712
- Sonstige betriebliche Aufwendungen	1.699	1.767
= Betriebsergebnis (EBIT)	**22.943**	58.478
± Finanzergebnis	**-15.174**	-15.758
± Sonstiges Ergebnis	**0**	0
= Ergebnis vor Steuern (EBT)	**7.769**	42.720
± Steuerergebnis	-991	-8.167
= Jahresüberschuss	**6.778**	34.553

Abb. 6.3 Bilanz und GuV von Arsenal

A.S. Roma S.p.A.		
Saison 2012 / 2013, GAAP: IFRS	alle Angaben in T€	
Konzernbilanz, Bilanzstichtage:	30.06.2013	30.06.2012
A. Anlagevermögen	**112.092**	109.873
I. Immaterielles Vermögen	96.504	100.736
II. Sachanlagen	521	636
III. Finanzanlagen	15.067	8.501
B. Umlaufvermögen	**61.874**	78.524
I. Liquide Mittel (Bank, Kasse)	8.643	22.509
II. Weiteres UV und Sonstiges	53.231	56.015
∑ **Bilanzsumme Aktiva**	**173.966**	188.397
A. Eigenkapital	**-65.966**	-52.463
B. Rückstellungen	**0**	0
C. Verbindlichkeiten	**239.932**	240.860
I. Kurzfristig inkl. Sonderposten	191.293	142.046
II. Längerfristig (Fälligkeit > 1 Jahr)	48.639	98.814
∑ **Bilanzsumme Passiva**	**173.966**	188.397

A.S. Roma S.p.A.		
Saison 2012 / 2013, GAAP: IFRS	alle Angaben in T€	
Konzern-GuV, Bilanzstichtage:	30.06.2013	30.06.2012
Umsatzerlöse	**124.659**	115.973
+ Sonstige betriebliche Erträge	10.986	9.060
- Materialaufwand / bezogene Lstg.	39.569	35.694
- **Personalaufwand**	**94.231**	102.818
- **Abschreibungsaufwand**	**32.315**	30.999
- Sonstige betriebliche Aufwendungen	4.547	3.220
= **Betriebsergebnis (EBIT)**	**-35.017**	-47.698
± **Finanzergebnis**	**-1.723**	-7.146
± **Sonstiges Ergebnis**	**0**	0
= **Ergebnis vor Steuern (EBT)**	**-36.740**	-54.844
± Steuerergebnis	-3.200	-3.409
= **Jahresüberschuss**	**-39.940**	-58.253

Abb. 6.4 Bilanz und GuV von AS Rom

Club Atletico de Madrid S.A.D.		
Saison 2012 / 2013, GAAP: Spanish-GAAP	alle Angaben in T€	
Einzelabschluss, Bilanzstichtage:	30.06.2013	30.06.2012
A. Anlagevermögen	**402.557**	425.003
I. Immaterielles Vermögen	68.442	89.024
II. Sachanlagen	35.834	20.624
III. Finanzanlagen	298.280	315.355
B. Umlaufvermögen	**173.574**	144.895
I. Liquide Mittel (Bank, Kasse)	1.960	1.281
II. Weiteres UV und Sonstiges	171.614	143.614
∑ Bilanzsumme Aktiva	**576.131**	569.899
A. Eigenkapital	**33.218**	31.222
B. Rückstellungen	**20.500**	20.500
C. Verbindlichkeiten	**522.412**	518.177
I. Kurzfristig inkl. Sonderposten	355.240	297.326
II. Längerfristig (Fälligkeit > 1 Jahr)	167.172	220.852
∑ Bilanzsumme Passiva	**576.131**	569.899

Club Atletico de Madrid S.A.D.		
Saison 2012 / 2013, GAAP: Spanish-GAAP	alle Angaben in T€	
Einzelabschluss, Bilanzstichtage:	30.06.2013	30.06.2012
Umsatzerlöse	**106.557**	100.896
+ Sonstige betriebliche Erträge	29.075	43.081
- Materialaufwand / bezogene Lstg.	5.838	5.926
- **Personalaufwand**	**63.810**	73.408
- **Abschreibungsaufwand**	**25.096**	27.981
- Sonstige betriebliche Aufwendungen	23.353	22.480
= **Betriebsergebnis (EBIT)**	**17.534**	14.182
± **Finanzergebnis**	**-17.147**	-14.089
± **Sonstiges Ergebnis**	**1.620**	562
= **Ergebnis vor Steuern (EBT)**	**2.007**	655
± Steuerergebnis	0	0
= **Jahresüberschuss**	**2.007**	655

Abb. 6.5 Bilanz und GuV von Atletico Madrid

FC Bayern München AG		
Saison 2012 / 2013, GAAP: HGB	alle Angaben in T€	
Konzernbilanz, Bilanzstichtage:	30.06.2013	30.06.2012
A. Anlagevermögen	**375.239**	354.497
I. Immaterielles Vermögen	102.975	72.014
II. Sachanlagen	262.889	273.108
III. Finanzanlagen	9.375	9.375
B. Umlaufvermögen	**160.119**	154.697
I. Liquide Mittel (Bank, Kasse)	114.073	114.437
II. Weiteres UV und Sonstiges	46.045	40.260
∑ **Bilanzsumme Aktiva**	**535.358**	509.194
A. Eigenkapital	**257.238**	248.717
B. Rückstellungen	**23.315**	16.290
C. Verbindlichkeiten	**254.804**	244.186
I. Kurzfristig inkl. Sonderposten	133.180	122.140
II. Längerfristig (Fälligkeit > 1 Jahr)	121.624	122.046
∑ **Bilanzsumme Passiva**	**535.358**	509.194

FC Bayern München AG		
Saison 2012 / 2013, GAAP: HGB	alle Angaben in T€	
Konzern-GuV, Bilanzstichtage:	30.06.2013	30.06.2012
Umsatzerlöse	**422.621**	354.650
+ Sonstige betriebliche Erträge	10.141	18.717
- Materialaufwand / bezogene Lstg.	35.709	25.376
- **Personalaufwand**	**204.392**	167.097
- **Abschreibungsaufwand**	**67.417**	57.174
- Sonstige betriebliche Aufwendungen	97.084	94.854
= **Betriebsergebnis (EBIT)**	**28.161**	28.867
± **Finanzergebnis**	**-5.628**	-10.166
± **Sonstiges Ergebnis**	**0**	0
= **Ergebnis vor Steuern (EBT)**	**22.533**	18.701
± Steuerergebnis	-8.511	-7.645
= **Jahresüberschuss**	**14.022**	11.056

Abb. 6.6 Bilanz und GuV von Bayern

40 Euro werden dadurch zukünftig alleine bei den 17 Meisterschaftsspielen Mehrein-
nahmen von 2,72 Mio. € generiert.

- In der Saison 2012/2013 gewann der FC Bayern das „Triple", wurde also Deutscher
Meister, Deutscher Pokalsieger und Champions-League-Sieger. Später kamen auch
noch die Titel UEFA Supercup und FIFA Klubweltmeister hinzu. In der vorhergehenden Saison wurde in Meisterschaft, Pokal und Champions League jeweils Platz 2 belegt.
- Der FC Bayern konnte bislang national und international insgesamt 57 Titel gewinnen.

5. **Bremen** (SV Werder Bremen GmbH & Co. KGaA) (vgl. Abb. 6.7)

Hinweise:

- Der Unterschiedsbetrag aus der Kapitalkonsolidierung in Höhe von 557.692,30 EUR
wurde anstelle eines separaten Ausweises nach dem Eigenkapital dem Eigenkapital
direkt zugeordnet (vgl. Abschn. 3.4.2).
- Bremen beendete die Saison 2012/2013 auf dem 14. Platz und belegt seitdem ähnlich
schlechte Tabellenplätze. In der Ära des Trainers Schaaf wurden zuvor zum Teil deutlich bessere Platzierungen erreicht, der Gewinn der letzten Meisterschaft liegt mit der
Saison 2003/2004 aber bereits mehr als ein Jahrzehnt zurück.
- Bremen konnte bislang national und international insgesamt 12 Titel gewinnen.

6. **Celtic Glasgow** (Celtic plc) (vgl. Abb. 6.8)

Hinweise:

- Der Jahresabschluss wurde in Britischen Pfund ausgewiesen. Alle Werte wurden mit
dem Wechselkurs 1,1687 (Tageskurs am Bilanzstichtag 30.06.2013) in Euro umgerechnet. Dieser Umrechnungskurs wurde aus Vergleichsgründen auch für die Vorjahreswerte verwendet.
- Celtic konnte sich in der Scottish Premiership in der Saison 2012/2013 die Meisterschaft sichern (wie auch bereits in der Saison zuvor) und wurde zudem schottischer
Pokalsieger.
- Celtic konnte bislang national und international insgesamt 96 Titel gewinnen.

7. **Chelsea** (Chelsea FC plc) (vgl. Abb. 6.9)

Hinweise:

- Der Jahresabschluss wurde in Britischen Pfund ausgewiesen. Alle Werte wurden mit
dem Wechselkurs 1,1687 (Tageskurs am Bilanzstichtag 30.06.2013) in Euro umgerechnet. Dieser Umrechnungskurs wurde aus Vergleichsgründen auch für die Vorjahreswerte verwendet.

SV Werder Bremen GmbH & Co. KGaA		
Saison 2012 / 2013, GAAP: HGB	alle Angaben in T€	
Konzernbilanz, Bilanzstichtage:	30.06.2013	30.06.2012
A. Anlagevermögen	**32.975**	24.304
I. Immaterielles Vermögen	23.593	14.862
II. Sachanlagen	6.713	6.618
III. Finanzanlagen	2.669	2.823
B. Umlaufvermögen	**16.081**	30.386
I. Liquide Mittel (Bank, Kasse)	3.759	12.648
II. Weiteres UV und Sonstiges	12.321	17.738
∑ **Bilanzsumme Aktiva**	**49.055**	54.690
A. Eigenkapital	**18.117**	26.779
B. Rückstellungen	**5.554**	4.606
C. Verbindlichkeiten	**25.384**	23.306
I. Kurzfristig inkl. Sonderposten	23.221	21.346
II. Längerfristig (Fälligkeit > 1 Jahr)	2.163	1.960
∑ **Bilanzsumme Passiva**	**49.055**	54.690

SV Werder Bremen GmbH & Co. KGaA			
Saison 2012 / 2013, GAAP: HGB		alle Angaben in T€	
Konzern-GuV, Bilanzstichtage:		30.06.2013	30.06.2012
	Umsatzerlöse	**90.394**	94.901
+	Sonstige betriebliche Erträge	3.217	6.741
-	Materialaufwand / bezogene Lstg.	5.216	5.164
-	**Personalaufwand**	**48.727**	54.794
-	**Abschreibungsaufwand**	**12.143**	14.695
-	Sonstige betriebliche Aufwendungen	36.028	40.922
=	**Betriebsergebnis (EBIT)**	**-8.503**	-13.932
±	**Finanzergebnis**	**-331**	-93
±	**Sonstiges Ergebnis**	**0**	0
=	**Ergebnis vor Steuern (EBT)**	**-8.834**	-14.025
±	Steuerergebnis	232	-211
=	**Jahresüberschuss**	**-8.602**	-14.236

Abb. 6.7 Bilanz und GuV von Bremen

Celtic plc		
Saison 2012 / 2013, GAAP: IFRS	alle Angaben in T€	
Konzernbilanz, Bilanzstichtage:	30.06.2013	30.06.2012
A. Anlagevermögen	**72.756**	71.039
I. Immaterielles Vermögen	11.451	8.570
II. Sachanlagen	61.305	62.469
III. Finanzanlagen	0	0
B. Umlaufvermögen	**23.393**	17.927
I. Liquide Mittel (Bank, Kasse)	16.769	9.581
II. Weiteres UV und Sonstiges	6.624	8.346
∑ **Bilanzsumme Aktiva**	**96.149**	88.966
A. Eigenkapital	**49.736**	38.191
B. Rückstellungen	**1.449**	0
C. Verbindlichkeiten	**44.963**	50.775
I. Kurzfristig inkl. Sonderposten	27.803	33.063
II. Längerfristig (Fälligkeit > 1 Jahr)	17.160	17.713
∑ **Bilanzsumme Passiva**	**96.149**	88.966

Celtic plc		
Saison 2012 / 2013, GAAP: IFRS	alle Angaben in T€	
Konzern-GuV, Bilanzstichtage:	30.06.2013	30.06.2012
Umsatzerlöse	**88.606**	60.002
+ Sonstige betriebliche Erträge	6.071	4.263
- Materialaufwand / bezogene Lstg.	20.054	20.057
- **Personalaufwand**	**47.622**	39.598
- **Abschreibungsaufwand**	**11.943**	10.690
- Sonstige betriebliche Aufwendungen	2.859	1.612
= **Betriebsergebnis (EBIT)**	**12.200**	-7.691
± **Finanzergebnis**	**-818**	-923
± **Sonstiges Ergebnis**	**0**	0
= **Ergebnis vor Steuern (EBT)**	**11.382**	-8.614
± Steuerergebnis	0	0
= **Jahresüberschuss**	**11.382**	-8.614

Abb. 6.8 Bilanz und GuV von Celtic Glasgow

Chelsea FC plc		
Saison 2012 / 2013, GAAP: UK GAAP	alle Angaben in T€	
Konzernbilanz, Bilanzstichtage:	30.06.2013	30.06.2012
A. Anlagevermögen	**440.615**	451.033
I. Immaterielles Vermögen	228.684	235.231
II. Sachanlagen	211.931	215.802
III. Finanzanlagen	0	0
B. Umlaufvermögen	**123.043**	82.930
I. Liquide Mittel (Bank, Kasse)	30.511	19.852
II. Weiteres UV und Sonstiges	92.532	63.078
∑ **Bilanzsumme Aktiva**	**563.658**	533.963
A. Eigenkapital	**349.378**	307.580
B. Rückstellungen	**0**	0
C. Verbindlichkeiten	**214.280**	226.383
I. Kurzfristig inkl. Sonderposten	180.329	175.401
II. Längerfristig (Fälligkeit > 1 Jahr)	33.951	50.982
∑ **Bilanzsumme Passiva**	**563.658**	533.963

Chelsea FC plc		
Saison 2012 / 2013, GAAP: UK GAAP	alle Angaben in T€	
Konzern-GuV, Bilanzstichtage:	30.06.2013	30.06.2012
Umsatzerlöse	**298.921**	298.881
+ Sonstige betriebliche Erträge	16.890	55.371
- Materialaufwand / bezogene Lstg.	88.628	81.911
- **Personalaufwand**	**207.971**	200.954
- **Abschreibungsaufwand**	**78.233**	69.525
- Sonstige betriebliche Aufwendungen	429	434
= **Betriebsergebnis (EBIT)**	**-59.451**	1.428
± **Finanzergebnis**	**185**	182
± **Sonstiges Ergebnis**	**0**	0
= **Ergebnis vor Steuern (EBT)**	**-59.266**	1.610
± Steuerergebnis	1.486	0
= **Jahresüberschuss**	**-57.780**	1.610

Abb. 6.9 Bilanz und GuV von Chelsea

- Mangels separater Angaben wurden die Aufwendungen anhand von Plausibilitätskriterien den einzelnen Bereichen Material, Personal und Abschreibungen zugeordnet.
- Chelsea schloss die Saison 2012/2013 auf Platz 3 der englischen Premier League ab. Die letzte Meisterschaft gelang dem Klub in der Saison 2009/2010. Zudem wurde nach dem Champions League-Sieg in 2012 in 2013 die Europa League gewonnen. Kein gleichwertiger, aber ebenfalls ein internationaler Titel, der zum Kampf um den europäischen Supercup gegen Bayern München berechtigte.
- Chelsea konnte bislang national und international insgesamt 23 Titel gewinnen.

8. **Dortmund** (Borussia Dortmund GmbH & Co. KGaA) (vgl. Abb. 6.10)

Hinweise:

- Finanzielle Vermögenswerte wurden ungeachtet eventueller Fristigkeiten unter den Finanzanlagen im Anlagevermögen ausgewiesen.
- Dortmund erreichte in der Saison 2012/2013 sowohl in der Bundesliga, als auch in der Champions League den 2. Platz. In den beiden Jahren zuvor wurde jeweils die Meisterschaft gewonnen. In 2011/2012 wurde zudem der DFB-Pokal gewonnen.
- Dortmund konnte bislang national und international insgesamt 14 Titel gewinnen.

9. **FC Barcelona** (Futbol Club Barcelona) (vgl. Abb. 6.11)

Hinweise:

- Die Position „Activos por impuesto differido" wurde nach einer Anhanganalyse (vgl. Nota 14.6) den Finanzanlagen zugeordnet.
- Barcelona wurde in der Saison 2012/2013 spanischer Meister, nach einem 2. Platz in der Primera División im Vorjahr.
- Der FC Barcelona konnte bislang national und international insgesamt 76 Titel gewinnen.

10. **Frankfurt** (Eintracht Frankfurt Fußball AG) (vgl. Abb. 6.12)

Hinweise:

- Frankfurt beendete die 1. Bundesliga in der Saison 2012/2013 auf dem 6. Platz.
- Im Jahr zuvor gelang der Aufstieg aus der 2. Bundesliga.
- Frankfurt konnte bislang national und international insgesamt 6 Titel gewinnen.

Borussia Dortmund GmbH & Co. KGaA		
Saison 2012 / 2013, GAAP: IFRS	alle Angaben in T€	
Konzernbilanz, Bilanzstichtage:	30.06.2013	30.06.2012
A. Anlagevermögen	**207.186**	208.702
I. Immaterielles Vermögen	28.425	25.749
II. Sachanlagen	178.382	182.602
III. Finanzanlagen	379	351
B. Umlaufvermögen	**95.229**	40.004
I. Liquide Mittel (Bank, Kasse)	12.536	5.271
II. Weiteres UV und Sonstiges	82.693	34.733
∑ **Bilanzsumme Aktiva**	**302.415**	248.706
A. Eigenkapital	**140.618**	93.455
B. Rückstellungen	**0**	0
C. Verbindlichkeiten	**161.797**	155.251
I. Kurzfristig inkl. Sonderposten	74.418	61.946
II. Längerfristig (Fälligkeit > 1 Jahr)	87.379	93.305
∑ **Bilanzsumme Passiva**	**302.415**	248.706

Borussia Dortmund GmbH & Co. KGaA		
Saison 2012 / 2013, GAAP: IFRS	alle Angaben in T€	
Konzern-GuV, Bilanzstichtage:	30.06.2013	30.06.2012
Umsatzerlöse	**305.032**	215.239
+ Sonstige betriebliche Erträge	2.785	7.630
- Materialaufwand / bezogene Lstg.	17.491	12.477
- **Personalaufwand**	**106.216**	79.923
- **Abschreibungsaufwand**	**22.414**	18.587
- Sonstige betriebliche Aufwendungen	96.579	70.490
= **Betriebsergebnis (EBIT)**	**65.117**	41.392
± **Finanzergebnis**	**-5.081**	-4.801
± **Sonstiges Ergebnis**	**0**	0
= **Ergebnis vor Steuern (EBT)**	**60.036**	36.591
± Steuerergebnis	-8.843	-9.061
= **Jahresüberschuss**	**51.193**	27.530

Abb. 6.10 Bilanz und GuV von Dortmund

Futbol Club Barcelona		
Saison 2012 / 2013, GAAP: Spanish-GAAP	alle Angaben in T€	
Einzelabschluss, Bilanzstichtage:	30.06.2013	30.06.2012
A. Anlagevermögen	**357.385**	349.696
I. Immaterielles Vermögen	182.502	147.513
II. Sachanlagen	136.772	137.494
III. Finanzanlagen	38.111	64.689
B. Umlaufvermögen	**145.800**	101.581
I. Liquide Mittel (Bank, Kasse)	70.924	36.844
II. Weiteres UV und Sonstiges	74.876	64.737
∑ Bilanzsumme Aktiva	**503.185**	451.277
A. Eigenkapital	**12.427**	-19.969
B. Rückstellungen	**22.351**	22.795
C. Verbindlichkeiten	**468.407**	448.451
I. Kurzfristig inkl. Sonderposten	404.238	330.612
II. Längerfristig (Fälligkeit > 1 Jahr)	64.169	117.839
∑ Bilanzsumme Passiva	**503.185**	451.277

Futbol Club Barcelona		
Saison 2012 / 2013, GAAP: Spanish-GAAP	alle Angaben in T€	
Einzelabschluss, Bilanzstichtage:	30.06.2013	30.06.2012
Umsatzerlöse	**445.730**	439.179
+ Sonstige betriebliche Erträge	36.858	43.820
- Materialaufwand / bezogene Lstg.	5.619	5.573
- **Personalaufwand**	**237.817**	233.312
- **Abschreibungsaufwand**	**70.496**	72.031
- Sonstige betriebliche Aufwendungen	120.698	118.356
= **Betriebsergebnis (EBIT)**	**47.958**	53.727
± **Finanzergebnis**	**-4.419**	-4.946
± **Sonstiges Ergebnis**	**0**	0
= **Ergebnis vor Steuern (EBT)**	**43.539**	48.781
± Steuerergebnis	-11.051	0
= **Jahresüberschuss**	**32.488**	48.781

Abb. 6.11 Bilanz und GuV des FC Barcelona

Eintracht Frankfurt Fußball AG		
Saison 2012 / 2013, GAAP: HGB	alle Angaben in T€	
Einzelabschlussbilanz, Bilanzstichtage:	31.12.2013	31.12.2012
A. Anlagevermögen	**16.251**	15.139
I. Immaterielles Vermögen	12.651	11.365
II. Sachanlagen	557	565
III. Finanzanlagen	3.044	3.209
B. Umlaufvermögen	**20.241**	10.485
I. Liquide Mittel (Bank, Kasse)	9.167	7.167
II. Weiteres UV und Sonstiges	11.074	3.319
∑ **Bilanzsumme Aktiva**	**36.493**	25.624
A. Eigenkapital	**5.722**	3.758
B. Rückstellungen	**4.647**	3.954
C. Verbindlichkeiten	**26.123**	17.912
I. Kurzfristig inkl. Sonderposten	25.361	16.578
II. Längerfristig (Fälligkeit > 1 Jahr)	762	1.334
∑ **Bilanzsumme Passiva**	**36.493**	25.624

Eintracht Frankfurt Fußball AG		
Saison 2012 / 2013, GAAP: HGB	alle Angaben in T€	
Einzelabschluss-GuV, Bilanzstichtage:	31.12.2013	31.12.2012
Umsatzerlöse	**84.428**	58.756
+ Sonstige betriebliche Erträge	2.047	2.171
- Materialaufwand / bezogene Lstg.	2.970	2.036
- **Personalaufwand**	**35.599**	26.097
- **Abschreibungsaufwand**	**6.754**	5.006
- Sonstige betriebliche Aufwendungen	38.582	32.736
= **Betriebsergebnis (EBIT)**	**2.570**	-4.948
± **Finanzergebnis**	**-74**	-101
± **Sonstiges Ergebnis**	**0**	0
= **Ergebnis vor Steuern (EBT)**	**2.496**	-5.049
± Steuerergebnis	-532	-854
= **Jahresüberschuss**	**1.964**	-5.903

Abb. 6.12 Bilanz und GuV von Frankfurt

11. **Gladbach** (Borussia VfL 1900 Mönchengladbach GmbH) (vgl. Abb. 6.13)

Hinweise:

- Gladbach belegte in der Bundesliga-Abschlusstabelle in der Saison 2012/2013 den 8. Rang.
- In der Saison zuvor wurde (damals durchaus etwas überraschend) der 4. Platz erreicht.
- Gladbach konnte bislang national und international insgesamt 10 Titel gewinnen.

12. **Hannover** (Hannover 96 GmbH & Co. KGaA) (vgl. Abb. 6.14)

Hinweise:

- Die Aufwendungen aus Ergebnisabführungsverträgen (etwa 2,77 Mio. €) wurden in der GuV dem Finanzergebnis zugeordnet.
- Hannover beendete die Bundesliga in der Saison 2012/2013 auf dem 9. Rang, nach einem 7. Platz in der Saison zuvor.
- Hannover konnte bislang national und international insgesamt 3 Titel gewinnen.

13. **Hertha** (Hertha BSC GmbH & Co. KGaA) (vgl. Abb. 6.15)

Hinweise:

- Der nicht durch Eigenkapital gedeckte Fehlbetrag wurde entgegen der veröffentlichten Bilanz nicht auf der Aktivseite ausgewiesen, sondern als negatives Eigenkapital auf der Passivseite.
- Nach dem Abstieg im Jahr zuvor gewann Hertha in der 2. Bundesliga in der Saison 2012/2013 die Meisterschaft und sicherte sich damit den Wiederaufstieg in die höchste deutsche Spielklasse.
- Hertha konnte bislang national und international insgesamt 7 Titel gewinnen.

14. **Hoffenheim** (TSG 1899 Hoffenheim Fußball-Spielbetriebs GmbH) (vgl. Abb. 6.16)

Hinweise:

- Die Position Verlustübernahme des atypisch stillen Gesellschafters (wahrscheinlich Hr. Hopp) in Höhe von etwa 12,7 Mio. € wurde in der GuV dem Finanzergebnis zugeordnet.
- Hoffenheim erreichte in der Bundesliga in der Saison 2012/2013 den 16. Rang und schaffte anschließend den Klassenerhalt in der Relegation gegen den 1. FC Kaiserslautern. Die Saison 2011/2012 wurde auf dem 11. Platz beendet.
- Hoffenheim ist in dem in die Untersuchung einbezogenen Teilnehmerfeld der einzige Fußballklub, der bislang weder national, noch international einen Titel gewinnen konnte.

Borussia VfL 1900 Mönchengladbach GmbH		
Saison 2012 / 2013, GAAP: HGB	alle Angaben in T€	
Einzelabschluss, Bilanzstichtage:	31.12.2013	31.12.2012
A. Anlagevermögen	**109.938**	112.231
I. Immaterielles Vermögen	37.043	38.068
II. Sachanlagen	70.725	71.994
III. Finanzanlagen	2.169	2.169
B. Umlaufvermögen	**13.888**	17.489
I. Liquide Mittel (Bank, Kasse)	6.028	7.599
II. Weiteres UV und Sonstiges	7.860	9.890
∑ **Bilanzsumme Aktiva**	**123.826**	129.720
A. Eigenkapital	**27.643**	27.127
B. Rückstellungen	**4.617**	8.299
C. Verbindlichkeiten	**91.566**	94.294
I. Kurzfristig inkl. Sonderposten	29.620	29.628
II. Längerfristig (Fälligkeit > 1 Jahr)	61.946	64.666
∑ **Bilanzsumme Passiva**	**123.826**	129.720

Borussia VfL 1900 Mönchengladbach GmbH		
Saison 2012 / 2013, GAAP: HGB	alle Angaben in T€	
Einzelabschluss-GuV, Bilanzstichtage:	31.12.2013	31.12.2012
Umsatzerlöse	**87.277**	118.641
+ Sonstige betriebliche Erträge	3.896	3.654
- Materialaufwand / bezogene Lstg.	8.490	9.292
- **Personalaufwand**	**45.521**	44.313
- **Abschreibungsaufwand**	**17.111**	13.698
- Sonstige betriebliche Aufwendungen	16.927	29.056
= **Betriebsergebnis (EBIT)**	**3.124**	25.936
± **Finanzergebnis**	**-2.032**	-2.480
± **Sonstiges Ergebnis**	**0**	0
= **Ergebnis vor Steuern (EBT)**	**1.092**	23.456
± Steuerergebnis	-576	-8.212
= **Jahresüberschuss**	**516**	15.245

Abb. 6.13 Bilanz und GuV von Gladbach

Hannover 96 GmbH & Co. KGaA		
Saison 2012 / 2013, GAAP: HGB	alle Angaben in T€	
Einzelabschluss, Bilanzstichtage:	30.06.2013	30.06.2012
A. Anlagevermögen	**10.822**	6.434
I. Immaterielles Vermögen	10.168	5.749
II. Sachanlagen	654	685
III. Finanzanlagen	0	0
B. Umlaufvermögen	**20.115**	17.934
I. Liquide Mittel (Bank, Kasse)	12.207	6.334
II. Weiteres UV und Sonstiges	7.908	11.601
∑ **Bilanzsumme Aktiva**	**30.937**	24.368
A. Eigenkapital	**12.027**	9.255
B. Rückstellungen	**5.859**	5.259
C. Verbindlichkeiten	**13.050**	9.853
I. Kurzfristig inkl. Sonderposten	12.050	9.823
II. Längerfristig (Fälligkeit > 1 Jahr)	1.000	30
∑ **Bilanzsumme Passiva**	**30.937**	24.368

Hannover 96 GmbH & Co. KGaA		
Saison 2012 / 2013, GAAP: HGB	alle Angaben in T€	
Einzelabschluss, Bilanzstichtage:	30.06.2013	30.06.2012
Umsatzerlöse	**75.143**	77.934
+ Sonstige betriebliche Erträge	2.897	1.946
- Materialaufwand / bezogene Lstg.	2.417	2.780
- **Personalaufwand**	**39.455**	34.426
- **Abschreibungsaufwand**	**5.460**	4.880
- Sonstige betriebliche Aufwendungen	23.731	24.265
= **Betriebsergebnis (EBIT)**	**6.976**	13.529
± **Finanzergebnis**	**-2.607**	-5.191
± **Sonstiges Ergebnis**	**0**	0
= **Ergebnis vor Steuern (EBT)**	**4.369**	8.338
± Steuerergebnis	-1.597	-2.061
= **Jahresüberschuss**	**2.772**	6.277

Abb. 6.14 Bilanz und GuV von Hannover

Hertha BSC GmbH & Co. KGaA		
Saison 2012 / 2013, GAAP: HGB	alle Angaben in T€	
Einzelabschlussbilanz, Bilanzstichtage:	30.06.2013	30.06.2012
A. Anlagevermögen	**58.291**	61.208
I. Immaterielles Vermögen	5.154	5.006
II. Sachanlagen	2.689	2.954
III. Finanzanlagen	50.448	53.248
B. Umlaufvermögen	**5.423**	3.998
I. Liquide Mittel (Bank, Kasse)	530	157
II. Weiteres UV und Sonstiges	4.893	3.841
∑ **Bilanzsumme Aktiva**	**63.714**	65.206
A. Eigenkapital	**-8.257**	-454
B. Rückstellungen	**9.601**	9.162
C. Verbindlichkeiten	**62.370**	56.498
I. Kurzfristig inkl. Sonderposten	45.119	29.999
II. Längerfristig (Fälligkeit > 1 Jahr)	17.251	26.499
∑ **Bilanzsumme Passiva**	**63.714**	65.206

Hertha BSC GmbH & Co. KGaA		
Saison 2012 / 2013, GAAP: HGB	alle Angaben in T€	
Einzelabschluss-GuV, Bilanzstichtage:	30.06.2013	30.06.2012
Umsatzerlöse	**38.302**	65.651
+ Sonstige betriebliche Erträge	18.002	5.839
- Materialaufwand / bezogene Lstg.	2.474	2.932
- **Personalaufwand**	**26.551**	32.117
- **Abschreibungsaufwand**	**2.476**	2.908
- Sonstige betriebliche Aufwendungen	32.114	37.599
= **Betriebsergebnis (EBIT)**	**-7.311**	-4.066
± **Finanzergebnis**	**-1.482**	-1.797
± **Sonstiges Ergebnis**	**0**	20.000
= **Ergebnis vor Steuern (EBT)**	**-8.793**	14.137
± Steuerergebnis	991	-1.427
= **Jahresüberschuss**	**-7.803**	12.710

Abb. 6.15 Bilanz und GuV von Hertha

TSG 1899 Hoffenheim Fußball-Spielbetriebs GmbH		
Saison 2012 / 2013, GAAP: HGB	alle Angaben in T€	
Einzelabschluss, Bilanzstichtage:	30.06.2013	30.06.2012
A. Anlagevermögen	**30.755**	20.348
I. Immaterielles Vermögen	28.540	17.894
II. Sachanlagen	2.100	2.339
III. Finanzanlagen	115	115
B. Umlaufvermögen	**124.713**	142.891
I. Liquide Mittel (Bank, Kasse)	81.653	127.974
II. Weiteres UV und Sonstiges	43.060	14.917
∑ **Bilanzsumme Aktiva**	**155.468**	163.239
A. Eigenkapital	**132.956**	146.149
B. Rückstellungen	**5.263**	1.772
C. Verbindlichkeiten	**17.249**	15.318
I. Kurzfristig inkl. Sonderposten	16.074	14.963
II. Längerfristig (Fälligkeit > 1 Jahr)	1.175	355
∑ **Bilanzsumme Passiva**	**155.468**	163.239

TSG 1899 Hoffenheim Fußball-Spielbetriebs GmbH		
Saison 2012 / 2013, GAAP: HGB	alle Angaben in T€	
Einzelabschluss, Bilanzstichtage:	30.06.2013	30.06.2012
Umsatzerlöse	**70.862**	85.315
+ Sonstige betriebliche Erträge	5.858	1.492
- Materialaufwand / bezogene Lstg.	604	976
- **Personalaufwand**	**47.833**	43.589
- **Abschreibungsaufwand**	**10.015**	13.975
- Sonstige betriebliche Aufwendungen	31.875	28.590
= **Betriebsergebnis (EBIT)**	**-13.607**	-323
± **Finanzergebnis**	**13.635**	350
± **Sonstiges Ergebnis**	**0**	0
= **Ergebnis vor Steuern (EBT)**	**28**	27
± Steuerergebnis	-160	-9
= **Jahresüberschuss**	**-132**	18

Abb. 6.16 Bilanz und GuV von Hoffenheim

15. **HSV** (Hamburger Sport-Verein e. V.) (vgl. Abb. 6.17)

Hinweise:

- Der auf der Passivseite der Bilanz ausgewiesene und über die Laufzeit des Anlage-vermögens ertragswirksam aufzulösende „Sonderposten für Investitionszuschüsse" in Höhe von etwa 4,4 Mio. € hat einen PRAP-Charakter und wurde daher in Konsequenz der Gliederungssystematik dieser Untersuchung den kurzfristigen Verbindlichkeiten zugeordnet.
- Das außerordentliche Ergebnis wird demnächst europaweit entfallen, vgl. Hinweise zur Ertragsanalyse in Abschn. 5.1, daher wurden die außerordentlichen Erträge in Höhe von knapp 12,4 Mio. € durch den Darlehensverzicht der Sportfive GmbH & Co. KG (aufgrund einer getroffenen Dienstleistungsvereinbarung) bereits in dieser Untersu-chung in den Bereich des sonstigen Ergebnisses umgruppiert.
- Weitere Hinweise insbesondere zur drohenden Insolvenzgefahr siehe Hintergrund-Ausführungen in Abschn. 3.1.
- Hamburg erreichte in der Bundesliga in der Saison 2012/2013 den 7. Rang, nach einem 15. Platz in der Saison zuvor.
- Der HSV konnte bislang national und international insgesamt 13 Titel gewinnen.

16. **Juve** (Juventus Football Club S.p. A. Turin) (vgl. Abb. 6.18)

Hinweise:

- Der von Juve vorgenommene Einbezug von Kontokorrentlinien in die Cashflower-mittlung ist für Jahresabschlussleser irritierend, weil damit das Cashflowergebnis nicht über eine bilanzielle Veränderungsrechnung aus dem Bank- und Kassenbestand nach-vollzogen werden kann.
- Juventus Turin konnte sich in der Serie A in der Saison 2012/2013 wie bereits im Vor-jahr die italienische Meisterschaft sichern.
- Juve konnte bislang national und international insgesamt 55 Titel gewinnen.

17. **Köln** (1. FC Köln GmbH & Co. KGaA) (vgl. Abb. 6.19)

Hinweise:

- Der nicht durch Eigenkapital gedeckte Fehlbetrag wurde entgegen der veröffentlichten Bilanz nicht auf der Aktivseite ausgewiesen, sondern als negatives Eigenkapital auf der Passivseite.
- Der Unterschiedsbetrag aus der Kapitalkonsolidierung in Höhe von 1.430,34 EUR wurde anstelle eines separaten Ausweises nach dem Eigenkapital dem Eigenkapital direkt zugeordnet (vgl. Abschn. 3.4.2).

Hamburger Sport-Verein e.V.		
Saison 2012 / 2013, GAAP: HGB	alle Angaben in T€	
Konzernbilanz, Bilanzstichtage:	30.06.2013	30.06.2012
A. Anlagevermögen	**86.997**	82.740
I. Immaterielles Vermögen	37.182	29.787
II. Sachanlagen	49.815	52.953
III. Finanzanlagen	0	0
B. Umlaufvermögen	**14.661**	18.214
I. Liquide Mittel (Bank, Kasse)	9.236	7.314
II. Weiteres UV und Sonstiges	5.424	10.900
∑ **Bilanzsumme Aktiva**	**101.657**	100.954
A. Eigenkapital	**-17.149**	-8.701
B. Rückstellungen	**2.990**	2.464
C. Verbindlichkeiten	**115.816**	107.190
I. Kurzfristig inkl. Sonderposten	47.599	57.655
II. Längerfristig (Fälligkeit > 1 Jahr)	68.217	49.535
∑ **Bilanzsumme Passiva**	**101.657**	100.954

Hamburger Sport-Verein e.V.		
Saison 2012 / 2013, GAAP: HGB	alle Angaben in T€	
Konzern-GuV, Bilanzstichtage:	30.06.2013	30.06.2012
Umsatzerlöse	**116.711**	115.452
+ Sonstige betriebliche Erträge	14.821	18.017
- Materialaufwand / bezogene Lstg.	4.081	3.624
- **Personalaufwand**	**62.990**	61.006
- **Abschreibungsaufwand**	**29.010**	21.602
- Sonstige betriebliche Aufwendungen	52.498	48.967
= **Betriebsergebnis (EBIT)**	**-17.046**	-1.730
± **Finanzergebnis**	**-3.104**	-2.312
± **Sonstiges Ergebnis**	**12.399**	0
= **Ergebnis vor Steuern (EBT)**	**-7.752**	-4.042
± Steuerergebnis	-696	-700
= **Jahresüberschuss**	**-8.448**	-4.741

Abb. 6.17 Bilanz und GuV des HSV

Juventus Football Club S.p.A. Turin		
Saison 2012 / 2013, GAAP: IFRS	alle Angaben in T€	
Einzelabschlussbilanz, Bilanzstichtage:	30.06.2013	30.06.2012
A. Anlagevermögen	**313 479**	317.897
I. Immaterielles Vermögen	149.727	148.363
II. Sachanlagen	159.652	165.434
III. Finanzanlagen	4.100	4.100
B. Umlaufvermögen	**129.887**	109.883
I. Liquide Mittel (Bank, Kasse)	1.777	654
II. Weiteres UV und Sonstiges	128.110	109.229
∑ Bilanzsumme Aktiva	**443.366**	427.780
A. Eigenkapital	**48.631**	64.609
B. Rückstellungen	**4.702**	7.797
C. Verbindlichkeiten	**390.033**	355.375
I. Kurzfristig inkl. Sonderposten	295.126	252.840
II. Längerfristig (Fälligkeit > 1 Jahr)	94.907	102.534
∑ Bilanzsumme Passiva	**443.366**	427.780

Juventus Football Club S.p.A. Turin		
Saison 2012 / 2013, GAAP: IFRS	alle Angaben in T€	
Einzelabschluss-GuV, Bilanzstichtage:	30.06.2013	30.06.2012
Umsatzerlöse	**265.525**	194.292
+ Sonstige betriebliche Erträge	18.277	29.937
− Materialaufwand / bezogene Lstg.	48.013	43.750
− **Personalaufwand**	**169.043**	156.388
− **Abschreibungsaufwand**	**59.706**	59.099
− Sonstige betriebliche Aufwendungen	10.845	6.180
= **Betriebsergebnis (EBIT)**	**-3.806**	-41.188
± **Finanzergebnis**	**-7.109**	-4.730
± **Sonstiges Ergebnis**	**0**	0
= **Ergebnis vor Steuern (EBT)**	**-10.915**	-45.919
± Steuerergebnis	-4.996	-2.736
= **Jahresüberschuss**	**-15.911**	-48.655

Abb. 6.18 Bilanz und GuV von Juve

1. FC Köln GmbH & Co. KGaA		
Saison 2012 / 2013, GAAP: HGB	alle Angaben in T€	
Konzernbilanz, Bilanzstichtage:	30.06.2013	30.06.2012
A. Anlagevermögen	**11.846**	16.913
I. Immaterielles Vermögen	4.734	9.045
II. Sachanlagen	7.107	7.709
III. Finanzanlagen	6	159
B. Umlaufvermögen	**24.455**	15.946
I. Liquide Mittel (Bank, Kasse)	10.698	2.954
II. Weiteres UV und Sonstiges	13.757	12.992
∑ Bilanzsumme Aktiva	**36.301**	32.859
A. Eigenkapital	**-11.040**	-8.116
B. Rückstellungen	**5.669**	4.430
C. Verbindlichkeiten	**41.672**	36.545
I. Kurzfristig inkl. Sonderposten	16.418	22.014
II. Längerfristig (Fälligkeit > 1 Jahr)	25.255	14.531
∑ Bilanzsumme Passiva	**36.301**	32.859

1. FC Köln GmbH & Co. KGaA		
Saison 2012 / 2013, GAAP: HGB	alle Angaben in T€	
Konzern-GuV, Bilanzstichtage:	30.06.2013	30.06.2012
Umsatzerlöse	**56.892**	80.233
+ Sonstige betriebliche Erträge	3.746	3.834
- Materialaufwand / bezogene Lstg.	4.121	4.509
- **Personalaufwand**	**26.813**	40.580
- **Abschreibungsaufwand**	**3.511**	8.854
- Sonstige betriebliche Aufwendungen	27.309	29.500
= **Betriebsergebnis (EBIT)**	**-1.116**	625
± **Finanzergebnis**	**-1.417**	-1.330
± **Sonstiges Ergebnis**	**-1.350**	3.150
= **Ergebnis vor Steuern (EBT)**	**-3.884**	2.444
± Steuerergebnis	960	-1.647
= **Jahresüberschuss**	**-2.924**	797

Abb. 6.19 Bilanz und GuV von Köln

- Das Steuerergebnis 2012/2013 beinhaltet Latente Steuererträge von knapp 1,6 Mio. €.
- Köln erreichte in der 2. Bundesliga in der Saison 2012/2013 den 5. Platz. Im Vorjahr gelang es sportlich nicht, den Verbleib in der 1. Liga zu erreichen, es erfolgte der Abstieg in Liga 2.
- Köln konnte bislang national und international insgesamt 7 Titel gewinnen.

18. **Liverpool** (The Liverpool Football Club and Athletic Grounds Ltd.) (vgl. Abb. 6.20)

Hinweise:

- Der Jahresabschluss wurde in Britischen Pfund ausgewiesen. Alle Werte wurden mit dem Wechselkurs 1,1676 (Tageskurs am Bilanzstichtag 31.05.2013) in Euro umgerechnet. Dieser Umrechnungskurs wurde aus Vergleichsgründen auch für die Vorjahreswerte verwendet.
- Wie sich erst bei einer routinemäßigen Nachkontrolle herausstellte, wurden die Abschreibungen für Spielerwerte (ca. 55,4 Mio. € in 2012/2013) versehentlich dem sonstigen betrieblichen Aufwand und nicht dem Abschreibungsaufwand zugeordnet. Die Kennzahlen Abschreibungsaufwendungen und Abschreibungsaufwandsquote sind daher für Liverpool zu positiv, die Kennzahlen EBITDA und EBITDA-Marge in Abschn. 6.3 zu negativ dargestellt. Auf eine entsprechende Auswertungsrevision wurde verzichtet.
- Die GuV des Vorjahres 2011/2012 wurde wegen einer Anpassung des Berichtsjahres an die Fußballsaison **nur für 10 Monate erstellt**. Um eine Vergleichbarkeit der Vorjahreszahlen mit den Daten des Geschäftsjahres zu ermöglichen, wurden die Werte auf 12 Monate linear fortgeschrieben.
- Liverpool beendete die Saison 2012/2013 auf Platz 7 der Premier League. In den Jahren zuvor wurden ähnliche Tabellenplätze belegt.
- Liverpool konnte bislang national und international insgesamt 58 Titel gewinnen.

19. **Lyon** (Olympique Lyonnais Groupe) (vgl. Abb. 6.21)

Hinweise:

- Lyon schloss die französische Ligue 1 in der Saison 2012/2013 auf dem 3. Platz ab, nach einem 4. Rang in der Saison zuvor. Zudem konnte in 2012 der französische Pokal gewonnen werden.
- Lyon konnte bislang national und international insgesamt 20 Titel gewinnen.

The Liverpool Football Club and Athletic Grounds Ltd.		
Saison 2012 / 2013, GAAP: UK GAAP	alle Angaben in T€	
Einzelabschlussbilanz, Bilanzstichtage:	31.05.2013	31.05.2012
A. Anlagevermögen	**204.797**	193.014
I. Immaterielles Vermögen	152.831	141.175
II. Sachanlagen	33.413	33.286
III. Finanzanlagen	18.553	18.553
B. Umlaufvermögen	**64.125**	68.983
I. Liquide Mittel (Bank, Kasse)	3.586	5.748
II. Weiteres UV und Sonstiges	60.539	63.235
∑ **Bilanzsumme Aktiva**	**268.922**	261.997
A. Eigenkapital	**-52.066**	6.139
B. Rückstellungen	**0**	0
C. Verbindlichkeiten	**320.987**	255.857
I. Kurzfristig inkl. Sonderposten	212.007	132.131
II. Längerfristig (Fälligkeit > 1 Jahr)	108.980	123.726
∑ **Bilanzsumme Passiva**	**268.922**	261.997

The Liverpool Football Club and Athletic Grounds Ltd.		
Saison 2012 / 2013, GAAP: UK GAAP	alle Angaben in T€	
Einzelabschluss-GuV, Bilanzstichtage:	31.05.2013	31.05.2012
Umsatzerlöse	**240.660**	236.786
+ Sonstige betriebliche Erträge	33	56
- Materialaufwand / bezogene Lstg.	27.687	24.272
- **Personalaufwand**	**152.772**	153.046
- **Abschreibungsaufwand**	**5.190**	5.026
- Sonstige betriebliche Aufwendungen	107.987	106.135
= **Betriebsergebnis (EBIT)**	**-52.944**	-51.635
± **Finanzergebnis**	**-5.195**	-5.141
± **Sonstiges Ergebnis**	**0**	0
= **Ergebnis vor Steuern (EBT)**	**-58.138**	-56.776
± Steuerergebnis	-67	0
= **Jahresüberschuss**	**-58.205**	-56.776

Abb. 6.20 Bilanz und GuV von Liverpool

Olympique Lyonnais Groupe		
Saison 2012 / 2013, GAAP: IFRS	alle Angaben in T€	
Konzernbilanz, Bilanzstichtage:	30.06.2013	30.06.2012
A. Anlagevermögen	**123.615**	127.228
I. Immaterielles Vermögen	33.659	65.380
II. Sachanlagen	64.015	38.395
III. Finanzanlagen	25.942	23.453
B. Umlaufvermögen	**91.860**	75.019
I. Liquide Mittel (Bank, Kasse)	12.905	20.495
II. Weiteres UV und Sonstiges	78.956	54.524
∑ **Bilanzsumme Aktiva**	**215.475**	202.248
A. Eigenkapital	**56.828**	76.676
B. Rückstellungen	**3.694**	3.638
C. Verbindlichkeiten	**154.953**	121.934
I. Kurzfristig inkl. Sonderposten	111.064	77.043
II. Längerfristig (Fälligkeit > 1 Jahr)	43.888	44.891
∑ **Bilanzsumme Passiva**	**215.475**	202.248

Olympique Lyonnais Groupe		
Saison 2012 / 2013, GAAP: IFRS	alle Angaben in T€	
Konzern-GuV, Bilanzstichtage:	30.06.2013	30.06.2012
Umsatzerlöse	**137.631**	147.092
+ Sonstige betriebliche Erträge	14	35
- Materialaufwand / bezogene Lstg.	29.071	32.991
- **Personalaufwand**	**82.354**	99.164
- **Abschreibungsaufwand**	**39.214**	41.951
- Sonstige betriebliche Aufwendungen	10	2.277
= **Betriebsergebnis (EBIT)**	**-13.003**	-29.256
± **Finanzergebnis**	**-3.619**	-2.845
± **Sonstiges Ergebnis**	**0**	0
= **Ergebnis vor Steuern (EBT)**	**-16.622**	-32.101
± Steuerergebnis	-3.224	4.164
= **Jahresüberschuss**	**-19.845**	-27.937

Abb. 6.21 Bilanz und GuV von Lyon

20. **Manchester City** (Manchester City FC Ltd.) (vgl. Abb. 6.22)

Hinweise:

- Der Jahresabschluss wurde in Britischen Pfund ausgewiesen. Alle Werte wurden mit dem Wechselkurs 1,1676 (Tageskurs am Bilanzstichtag 31.05.2013) in Euro umgerechnet. Dieser Umrechnungskurs wurde aus Vergleichsgründen auch für die Vorjahreswerte verwendet.
- Der Jahresfehlbetrag konnte zwar halbiert werden, stellt aber noch immer einen hoch negativen Wert dar. Das Eigenkapital hat sich dennoch vermehrt, weil wie bereits in den vergangenen beiden Jahren erneut eine Kapitalerhöhung im Umfang von umgerechnet etwa 200 Mio. € durchgeführt wurde.
- Der amtierende englische Meister Manchester City beendete die Saison 2012/2013 auf Platz 2 der Premier League. 2011/2012 konnte ebenfalls die Meisterschaft gewonnen werden, im Mai 2013 wurde das FA-Cupfinale verloren.
- Manchester City konnte bislang national und international insgesamt 15 Titel gewinnen.

21. **Manchester United** (Manchester United plc) (vgl. Abb. 6.23)

Hinweise:

- Der Jahresabschluss wurde in Britischen Pfund ausgewiesen. Alle Werte wurden mit dem Wechselkurs 1,1687 (Tageskurs am Bilanzstichtag 30.06.2013) in Euro umgerechnet. Dieser Umrechnungskurs wurde aus Vergleichsgründen auch für die Vorjahreswerte verwendet.
- Das außerordentliche Ergebnis wird demnächst europaweit entfallen, vgl. Hinweise zur Ertragsanalyse in Abschn. 5.1, daher wurde die GuV-Position „Operating expenses – exceptional items" bereits in dieser Untersuchung in den Bereich des sonstigen Ergebnisses umgruppiert.
- Manchester United beendete die Saison 2012/2013 auf Platz 1 der Premier League. Der Meisterschaft ging in der Saison zuvor Platz 2 voraus. Manchester United hat mit Alex Ferguson im Übrigen von 2006 bis 2013 immer mindestens Platz 2 in der englischen Liga erreicht. Selbst Bayern München musste sich in diesem Zeitraum auch jeweils einmal mit einem 3. und einem 4. Platz zufrieden geben.
- Weil das Jahresergebnis von Manchester United 2012/2013 **durch Latente Steuern extrem verzerrt** wird, widmet sich der **Abschn. 6.4** gesondert diesem Themenbereich. Im zwischenzeitlich vorliegenden Jahresabschluss per 30.06.2014 beträgt der Jahresüberschuss nur noch „normalisierte" 23,84 Mio. £ (vgl. Manchester United 2014).
- Zum **sehr hohen Goodwill-Wert** bei Manchester United und der fehlenden Abschreibungsverpflichtung nach IFRS vgl. insbesondere die Hinweise in Abschn. **3.5** und in Abschn. **4.3**.
- Manchester United konnte bislang national und international insgesamt 52 Titel gewinnen.

Manchester City FC Ltd		
Saison 2012 / 2013, GAAP: UK GAAP	alle Angaben in T€	
Konzernbilanz, Bilanzstichtage:	31.05.2013	31.05.2012
A. Anlagevermögen	**521.008**	520.998
I. Immaterielles Vermögen	217.425	264.162
II. Sachanlagen	303.583	256.836
III. Finanzanlagen	0	0
B. Umlaufvermögen	**236.695**	115.755
I. Liquide Mittel (Bank, Kasse)	16.399	14.712
II. Weiteres UV und Sonstiges	220.296	101.043
∑ **Bilanzsumme Aktiva**	**757.702**	636.753
A. Eigenkapital	**508.212**	381.056
B. Rückstellungen	**0**	0
C. Verbindlichkeiten	**249.490**	255.697
I. Kurzfristig inkl. Sonderposten	170.869	163.842
II. Längerfristig (Fälligkeit > 1 Jahr)	78.622	91.855
∑ **Bilanzsumme Passiva**	**757.702**	636.753

Manchester City FC Ltd		
Saison 2012 / 2013, GAAP: UK GAAP	alle Angaben in T€	
Konzern-GuV, Bilanzstichtage:	31.05.2013	31.05.2012
Umsatzerlöse	**316.420**	269.879
+ Sonstige betriebliche Erträge	62.650	27.433
- Materialaufwand / bezogene Lstg.	8.073	8.027
- **Personalaufwand**	**272.175**	**235.609**
- **Abschreibungsaufwand**	**101.176**	**104.637**
- Sonstige betriebliche Aufwendungen	49.900	58.144
= **Betriebsergebnis (EBIT)**	**-52.254**	**-109.105**
± **Finanzergebnis**	**-8.019**	-6.143
± **Sonstiges Ergebnis**	**0**	0
= **Ergebnis vor Steuern (EBT)**	**-60.273**	-115.248
± Steuerergebnis	0	990
= **Jahresüberschuss**	**-60.273**	-114.258

Abb. 6.22 Bilanz und GuV von Manchester City

Manchester United plc		
Saison 2012 / 2013, GAAP: IFRS	alle Angaben in T€	
Konzernbilanz, Bilanzstichtage:	30.06.2013	30.06.2012
A. Anlagevermögen	**944.646**	930.186
I. Immaterielles Vermögen	632.734	623.913
II. Sachanlagen	295.457	289.681
III. Finanzanlagen	16.455	16.592
B. Umlaufvermögen	**362.324**	176.746
I. Liquide Mittel (Bank, Kasse)	110.364	82.514
II. Weiteres UV und Sonstiges	251.960	94.232
∑ **Bilanzsumme Aktiva**	**1.306.970**	1.106.932
A. Eigenkapital	**523.531**	274.758
B. Rückstellungen	**1.706**	2.111
C. Verbindlichkeiten	**781.733**	830.063
I. Kurzfristig inkl. Sonderposten	277.469	267.580
II. Längerfristig (Fälligkeit > 1 Jahr)	504.264	562.484
∑ **Bilanzsumme Passiva**	**1.306.970**	1.106.932

Manchester United plc		
Saison 2012 / 2013, GAAP: IFRS	alle Angaben in T€	
Konzern-GuV, Bilanzstichtage:	30.06.2013	30.06.2012
Umsatzerlöse	**424.459**	374.358
+ Sonstige betriebliche Erträge	10.708	11.326
- Materialaufwand / bezogene Lstg.	0	0
- **Personalaufwand**	**210.977**	188.965
- **Abschreibungsaufwand**	**57.831**	53.456
- Sonstige betriebliche Aufwendungen	93.883	90.821
= **Betriebsergebnis (EBIT)**	**72.476**	52.442
± **Finanzergebnis**	**-82.752**	-57.893
± **Sonstiges Ergebnis**	**0**	0
= **Ergebnis vor Steuern (EBT)**	**-10.276**	-5.451
± Steuerergebnis	181.396	32.697
= **Jahresüberschuss**	**171.120**	27.246

Abb. 6.23 Bilanz und GuV von Manchester United

22. **Porto** (Futebol Clube do Porto – Futebol SAD) (vgl. Abb. 6.24)

Hinweise:

- Wie bereits in den beiden Vorjahren konnte Porto in der Saison 2012/2013 in der Primeira Liga die Meisterschaft gewinnen.
- Porto konnte bislang national und international insgesamt 70 Titel gewinnen.

23. **Real Madrid** (Real Madrid Club de Futbol) (vgl. Abb. 6.25)

Hinweise:

- Real Madrid erreichte in der Primera División in der Saison 2012/2013 den 2. Rang, nach dem Gewinn der Meisterschaft im Jahr zuvor. Zudem wurde in der Saison 2012/2013 das spanische Pokalfinale erreicht.
- Real Madrid konnte bislang national und international insgesamt 78 Titel gewinnen.

24. **Schalke** (FC Gelsenkirchen-Schalke 04 e. V.) (vgl. Abb. 6.26)

Hinweise:

- Der nicht durch Eigenkapital gedeckte Fehlbetrag wurde entgegen der veröffentlichten Bilanz nicht auf der Aktivseite ausgewiesen, sondern als negatives Eigenkapital auf der Passivseite.
- Ein Verbindlichkeitenspiegel wurde nicht veröffentlicht. Die ausgewiesenen Verbindlichkeiten mussten daher mit Hilfe von Annahmen in kurz- und langfristige Verbindlichkeiten aufgeteilt werden, um die Vergleichbarkeit zu den anderen Fußballklubabschlüssen herzustellen.
- Das außerordentliche Ergebnis wird demnächst entfallen, vgl. Hinweise zur Ertragsanalyse in Abschn. 5.1, daher wurde dieses bereits in dieser Untersuchung in den Bereich des sonstigen Ergebnisses umgruppiert. Somit ergibt sich ein vom veröffentlichten Jahresabschluss abweichendes Ergebnis vor Steuern (EBT).
- Schalke erreichte in der Bundesliga in der Saison 2012/2013 den 4. Rang, nach einem 3. Platz in der Saison zuvor.
- Wie der große Rivale aus Dortmund konnte Schalke bislang national und international insgesamt 14 Titel gewinnen.

Futebol Clube do Porto - Futebol SAD		
Saison 2012 / 2013, GAAP: IFRS	alle Angaben in T€	
Konzernbilanz, Bilanzstichtage:	30.06.2013	30.06.2012
A. Anlagevermögen	**81.953**	106.077
I. Immaterielles Vermögen	78.145	101.557
II. Sachanlagen	1.561	1.802
III. Finanzanlagen	2.247	2.717
B. Umlaufvermögen	**145.899**	104.650
I. Liquide Mittel (Bank, Kasse)	17.818	1.917
II. Weiteres UV und Sonstiges	128.082	102.734
∑ **Bilanzsumme Aktiva**	**227.853**	210.727
A. Eigenkapital	**7.627**	-12.658
B. Rückstellungen	**1.925**	1.925
C. Verbindlichkeiten	**218.301**	221.460
I. Kurzfristig inkl. Sonderposten	153.927	168.392
II. Längerfristig (Fälligkeit > 1 Jahr)	64.373	53.068
∑ **Bilanzsumme Passiva**	**227.853**	210.727

Futebol Clube do Porto - Futebol SAD		
Saison 2012 / 2013, GAAP: IFRS	alle Angaben in T€	
Konzern-GuV, Bilanzstichtage:	30.06.2013	30.06.2012
Umsatzerlöse	**153.782**	100.358
+ Sonstige betriebliche Erträge	1.838	960
- Materialaufwand / bezogene Lstg.	39.563	36.768
- **Personalaufwand**	**54.065**	49.595
- **Abschreibungsaufwand**	**27.243**	37.195
- Sonstige betriebliche Aufwendungen	2.974	4.200
= **Betriebsergebnis (EBIT)**	**31.775**	-26.441
± **Finanzergebnis**	**-10.870**	-8.303
± **Sonstiges Ergebnis**	**0**	0
= **Ergebnis vor Steuern (EBT)**	**20.905**	-34.745
± Steuerergebnis	-575	-1.180
= **Jahresüberschuss**	**20.330**	-35.925

Abb. 6.24 Bilanz und GuV von Porto

Real Madrid Club de Futbol and Subsidiary		
Saison 2012 / 2013, GAAP: Spanish GAAP	alle Angaben in T€	
Konzernbilanz, Bilanzstichtage:	30.06.2013	30.06.2012
A. Anlagevermögen	**609.120**	613.113
I. Immaterielles Vermögen	272.060	289.008
II. Sachanlagen	327.520	309.600
III. Finanzanlagen	9.540	14.505
B. Umlaufvermögen	**243.405**	251.691
I. Liquide Mittel (Bank, Kasse)	155.570	113.237
II. Weiteres UV und Sonstiges	87.835	138.454
∑ Bilanzsumme Aktiva	**852.525**	864.804
A. Eigenkapital	**311.931**	275.175
B. Rückstellungen	**17.320**	12.943
C. Verbindlichkeiten	**523.274**	576.686
I. Kurzfristig inkl. Sonderposten	336.212	368.116
II. Längerfristig (Fälligkeit > 1 Jahr)	187.062	208.570
∑ Bilanzsumme Passiva	**852.525**	864.804

Real Madrid Club de Futbol and Subsidiary		
Saison 2012 / 2013, GAAP: Spanish GAAP	alle Angaben in T€	
Konzern-GuV, Bilanzstichtage:	30.06.2013	30.06.2012
Umsatzerlöse	**517.956**	512.063
+ Sonstige betriebliche Erträge	23.141	25.378
- Materialaufwand / bezogene Lstg.	18.217	22.596
- **Personalaufwand**	**245.997**	233.946
- **Abschreibungsaufwand**	**96.385**	113.325
- Sonstige betriebliche Aufwendungen	124.838	123.660
= **Betriebsergebnis (EBIT)**	**55.660**	43.914
± **Finanzergebnis**	**-7.963**	-11.652
± **Sonstiges Ergebnis**	**0**	0
= **Ergebnis vor Steuern (EBT)**	**47.697**	32.262
± Steuerergebnis	-10.797	-8.050
= **Jahresüberschuss**	**36.900**	24.212

Abb. 6.25 Bilanz und GuV von Real Madrid

FC Gelsenkirchen-Schalke 04 e.V.		
Saison 2012 / 2013, GAAP: HGB	alle Angaben in T€	
Konzernbilanz, Bilanzstichtage:	31.12.2013	31.12.2012
A. Anlagevermögen	**152.580**	150.415
I. Immaterielles Vermögen	42.465	32.168
II. Sachanlagen	110.096	118.227
III. Finanzanlagen	20	20
B. Umlaufvermögen	**33.533**	24.975
I. Liquide Mittel (Bank, Kasse)	4.594	3.215
II. Weiteres UV und Sonstiges	28.939	21.761
∑ **Bilanzsumme Aktiva**	**186.113**	175.390
A. Eigenkapital	**-75.247**	-75.704
B. Rückstellungen	**13.883**	16.518
C. Verbindlichkeiten	**247.476**	234.576
I. Kurzfristig inkl. Sonderposten	102.336	95.446
II. Längerfristig (Fälligkeit > 1 Jahr)	145.140	139.130
∑ **Bilanzsumme Passiva**	**186.113**	175.390

FC Gelsenkirchen-Schalke 04 e.V.		
Saison 2012 / 2013, GAAP: HGB	alle Angaben in T€	
Konzern-GuV, Bilanzstichtage:	31.12.2013	31.12.2012
Umsatzerlöse	**206.827**	190.766
+ Sonstige betriebliche Erträge	8.791	11.170
- Materialaufwand / bezogene Lstg.	52.101	46.171
- **Personalaufwand**	**98.337**	98.526
- **Abschreibungsaufwand**	**26.013**	32.012
- Sonstige betriebliche Aufwendungen	19.273	16.443
= **Betriebsergebnis (EBIT)**	**19.894**	8.784
± **Finanzergebnis**	**-10.284**	-10.602
± **Sonstiges Ergebnis**	**-7.011**	-6.616
= **Ergebnis vor Steuern (EBT)**	**2.599**	-8.434
± Steuerergebnis	-2.142	-515
= **Jahresüberschuss**	**457**	-8.949

Abb. 6.26 Bilanz und GuV von Schalke

25. **Tottenham** (Tottenham Hotspur Ltd.) (vgl. Abb. 6.27)

Hinweise:

- Der Jahresabschluss wurde in Britischen Pfund ausgewiesen. Alle Werte wurden mit dem Wechselkurs 1,1687 (Tageskurs am Bilanzstichtag 30.06.2013) in Euro umgerechnet. Dieser Umrechnungskurs wurde aus Vergleichsgründen auch für die Vorjahreswerte verwendet.
- In der GuV wurden mangels differenzierterer Angaben im Bereich Materialaufwand nur „other operating costs" ausgewiesen (vgl. Notes Nr. 3).
- Tottenham beendete die Saison 2012/2013 auf Platz 5 der Premier League. In den Vorjahren wurden ähnliche Tabellenplätze belegt.
- Tottenham konnte bislang national und international insgesamt 18 Titel gewinnen.

6.3 Scoring-Verfahren

6.3.1 Methodische Hinweise

Im Rahmen der vorliegenden empirischen Sekundäranalyse wurden systematisch die Bilanzen, Erfolgsrechnungen und Anhänge von 25 europäischen Profifußballklubs – darunter 15 der 20 umsatzstärksten Klubs der Welt (vgl. Abschn. 6.1) – aufbereitet und ausgewertet. Der Auswertungszeitraum umfasste primär die Spielperiode 2012/2013. Zur Bewertung von ausgewählten Entwicklungsdynamiken wurde auch die Vorsaison 2011/2012 in die Untersuchung einbezogen. Als Untersuchungsgegenstand wurden etwa 50 Kennzahlen definiert, für jeden Klub ermittelt und zumindest für einen Großteil dieser Kennzahlen vergleichend gegenübergestellt.

Mit der Zielsetzung, für jede Kennzahl und für jeden Bewertungsbereich eine für den Leser nachvollziehbare Rangfolge zu bilden sowie am Ende einen Gesamtsieger zu ermitteln, musste aufgrund des enormen Umfangs des Untersuchungsgegenstands ein komplexitätsreduziertes Bewertungsmodell gefunden werden. Anstelle einer Festlegung von Ergebnisintervallen wurden für die **Punktevergabe** die nachfolgenden **Spielregeln** festgelegt.

- Kennzahlen, die aus dargelegten Gründen (vgl. Abschn. 5.2) nicht in das Bewertungsverfahren einbezogen werden, bleiben von einer Punktvergabe ausgeschlossen.
- Bei jeder Kennzahl, die in das Scoring-Verfahren einfließt, werden für den in der Rangfolge erstplatzierten Fußballklub 20 Punkte vergeben. Anschließend erfolgt eine mit der Rangfolge abnehmende Punktvergabe mit einem Degressionsfaktor von 1 Punkt je Rang, d. h. der Zweitplatzierte erhält 19 Punkte, der Drittplatzierte 18 Punkte, der Viertplatzierte 17 Punkte usw. Bei Erreichen des 20. Platzes wird noch 1 Punkt erzielt, die Plätze 21 bis 25 erhalten im direkten Vergleich mit den anderen Klubs keine Punkte.

Tottenham Hotspur Limited		
Saison 2012 / 2013, GAAP: IFRS	alle Angaben in T€	
Konzernbilanz, Bilanzstichtage:	30.06.2013	30.06.2012
A. Anlagevermögen	**283.007**	285.920
I. Immaterielles Vermögen	85.554	67.732
II. Sachanlagen	197.453	218.188
III. Finanzanlagen	0	0
B. Umlaufvermögen	**35.305**	43.289
I. Liquide Mittel (Bank, Kasse)	3.753	18.351
II. Weiteres UV und Sonstiges	31.553	24.938
∑ Bilanzsumme Aktiva	**318.312**	329.209
A. Eigenkapital	**91.655**	89.870
B. Rückstellungen	**4.074**	547
C. Verbindlichkeiten	**222.582**	238.792
I. Kurzfristig inkl. Sonderposten	139.124	145.265
II. Längerfristig (Fälligkeit > 1 Jahr)	83.458	93.528
∑ Bilanzsumme Passiva	**318.312**	329.209

Tottenham Hotspur Limited		
Saison 2012 / 2013, GAAP: IFRS	alle Angaben in T€	
Konzern-GuV, Bilanzstichtage:	30.06.2013	30.06.2012
Umsatzerlöse	**172.257**	168.475
+ Sonstige betriebliche Erträge	30.787	10.752
- Materialaufwand / bezogene Lstg.	32.621	40.248
- **Personalaufwand**	**112.297**	105.424
- **Abschreibungsaufwand**	**44.732**	35.431
- Sonstige betriebliche Aufwendungen	0	0
= **Betriebsergebnis (EBIT)**	**13.394**	-1.876
± **Finanzergebnis**	**-9.091**	-6.660
± **Sonstiges Ergebnis**	**0**	0
= **Ergebnis vor Steuern (EBT)**	**4.303**	-8.536
± Steuerergebnis	-2.517	3.531
= **Jahresüberschuss**	**1.786**	-5.006

Abb. 6.27 Bilanz und GuV von Tottenham

- Insbesondere bei Rentabilitätskennzahlen erfolgt bei Nichterreichung einer Bewertungshürde unabhängig von der Platzierung keine Punktevergabe. Sofern beispielsweise bei einem Klub das Jahresergebnis oder das Eigenkapital negativ ist, ergibt sich kein interpretierbares Ergebnis für die Eigenkapitalrentabilität. Trifft dies dann auf mehr als fünf Klubs zu, erhält die entsprechende Anzahl an Klubs in diesem Bewertungsbereich jeweils 0 Punkte.
- Weil beispielsweise eine hohe Eigenkapitalausstattung vorteilhafter erachtet wird als eine Erhöhung des Eigenkapitals, ausgehend von einem geringen Bestandswert im Vorjahr, werden alle Kennzahlen zum aktuellen Geschäftsjahr mit einem **Gewichtungsfaktor** von 3 versehen. Bei den Kennzahlen zur Unternehmensentwicklung ist der Gewichtungsfaktor 1. Innerhalb dieser beiden Bewertungsklassen werden zur Komplexitätsreduktion alle Kennzahlen identisch gewichtet.

Die **Gesamtpunktzahl** eines Fußballklubs ergibt sich aus der **Summe der erreichten Punktzahlen in den beiden Bewertungsbereichen** unter **Berücksichtigung der Gewichtungsfaktoren.**

▸   Teile der Fernsehgelder der englischen Premier League („the Merit Payments Fund") werden im Übrigen nach einem ähnlichen Bewertungsmodell verteilt. Das Erstplatzierte von 20 Teams erhält 20 Anteile, der Letztplatzierte noch 1 Anteil, vgl. Premier League (2014), Nr. D.18.

Neben der Zielsetzung der Ermittlung von Platzierungen ohne Beachtung der nationalen Herkunft des Klubs werden im Rahmen dieser Untersuchung auch die folgenden Thesen geprüft, wobei aufgrund der Kriterien für die Auswahl der Stichprobe eine Fokussierung auf die jeweils drei wirtschaftlich stärksten Klubs (gemessen anhand der Rangfolge des Bewertungsgesamtergebnisses) der deutschen, englischen und spanischen Ligen erfolgt. Induktive Schlussfolgerungen betreffend die wirtschaftlichen Lagen der übrigen Klubs in den jeweiligen Ligen sind dabei nicht intendiert.

- These 1: Die Fußballklubs in Spanien und in England haben eine geringere absolute Eigenkapitalausstattung und sind höher verschuldet als in Deutschland.
- These 2: Die Spielergehälter und damit die Personalaufwendungen sind in Spanien und in England sowohl absolut, als auch in Relation zu den Umsatzerlösen höher als in Deutschland.
- These 3: Die Liquiden Mittel sind sowohl als Bestandswert, als auch als Veränderungsgröße (Cashflow) in Deutschland höher als in Spanien und in England.

6.3.2   Ranking für ausgewählte Kennzahlen(gruppen)

6.3.2.1   Geschäftsjahresanalyse

Nachfolgend werden zunächst die Jahresabschlussergebnisse der Spielperiode 2012/2013 analysiert.

Kennzahl	Immaterielle Vermögensquote (in %)		Cash-Bestand (in Mio. €)		Cash-Intensität (in %)		Working Capital (in Mio. €)	
Fußballklub	Wert	Punkte	Wert	Punkte	Wert	Punkte	Wert	Punkte
Arsenal	12.5%	16	179.18	20	19.5%	15	134.76	20
AS Rom	55.5%	0	8.64	4	5.0%	5	-129.42	0
Atletico Madrid	11.9%	18	1.96	0	0.3%	0	-181.67	0
Bayern	19.2%	12	114.07	18	21.3%	16	26.94	16
Bremen	48.1%	0	3.76	1	7.7%	8	-7.14	10
Celtic Glasgow	11.9%	17	16.77	12	17.4%	13	-4.41	12
Chelsea	40.6%	0	30.51	14	5.4%	6	-57.29	4
Dortmund	9.4%	19	12.54	9	4.1%	3	20.81	15
FC Barcelona	36.3%	2	70.92	15	14.1%	12	-258.44	0
Frankfurt	34.7%	3	9.17	5	25.1%	17	-5.12	11
Gladbach	29.9%	8	6.03	3	4.9%	4	-15.73	8
Hannover	32.9%	6	12.21	8	39.5%	19	8.07	14
Hertha	8.1%	20	0.53	0	0.8%	0	-39.70	5
Hoffenheim	18.4%	13	81.65	16	52.5%	20	108.64	19
HSV	36.6%	1	9.24	6	9.1%	11	-32.94	6
Juve	33.8%	5	1.78	0	0.4%	0	-165.24	0
Köln	13.0%	15	10.70	7	29.5%	18	8.04	13
Liverpool	56.8%	0	3.59	0	1.3%	0	-147.88	0
Lyon	15.6%	14	12.90	10	6.0%	7	-19.20	7
Manchester City	28.7%	9	16.40	11	2.2%	1	65.83	17
Manchester United	48.4%	0	110.36	17	8.4%	10	84.85	18
Porto	34.3%	4	17.82	13	7.8%	9	-8.03	9
Real Madrid	31.9%	7	155.57	19	18.2%	14	-92.81	2
Schalke	22.8%	11	4.59	2	2.5%	2	-68.80	3
Tottenham	26.9%	10	3.75	0	1.2%	0	-103.82	1

Abb. 6.28 Kennzahlen Vermögens- und Kapitalanalyse Teil 1

Im **ersten Teil** der **Vermögens- und Kapitalanalyse** (vgl. Abb. 6.28) überrascht zunächst der sehr niedrige Anteil des immateriellen Vermögens (28,4 Mio. €) am Gesamtvermögen (302,4 Mio. €) bei Dortmund (9,40 %). Das absolut betrachtet niedrigste immaterielle Vermögen weist Köln mit 4,7 Mio. € aus. Den geringsten relativen Anteil und damit das höchste Bewertungsergebnis erreicht Hertha mit 8,09 %. Der Bestand an Liquiden Mitteln kann direkt der Bilanz entnommen werden und geht in das Bewertungsergebnis ein, auch wenn hierfür im Text keine eigene Kennzahlennummer vorgesehen wurde (vgl. Abschn. 5.2.1 Nr. 4). Neben Arsenal überrascht hier Real Madrid mit einem regelrechten „Cashberg" in Höhe von mehr als 155 Mio. €. Der FC Bayern mit seinen in der Vergangenheit medienwirksam gerühmten „Festgeldkonten" folgt mit deutlichem Abstand erst auf Platz 3. Bei der Cash-Intensität, also der Relation von Liquiden Mitteln zum Gesamtvermögen führt Hoffenheim das Ranking an. Neben einem durchaus hohen Cash-Bestand liegt dies aber vor allem daran, dass zur Analyse lediglich ein Einzelabschluss der TSG 1899 Hoffenheim Fußball-Spielbetriebs GmbH und kein Konzernabschluss vorlag (zu dieser Problematik vgl. Abschn. 3.4). Das Stadion (Rhein-Neckar-Arena in Sinsheim) befindet sich im Eigentum der TSG 1899 Hoffenheim Fußball-Besitzgesellschaft mbH & Co. KG und wird in deren Abschluss als Sachanlagevermögen ausgewiesen. Das Gesamtvermögen der TSG 1899 Hoffenheim Fußball-Spielbetriebs GmbH ist somit im Vergleich

Kennzahl	Eigenkapitalquote (in %)		Statischer Verschuldungsgrad (in %)		Netto-Verschuldungsgrad (in %)		Kapitalumschlag (in %)	
Fußballklub	Wert	Punkte	Wert	Punkte	Wert	Punkte	Wert	Punkte
Arsenal	38.5%	12	159.9%	12	109.3%	13	36.9%	0
AS Rom	-	0	-	0	-	0	66.2%	6
Atletico Madrid	5.8%	4	1634.4%	4	1628.5%	4	18.7%	0
Bayern	48.0%	16	108.1%	16	63.8%	15	83.0%	10
Bremen	36.9%	11	170.8%	11	150.0%	10	165.3%	17
Celtic Glasgow	51.7%	17	93.3%	17	59.6%	16	99.6%	13
Chelsea	62.0%	18	61.3%	18	52.6%	18	56.0%	2
Dortmund	46.5%	15	115.1%	15	106.1%	14	122.6%	16
FC Barcelona	2.5%	2	3949.1%	2	3378.4%	2	98.8%	12
Frankfurt	15.7%	6	537.7%	6	377.5%	6	329.5%	20
Gladbach	22.3%	7	348.0%	7	326.1%	7	67.3%	7
Hannover	38.9%	13	157.2%	13	55.7%	17	308.4%	19
Hertha	-	0	-	0	-	0	58.7%	3
Hoffenheim	85.5%	20	16.9%	20	-44.5%	20	43.4%	0
HSV	-	0	-	0	-	0	115.6%	14
Juve	11.0%	5	811.7%	5	808.0%	5	62.1%	5
Köln	-	0	-	0	-	0	173.1%	18
Liverpool	-	0	-	0	-	0	91.9%	11
Lyon	26.4%	8	279.2%	8	256.5%	8	68.1%	8
Manchester City	67.1%	19	49.1%	19	45.9%	19	49.7%	0
Manchester United	40.1%	14	149.6%	14	128.6%	11	38.3%	0
Porto	3.3%	3	2887.3%	3	2653.7%	3	73.0%	9
Real Madrid	36.6%	10	173.3%	10	123.4%	12	59.9%	4
Schalke	-	0	-	0	-	0	117.9%	15
Tottenham	28.8%	9	247.3%	9	243.2%	9	52.3%	1

Abb. 6.29 Kennzahlen Vermögens- und Kapitalanalyse Teil 2

zu den anderen Klubs relativ gering und damit die Cash-Intensität höher als beispielsweise bei den Bayern, obwohl diese eine um 33 Mio. € höhere Barliquidität aufweisen. Ein hoher Cash-Bestand lässt unter Einbezug weiterer Umlaufvermögenspositionen und nach Abzug kurzfristiger Schulden ein hohes Working Capital vermuten. Dies ist beispielsweise bei Arsenal, Hoffenheim und Manchester United auch tatsächlich der Fall. Gegenteilig verhält es sich beispielsweise beim FC Barcelona, der kurzfristig sehr hohe Schuldverpflichtungen zu erfüllen hat.

Im **zweiten Teil** der **Vermögens- und Kapitalanalyse** (vgl. Abb. 6.29) belegen die von den Investoren Roman Abramowitsch, Dietmar Hopp und Mansour bin Zayed Al Nahyan geprägten Klubs Chelsea, Hoffenheim und Manchester City zunächst die vorderen Plätze im Bereich der Eigenkapitalquote. Bei Bayern hat das erfolgreiche Wirtschaften in der Vergangenheit die Eigenkapitalbasis durch Thesaurierung (anstelle einer Ausschüttung werden positive Jahresergebnisse zumindest zum Teil im Unternehmen belassen) von Innen gestärkt, sodass auch ohne Börsennotierung eine relativ hohe Eigenkapitalquote erreicht wird. Der statische Verschuldungsgrad korrespondiert mit diesem Bewertungsergebnis. Bei einer Eigenkapitalquote von 2,5 % beim FC Barcelona ergeben sich folglich zwangsläufig ein etwa 40mal so hoher Fremdkapitalanteil von 97,5 % und damit ein statischer Verschuldungsgrad als Relation von Fremd- zu Eigenkapital in Höhe von knapp 4000 %.

Kennzahl	Cashflow (in Mio. €)		Dynamischer Verschuldungsgrad (in Jahre)		Liquiditätsgrad 1 (in %)		Liquiditätsgrad 3 (in %)	
Fußballklub	Wert	Punkte	Wert	Punkte	Wert	Punkte	Wert	Punkte
Arsenal	-0.20	4	-	0	102.4%	19	177.0%	19
AS Rom	-13.87	0	-	0	4.5%	2	32.3%	0
Atletico Madrid	0.68	6	796.17	5	0.6%	0	48.9%	5
Bayern	-0.36	3	-	0	85.7%	17	120.2%	13
Bremen	-8.89	0	-	0	16.2%	6	69.3%	7
Celtic Glasgow	7.19	13	4.12	19	60.3%	15	84.1%	11
Chelsea	10.66	16	17.24	13	16.9%	8	68.2%	6
Dortmund	7.27	14	20.55	12	16.8%	7	128.0%	14
FC Barcelona	34.08	19	12.32	15	17.5%	9	36.1%	2
Frankfurt	2.00	11	10.80	16	36.1%	12	79.8%	9
Gladbach	-1.57	2	-	0	20.4%	11	46.9%	4
Hannover	5.87	12	1.14	20	101.3%	18	166.9%	18
Hertha	0.37	5	191.66	7	1.2%	0	12.0%	0
Hoffenheim	-46.32	0	-	0	508.0%	20	775.9%	20
HSV	1.92	10	57.00	10	19.4%	10	30.8%	0
Juve	1.12	7	349.80	6	0.6%	0	44.0%	3
Köln	7.74	15	4.73	18	65.2%	16	148.9%	17
Liverpool	-2.16	1	-	0	1.7%	0	30.2%	0
Lyon	-7.59	0	-	0	11.6%	5	82.7%	10
Manchester City	1.69	9	138.15	9	9.6%	3	138.5%	16
Manchester United	27.85	18	24.17	11	39.8%	13	130.6%	15
Porto	15.90	17	12.73	14	11.6%	4	94.8%	12
Real Madrid	42.33	20	9.10	17	46.3%	14	72.4%	8
Schalke	1.38	8	186.17	8	4.5%	1	32.8%	1
Tottenham	-14.60	0	-	0	2.7%	0	25.4%	0

Abb. 6.30 Kennzahlen Finanz- und Liquiditätsanalyse Teil 1

Bei Unternehmen, die wie der AS Rom, Hertha, der HSV, Köln, Liverpool und Schalke ein negatives Eigenkapital aufweisen, würde sich rechnerisch ein negativer und damit de facto ein unendlich hoher statischer Verschuldungsgrad ergeben. Unter Berücksichtigung der Liquiden Mittel ist der Netto-Verschuldungsgrad beim FC Barcelona noch immer extrem hoch, während bei Hoffenheim die Liquiden Mittel sogar die gesamten Schulden deutlich übersteigen. Die Gesamtkapitalausstattung von Frankfurt, Hannover, Köln und Bremen ist im internationalen Vergleich zwar eher gering, dafür gelingt es diesen Klubs, in Relation dazu die höchsten Umsatzerlöse zu erzielen, d. h. deren Kapitalumschlag ist am höchsten.

Während sich die Situation beim FC Barcelona hinsichtlich der beiden oben dargestellten Verschuldungsgrade weniger erfreulich darstellt, überrascht im Rahmen des **ersten Teils** der **Finanz- und Liquiditätsanalyse** (vgl. Abb. 6.30) der sehr hohe positive Cashflow (+34 Mio. €) des Geschäftsjahres 2012/2013. Unter Berücksichtigung des Cash-Bestands könnte der FC Barcelona bei diesem Schuldenstand bereits nach 12 Jahren schuldenfrei sein, wenn der Cashflow in den folgenden 12 Jahren in dieser Höhe aufrechterhalten werden kann und keine neuen Schulden hinzukommen. Auch der zweite spanische Top-Klub Real Madrid erstaunt in diesen beiden Bewertungskategorien mit sehr guten Ergebnissen. Der FC Bayern hingegen kann für seinen geringfügig negativen Cashflow gerade noch 3 Punkte erzielen. Weil der dynamische Verschuldungsgrad bei einem nega-

Kennzahl	Anlagen-deckungsgrad 1 (in %)		Anlagen-deckungsgrad 2 (in %)		Finanzergebnis (in Mio. €)		CFROI (in %)	
Fußballklub	Wert	Punkte	Wert	Punkte	Wert	Punkte	Wert	Punkte
Arsenal	38.5%	12	110.5%	16	-15.17	0	-	0
AS Rom	-	0	-	0	-1.72	13	-	0
Atletico Madrid	5.8%	4	49.8%	3	-17.15	0	3.7%	8
Bayern	48.0%	16	101.0%	13	-5.63	5	-	0
Bremen	36.9%	11	61.5%	5	-0.33	17	-	0
Celtic Glasgow	51.7%	17	91.9%	12	-0.82	16	9.0%	16
Chelsea	62.0%	18	87.0%	10	0.18	19	2.0%	6
Dortmund	46.5%	15	110.0%	15	-5.08	7	5.0%	10
FC Barcelona	2.5%	2	21.4%	0	-4.42	8	8.9%	15
Frankfurt	15.7%	6	39.9%	0	-0.07	18	8.6%	14
Gladbach	22.3%	7	81.5%	8	-2.03	12	-	0
Hannover	38.9%	13	120.4%	19	-2.61	11	24.3%	19
Hertha	-	0	15.4%	0	-1.48	14	4.9%	9
Hoffenheim	85.5%	20	436.1%	20	13.63	20	-	0
HSV	-	0	58.7%	4	-3.10	10	5.0%	11
Juve	11.0%	5	45.8%	1	-7.11	4	2.5%	7
Köln	-	0	120.0%	18	-1.42	15	28.2%	20
Liverpool	-	0	27.8%	0	-5.19	6	-	0
Lyon	26.4%	8	81.5%	7	-3.62	9	-	0
Manchester City	67.1%	19	112.6%	17	-8.02	2	1.0%	5
Manchester United	40.1%	14	108.8%	14	-82.75	0	10.1%	17
Porto	3.3%	3	87.9%	11	-10.87	0	13.7%	18
Real Madrid	36.6%	10	81.9%	9	-7.96	3	6.2%	12
Schalke	-	0	45.8%	2	-10.28	0	7.1%	13
Tottenham	28.8%	9	61.9%	6	-9.09	1	-	0

Abb. 6.31 Kennzahlen Finanz- und Liquiditätsanalyse Teil 2

tiven Cashflow nicht aussagekräftig bzw. unendlich hoch ist, gibt es bei dieser Kennzahl für die Bayern und auch zahlreiche andere Klubs keine Punkte. Der Liquiditätsgrad 1 ist bereits bei Arsenal, Bayern und Hannover ungewöhnlich hoch. Sofern jedoch Hoffenheim ein „normales" Unternehmen wäre, würde dringend eine Suche nach einer Investitions-alternative angeraten werden, da deren sog. Cash-Ratio nochmals fünfmal so hoch wie der Wert von Arsenal ist. Und auch beim Liquiditätsgrad 3 müsste streng genommen eigent-lich ein Bewertungsabzug bei Hoffenheim erfolgen. Der Wert von Arsenal mit 177% ist in etwa in dem von der Betriebswirtschaftslehre unterstellten Normbereich.

Im **zweiten Teil** der **Finanz- und Liquiditätsanalyse** (vgl. Abb. 6.31) ergibt sich zu-nächst, dass es keinem der 25 untersuchten Fußballklubs gelang, das langfristige Ver-mögen vollständig durch Eigenkapital zu finanzieren, sämtliche Anlagendeckungsgrade 1 sind geringer als 100%. Bei einem negativen Eigenkapitalwert kann kein aussagefähiges Ergebnis ermittelt werden, sechs Klubs sind daher in diesem Bereich ohne Aussicht auf Punkte. Zumindest acht Klubs gelingt es die sog. silberne Bilanzierungsregel zu erfüllen (Anlagendeckungsgrad 2 ≥ 100%), d. h. deren Anlagevermögen ist durch Eigenkapital und langfristig bereitstehendes Fremdkapital finanziert. Beim AS Rom ist der Zähler ne-gativ, d. h. das längerfristige Kapital reicht nicht, das negative Eigenkapital auszuglei-chen. Zur besseren Nutzung des vorhandenen Auswertungsraums werden die beiden Er-

Kennzahl	Umsatzerlöse (in Mio. €)		Jahresüberschuss (in Mio. €)		EBIT (in Mio. €)		EBITDA (in Mio. €)	
Fußballklub	Wert	Punkte	Wert	Punkte	Wert	Punkte	Wert	Punkte
Arsenal	330.17	16	6.78	13	22.94	14	92.45	16
AS Rom	124.66	6	-39.94	0	-35.02	0	-2.70	0
Atletico Madrid	106.56	4	2.01	11	17.53	12	42.63	9
Bayern	422.62	17	14.02	15	28.16	15	95.58	17
Bremen	90.39	3	-8.60	2	-8.50	3	3.64	1
Celtic Glasgow	88.61	2	11.38	14	12.20	10	24.14	7
Chelsea	298.92	13	-57.78	0	-59.45	0	18.78	5
Dortmund	305.03	14	51.19	19	65.12	19	87.53	15
FC Barcelona	445.73	19	32.49	17	47.96	17	118.45	18
Frankfurt	84.43	0	1.96	10	2.57	7	9.32	2
Gladbach	87.28	1	0.52	8	3.12	8	20.24	6
Hannover	75.14	0	2.77	12	6.98	9	12.44	4
Hertha	38.30	0	-7.80	4	-7.31	4	-4.84	0
Hoffenheim	70.86	0	-0.13	6	-13.61	1	-3.59	0
HSV	116.71	5	-8.45	3	-17.05	0	11.96	3
Juve	265.52	12	-15.91	1	-3.81	5	55.90	12
Köln	56.89	0	-2.92	5	-1.12	6	2.39	0
Liverpool	240.66	11	-58.20	0	-52.94	0	-47.75	0
Lyon	137.63	7	-19.85	0	-13.00	2	26.21	8
Manchester City	316.42	15	-60.27	0	-52.25	0	48.92	11
Manchester United	424.46	18	171.12	20	72.48	20	130.31	19
Porto	153.78	8	20.33	16	31.77	16	59.02	14
Real Madrid	517.96	20	36.90	18	55.66	18	152.05	20
Schalke	206.83	10	0.46	7	19.89	13	45.91	10
Tottenham	172.26	9	1.79	9	13.39	11	58.13	13

Abb. 6.32 Kennzahlen Ertragsanalyse Teil 1

tragskennzahlen Finanzergebnis sowie CFROI bereits an dieser Stelle analysiert. Obwohl Chelsea lediglich einen Überschuss der Zinserträge über die Zinsaufwendungen in Höhe von 0,18 Mio. € erzielt, reicht dies bereits für Platz 2. Knapp dahinter folgt Frankfurt mit einem Zinsergebnis von −0,07 Mio. €. Das schlechteste Ergebnis erzielt Manchester United mit −82,75 Mio. €. Relativ hohe Cashflow-Ergebnisse unter Berücksichtigung von Fremdkapitalzinsen ergeben in Relation zu relativ geringen Anfangsbeständen an Gesamtkapital bei Köln, Hannover und Porto die höchsten CFROI-Werte.

Im nächsten Schritt werden innerhalb des **ersten Teils** der **Ertragsanalyse** (vgl. Abb. 6.32) vier zentrale Größen der Gewinn- und Verlustrechnung vergleichend gegenübergestellt. Real Madrid ist der erste und bislang einzige Klub, der die Grenze von 500 Mio. € Umsatzerlöse übertreffen konnte. Mit deutlichem Abstand liefern sich der FC Barcelona, Manchester United und Bayern München ein Kopf-an-Kopf-Rennen um Platz 2. Das Gesamtergebnis der GuV ist bei Manchester United durch Latente Steuern erheblich verzerrt. Zur Erklärung dieser Sondersituation, für die nach intensiven Überlegungen aufgrund der Konformität mit deutschen und internationalen Rechnungslegungsvorschriften keine Bewertungsabzüge vorgenommen wurden, wurde in die vorliegende Arbeit ein eigener Abschnitt eingefügt (vgl. Abschn. 6.4). Die eigentliche Gesamterfolgs-Benchmark ist somit Borussia Dortmund mit einem Jahresüberschuss von 51,19 Mio. €, gefolgt

Kennzahl	Personalaufwand (in Mio. €)		Personal- aufwandsquote (in %)		Abschreibungs- aufwand (in Mio. €)		Abschreibungs- aufwandsquote (in %)	
Fußballklub	Wert	Punkte	Wert	Punkte	Wert	Punkte	Wert	Punkte
Arsenal	180.38	2	54.6%	6	69.50	0	21.1%	4
AS Rom	94.23	8	75.6%	0	32.32	6	25.9%	0
Atletico Madrid	63.81	10	59.9%	4	25.10	10	23.6%	2
Bayern	204.39	1	48.4%	14	67.42	1	16.0%	8
Bremen	48.73	13	53.9%	8	12.14	13	13.4%	13
Celtic Glasgow	47.62	15	53.7%	9	11.94	14	13.5%	12
Chelsea	207.97	0	69.6%	0	78.23	0	26.2%	0
Dortmund	106.22	6	34.8%	20	22.41	11	7.3%	16
FC Barcelona	237.82	0	53.4%	10	70.50	0	15.8%	9
Frankfurt	35.60	18	42.2%	18	6.75	16	8.0%	15
Gladbach	45.52	16	52.2%	12	17.11	12	19.6%	5
Hannover	39.46	17	52.5%	11	5.46	17	7.3%	17
Hertha	26.55	20	69.3%	0	2.48	20	6.5%	18
Hoffenheim	47.83	14	67.5%	0	10.02	15	14.1%	10
HSV	62.99	11	54.0%	7	29.01	7	24.9%	1
Juve	169.04	3	63.7%	2	59.71	2	22.5%	3
Köln	26.81	19	47.1%	17	3.51	19	6.2%	19
Liverpool	152.77	4	63.5%	3	5.19	18	2.2%	20
Lyon	82.35	9	59.8%	5	39.21	5	28.5%	0
Manchester City	272.17	0	86.0%	0	101.18	0	32.0%	0
Manchester United	210.98	0	49.7%	13	57.83	3	13.6%	11
Porto	54.07	12	35.2%	19	27.24	8	17.7%	7
Real Madrid	246.00	0	47.5%	16	96.39	0	18.6%	6
Schalke	98.34	7	47.5%	15	26.01	9	12.6%	14
Tottenham	112.30	5	65.2%	1	44.73	4	26.0%	0

Abb. 6.33 Kennzahlen Ertragsanalyse Teil 2

von Real Madrid mit 36,90 Mio. € und dem FC Barcelona mit 32,49 Mio. €. Bei einer Bereinigung des GuV-Ergebnisses um Finanz- und Steuereffekte liegt Manchester United dennoch vor Dortmund und Real Madrid. Neben dem FC Barcelona muss Bayern München auch bei dieser Kennzahl den FC Porto vorbeiziehen lassen. Nach der Bereinigung des EBIT um Abschreibungsaufwendungen verschiebt sich das Führungsfeld geringfügig. Beim EBITDA gewinnt Real Madrid. Bayern München folgt auf Platz 4 nach Manchester United und dem FC Barcelona.

Für den Leser sicher kaum überraschend zeigt der **zweite Teil** der **Ertragsanalyse** (vgl. Abb. 6.33) zunächst, dass die europäischen Top-Klubs absolut betrachtet die höchsten Spielergehälter zahlen. Die Spitzengruppe kann dabei nochmals in drei Segmente unterteilt werden. Zum einen Bayern, Chelsea und Manchester United mit insgesamt jeweils etwas mehr als 200 Mio. € an Personalaufwendungen. Etwas abgesetzt von diesem Dreierfeld haben sich der FC Barcelona und Real Madrid mit ungefähr 240 Mio. € an Personalaufwendungen. Darüber „thront" (nüchterner betrachtet ist es der letzte Tabellenplatz) schließlich Manchester City, dessen Rekord-Personalaufwendungen in Höhe von mehr als 270 Mio. € vor dem Hintergrund des bislang konsequent erfolglosen Auftretens in der Champions League schon etwas verzweifelt anmuten. Der Spielerkader von Dortmund war mit etwa 106 Mio. € im Übrigen zwar nur etwa halb so teuer wie der Kader

der Bayern, aber immer noch viermal teurer als das Bundesligateam aus der deutschen Hauptstadt Berlin. Bei einer Betrachtung der Aufwendungen für Personal in Relation zu den Umsatzerlösen verbessert sich Real Madrid um 15 Plätze, Dortmund gewinnt diesen Vergleich und Manchester City verbleibt am Tabellenende. Auch bei den Abschreibungsaufwendungen ergibt sich ein ähnliches Bild, die kapitalkräftigen Großklubs (allen voran wieder Manchester City) leisten sich im buchhalterischen Wortsinn aufwändige Spiel- und Trainingsanlagen sowie Leistungszentren. Unter anderem mangels einer Spielstätte in Eigenbesitz sind die fixen Belastungen für planmäßige und außerplanmäßige Wertminderungen des Anlagevermögens bei den Berlinern am geringsten. Bei den Abschreibungsaufwendungen in Relation zu den Umsatzerlösen verändert sich das Ergebnis nicht grundlegend. Nach Abschluss des Stadionumbaus an der Anfield Road dürfte Liverpool seine führende Stellung in diesem Bereich wohl wieder verlieren (die Kosten für werterhöhende Umbauten werden zunächst aktiviert und dann im Zeitverlauf abgeschrieben). Auch wenn der FC Bayern die Allianz-Arena zwischenzeitlich „abbezahlt" hat (mit Hilfe einer Kapitalerhöhung anlässlich des Einstiegs der Allianz), werden entsprechende Abschreibungsaufwendungen wohl noch länger das GuV-Ergebnis belasten. Abschließend ist nochmals auf die Gefahr hinzuweisen, dass die hohen fixen Belastungen für Personal- und Abschreibungsaufwendungen insbesondere dann zum finanziellen Problem werden können, wenn in einer Saison keine sportlichen Erfolge gelingen und dadurch die Einnahmen zurückgehen.

Im **dritten Teil** der **Ertragsanalyse** (vgl. Abb. 6.34) übernimmt Dortmund zunächst die Führung. Das Ergebnis vor Steuern liegt mit 60 Mio. € klar vor dem spanischen Verfolgerduo und dem restlichen Teilnehmerfeld, das wiederum von den Bayern angeführt wird. Fußballklubs sollten auch steuerrechtlich eine Vorbildfunktion übernehmen und ihrer diesbezüglichen gesellschaftlichen Verantwortung nachkommen. Ohne Kappungsgrenze werden daher an die größten Steuerzahler FC Barcelona, Real Madrid, Dortmund und die Bayern auch die höchsten Punktwerte vergeben.

▶　　In Europa unterstützen Kommunen zum Teil ortsansässige Fußballklubs durch Steuererleichterungen, Steuerstundungen, Subventionen sowie durch nicht zu Marktpreisen abgewickelte Grundstücks- und Immobilientransaktionen. Weil die Finanzierung von Infrastruktur, die anschließend kommerziell genutzt wird, unter die europäische Beihilfekontrolle fällt, wurde im Dezember 2013 unter anderem gegen den FC Barcelona und Real Madrid wegen des **Verdachts von ungerechtfertigten Steuervorteilen und Beihilfen** ein EU-Strafverfahren eingeleitet (vgl. Europäische Kommission 2013).

Bezüglich des paradox anmutenden Steuerergebnisses von Manchester United wird verwiesen auf Abschn. 6.4.1. Bei der Interpretation der Punktevergabe bezüglich der Steuerquote sind zwei Einflussfaktoren zu beachten. Einerseits unterbleibt eine Berechnung, sofern das EBT negativ ist, weil dann das Ergebnis nicht zielführend interpretiert werden kann. Andererseits kann es bei einem geringen EBT vorkommen, dass der Einfluss von nicht erfolgsabhängigen Steuerarten (wie z. B. Grund- und Energiesteuern, diese wer-

Kennzahl	Ergebnis vor Steuern (in Mio. €)		Steuerergebnis (in Mio. €)		Steuerquote (in %)		EBITDA-Marge (in %)	
Fußballklub	Wert	Punkte	Wert	Punkte	Wert	Punkte	Wert	Punkte
Arsenal	7.77	14	-0.99	10	-12.8%	10	28.0%	14
AS Rom	-36.74	0	-3.20	14	-	0	-	0
Atletico Madrid	2.01	9	0.00	0	0.0%	7	40.0%	20
Bayern	22.53	17	-8.51	17	-37.8%	16	22.6%	10
Bremen	-8.83	3	0.23	0	-	0	4.0%	0
Celtic Glasgow	11.38	15	0.00	0	0.0%	8	27.2%	13
Chelsea	-59.27	0	1.49	0	-	0	6.3%	2
Dortmund	60.04	20	-8.84	18	-14.7%	11	28.7%	15
FC Barcelona	43.54	18	-11.05	20	-25.4%	14	26.6%	12
Frankfurt	2.50	10	-0.53	6	-21.3%	12	11.0%	4
Gladbach	1.09	8	-0.58	8	-52.8%	17	23.2%	11
Hannover	4.37	13	-1.60	11	-36.6%	15	16.6%	6
Hertha	-8.79	4	0.99	0	-	0	-	0
Hoffenheim	0.03	7	-0.16	5	-580.1%	20	-	0
HSV	-7.75	5	-0.70	9	-	0	10.3%	3
Juve	-10.91	1	-5.00	16	-	0	21.1%	8
Köln	-3.88	6	0.96	0	-	0	4.2%	1
Liverpool	-58.14	0	-0.07	4	-	0	-	0
Lyon	-16.62	0	-3.22	15	-	0	19.0%	7
Manchester City	-60.27	0	0.00	0	-	0	15.5%	5
Manchester United	-10.28	2	181.40	0	-	0	30.7%	17
Porto	20.90	16	-0.58	7	-2.8%	9	38.4%	19
Real Madrid	47.70	19	-10.80	19	-22.6%	13	29.4%	16
Schalke	2.60	11	-2.14	12	-82.4%	19	22.2%	9
Tottenham	4.30	12	-2.52	13	-58.5%	18	33.7%	18

Abb. 6.34 Kennzahlen Ertragsanalyse Teil 3

den ebenfalls im Steuerergebnis ausgewiesen) überproportional zunimmt und damit die Steuerquote deutlich ansteigt beziehungsweise wie im Fall von Hoffenheim sogar auf 580 % exponentiell anwächst. Mit der EBITDA-Marge erfolgt noch in diesem Analyseteil eine Betrachtung einer ersten Renditekennzahl. Von jedem umgesetzten Euro verbleiben bei Atletico Madrid, Porto und Tottenham die meisten Cent an Ergebnis vor Steuern, Zinsen und Abschreibungen. Sofern das EBITDA negativ ist, kann wie im Fall von beispielsweise AS Rom und Hertha BSC keine entsprechende Margenberechnung vorgenommen werden.

Die **Ertragsanalyse** endet im **vierten Teil** mit den vier zentralen Renditeparametern Eigenkapital-, Umsatz- und Gesamtkapitalrentabilität sowie EBIT-Marge (vgl. Abb. 6.35). Eine Berechnung wird jeweils nur durchgeführt, wenn der Jahresüberschuss und das Eigenkapital positiv sind (bei der Eigenkapitalrentabilität), der Jahresüberschuss positiv ist (bei der Umsatzrentabilität), das EBIT positiv ist (bei der EBIT-Marge) beziehungsweise der Jahresüberschuss positiv ist oder die Fremdkapitalzinsen in der Höhe einen negativen Jahresüberschuss ausgleichen (bei der Gesamtkapitalrentabilität). So musste immerhin in 14 von 25 Fällen mangels eines interpretierbaren Ergebnisses für die Eigenkapitalrentabilität und bei 11 Klubs mangels einer aussagefähigen EBIT-Marge auf die jeweilige Ermittlung verzichtet werden. Zur Interpretation des Ergebnisses des Siegers in drei von vier Kategorien (Manchester United) wird erneut verwiesen auf Abschn. 6.4.1. Die Ergebnisse

Kennzahl	Eigenkapital-rentabilität (in %)		Umsatz-rentabilität (in %)		Gesamtkapital-rentabilität (in %)		EBIT-Marge (in %)	
Fußballklub	Wert	Punkte	Wert	Punkte	Wert	Punkte	Wert	Punkte
Arsenal	2.0%	11	2.1%	11	2.6%	8	6.9%	10
AS Rom	-	0	-	0	-	0	-	0
Atletico Madrid	6.4%	14	1.9%	10	4.0%	10	16.5%	17
Bayern	5.6%	13	3.3%	13	4.3%	11	6.7%	9
Bremen	-	0	-	0	-	0	-	0
Celtic Glasgow	29.8%	16	12.8%	17	13.7%	17	13.8%	16
Chelsea	-	0	-	0	-	0	-	0
Dortmund	54.8%	19	16.8%	19	22.7%	19	21.3%	20
FC Barcelona	-	0	7.3%	16	8.6%	15	10.8%	15
Frankfurt	52.3%	18	2.3%	12	8.5%	14	3.0%	7
Gladbach	1.9%	10	0.6%	8	2.1%	7	3.6%	8
Hannover	29.9%	17	3.7%	14	11.5%	16	9.3%	12
Hertha	-	0	-	0	-	0	-	0
Hoffenheim	-	0	-	0	-	0	-	0
HSV	-	0	-	0	-	0	-	0
Juve	-	0	-	0	-	0	-	0
Köln	-	0	-	0	-	0	-	0
Liverpool	-	0	-	0	-	0	-	0
Lyon	-	0	-	0	-	0	-	0
Manchester City	-	0	-	0	-	0	-	0
Manchester United	62.3%	20	40.3%	20	23.1%	20	17.1%	18
Porto	-	0	13.2%	18	15.8%	18	20.7%	19
Real Madrid	13.4%	15	7.1%	15	5.6%	12	10.7%	14
Schalke	-	0	0.2%	7	6.6%	13	9.6%	13
Tottenham	2.0%	12	1.0%	9	3.5%	9	7.8%	11

Abb. 6.35 Kennzahlen Ertragsanalyse Teil 4

von Dortmund sind durchweg hervorragend. Bei Celtic Glasgow, Frankfurt und Hannover zeigen sich bei der Eigenkapitalrentabilität die Vorteile einer geringen Eigenkapitalbasis (sog. Leverage Effekt). Celtic Glasgow und Porto erzielen jeweils sehr gute Umsatz- und Gesamtkapitalrenditewerte. Bei Hannover ergibt sich ein guter Gesamtkapitalrenditewert, die EBIT-Margen von Atletico Madrid und Porto sind sehr gut. Während Real Madrid und der FC Barcelona in diesem Bewertungsbereich noch weitgehend Anschluss an die Spitzengruppe halten können, ist der FC Bayern hier lediglich Mittelmaß.

Im **ersten Teil** der **Analyse der sonstigen Kennzahlen** (vgl. Abb. 6.36) zeigt sich zunächst, dass Bayern München gemäß BrandFinanceFootball (2014) mit einem Wert von 668 Mio. € global die wertvollste Fußballmarke ist. Dahinter folgen Manchester United sowie Real Madrid. Sieben der analysierten 25 Fußballklubs werden nicht unter den weltweit 50 wertvollsten Fußballmarken geführt. Bayern verfügt mit etwa 251.000 auch über die höchste Anzahl an Mitgliedern. Mit deutlichem Abstand folgen hier der FC Barcelona, Arsenal und Schalke. Einschränkend ist darauf hinzuweisen, dass die Mitgliederzahlen nicht für alle Fußballklubs vorlagen. Hinsichtlich der Zuschauerkapazität ist das Camp Nou des FC Barcelona mit einem Fassungsvermögen von fast 100.000 Fans das mit Abstand größte Stadion. Dahinter folgen das Estadio Santiago Bernabéu von Real Madrid sowie der Dortmunder Signal Iduna Park. Bayern München wird sich nach Abschluss

Kennzahl	Markenwert (in Mio. €)		Vereinsmitglieder (Anzahl)		Stadiongröße (Gesamtkapazität)		Auslastung Stadion (in %)	
Fußballklub	Wert	Punkte	Wert	Punkte	Wert	Punkte	Wert	Punkte
Arsenal	319.00	15	130.000	18	60.335	11	99.6%	17
AS Rom	64.00	6	-	0	73.261	15	54.5%	0
Atletico Madrid	52.00	4	72.484	13	54.851	9	81.8%	4
Bayern	668.00	20	251.315	20	71.137	14	99.8%	19
Bremen	62.00	5	40.400	9	42.100	1	96.7%	11
Celtic Glasgow	43.00	3	-	0	60.832	12	76.8%	1
Chelsea	325.00	16	30.000	7	41.837	0	99.1%	15
Dortmund	202.00	12	115.000	16	80.667	18	99.9%	20
FC Barcelona	444.00	17	169.000	19	99.354	20	72.1%	0
Frankfurt	-	2	29.500	6	51.500	7	93.5%	9
Gladbach	-	0	60.765	10	54.010	8	91.8%	7
Hannover	-	0	20.000	5	49.000	4	90.9%	6
Hertha	-	0	32.400	8	74.244	16	53.9%	0
Hoffenheim	-	0	6.000	4	30.150	0	86.8%	5
HSV	112.00	8	71.808	12	57.000	10	92.8%	8
Juve	140.00	9	-	0	41.000	0	94.4%	10
Köln	-	0	68.290	11	49.968	5	81.6%	3
Liverpool	280.00	14	-	0	45.276	2	98.8%	14
Lyon	78.00	7	-	0	41.842	0	76.7%	0
Manchester City	257.00	13	-	0	47.805	3	98.3%	12
Manchester United	650.00	19	-	0	75.811	17	99.6%	18
Porto	-	1	103.300	15	50.399	6	60.1%	0
Real Madrid	482.00	18	93.267	14	85.454	19	80.2%	2
Schalke	201.00	11	125.000	17	61.973	13	98.7%	13
Tottenham	170.00	10	-	0	36.240	0	99.5%	16

Abb. 6.36 Sonstige Kennzahlen Teil 1

der geplanten Stadionkapazitätserweiterung national auf den zweiten Platz verbessern. Während Heimspiele von Dortmund, Bayern, Manchester United, Arsenal, Tottenham und Chelsea bei nationalen Meisterschaftsspielen de facto eigentlich immer restlos ausverkauft sind, haben Spontanbesucher in Berlin, Rom und Porto durchaus realistische Chancen, noch eine Eintrittskarte erwerben zu können.

Wie der **zweite Teil** der **Analyse der sonstigen Kennzahlen** (vgl. Abb. 6.37) zeigt, entfällt auf die vier umsatzstärksten Fußballklubs Real Madrid, FC Barcelona, Manchester United und Bayern München ein Marktanteil von zusammen 35 %. Die zehn umsatzschwächsten Klubs (wohlgemerkt in diesem stark besetzten 25er Teilnehmerfeld) erreichen zusammen lediglich einen Marktanteil von knapp 16 %. Im Hinblick auf die Marktwerte der Spielerkader nehmen der FC Barcelona und Real Madrid die Spitzenpositionen ein. Dahinter folgen mit deutlichem Abstand die drei englischen Klubs Manchester City, Manchester United und Chelsea sowie Bayern München. Hinsichtlich der Anzahl an gewonnenen Champions League- bzw. Europapokal der Landesmeister-Finalspielen dominiert Real Madrid mit inzwischen 10 Titeln („La Decima"). Dahinter folgen Bayern München und Liverpool mit jeweils 5 sowie der FC Barcelona mit 4 Titeln. Auch bei der globalen Markenpräsenz gemessen in Facebook-Likes dominieren Real Madrid und der FC Barcelona das Teilnehmerfeld.

Kennzahl	Marktanteil (in %)		Marktwert Spielerkader (in Mio. €)		Gewinn Champions League (Anzahl)		Facebook-Likes (Anzahl in Tausend)	
Fußballklub	Wert	Punkte	Wert	Punkte	Wert	Punkte	Wert	Punkte
Arsenal	6.4%	16	293.75	13	0	0	31.746	16
AS Rom	2.4%	6	135.90	5	0	0	4.267	8
Atletico Madrid	2.1%	4	177.50	8	0	0	9.861	10
Bayern	8.2%	17	407.30	15	5	19	26.010	15
Bremen	1.8%	3	79.20	0	0	0	829	3
Celtic Glasgow	1.7%	2	57.78	0	1	13	1.275	4
Chelsea	5.8%	13	408.50	16	1	13	40.101	17
Dortmund	5.9%	14	227.68	10	1	13	11.844	11
FC Barcelona	8.6%	19	621.00	20	4	17	81.447	20
Frankfurt	1.6%	0	51.20	0	0	0	402	0
Gladbach	1.7%	1	81.00	1	0	0	728	1
Hannover	1.5%	0	88.00	3	0	0	318	0
Hertha	0.7%	0	38.58	0	0	0	309	0
Hoffenheim	1.4%	0	85.03	2	0	0	154	0
HSV	2.3%	5	110.60	4	1	13	811	2
Juve	5.1%	12	291.18	12	2	15	15.865	12
Köln	1.1%	0	28.03	0	0	0	651	0
Liverpool	4.7%	11	275.45	11	5	19	24.766	14
Lyon	2.7%	7	155.90	6	0	0	1.820	5
Manchester City	6.1%	15	510.15	18	0	0	17.791	13
Manchester United	8.2%	18	444.50	17	3	16	63.611	18
Porto	3.0%	8	201.45	9	2	15	2.598	7
Real Madrid	10.0%	20	593.50	19	10	20	80.262	19
Schalke	4.0%	10	171.00	7	0	0	2.457	6
Tottenham	3.3%	9	309.53	14	0	0	6.036	9

Abb. 6.37 Sonstige Kennzahlen Teil 2

6.3.2.2 Vorjahresvergleichsanalyse

Nach Durchführung und Aufbereitung der Analyse der Jahresabschlussergebnisse der Spielperiode 2012/2013 wird nun die Entwicklungsdynamik durch einen Vergleich der Spielperiode 2012/2013 mit der Vorsaison 2011/2012 begutachtet.

Von den in Abschn. 6.3.2.1 untersuchten 40 Kennzahlen konnten an dieser Stelle noch 24 Kennzahlen berücksichtigt werden, insgesamt 16 Kennzahlen mussten außerhalb der Entwicklungsbetrachtung bleiben.

- Bei den folgenden sechs Kennzahlen wurden nur aktuelle und keine historischen Daten erhoben: Anzahl der Vereinsmitglieder, Gesamtkapazität Stadion, Auslastung Stadion, Marktwert Spielerkader, Anzahl der Gewinne der Champions League sowie Anzahl der Facebook-Likes.
- Bei den folgenden sechs Kennzahlen fehlte eine Erhebung der zur Änderungsberechnung erforderlichen Daten aus dem Vorvorjahr: Cashflow, dynamischer Verschuldungsgrad, Kapitalumschlag, Eigenkapitalrentabilität, Gesamtkapitalrentabilität sowie CFROI.
- Bei den folgenden vier Kennzahlen Finanzergebnis, Steuerquote, EBIT-Marge und EBITDA-Marge wurden die systemischen Auswertungsfehler (vgl. spätere Anmerkun-

Kennzahl	Cash-Bestand (Δ in %)		Cash-Intensität (Δ in %)		Liquiditätsgrad 1 (Δ in %)		Liquiditätsgrad 3 (Δ in %)	
Fußballklub	Wert	Punkte	Wert	Punkte	Wert	Punkte	Wert	Punkte
Arsenal	-0.1%	4	-3.0%	6	-3.3%	5	2.6%	9
AS Rom	-61.6%	0	-58.4%	0	-71.5%	0	-41.5%	0
Atletico Madrid	53.0%	11	51.4%	12	28.1%	7	0.3%	7
Bayern	-0.3%	3	-5.2%	5	-8.6%	4	-5.1%	5
Bremen	-70.3%	0	-66.9%	0	-72.7%	0	-51.4%	0
Celtic Glasgow	75.0%	13	61.9%	14	108.1%	16	55.2%	16
Chelsea	53.7%	12	45.6%	11	49.5%	10	44.3%	14
Dortmund	137.8%	16	95.6%	16	98.0%	15	98.2%	19
FC Barcelona	92.5%	14	72.6%	15	57.4%	14	17.4%	11
Frankfurt	27.9%	7	-10.2%	3	-16.4%	3	26.2%	13
Gladbach	-20.7%	2	-16.9%	2	-20.6%	2	-20.6%	0
Hannover	92.7%	15	51.8%	13	57.1%	13	-8.6%	4
Hertha	237.4%	18	245.3%	19	124.3%	17	-9.8%	3
Hoffenheim	-36.2%	1	-33.0%	1	-40.6%	1	-18.8%	0
HSV	26.3%	6	25.4%	8	53.0%	12	-2.5%	6
Juve	171.9%	17	162.3%	17	132.9%	18	1.3%	8
Köln	262.2%	19	227.8%	18	385.6%	19	105.6%	20
Liverpool	-37.6%	0	-39.2%	0	-61.1%	0	-42.1%	0
Lyon	-37.0%	0	-40.9%	0	-56.3%	0	-15.1%	1
Manchester City	11.5%	5	-6.3%	4	6.9%	6	96.1%	17
Manchester United	33.8%	8	13.3%	7	29.0%	8	97.7%	18
Porto	829.7%	20	759.8%	20	917.0%	20	52.5%	15
Real Madrid	37.4%	9	39.4%	10	50.4%	11	5.9%	10
Schalke	42.9%	10	34.7%	9	33.3%	9	25.2%	12
Tottenham	-79.6%	0	-78.9%	0	-78.6%	0	-14.8%	2

Abb. 6.38 Kennzahlen Entwicklungsdynamik Teil 1

gen und Beispiele) nicht mehr manuell bereinigt und blieben daher von einer Bewertung ausgenommen.

Die 20 Kennzahlen, die zwar weitgehend ermittelt, aber nicht für die Geschäftsjahresanalyse ausgewählt wurden (u. a. Anlagenintensität, Spielerwertquote, Cashflow-Marge, RONA und ROCE), wurden auch nicht im Rahmen der Vorjahresvergleichsanalyse untersucht.

Hinsichtlich der Interpretationen ist bei den einzelnen Kennzahlen zur Entwicklungsdynamik – wie generell bei prozentualen Änderungsgrößen – **zu beachten, dass sich ausgehend von einer geringen Basis sehr schnell sehr hohe Änderungsraten ergeben können**. So erhält beispielsweise Hertha für die Veränderung des Bestandes an Liquiden Mitteln 18 Punkte für die mathematisch korrekt ermittelte Steigerung um 237,4 %, obwohl der Cashbestand lediglich von 0,157 auf 0,530 Mio. € angewachsen ist (vgl. Abb. 6.38). Über die Bewertung von Änderungen der Cash-Intensität und der Liquiditätsgrade könnte an dieser Stelle durchaus ein grundsätzlicher Diskurs geführt werden. Unter Beachtung der Zielsetzung der Untersuchung als Einstieg in die Bilanz- bzw. Jahresabschlussanalyse wird darauf ebenso wie auf eine detaillierte Beschreibung der Auswertungsergebnisse verzichtet. Mit Blick auf die Spitzengruppe der Geschäftsjahresanalyse wird zusammenfas-

Kennzahl	Eigenkapitalquote (Δ in %)		Statischer Verschuldungsgrad (Δ in %)		Netto- Verschuldungsgrad (Δ in %)		Working Capital (Δ in %)	
Fußballklub	Wert	Punkte	Wert	Punkte	Wert	Punkte	Wert	Punkte
Arsenal	-1.0%	6	1.6%	9	3.4%	8	9.6%	
AS Rom	-	0	-	0	-	0	103.7%	
Atletico Madrid	5.2%	9	-5.3%	11	-5.4%	11	19.2%	
Bayern	-1.6%	5	3.2%	8	8.6%	7	-17.3%	
Bremen	-24.6%	3	63.8%	5	163.2%	4	-179.0%	
Celtic Glasgow	20.5%	16	-29.8%	18	-44.7%	19	-70.9%	
Chelsea	7.6%	13	-16.7%	15	-21.7%	13	-38.0%	
Dortmund	23.7%	17	-30.7%	19	-33.9%	16	-194.8%	
FC Barcelona	162.2%	20	-	0	-	0	12.8%	
Frankfurt	6.9%	12	-7.6%	13	-3.5%	10	-16.0%	
Gladbach	6.8%	11	-8.0%	14	-6.9%	12	29.6%	
Hannover	2.4%	8	-3.7%	10	-41.2%	17	-0.6%	
Hertha	-	0	-	0	-	0	52.7%	
Hoffenheim	-4.5%	4	44.8%	6	-41.4%	18	-15.1%	
HSV	-	0	-	0	-	0	-16.5%	
Juve	-27.4%	2	44.4%	7	44.0%	6	15.6%	
Köln	-	0	-	1	-	0	-232.4%	
Liverpool	-	0	-	0	-	0	134.2%	
Lyon	-30.4%	1	70.5%	4	87.1%	5	849.0%	
Manchester City	12.1%	14	-26.8%	17	-27.5%	14	-236.9%	
Manchester United	61.4%	18	-50.6%	20	-52.9%	20	-193.4%	
Porto	160.3%	19	-	2	-	0	-87.4%	
Real Madrid	15.0%	15	-19.1%	16	-28.7%	15	-20.3%	
Schalke	0.6%	7	-	3	-	0	-2.4%	
Tottenham	5.5%	10	-7.1%	12	-1.1%	9	1.8%	

(rechte Spalte vertikal: Vergleiche Anmerkungen)

Abb. 6.39 Kennzahlen Entwicklungsdynamik Teil 2

send für den **ersten Teil** angemerkt, dass Dortmund seine **Liquiditätssituation** sehr deutlich steigern konnte. Während Real Madrid und Manchester United im ersten Teilbereich auch zahlreiche Punkte sammeln konnten, fällt Bayern hier zurück.

Im **zweiten Teil** steht die Veränderung der **Eigenkapital- und Verschuldungssituation** im Blickpunkt (vgl. Abb. 6.39). Dortmund konnte auch hier seine Führungsposition weitgehend stärken aufgrund einer deutlichen Erhöhung der Eigenkapitalquote sowie einer erheblichen Reduzierung der Verschuldung. Lediglich Manchester United erreicht hier ein noch besseres Ergebnis. Während die Werte von Real Madrid ebenfalls gut sind, kommt Bayern nicht über eine unterdurchschnittliche Bewertung hinaus. Die **Veränderung** des **Working Capital** dient hier als weiteres **Lehrbeispiel für die mit Excel-Standardauswertungen verbundenen Interpretationsgefahren**. Während das Working Capital bei Dortmund im Vorjahr noch negativ war, konnte es im Geschäftsjahr 2012/2013 in den positiven Bereich verbessert werden. Basierend auf dem negativen Ausgangsvorzeichen ergibt sich gemäß Excel-Berechnung ein Delta von −195 %, also ein höchst negativer Wert, obwohl das Ergebnis eigentlich sehr positiv ist. Gerade bei dieser Kennzahl ergeben sich zudem weitere, generelle Interpretationsprobleme und daher wird diese Kennzahl von einer Bewertung ausgenommen. Als Nachtrag und **weiterer Tipp bei eigenen Auswertungen des Lesers** wird darauf hingewiesen, dass sich das Eigenkapital von Köln, Hertha,

Kennzahl	Immaterielle Vermögensquote (Δ in %)		Anlagendeckungsgrad 1 (Δ in %)		Anlagendeckungsgrad 2 (Δ in %)		Markenwert (Δ in %)	
Fußballklub	Wert	Punkte	Wert	Punkte	Wert	Punkte	Wert	Punkte
Arsenal	11.6%	4	-1.0%	9	0.7%	9	4.6%	14
AS Rom	3.7%	8	-	0	-	0	-3.0%	8
Atletico Madrid	-24.0%	16	5.2%	11	-16.1%	3	33.3%	20
Bayern	36.0%	0	-1.6%	8	-3.5%	7	8.3%	15
Bremen	77.0%	0	-24.6%	6	-48.0%	0	17.0%	19
Celtic Glasgow	23.6%	3	20.5%	18	16.8%	13	-14.0%	4
Chelsea	-7.9%	12	7.6%	15	9.4%	12	4.2%	13
Dortmund	-9.2%	13	23.7%	19	23.0%	17	13.5%	18
FC Barcelona	11.0%	5	-	0	-23.4%	1	-2.6%	11
Frankfurt	-21.8%	15	6.9%	14	18.6%	14	-	0
Gladbach	1.9%	9	6.8%	13	-0.4%	8	-	0
Hannover	39.3%	0	2.4%	10	-16.6%	2	-	0
Hertha	5.4%	7	-	0	-63.7%	0	-	0
Hoffenheim	67.5%	0	-4.5%	7	-39.4%	0	-	0
HSV	24.0%	2	-	0	18.9%	15	-7.4%	5
Juve	-2.6%	10	-27.4%	5	-12.9%	5	11.1%	17
Köln	-52.6%	20	-	0	216.4%	20	-	0
Liverpool	5.5%	6	-	0	-58.7%	0	-2.8%	10
Lyon	-51.7%	19	-30.4%	4	-14.7%	4	-17.0%	3
Manchester City	-30.8%	18	12.1%	16	24.1%	18	8.4%	16
Manchester United	-14.1%	14	61.4%	20	20.9%	16	-3.0%	9
Porto	-28.8%	17	-	0	130.6%	19	-	0
Real Madrid	-4.5%	11	15.0%	17	3.8%	10	2.3%	12
Schalke	24.4%	1	-	0	8.6%	11	-3.8%	7
Tottenham	30.6%	0	5.5%	12	-3.5%	6	-4.0%	6

Abb. 6.40 Kennzahlen Entwicklungsdynamik Teil 3

Rom und des HSV verschlechtert hat und jetzt jeweils noch negativer ist. Das Eigenkapital von Liverpool war zuvor positiv und ist jetzt negativ. In diesen fünf Fällen ist von einer Ermittlung der Eigenkapitaländerung abzusehen. Im Fall von Schalke hat sich die negative Ausprägung des Eigenkapitals reduziert und damit verbessert. Dies ist bei der Berechnung ebenso gesondert zu berücksichtigen wie die zuvor negativen Eigenkapitalwerte von Porto und Barcelona, die jetzt jeweils positiv sind. **Ohne manuellen Eingriff in die systemische Standardberechnung wären die höchst erfreulichen Eigenkapitalentwicklungen von Porto und Barcelona ohne Punktbewertung geblieben.** Eine Ermittlung der Veränderung der Verschuldungswerte bliebe bei Schalke, Porto und Barcelona jedoch auch bei einem manuellen Eingriff ohne Aussagekraft, daher unterbleiben entsprechende Berechnungen.

Im **dritten Teil** werden die Änderungen von **Vermögens- und Finanzierungskennzahlen** betrachtet (vgl. Abb. 6.40). Während Dortmund, Manchester United und selbst Real Madrid die immaterielle Vermögensquote reduzieren konnten (den Bestwert erzielt hier Köln), haben bei Bayern die Zugangswerte an ablöse- und damit aktivierungspflichtigen Spielerkäufen die entsprechenden Abschreibungen deutlich übertroffen. Auch bei den anderen Kennzahlen, der Entwicklung des Markenwerts sowie der Anlagendeckungsgrade 1 und 2 erzielen Dortmund und durchaus auch die beiden anderen Spitzenteams

Kennzahl	Umsatzerlöse (Δ in %)		Jahresüberschuss (Δ in %)		EBIT (Δ in %)		EBITDA (Δ in %)	
Fußballklub	Wert	Punkte	Wert	Punkte	Wert	Punkte	Wert	Punkte
Arsenal	15.2%	13	-80.4%	8	-60.8%	8	-23.7%	5
AS Rom	7.5%	10	-	0	-	0	-	0
Atletico Madrid	5.6%	9	206.3%	18	23.6%	12	1.1%	8
Bayern	19.2%	15	26.8%	11	-2.4%	11	11.1%	9
Bremen	-4.7%	1	-	0	-	0	377.0%	16
Celtic Glasgow	47.7%	19	232.1%	19	258.6%	19	705.1%	18
Chelsea	0.0%	3	-	0	-	0	-73.5%	1
Dortmund	41.7%	17	86.0%	13	57.3%	15	45.9%	12
FC Barcelona	1.5%	6	-33.4%	10	-10.7%	10	-5.8%	6
Frankfurt	43.7%	18	133.3%	15	151.9%	17	15951.4%	20
Gladbach	-26.4%	0	-96.6%	7	-88.0%	7	-48.9%	2
Hannover	-3.6%	2	-55.8%	9	-48.4%	9	-32.4%	4
Hertha	-41.7%	0	-	0	-	0	-	0
Hoffenheim	-16.9%	0	-	0	-	0	-	0
HSV	1.1%	4	-	0	-	0	-39.8%	3
Juve	36.7%	16	-	0	-	0	212.1%	15
Köln	-29.1%	0	-	0	-	0	-74.7%	0
Liverpool	1.6%	7	-	0	-	0	-	0
Lyon	-6.4%	0	-	0	-	0	106.5%	14
Manchester City	17.2%	14	-	0	-	0	1194.9%	19
Manchester United	13.4%	12	528.1%	20	38.2%	14	23.0%	11
Porto	53.2%	20	156.6%	17	220.2%	18	448.8%	17
Real Madrid	1.2%	5	52.4%	12	26.7%	13	-3.3%	7
Schalke	8.4%	11	105.1%	14	126.5%	16	12.5%	10
Tottenham	2.2%	8	135.7%	16	814.1%	20	73.2%	13

Abb. 6.41 Kennzahlen Entwicklungsdynamik Teil 4

Real Madrid und Manchester United relativ hohe Punkte. Mit Ausnahme des Markenwerts kann den Bayern auch hier keine gute Entwicklung bescheinigt werden. Bei einem negativen Anlagendeckungsgradwert 1 wird auf die Ermittlung einer Entwicklung verzichtet. Beim AS Rom ist selbst der Anlagendeckungsgradwert 2 negativ und daher wäre eine Entwicklungsberechnung ohne Interpretationsgehalt.

Die Veränderungsraten der primären Kennzahlen der **Gewinn- und Verlustrechnung** werden in **Teil 4** analysiert (vgl. Abb. 6.41). Die höchste Steigerung seiner Umsatzerlöse konnte Porto verzeichnen. Bei der Jahresüberschussentwicklung dominiert Manchester United aufgrund von steuerlichen Sondereffekten. Ein Blick in die ursprünglich ermittelte extrem hohe EBIT-Entwicklung bei Hoffenheim offenbarte wiederholt die Problematik einer systemisch durchgeführten Auswertung. Das EBIT hat sich von −323 T€ (2011/2012) auf −13.607 T€ und damit um 13.284 T€ verschlechtert. Dieses negative Delta in Relation zum negativen Ausgangswert liefert plötzlich – leider mathematisch prinzipiell korrekt – das inhaltlich falsche Ergebnis von knapp + 4113 %. Wenigstens der Spitzenwert von Frankfurt mit annähernd + 16000 % bei der EBITDA-Entwicklung ist auch inhaltlich korrekt, wenngleich dieser Wert auf den Umstand zurückzuführen ist, dass im Vorjahr ein Ausgangswert nahe Null gegeben war. Folgende Auswertungskorrekturen wurden daher vorgenommen:

- Wenn die Höhe eines Jahresfehlbetrags zwar verringert werden konnte (eine positive Entwicklung), aber immer noch ein Jahresfehlbetrag und kein Jahresüberschuss erzielt wurde (damit kann auch die Entwicklung letztlich nicht positiv sein), wurde auf eine Bewertung verzichtet. Dies betraf Bremen, Lyon, Juventus Turin, AS Rom und Manchester City. Analog wurde auch beim EBIT (bzw. beim EBITDA) vorgegangen, wovon dieselben fünf Klubs (bzw. nur der AS Rom) betroffen waren.
- Wenn im Vorjahr noch ein Jahresüberschuss ausgewiesen wurde und im aktuellen Jahr ein Jahresfehlbetrag erwirtschaftet wurde, so ist dies eine extrem negative Entwicklung. Auf eine Entwicklungsbewertung wurde daher bei Chelsea, Köln, Hertha und Hoffenheim verzichtet. Von der analogen Vorgehensweise beim EBIT (bzw. beim EBITDA) waren Chelsea und Köln (bzw. Hoffenheim) betroffen.
- Beim HSV und bei Liverpool hat sich das negative Jahresergebnis noch weiter verschlechtert. Weil dies Excel als positive Entwicklung fehlinterpretiert, wurde dieses Ergebnis ebenfalls bereinigt. Von der analogen Vorgehensweise beim EBIT (bzw. beim EBITDA) waren Hertha, Liverpool, Hoffenheim und der HSV (bzw. Hertha und Liverpool) betroffen.
- Wenn im Vorjahr noch ein Jahresfehlbetrag ausgewiesen werden musste und im aktuellen Jahr der Turnaround zu einem Jahresüberschuss gelang, dann ist dies eine extrem positive Entwicklung. Weil eine systemische Auswertung dies leider nicht erkennt, sondern sogar Gegenteiliges behauptet, musste auch hier manuell korrigiert werden. Dies betraf Schalke, Porto, Frankfurt, Tottenham und Celtic. Von der analogen Vorgehensweise beim EBIT (bzw. beim EBITDA) waren in positiver Weise Porto, Frankfurt, Tottenham und Celtic (bzw. Manchester City) betroffen.

Bei den im **Teil 5** betrachteten **Personal- und Abschreibungsaufwandsentwicklungen** finden sich die Bayern im unteren Tabellendrittel wieder (vgl. Abb. 6.42). Solange gerade die Umsatzerlöse durch sportliche Erfolge hoch sind, ergibt sich durch diesen Krisenfrühindikator wirtschaftlich noch keine Herausforderung. Auch der Gesamtsieger Dortmund offenbart hier den naheliegenden Zusammenhang, dass sportliche Erfolge auch Aufwandsanpassungen nach oben bedingen. Vom Spitzenquartett gelingt es lediglich Real Madrid, sich bei den Abschreibungsaufwendungen im vorderen Bereich zu platzieren. Die getätigten Spielerkäufe der Vergangenheit haben sich offenbar zunehmend amortisiert und bedingen einen Rückgang der Erfolgsbelastung in diesem Bewertungsbereich.

Im **Teil 6** stehen **steuerliche sowie Marktanteils- und Umsatzrendite-Überlegungen** im Vordergrund (vgl. Abb. 6.43). Den höchsten Marktanteilsgewinn konnten mit Porto und Celtic Glasgow zwei Außenseiter erzielen. Der rein rechnerische Sieger des Zuwachses beim Steuerergebnis (Hoffenheim) bleibt dies auch inhaltlich, wenngleich dies nicht einfach zu verstehen ist und auch hier zunächst ein Auswertungsfehler vermutet werden könnte. Das Steuerergebnis hat sich von -9 auf -160 und damit um -151 verändert. Diese Änderung in Relation zum ursprünglichen Wert ergibt ein Ergebnis von $+1679\%$. Die Minus-durch-Minus-Falle trifft hier jedoch nicht zu, weil annahmegemäß aus volkswirtschaftlicher Perspektive angestrebt wird, dass Fußballklubs Steuern zahlen und damit

Kennzahl	Personalaufwand (Δ in %)		Personal-aufwandsquote (Δ in %)		Abschreibungs-aufwand (Δ in %)		Abschreibungs-aufwandsquote (Δ in %)	
Fußballklub	Wert	Punkte	Wert	Punkte	Wert	Punkte	Wert	Punkte
Arsenal	7.7%	6	-6.5%	11	10.8%	5	-3.8%	8
AS Rom	-8.4%	15	-14.7%	16	4.2%	7	-3.0%	6
Atletico Madrid	-13.1%	17	-17.7%	17	-10.3%	13	-15.1%	0
Bayern	22.3%	0	2.6%	3	17.9%	1	-1.0%	5
Bremen	-11.1%	16	-6.6%	12	-17.4%	16	-13.2%	11
Celtic Glasgow	20.3%	0	-18.6%	18	11.7%	4	-24.3%	16
Chelsea	3.5%	9	3.5%	2	12.5%	2	12.5%	2
Dortmund	32.9%	0	-6.2%	10	20.6%	0	-14.9%	13
FC Barcelona	1.9%	12	0.4%	5	-2.1%	10	-3.6%	7
Frankfurt	36.4%	0	-5.1%	9	34.9%	0	-6.1%	10
Gladbach	2.7%	11	39.6%	0	24.9%	0	69.8%	0
Hannover	14.6%	1	18.9%	0	11.9%	3	16.0%	1
Hertha	-17.3%	19	41.7%	0	-14.9%	14	45.9%	0
Hoffenheim	9.7%	3	32.1%	0	-28.3%	19	-13.7%	12
HSV	3.3%	10	2.1%	4	34.3%	0	32.8%	0
Juve	8.1%	5	-20.9%	19	1.0%	9	-26.1%	18
Köln	-33.9%	20	-6.8%	13	-60.3%	20	-44.1%	19
Liverpool	-0.2%	13	-1.8%	8	3.3%	8	1.6%	3
Lyon	-17.0%	18	-11.2%	15	-6.5%	12	-0.1%	4
Manchester City	15.5%	0	-1.5%	6	-3.3%	11	-17.5%	15
Manchester United	11.6%	2	-1.5%	7	8.2%	6	-4.6%	9
Porto	9.0%	4	-28.9%	20	-26.8%	18	-52.2%	20
Real Madrid	5.2%	8	4.0%	1	-14.9%	15	-15.9%	14
Schalke	-0.2%	14	-7.9%	14	-18.7%	17	-25.1%	17
Tottenham	6.5%	7	4.2%	0	26.2%	0	23.5%	0

Abb. 6.42 Kennzahlen Entwicklungsdynamik Teil 5

ihrer gesellschaftlichen Verantwortung nachkommen. Eine Steuervermeidung als anzustrebendes Unternehmensziel wird geächtet. Fußballklubs, die keine Steuern zahlen, können daher keine Bewertungspunkte erhalten. Bei Liverpool und beim FC Barcelona wurde ausgehend von einem Nullwert des Vorjahres (eine Division zur Entwicklungsberechnung ist dann nicht zulässig) manuell ein Änderungswert von 1000 % angesetzt. Die höchste Steigerung des Vorsteuerergebnisses konnte Celtic Glasgow verzeichnen. Folgende Auswertungskorrekturen wurden dabei vorgenommen:

- Wenn die Höhe eines negativen EBT zwar verringert werden konnte (eine positive Entwicklung), aber immer noch kein positives EBT erzielt werden konnte (damit kann auch die Entwicklung letztlich nicht positiv sein), wurde auf eine Bewertung verzichtet. Dies betraf Bremen, Lyon, Juventus Turin, AS Rom und Manchester City.
- Wenn im Vorjahr noch ein positives EBT ausgewiesen wurde und im aktuellen Jahr ein negatives EBT erwirtschaftet wurde, so ist dies eine extrem negative Entwicklung. Auf eine Entwicklungsbewertung wurde daher bei Chelsea, Köln und der Hertha verzichtet.
- Beim HSV, bei Liverpool und bei Manchester United hat sich das negative EBT noch weiter verschlechtert. Weil dies Excel als positive Entwicklung fehlinterpretiert, wurde dieses Ergebnis ebenfalls bereinigt.

Kennzahl	Ergebnis vor Steuern (Δ in %)		Steuerergebnis (Δ in %)		Marktanteil (Δ in %)		Umsatz-rentabilität (Δ in %)	
Fußballklub	Wert	Punkte	Wert	Punkte	Wert	Punkte	Wert	Punkte
Arsenal	-81.8%	8	-87.9%	5	5.2%	13	-83.0%	8
AS Rom	-	0	-6.1%	9	-1.9%	10	-	0
Atletico Madrid	206.3%	19	-	0	-2.9%	9	190.0%	14
Bayern	20.5%	12	11.3%	12	8.8%	15	6.4%	11
Bremen	-	0	-	0	-13.1%	1	-	0
Celtic Glasgow	232.1%	20	-	0	34.8%	19	2700.0%	19
Chelsea	-	0	-	0	-8.7%	3	-	0
Dortmund	64.1%	14	-2.4%	10	29.4%	17	31.2%	12
FC Barcelona	-10.7%	10	1000.0%	18	-6.7%	8	-34.4%	10
Frankfurt	149.4%	16	-37.7%	7	31.2%	18	1200.0%	18
Gladbach	-95.3%	7	-93.0%	4	-32.8%	0	-95.4%	7
Hannover	-47.6%	9	-22.5%	8	-12.0%	2	-54.2%	9
Hertha	-	0	-	0	-46.7%	0	-	0
Hoffenheim	2.2%	11	1678.6%	20	-24.2%	0	-	0
HSV	-	0	-0.6%	11	-7.7%	4	-	0
Juve	-	0	82.6%	14	24.7%	16	-	0
Köln	-	0	-	0	-35.3%	0	-	0
Liverpool	-	0	1000.0%	19	-7.2%	6	-	0
Lyon	-	0	177.4%	16	-14.6%	0	-	0
Manchester City	-	0	-	0	7.0%	14	-	0
Manchester United	-	0	-	0	3.5%	12	453.9%	16
Porto	160.2%	18	-51.3%	6	39.9%	20	4900.0%	20
Real Madrid	47.8%	13	34.1%	13	-7.7%	5	50.7%	13
Schalke	130.8%	15	315.8%	17	-1.0%	11	500.0%	17
Tottenham	150.4%	17	171.3%	15	-6.7%	7	400.0%	15

Abb. 6.43 Kennzahlen Entwicklungsdynamik Teil 6

- Wenn im Vorjahr noch ein negatives EBT ausgewiesen werden musste und im aktuellen Jahr der Turnaround zu einem positiven EBT gelang, dann ist dies eine extrem positive Entwicklung. Weil eine systemische Auswertung dies leider nicht erkennt, sondern sogar Gegenteiliges behauptet, musste auch hier manuell korrigiert werden. Dies betraf Schalke, Porto, Frankfurt, Tottenham und Celtic.

Bei der Bewertung der Änderung der Umsatzrentabilität wurde wie folgt vorgegangen:

- Bei einem negativen Jahresergebnis im aktuellen Geschäftsjahr kann keine aussagekräftige Bewertung vorgenommen werden, daher ist in diesen (hier insgesamt 11) Fällen von einer Ermittlung dieser Kennzahl abzusehen.
- Wenn im Vorjahr noch ein Jahresfehlbetrag ausgewiesen wurde und im aktuellen Geschäftsjahr ein Jahresüberschuss erzielt werden konnte, so ist dies eine sehr erfreuliche Entwicklung. Um dies auch bei der Änderung der Umsatzrentabilität angemessen berücksichtigen zu können (systemisch war dies nicht möglich), wurde eine manuelle Anpassung vorgenommen. Die ermittelte betragsmäßige Renditeänderung in Prozentpunkten (PP) wurde mit dem willkürlich festgelegten Faktor 1 PP gleich 100 % umgerechnet. So hatte Porto als letztlicher Sieger in dieser Bewertungskategorie im Vorjahr

noch eine Umsatzrendite von − 36 %, die im aktuellen Geschäftsjahr auf + 13 % und damit um 49 Prozentpunkte bzw. dann fiktiv umgerechnet um 4900 % gesteigert werden konnte.

Weil die Änderungen der Kennzahlen Finanzergebnis, Steuerquote, EBIT-Marge und EBITDA-Marge nicht mehr um systemische Auswertungsfehler bereinigt und damit konsequenterweise nicht in die Bewertung einbezogen wurden, wird zumindest auf drei Auffälligkeiten dazu hingewiesen. Das Finanzergebnis von Hoffenheim ist deshalb schier exponentiell gewachsen, weil hierin eine überdeckte Verlustübernahme des atypisch stillen Gesellschafters in Höhe von etwa 12,7 Mio. € enthalten ist (vgl. Anmerkungen zu Abb. 6.16). Ausgehend von einem sehr geringen Ausgangswert ist die Steigerungsrate der EBITDA-Marge bei Frankfurt am höchsten. Und Schalke gelang es immerhin, seine EBIT-Marge von 4,6 % auf 9,6 % und damit um etwa 109 % zu steigern.

6.3.3   Gesamt-Ranking der 25 untersuchten Fußballklubs

6.3.3.1   Scoring-Ergebnisse der Geschäftsjahresanalyse

Insgesamt wurden letztlich für 40 ausgewählte Kennzahlen zum analysierten Geschäftsjahr 2012/2013 jeweils bis zu 20 Punkte vergeben, d. h. es konnten in Summe maximal 800 Punkte erreicht werden. 20 Kennzahlen wie beispielsweise Anlagenintensität, Spielerwertquote, Cashflow-Marge, RONA und ROCE blieben von einer Bewertung ausgenommen. **Unter Berücksichtigung des dreifachen Gewichtungsfaktors, aber noch ohne Einbezug der Entwicklungsdynamik zwischen Vorjahr und laufendem Geschäftsjahr ergibt sich das in** Abb. 6.44 **dargestellte Teilergebnis.** Der Sieger der Geschäftsjahresabschlussanalyse 2012/2013 ist Borussia Dortmund und konnte damit seinen Titel aus der Erstauflage dieses Buches (Geschäftsjahr 2011/2012) erfolgreich verteidigen. Dahinter kämpften drei Klubs nahezu punktgleich um den 2. Platz. Bei Manchester United wurde wiederholt auf steuerliche Sondereffekte hingewiesen, sodass sich diese Platzierung in den Folgejahren kaum verbessern dürfte. Der zwischenzeitlich vorliegende Jahresabschluss per 30.06.2014 bestätigt dies, der Jahresüberschuss beträgt dort nur noch 23,84 Mio. £ (vgl. Manchester United 2014). Dass Bayern trotz des Champions League-Triumphs hinter Dortmund verbleibt, ist vorwiegend auf zwei Ursachen zurückzuführen. Zum einen ist der Cashflow (und damit alle darauf basierenden Kennzahlen wie der dynamische Verschuldungsgrad und der CFROI) unter anderem wegen sehr hohen Auszahlungen für ablösepflichtige Investitionen in neue Spieler erneut negativ. Zum anderen sind die Aufwendungen unter anderem für Spielergehälter und Abschreibungen sowohl absolut, als auch in Relation zu den Umsatzerlösen so hoch bzw. das Jahresergebnis so gering, dass dadurch ein Sprung nach ganz oben verwehrt bleibt. Dass am Ende Real Madrid die Bayern sogar knapp auf Platz 3 verdrängt, ist etwas überraschend. Schließlich werden bei den Finanzkennzahlen der „Königlichen" eher hohe Schulden sowie wenig Cash und wenig Gewinn aufgrund hoher Aufwendungen erwartet. Nach diesem Spitzenquartett folgen die (dies ist durchaus wörtlich zu nehmen) sparsamen Schotten (Celtic Glasgow), der FC Bar-

	Scoring-Ergebnis für das Geschäftsjahr 2012/2013	Ohne Berücksichtigung des Gewichtungsfaktors	Mit Berücksichtigung des Gewichtungsfaktors
Rang	Fußballklub	Gesamtpunktzahl	Gesamtpunktzahl
1	Dortmund	575	1725
2	Real Madrid	523	1569
3	Bayern	519	1557
4	Manchester United	510	1530
5	Celtic Glasgow	456	1368
6	FC Barcelona	449	1347
7	Hannover	448	1344
8	Arsenal	443	1329
9	Porto	399	1197
10	Frankfurt	353	1059
11	Hoffenheim	317	951
12	Schalke	312	936
13	Köln	301	903
14	Chelsea	293	879
15	Manchester City	280	840
16	Gladbach	268	804
17	Tottenham	267	801
18	Atletico Madrid	262	786
19	HSV	209	627
20	Bremen	205	615
21	Juve	193	579
22	Lyon	192	576
23	Liverpool	163	489
24	Hertha	157	471
25	AS Rom	104	312

Abb. 6.44 Scoring-Ergebnis für das Geschäftsjahr 2012/2013

celona, Hannover und Arsenal. Auch beim FC Barcelona wurden tendenziell schlechtere Finanzkennzahlen erwartet. Der sehr gute Rang der Niedersachsen in diesem hochkarätig besetzten Teilnehmerfeld überrascht positiv und rechtfertigt, diesen Abschluss unmittelbar mit der Verfügbarkeit noch kurzfristig in die Analyse einbezogen zu haben. Das Mittelfeld reicht von Porto auf Platz 9 bis Lyon auf Platz 22. Gladbach konnte das hervorragende Ergebnis der Erstauflage (2011/2012 wurde knapp hinter den Bayern Platz 3 erreicht) nicht mehr bestätigen. Abstiegsgefährdet sind der AS Rom, Hertha BSC sowie etwas überraschend der FC Liverpool.

6.3.3.2   Scoring-Ergebnisse der Vorjahresvergleichsanalyse
Insgesamt wurden letztlich für 23 ausgewählte Kennzahlen zur Entwicklungsdynamik zwischen dem Geschäftsjahr 2011/2012 und dem Geschäftsjahr 2012/2013 jeweils bis zu 20 Punkte vergeben, d. h. es konnten in Summe maximal 460 Punkte erreicht werden. Weitere Kennzahlen blieben aus den oben dargelegten Gründen (vgl. Abschn. 6.3.2.2) von einer Bewertung ausgenommen. Für die Änderung des Working Capital erfolgte kurzfristig keine Punktevergabe. **Unter Berücksichtigung des einfachen Gewichtungsfaktors**

	Scoring-Ergebnis für die Vorjahres-vergleichsanalyse	Ohne Berücksichtigung des Gewichtungsfaktors	Mit Berücksichtigung des Gewichtungsfaktors
Rang	Fußballklub	Gesamtpunktzahl	Gesamtpunktzahl
1	Porto	330	330
2	Celtic Glasgow	321	321
3	Dortmund	318	318
4	Manchester United	267	267
5	Real Madrid	255	255
6	Atletico Madrid	254	254
7	Frankfurt	252	252
8	Schalke	242	242
9	Juve	224	224
10	Manchester City	224	224
11	FC Barcelona	203	203
12	Köln	189	189
13	Arsenal	181	181
14	Tottenham	175	175
15	Bayern	172	172
16	Chelsea	162	162
17	Hannover	149	149
18	Lyon	120	120
19	Gladbach	118	118
20	Bremen	110	110
21	Hoffenheim	103	103
22	Hertha	97	97
23	HSV	90	90
24	AS Rom	89	89
25	Liverpool	80	80

Abb. 6.45 Scoring-Ergebnis für die Vorjahresvergleichsanalyse

ergibt sich das in Abb. 6.45 **dargestellte Gesamtergebnis** für diesen Bewertungsbereich. Der Sieger der Vorjahresvergleichsanalyse ist der FC Porto mit knappem Vorsprung vor Celtic Glasgow und Borussia Dortmund. Frankfurt und Schalke schaffen in diesem hochkarätig besetzten Teilnehmerfeld immerhin Platz 7 und 8. Die Entwicklungsdynamik war bei Bayern ungeachtet des sportlichen Triple-Erfolges nicht sonderlich positiv, am Ende reichte es hier nur zu Platz 15 von 25. Abstiegsgefährdet in dieser Bewertungskategorie sind wiederum Liverpool, Hertha und der AS Rom sowie daneben nun auch der HSV.

6.3.3.3 Scoring-Gesamtergebnis

Nach einer Zusammenfassung der dreifach gewichteten Ergebnisse der Geschäftsjahresanalyse und der einfach gewichteten Ergebnisse der Vorjahresvergleichsanalyse ergibt sich das in Abb. 6.46 dargestellte **Scoring-Gesamtergebnis**. Den 1. Platz belegt am Ende die Borussia aus Dortmund. Mit gebührendem Abstand hinter dem Gesamtsieger folgen in der Abschlusstabelle Real Madrid und Manchester United. Bayern München kann trotz einer Schwächephase bei der Entwicklungsdynamik (dies ist vor dem Hintergrund des errungenen Triples durchaus überraschend) zumindest Platz 4 verteidigen, spürt aber bereits mit dem diesjährigen Überraschungsfünften Celtic Glasgow einen unmittelbaren Verfol-

Rang	Fußballklub	Scoring-Gesamtergebnis Punktzahl 1	Geschäftsjahres-analyse Punktzahl 2	Vorjahres-vergleichsanalyse	Gesamtergebnis Gesamtpunktzahl
1	Dortmund	1725	318		2043
2	Real Madrid	1569	255		1824
3	Manchester United	1530	267		1797
4	Bayern	1557	172		1729
5	Celtic Glasgow	1368	321		1689
6	FC Barcelona	1347	203		1550
7	Porto	1197	330		1527
8	Arsenal	1329	181		1510
9	Hannover	1344	149		1493
10	Frankfurt	1059	252		1311
11	Schalke	936	242		1178
12	Köln	903	189		1092
13	Manchester City	840	224		1064
14	Hoffenheim	951	103		1054
15	Chelsea	879	162		1041
16	Atletico Madrid	786	254		1040
17	Tottenham	801	175		976
18	Gladbach	804	118		922
19	Juve	579	224		803
20	Bremen	615	110		725
21	HSV	627	90		717
22	Lyon	576	120		696
23	Liverpool	489	80		569
24	Hertha	471	97		568
25	AS Rom	312	89		401

Abb. 6.46 Scoring-Gesamtergebnis

ger im Nacken. Die Qualifikationsplätze belegen der FC Barcelona, der FC Porto, Arsenal und Hannover 96. Die Eintracht aus Frankfurt führt auf Platz 10 das bis Olympique Lyon reichende Mittelfeld an. Wirtschaftlich in hohem Maße abstiegsgefährdet sind Liverpool, die Hertha aus Berlin sowie der AS Rom.

6.3.4 Prüfung der Thesen zur deutschen, englischen und spanischen Liga

Neben dem in Abschn. 6.3.3 auf Einzelklubebene durchgeführten Ranking in Abschluss-tabellenform ist es Ziel dieser Untersuchung, die drei aktuell wirtschaftlich stärksten Klubs der deutschen, der englischen und der spanischen Liga in einem **Nationenwettstreit** gegen-einander antreten zu lassen. Anstelle eines umfassenden Kennzahlenvergleichs werden nochmals lediglich wenige, aber dafür **zentrale Erfolgsindikatoren** analysiert. Induktive Schlussfolgerungen betreffend die wirtschaftlichen Lagen der übrigen Klubs in den jewei-ligen Ligen sind dabei weder intendiert, noch mangels Repräsentativität bei der Auswahl der Untersuchungsobjekte möglich. Auch **eine Thesenprüfung im wissenschaftlich-sta-tistischen Sinne ist mangels Datenverfügbarkeit weder intendiert, noch möglich**.

Eigenkapital-Bestand (in Mio. €)	Deutschland	Eigenkapital-Bestand (in Mio. €)	England	Eigenkapital-Bestand (in Mio. €)	Spanien
Fußballklub	Wert	Fußballklub	Wert	Fußballklub	Wert
Bayern	257.24	Arsenal	354.20	Atletico Madrid	33.22
Dortmund	140.62	Chelsea	349.38	FC Barcelona	12.43
Hannover	12.03	Manchester United	523.53	Real Madrid	311.93
Summe	409.88	Summe	1,227.11	Summe	357.58
Durchschnitt	136.63	Durchschnitt	409.04	Durchschnitt	119.19
Durchschnittlicher Eigenkapitalbestandswert aller 25 untersuchten Klubs:					0.11

Abb. 6.47 These 1 Eigenkapitalausstattung

Aufgrund der Bewertungsergebnisse der Geschäftsjahresvergleichsanalyse (vgl. Abb. 6.44) wurden die folgenden Klubs als Vertreter der jeweiligen obersten nationalen Liga ausgewählt:

- Deutschland: Dortmund, Bayern und Hannover
- England: Manchester United, Arsenal und Chelsea
- Spanien: Real Madrid, FC Barcelona und Atletico Madrid

Zunächst ist die **These 1** zu prüfen, ob die Fußballklubs in Spanien und in England eine geringere absolute Eigenkapitalausstattung haben und höher verschuldet sind als in Deutschland.

Wie Abb. 6.47 zeigt, ist die **Eigenkapitalausstattung** von Bayern solide, aber bereits deutlich geringer als bei Real Madrid. Hannover kann von sich behaupten, dass es bei dieser Kennzahl mit dem FC Barcelona auf Augenhöhe ist, auch wenn natürlich beide hier einen sehr geringen Wert im internationalen Vergleich aufweisen. Englische Klubs werden nicht nur ausnahmslos in der Rechtsform einer Kapitalgesellschaft geführt (vgl. Abschn. 2.2), sondern ihnen gelingt über eine Börsennotierung oder eine strategische und mehrheitliche Beteiligung eines Lead Investors auch ein besserer Kapitalmarktzugang. Die deutsche 50 + 1-Regel (vgl. Abschn. 2.3) wirkt hier im Prinzip hinderlich. Dennoch ist es gerade in jüngerer Vergangenheit einigen Klubs gelungen, über Kapitalerhöhungen strategische Investoren zu beteiligen.

- Bayern München: Durchführung einer Kapitalerhöhung im Jahr 2014, um neben Adidas und Audi auch die Allianz am Unternehmen zu beteiligen.
- Borussia Dortmund: Durchführung von zwei Kapitalerhöhungen im Jahr 2014, neben einer breiten Streuung über die Börse unter anderem unter Beteiligung der Investoren Evonik, Puma und Signal Iduna.
- Hertha BSC: Einstieg des US-Finanzinvestors KKR (Kohlberg Kravis Roberts & Co. Limited Partnership) im Jahr 2014.
- Hamburger Sport-Verein: Ausgliederung der HSV Fußball AG im Jahr 2014, Beteiligung des Investors Kühne im Januar 2015.

- VfB Stuttgart 1893 AG: Nach der von der Mitgliederversammlung im Jahr 2015 noch zu genehmigenden Ausgliederung der Profifußballabteilung sollen zwei bis drei strategische Investoren mit regionalem Bezug beteiligt werden (vgl. Mersch und Merx 2015).

Von den englischen Klubs hat beispielsweise nach einem Delisting in 2005 Manchester United in 2012 erneut einen Börsengang (IPO) durchgeführt, dieses mal an der Börse von New York (vgl. Bloomberg 2012). Teil 1 dieser These kann bei einer nahezu um 300 % höheren Eigenkapitalausstattung der englischen Klubs im Vergleich zu den deutschen Klubs somit als widerlegt angesehen werden. Lediglich im Vergleich mit den spanischen Klubs kann eine im Durchschnitt dieses Dreierfelds signifikant höhere Eigenkapitalausstattung deutscher Klubs attestiert werden. Der durchschnittliche Wert für das Eigenkapital aller 25 untersuchten Klubs beträgt im Übrigen aufgrund zahlreicher negativer Werte lediglich 0,11 Mio. €.

Zur Prüfung von Teil 2 der These 1 wird der **statische Verschuldungsgrad** als Relation von Fremd- zu Eigenkapital herangezogen (vgl. Abb. 6.48). Hier zeigt sich zunächst eine geringere Verschuldung der drei deutschen Klubs im Durchschnittsvergleich mit den drei englischen Klubs. Während Real Madrid bereits eine signifikant höhere Verschuldung im Vergleich mit den deutschen und englischen Klubs aufweist, ist dieser Wert bei Atletico Madrid und beim FC Barcelona sogar um etwa den Faktor 10 bzw. 30 höher. Teil 2 der These 1 kann mit diesen Werten zumindest nicht falsifiziert werden. Der durchschnittliche Wert für den statischen Verschuldungsgrad aller 25 untersuchten Klubs beträgt im Übrigen aufgrund von einigen extrem hohen Werten 478 %.

Im Rahmen der Prüfung der **These 2** wird untersucht, ob die Spielergehälter und damit die **Personalaufwendungen** in Spanien und in England sowohl absolut, als auch in Relation zu den Umsatzerlösen höher sind als in Deutschland. Es zeigt sich zunächst (vgl. Abb. 6.49), dass die Höhe der Personalaufwendungen primär eher von den Gehaltsentscheidungen der jeweiligen Klubverantwortlichen determiniert wird. Die Gehaltshöhen scheinen sich dabei international in den jeweiligen Klubgrößen-Clustern anzugleichen und weniger von der jeweiligen Liga abhängig zu sein. Die ausgewählten englischen Klubs und Bayern leisten sich ähnlich hohe Gehaltsniveaus für ihre Spieler. Der FC Barcelona und Real Madrid zahlen im Durchschnitt sogar etwa 1 Mio. € mehr für jeden Lizenzspieler. Der Gehaltsprimus Manchester City, der die besten Spieler über überdimensionierte

Statischer Verschuldungsgrad (in %)	Deutschland	Statischer Verschuldungsgrad (in %)	England	Statischer Verschuldungsgrad (in %)	Spanien
Fußballklub	Wert	Fußballklub	Wert	Fußballklub	Wert
Bayern	108%	Arsenal	160%	Atletico Madrid	1634%
Dortmund	115%	Chelsea	61%	FC Barcelona	3949%
Hannover	39%	Manchester United	150%	Real Madrid	173%
Summe	262%	Summe	371%	Summe	5757%
Durchschnitt	87%	Durchschnitt	124%	Durchschnitt	1919%
Durchschnittlicher Wert des statischen Verschuldungsgrades aller 25 untersuchten Klubs:					478%

Abb. 6.48 These 1 Verschuldungsgrad

Personalaufwand (in Mio. €)	Deutschland	Personalaufwand (in Mio. €)	England	Personalaufwand (in Mio. €)	Spanien
Fußballklub	Wert	Fußballklub	Wert	Fußballklub	Wert
Bayern	204.39	Arsenal	180.38	Atletico Madrid	63.81
Dortmund	106.22	Chelsea	207.97	FC Barcelona	237.82
Hannover	39.46	Manchester United	210.98	Real Madrid	246.00
Summe	350.06	Summe	599.33	Summe	547.62
Durchschnitt	116.69	Durchschnitt	199.78	Durchschnitt	182.54
Durchschnittlicher Wert der Personalaufwendungen aller 25 untersuchten Klubs:					114.96

Abb. 6.49 These 2 Personalaufwendungen

Gehälter zu attrahieren versucht, um endlich auch international Erfolge zu erzielen, hat es nicht in die Top 3 der Premier League-Auswahl geschafft und bleibt daher von einer Betrachtung ausgenommen. Der durchschnittliche Wert für die Personalaufwendungen aller 25 untersuchten Klubs beträgt im Übrigen 114,96 Mio. €.

Auch der zweite Untersuchungsteil zur These 2 bestätigt eher die Problematik, dass gerade gemessen am Umsatzvolumen kleinere Klubs wie beispielsweise Hannover 96 und Atletico Madrid zur Aufrechterhaltung der sportlichen Wettbewerbsfähigkeit relativ hohe Gehälter bezahlen müssen. Bei umsatzstarken Klubs wie Real Madrid, Bayern München und Manchester United dämmt die Höhe der Umsatzerlöse die Höhe der **Personalaufwandsquote** (vgl. Abb. 6.50). Dortmund ist es in der Saison 2012/2013 offensichtlich gelungen, in Relation zum sportlichen und wirtschaftlichen Erfolg (u. a. hat das Erreichen des Champions League-Finales zu einer knapp 42-prozentigen Umsatzerlössteigerung beigetragen) das Gehaltsniveau nur unterproportional anzupassen. Die medienwirksam inszenierte Vertragsverlängerung von Marco Reus Anfang des Jahres (vgl. BVB 2015) dient vor dem Hintergrund des zu diesem Zeitpunkt noch belegten hinteren Tabellenplatzes in der Bundesliga aber auch der Verdeutlichung nachfolgender Problematiken:

- Noch in Gedenken an jüngere, aber eben bereits vergangene Erfolge schließen Klubs zu hoch dotierte Spielerverträge ab und es ergibt sich dann bei anhaltenden sportlichen Misserfolgen das Problem einer Fixkostenremanenz.
- Im internationalen Wettbewerb um die besten Spieler sind Klubs gezwungen, das Gehaltsniveau im Zweifel anzuheben, um ein Abwerben von Leistungsträgern durch andere Klubs zu verhindern.

Personal-aufwandsquote (in %)	Deutschland	Personal-aufwandsquote (in %)	England	Personal-aufwandsquote (in %)	Spanien
Fußballklub	Wert	Fußballklub	Wert	Fußballklub	Wert
Bayern	48%	Arsenal	55%	Atletico Madrid	60%
Dortmund	35%	Chelsea	70%	FC Barcelona	53%
Hannover	53%	Manchester United	50%	Real Madrid	47%
Summe	136%	Summe	174%	Summe	161%
Durchschnitt	45%	Durchschnitt	58%	Durchschnitt	54%
Durchschnittlicher Wert der Personalaufwandsquote aller 25 untersuchten Klubs:					56%

Abb. 6.50 These 2 Personalaufwandsquote

- Weil immer nur wenige Klubs national wie international erfolgreich sein können, aber von einem hohen Gehaltsniveau letztlich alle negativ betroffen sind, ergeben sich für viele Klubs zwangsläufig wirtschaftlich herausfordernde Situationen.

Mit dieser Sachlage sehen sich insbesondere die italienischen Klubs (allen voran der AS Rom sowie die beiden nicht in diese Untersuchung einbezogenen Klubs aus Mailand) konfrontiert. Dies kann aber auch jederzeit beispielsweise auf Bayern München zutreffen, wenn nationale wie internationale Erfolge nicht mehr quasi in Serie errungen werden (dazu zählt im Grunde bereits das Nicht-Erreichen des Champions League-Viertelfinales). Zusammenfassend ist festzuhalten, dass auch die These 2 nicht bestätigt werden kann. Hohe Personalaufwendungen und hohe Personalaufwandsquoten sind kein spezifisches Problem, das ursächlich einer der Top Ligen zugeordnet werden kann. Vielmehr führt die Kapitalkraft einzelner Klubs dazu, dass gerade auch kleinere Klubs dazu gezwungen sind, ihr Gehaltsniveau nach oben anzupassen und sich damit wirtschaftlich noch stärker in die Abhängigkeit von sportlichen Erfolgen zu begeben. Der durchschnittliche Wert für die Personalaufwandsquote aller 25 untersuchten Klubs beträgt im Übrigen 56 %.

Abschließend verbleibt eine Prüfung der **These 3**, dass die Liquiden Mittel sowohl als Bestandswert, als auch als Veränderungsgröße (Cashflow) in Deutschland höher sind als in Spanien und in England.

Die in der Vergangenheit medienwirksam gerühmten „Festgeldkonten" des FC Bayern weisen trotz negativer Cashflows in den vergangenen beiden Jahren noch immer relativ hohe Bestandswerte aus (vgl. Abb. 6.51). Auch wenn die **Liquiden Mittel** zwei Jahre zuvor per 30.06.2011 noch 143,6 Mio. € betragen hatten, erreicht selbst Dortmund per 30.06.2013 nur etwa 11 % des Cashwertes der bayerischen Konkurrenz zu diesem Bilanzstichtag. Im internationalen Vergleich gibt es mit Arsenal und Real Madrid jedoch zwischenzeitlich jeweils einen Vertreter in der englischen und in der spanischen Liga, die den Bestandswert der Bayern deutlich übertreffen. Und auch im Durchschnitt der jeweiligen Top 3 Klubs reichen die deutschen Werte nicht an die englischen und spanischen Klubs heran, dieser Teil der These ist somit als falsifiziert anzusehen. Der durchschnittliche Wert für den Cash-Bestand aller 25 untersuchten Klubs beträgt im Übrigen 35,8 Mio. €. Wie ein Blick in ihren publizierten Jahresabschluss zeigt, verfügt die **FIFA** über „**Cash and cash**

Bestand an Liquiden Mitteln (in Mio. €)	Deutschland	Bestand an Liquiden Mitteln (in Mio. €)	England	Bestand an Liquiden Mitteln (in Mio. €)	Spanien
Fußballklub	Wert	Fußballklub	Wert	Fußballklub	Wert
Bayern	114.07	Arsenal	179.18	Atletico Madrid	1.96
Dortmund	12.54	Chelsea	16.40	FC Barcelona	70.92
Hannover	12.21	Manchester United	110.36	Real Madrid	155.57
Summe	138.82	Summe	305.94	Summe	228.45
Durchschnitt	46.27	Durchschnitt	101.98	Durchschnitt	76.15
Durchschnittlicher Bestandswert an Liquiden Mitteln aller 25 untersuchten Klubs:					35.79

Abb. 6.51 These 3 Liquide Mittel

Cashflow (in Mio. €)	Deutschland	Cashflow (in Mio. €)	England	Cashflow (in Mio. €)	Spanien
Fußballklub	Wert	Fußballklub	Wert	Fußballklub	Wert
Bayern	-0.36	Arsenal	-0.20	Atletico Madrid	0.68
Dortmund	7.27	Chelsea	10.66	FC Barcelona	34.08
Hannover	5.87	Manchester United	27.85	Real Madrid	42.33
Summe	12.77	Summe	38.31	Summe	77.09
Durchschnitt	4.26	Durchschnitt	12.77	Durchschnitt	25.70
Durchschnittlicher Cashflow aller 25 untersuchten Klubs:					2.90

Abb. 6.52 These 3 Cashflow

equivalents" in Höhe von 1245 Mio. €, d. h. **1,245 Mrd. €** (vgl. FIFA 2014, S. 83) und damit um etwa 350 Mio. € mehr als diese 25 Klubs zusammen.

Und auch im Bereich der Veränderung des Bestandes an Liquiden Mitteln (sog. **Cashflow**) ergibt sich bei den deutschen Klubs insgesamt kein besseres Bild (vgl. Abb. 6.52). Gerade Manchester United sowie der FC Barcelona und Real Madrid konnten in der betrachteten Saison das zuvor zu Geschäftsjahresbeginn vorhandene Cash erheblich mehren. Real Madrid beispielsweise erzielte mit einem Cashflow in Höhe von + 42,33 Mio. € einen annähernd sechsfach so hohen Wert wie Dortmund. Der beste deutsche Klub ist hier im Übrigen der 1. FC Köln mit einem Cashflow in Höhe von + 7,74 Mio. €. Es besteht somit auch in diesem Bereich derzeit keine Aussicht auf Bestätigung der These. Der durchschnittliche Wert für den Cashflow aller 25 untersuchten Klubs beträgt im Übrigen + 2,9 Mio. €.

Zusammenfassend ist festzuhalten, dass sich die finanzielle Situation der wirtschaftlich stärksten deutschen Klubs gerade im Bereich Eigenkapital- und Cash-Bestand keinesfalls so gut darstellt wie gemeinhin angenommen. Lediglich der statische Verschuldungsgrad wirkt insgesamt weniger bedrohlich als bei den englischen und spanischen Fußballklubs. Hinsichtlich der absoluten Personalaufwendungen und der Personalaufwandsquoten ergibt sich eine gewisse internationale Assimilation der Ausprägungen innerhalb der einzelnen Umsatzgrößenklassen der Klubs. Gerade die beiden spanischen Top-Klubs Real Madrid und der FC Barcelona konnten in der jüngeren Vergangenheit nicht nur den Rückstand reduzieren, sondern wurden wie im Fall von Real Madrid neben dem Umsatzerlösbereich auch in anderen finanziellen Bewertungskategorien zur Benchmark. Der FC Barcelona ist nach wie vor sehr hoch verschuldet. Und der Gesamtsieger, auch darauf sei noch einmal hingewiesen, kommt mit dem BVB dennoch aus Deutschland.

6.4 Gesonderte Hinweise zu Latenten Steuern

6.4.1 Erhebliche Sondereffekte bei Manchester United

Das **Jahresergebnis** von **Manchester United** zum 30.06.2013 ist **in erheblicher Weise von Latenten Steuern beeinflusst** (vgl. Abb. 6.53). Während in 2011 und in 2012 lediglich etwa 13 und 23 Mio. £ Jahresüberschuss erwirtschaftet wurden, stieg dieser Wert in

Manchester United plc

Income Statement Data

	Year ended 30 June				
	2013	2012	2011	2010	2009
	(£'000, unless otherwise indicated)				
Revenue	363.189	320.320	331.441	286.416	278.476
Total operating expenses	(310.337)	(285.139)	(272.653)	(235.491)	(235.131)
Operating profit before profit on disposal of players' registrations	52.852	35.181	58.788	50.925	43.345
Profit on disposal of players' registrations	9.162	9.691	4.466	13.385	80.185
Operating profit	62.014	44.872	63.254	64.310	123.530
Finance costs	(72.082)	(50.315)	(52.960)	(110.298)	(118.743)
Finance income	1.275	0.779	1.710	1.715	1.317
Net finance costs	(70.807)	(49.536)	(51.250)	(108.583)	(117.426)
(Loss)/profit on ordinary activities before tax	(8.793)	(4.664)	12.004	(44.273)	6.104
Tax credit/(expense)	155.212	27.977	0.986	(3.211)	(0.844)
Profit/(loss) for the year	**146.419**	23.313	12.990	(47.484)	5.260

Auszug aus der Aktivseite der Bilanz für die Geschäftsjahre 2013 und 2012

Non-current assets (Auszug)	2013	2012
Property, plant and equipment	252.808	247.866
Goodwill	421.453	421.453
Players' registrations	119.947	112.399
Deferred tax asset	**145.128**	-

Auszug aus der steuerlichen Überleitungsrechnung für das Geschäftsjahr 2013

(Loss)/profit before tax	(8.793)
...	
Recognition of additional US tax base	153.317
...	
Total tax credit	155.212

Abb. 6.53 Latente Steuern bei Manchester United

2013 um 528 % auf mehr als 146 Mio. £. Ohne die Position „Tax credit" in Höhe von 155 Mio. £ wäre in 2013 ein Jahresfehlbetrag in Höhe von knapp 9 Mio. £ entstanden. Auch bereits das Ergebnis in 2012 wäre ohne Steuerlatenzen mit annähernd 5 Mio. £ negativ gewesen. Um Missverständnissen durch eine zu wörtliche Übersetzung vorzubeugen (das Finanzamt agiert hier keinesfalls als Kreditgeber, zudem wäre dies nicht erfolgswirksam), wird nachfolgend erläutert, was unter dem Begriff Latente Steuern zu verstehen ist, wie diese entstehen und welche bilanziellen und erfolgswirksamen Auswirkungen sich hierdurch ergeben. Manchester United, das zwischenzeitlich in New York börsennotiert ist, hat vorwiegend durch seine Firmensitzverlagerung von London auf die Cayman Islands und bislang ungenutzte steuerliche Verlustvorträge etwa 153 Mio. £ an aktiven Latenten Steuererträgen generiert („Recognition of additional US tax base"). Der bilanzielle Wertansatz für aktive Latente Steuern betrug zum 30.06.2013 insgesamt 145 Mio. £ („Deferred tax asset"). Für das in Abschn. 6.3 durchgeführte Scoring-Verfahren erfolgte weder eine Bereinigung des Jahresabschlusses um diesen Sachverhalt, noch ein expliziter Bewertungsabzug, obwohl ein nicht unwesentlicher Teil der erzielten Punkte im Bereich der Eigenkapitalbestands-, Ergebnis- und Renditekennzahlen auf diese Sondereffekte zurückzuführen ist. Dem fachkundigen Leser steht es frei, nach dem Studium der entsprechenden Rechnungslegungsgrundlagen (vgl. Abschn. 6.4.2) eigene Korrekturen vorzunehmen. Eine **Konformität mit den IFRS** ist gegeben, **und** auch nach **HGB** wäre diese Sachverhaltsbehandlung im Grundsatz nicht unzulässig. Lediglich die Nutzbarkeit der Verlustvorträge innerhalb von maximal fünf Jahren müsste geprüft werden. Dass ein Fußballklub seinen rechtlichen Firmensitz außerhalb der jeweiligen Klubstadt beziehungsweise sogar außerhalb des eigenen Nationalverbands wählen kann, scheint eine Lücke in den nationalen und internationalen Lizenzierungsvorgaben zu sein. Die „Football Association Premier League Limited" (entspricht der deutschen DFL) gibt sich damit zufrieden, wenn ein Klub mitteilt „on request [...] the address of its registered office" (Premier League 2014, Nr. B.3). Wenn zumindest die deutsche Lizenzierungsordnung für englische Klubs gelten würde (vgl. DFL 2014), müsste Manchester United gemäß § 3 Nr. 2 (DFL 2014) auf den Cayman Islands ein Junioren-Leistungszentrum errichten. Und in § 4 Nr. 1 (DFL 2014) wird mit Firmensitz „am Sitz des Vereins" immerhin angedeutet, dass wenigstens der deutsche Lizenzgeber (im Gegensatz offensichtlich zum englischen) verhindern möchte, dass beispielsweise Bayern München seinen (steuerlichen) Firmensitz nach Dortmund oder ins angrenzende Österreich verlegt. Der Gewerbesteuerhebesatz wäre in Dortmund mit 485 % immerhin minimal günstiger als die 490 % in der bayerischen Landeshauptstadt (vgl. Statistische Ämter des Bundes und der Länder 2014). Und während in München Kapitalgesellschaften mit insgesamt 32,975 % für Körperschaftsteuer (15 %) und Gewerbesteuer (490 % * 0,035 = 17,15 %) sowie Solidaritätszuschlag (15 % * 0,055 = 0,825 %) belastet werden, gibt es in Österreich mit der Körperschaftsteuer nur eine dieser drei Steuerarten, und deren Hebesatz ist mit 25 % (vgl. Wirtschaftskammer Österreich 2014) annähernd 8 Prozentpunkte günstiger als die Unternehmenssteuergesamtbelastung am Standort München.

6.4.2   Entstehung und Behandlung von Steuerlatenzen

Handels- und steuerrechtliche Abschlüsse unterliegen unterschiedlichen primären Zweck-bestimmungen. Während eine Handelsbilanz neben der Informationsfunktion über die Vermögens-, Finanz- und Ertragslage vor allem der Ausschüttungsbemessung dient, ist das Ziel einer Steuerbilanz die Steuerbemessung. Die Ansätze und Bewertungen von Ver-mögensgegenständen, Schulden und Rechnungsabgrenzungen differieren folglich – kei-neswegs überraschend – an verschiedenen Stellen. So ist beispielsweise der Ansatz einer Drohverlustrückstellung gemäß § 249 Abs. 1 HGB verpflichtend, während sich aus § 5 Abs. 4a EStG ein Ansatzverbot ergibt. Dadurch unterscheidet sich auch die handelsrecht-lich (fiktiv) ergebende Steuerlast von der tatsächlichen Steuerzahlung für beispielsweise Körperschaft- und Gewerbesteuer. Diese Differenz (Bemessungsgrundlage) multipliziert mit dem anzuwendenden Steuersatz ergibt den Latenten Steuerbetrag. Um nachzuvoll-ziehen, warum für die sich aus den Bewertungsdifferenzen ergebenden Steuerbeträge sog. Latente Steuern zu bilden sind, ist zunächst ein Verständnis erforderlich für die grundle-gende Bilanzierungsdogmatik, dass der richtig ermittelte Steueraufwand in der Handelsbi-lanz derjenige ist, der zu bezahlen wäre, wenn der handelsrechtliche Erfolgs- oder Vermö-genszuwachs (je nach Konzeption, vgl. spätere Ausführungen) versteuert werden würde. Latente Steuern fungieren dann als eine Art Abgrenzungsposten zur periodengerechten Darstellung der Vermögens-, Finanz- und Ertragslage im Sinn des § 264 Abs. 2 HGB. In der Gegenwart sind wirtschaftliche Sachverhalte abzubilden, die sich ertragsteuerlich als Belastung oder Entlastung erst in der Zukunft auswirken.

Differenzen zwischen handels- und steuerrechtlichen Ansätzen und Bewertungen kön-nen **temporär**, **permanent** oder **quasi-permanent** sein (vgl. Beck´scher Bilanzkommen-tar, § 274 Rn. 13 und 56).

- Bei temporären Differenzen kommt es in einer späteren Periode zu einer Umkehr der Ergebniswirkung. Bei einer Drohverlustrückstellung beispielsweise ist das handels-rechtliche Ergebnis im Jahr der Rückstellungsbildung geringer als in der Steuerbilanz, im Jahr des Verbrauchs bzw. der Auflösung dagegen größer. Die tatsächliche Steuer-zahllast ist aufgrund des steuerrechtlichen Ansatzverbots zeitlich vorverlagert.
- Bei permanenten Differenzen kehrt sich die Ergebniswirkung niemals um. Dies ist beispielsweise bei steuerrechtlich nicht zum Abzug anerkannten Aufwendungen oder steuerfreien Erträgen der Fall.
- Bei quasi-permanenten Differenzen kehrt sich die Ergebniswirkung erst bei einer ent-sprechenden Handlung des Unternehmens um. Bei einer Veräußerung oder spätestens im Zuge der Liquidation gleicht sich beispielsweise die Ergebniswirkung von zuvor steuerrechtlich nicht anerkannten Abschreibungen auf nicht zum Verkauf bestimmten Grund und Boden an den vorhergehenden handelsrechtlichen Erfolgsausweis wieder an.

Beim sog. **Timing-Konzept** (vgl. Beck'scher Bilanzkommentar, § 274 Rn. 5–12 und 60) werden nur diejenigen Bilanzierungs- und Bewertungsunterschiede zwischen Handels- und Steuerbilanz berücksichtigt, die zum einen zeitlich befristet sind und zum anderen sowohl bei der Entstehung als auch bei der Wirkungsumkehr erfolgswirksam erfasst werden. Entstehen Differenzen, die nicht in der Gewinn- und Verlustrechnung (GuV) erfasst werden, so führt dies aufgrund eines fehlenden Unterschieds zwischen der handels- und steuerrechtlichen Erfolgsrechnung nicht zu einer latenten Steuerabgrenzung. Zeitlich unbegrenzte sowie quasi-permanente Differenzen werden bei dieser Steuerlatenzkonzeption ebenfalls nicht angesetzt. Die diesem Konzept zugehörige Abgrenzungsmethodik ist die GuV-orientierte Deferred-Methode. Für die Ermittlung der Latenten Steuern wird der Steuersatz der Abrechnungsperiode zugrunde gelegt, auf eine Anpassung der Latenten Steuern bei Steuersatzänderungen kann verzichtet werden. Es sind vier Fälle zu unterscheiden:

- Erträge werden früher versteuert, als sie handelsrechtlich vereinnahmt werden (aktive Latente Steuer).
- Erträge werden handelsrechtlich früher erfasst als steuerrechtlich (passive Latente Steuer).
- Aufwendungen werden handelsrechtlich früher erfasst als steuerrechtlich (aktive Latente Steuer).
- Aufwendungen werden steuerrechtlich früher anerkannt, als sie handelsrechtlich angesetzt werden (passive Latente Steuer).

Das sog. **Temporary-Konzept** (vgl. Beck'scher Bilanzkommentar, § 274 Rn. 5–12 und 60) orientiert sich im Gegenzug zum Timing-Konzept primär an der Bilanz und nicht an der Erfolgsrechnung. Mit der Zielsetzung eines periodengerechten Vermögens- und Schuldausweises werden neben den erfolgswirksamen auch die erfolgsneutralen Differenzen zwischen der Handels- und der Steuerbilanz berücksichtigt. Bei dieser Konzeption ist eine latente Steuerabgrenzung auch für quasi-permanente Differenzen vorzunehmen. Die diesem Konzept zugehörige Abgrenzungsmethodik ist die bilanzorientierte Liability-Methode. Für die Ermittlung der Latenten Steuern wird der zukünftig geltende Steuersatz zugrunde gelegt, d. h. bei Steuersatzänderungen müssen Abgrenzungsbeträge angepasst werden. Dabei sind vier Fälle zu unterscheiden:

- Ein Aktivposten ist in der Steuerbilanz höher angesetzt als in der Handelsbilanz (aktive Latente Steuer).
- Ein Aktivposten ist in der Steuerbilanz niedriger angesetzt als in der Handelsbilanz (passive Latente Steuer).
- Ein Passivposten ist in der Steuerbilanz niedriger angesetzt als in der Handelsbilanz (aktive Latente Steuer).
- Ein Passivposten ist in der Steuerbilanz höher angesetzt als in der Handelsbilanz (passive Latente Steuer).

In Deutschland wurde die Abgrenzung Latenter Steuern erst mit Art. 1 Nr. 8 des **Bilanz-richtlinien-Gesetzes** vom 19.12.1985 in das Handelsrecht aufgenommen. Wenn der zu versteuernde Gewinn niedriger als das handelsrechtliche Ergebnis war und von einem Ausgleich dieser Differenz in späteren Geschäftsjahren auszugehen war, so musste gemäß § 274 Abs. 1 HGB a. F. in Höhe der voraussichtlichen Steuerbelastung eine Rückstellung nach § 249 Abs. 1 S. 1 HGB a.F. angesetzt und in der Bilanz oder im Anhang gesondert angegeben werden. Wenn der zu versteuernde Gewinn größer als das handelsrechtliche Ergebnis war und von einem Ausgleich dieser Differenz in späteren Geschäftsjahren aus-zugehen war, so durfte gemäß § 274 Abs. 2 HGB a. F. in Höhe der voraussichtlichen Steuerentlastung nachfolgender Geschäftsjahre auf der Aktivseite eine Bilanzierungshilfe gebildet werden, die einen korrespondierenden Ausschüttungssperrbetrag auslöste. Die Bilanzierungshilfe musste in der Bilanz gesondert ausgewiesen sowie im Anhang erläu-tert werden. Mit dem **Bilanzrechtsmodernisierungsgesetz** (BilMoG 2009) erfolgte eine Neukonzeptionierung der handelsrechtlichen Regelungen zur Steuerabgrenzung. Anstelle des bis dahin geltenden Timing-Konzepts wurde nun ein Temporary-Konzept eingeführt. Aufgrund des damit einhergehenden Wechsels von der Deferred- zur Liability-Methode werden zur Wertermittlung von Steuerlatenzen seitdem nicht mehr die am Abschlussstich-tag geltenden, sondern die erwarteten Steuersätze im Zeitpunkt des Abbaus der Diffe-renzen verwendet. Eine Diskontierung analog wie bei Rückstellungen im Sinne von § 6 Abs. 1 Nr. 3a e) EStG oder § 253 Abs. 2 HGB ist bei der Wertermittlung von Latenten Steuern verboten (vgl. § 274 Abs. 2 HGB). Einerseits soll damit die Vergleichbarkeit von Abschlüssen gestärkt werden. Andererseits müsste für eine solche Umsetzung von jedem Unternehmen ein Detailplan entwickelt werden, in welchem Zeitpunkt sich welche Dif-ferenz auflöst.

Zur besseren Vergleichbarkeit mit den IFRS-Regelungen wurde mit dem BilMoG vom Gesetzgeber des Weiteren vorgegeben, neben Latenten Steuern auf Ansatz- und Bewer-tungsdifferenzen nun auch **steuerliche Verlustvorträge** sowie Zinsvorträge zu berück-sichtigen, allerdings im Grundsatz (zur Ausnahme vgl. Loitz 2013, S. 337 f.) nur bei einer erwarteten Verrechnung innerhalb der kommenden fünf Jahre (vgl. § 274 Abs. 1 HGB). Die Realisation des ökonomischen Werts von latenten künftigen Steuerentlastungen ist diskurswürdig, schließlich wird damit das HGB-Grundprinzip des Ausweisverbots noch nicht realisierter Erträge (vgl. § 252 Abs. 1 Nr. 4 HGB) durchbrochen. Die handelsrecht-lichen Kriterien eines Vermögensgegenstands werden bei aktiven Latenten Steuern auf-grund der fehlenden Verkehrsfähigkeit nicht erfüllt, dennoch wird in Anlehnung an die Asset-Definition der IFRS der wirtschaftliche Vorteil durch die zukünftige steuerrecht-liche Entlastung als Vermögenswert eingestuft (vgl. Beck'scher Bilanzkommentar, § 274 Rn. 4). Bei der Einschätzung der Nutzbarkeit von Verlust- und Zinsvorträgen sind zu-mindest deren eingeschränkte Verrechenbarkeit durch eventuelle Mindestbesteuerungsre-gelungen sowie Betriebsprüfungs- und sonstige Risiken zu beachten (vgl. Beck'scher Bi-lanzkommentar, § 274 Rn. 43 und 50). Eine Werthaltigkeit ist nur dann gegeben, wenn mit hinreichender Wahrscheinlichkeit in Zukunft ausreichend steuerpflichtiges Einkommen für die Realisierung der Steuerentlastungen erwirtschaftet werden kann (vgl. Beck'scher Bilanzkommentar, § 274 Rn. 65).

Während die handelsrechtlichen Grundsätze ordnungsgemäßer Buchführung gemäß § 5 Abs. 1 EStG formell im Grundsatz weiterhin maßgeblich bleiben für die steuerrechtliche Bewertung, ist mit dem BilMoG die sog. umgekehrte Maßgeblichkeit entfallen. Damit ergeben sich häufigere Divergenzen zwischen Handels- und Steuerbilanz und damit mehr Tatbestände zur Begründung Latenter Steuern. Der **Ausweis** von Aufwendungen bzw. Erträgen aus der Steuerlatenzierung ist in der Gewinn- und Verlustrechnung unter dem Posten „Steuern vom Einkommen und vom Ertrag" vorzunehmen. Sowohl für den **Ansatz** von aktiven Latenten Steuern, als auch die **Saldierung** von aktiven und passiven Latenten Steuern besteht gemäß § 274 Abs. 1 HGB ein **Wahlrecht**. Die getätigte Wahl ist in den Folgejahren beizubehalten, vgl. § 246 Abs. 3 HGB sowie DRS 18 Nr. 16 und Nr. 57 (vgl. Bundesanzeiger 2010). Der Ausweis von Ansprüchen bzw. Schulden aus Latenten Steuern erfolgt je nach Ergebnis und Wahlrechtsausübung in der **Bilanz** unter dem **Großbuchstaben D** auf der Aktivseite bzw. unter dem **Großbuchstaben E** auf der Passivseite nach den jeweiligen Rechnungsabgrenzungsposten (vgl. §§ 275 Abs. 2 und 3, 266 Abs. 2 und 3 HGB). Wird ein Aktivüberhang an Latenten Steuern ausgewiesen, besteht für diesen gemäß § 268 Nr. 8 HGB eine **Ausschüttungssperre** bzw. gemäß § 301 AktG eine Gewinnabführungssperre. Im Anhang ist gemäß § 285 Nr. 29 HGB anzugeben, auf welchen Differenzen oder steuerlichen Verlustvorträgen die Latenten Steuern beruhen und mit welchen Steuersätzen die Bewertung erfolgt ist. Eine steuerliche Überleitungsrechnung wird vom Gesetzgeber nicht explizit verlangt, kann für eine sachgerechte Erläuterung jedoch hilfreich sein und wird daher im DRS 18 Nr. 67 empfohlen (vgl. Loitz 2013, S. 343; Bundesanzeiger 2010). Ob kleine Kapitalgesellschaften entsprechend dem expliziten Hinweis in § 274a Nr. 5 HGB auch tatsächlich von der Prüfung von Steuerlatenzen befreit sind, ist strittig. Während die Bundessteuerberaterkammer (2011) und der Deutsche Steuerberaterverband (2011) dahingehend argumentieren, nimmt das IDW (2012) eine Gegenposition ein.

Die Bilanzierung von Ertragsteuern sowie die damit verbundenen **Latenten Steuern** werden innerhalb der **IFRS** im **IAS 12** geregelt. Ebenso wie der durch das BilMoG neu gefasste § 274 HGB orientiert sich der für die Steuerlatenzierung nach den IFRS maßgebliche IAS 12 an dem Temporary-Konzept sowie der Liability-Methode als anzuwendender Abgrenzungsmethode. Damit ist beispielsweise der im voraussichtlichen Umkehrzeitpunkt gültige Steuersatz zu verwenden (vgl. IAS 12.47–12.49). Eine Diskontierung der sich ergebenden Latenten Steuern aus temporären sowie quasi-permanenten Bilanzierungs- und Bewertungsdifferenzen zwischen Handels- und Steuerbilanz ist nicht zulässig (vgl. IAS 12.53). Die nach deutschem Handelsrecht vorgesehenen Ansatz- und Saldierungswahlrechte bestehen nicht. Sowohl für aktive, als auch für passive Latente Steuern gilt im Grundsatz ein generelles Ansatzgebot in Form eines nicht saldierten Bruttoausweises (Ausnahmen siehe IAS 12.71–12.76) getrennt von den tatsächlichen Steuern (vgl. IAS 12.15, 12.24, 12.34 und 12.79 f.). Ausnahmen von den Aktivierungs- und Passivierungspflichten ergeben sich gemäß IAS 12.15 und 12.24 für zeitliche Differenzen, die aus dem erstmaligen Ansatz eines Vermögens- oder Schuldwerts resultieren und dabei weder das handels-, noch das steuerrechtliche Ergebnis beeinflussen (z. B. steuerfreie Investitionszulagen, Geschäfts- oder Firmenwert). Diese Ausnahmeregelung für den **erstmaligen Ansatz von Vermögensgegenständen und Schulden** wurde im Referentenentwurf zum BilMoG in Analogie zu den IFRS noch vorgesehen, fand sich jedoch später ohne nähere Erläuterung im Gesetzesentwurf nicht wieder, so dass sich hier ein weiterer Unterschied zu den Regelungen des HGB ergibt (vgl. Loitz 2013, S. 335). Nach IAS 12.79–12.88 sind umfangreiche Angabepflichten vorgesehen. Unter anderem sind alle wesentlichen Bestandteile und Hintergrundinformationen zu den gebildeten Latenten Steuern sowie eine Überleitungsrechnung vom erwarteten zum tatsächlichen Steueraufwand darzustellen. Aufgrund der grundlegenden Divergenz zwischen beizulegenden Zeitwerten (Fair Value) nach IFRS sowie Anschaffungswerten nach HGB (vgl. Abschn. 3.5) ergeben sich trotz weitgehend deckungsgleicher Steuerlatenzkonzepte größere Unterschiede zwischen einer IFRS- und einer Steuerbilanz als zwischen einer HGB- und einer Steuerbilanz.

Wie in den Einzelabschlüssen sind auch in einem **Konzernabschluss** Latente Steuern anzusetzen für zukünftige steuerliche Belastungen (passive Latente Steuern) und Entlastungen (aktive Latente Steuern), die sich aus Ansatz- und Bewertungsdifferenzen zwischen Handels- und Steuerrecht für Vermögensgegenstände, Schulden und Rechnungsabgrenzungsposten ergeben und sich im Zeitverlauf voraussichtlich ausgleichen. In der Konzernbilanz ist eine sich insgesamt ergebende Steuerbelastung als passive latente Steuer und eine sich insgesamt ergebende Steuerentlastung als aktive latente Steuer anzusetzen. Eine Zusammenfassung mit den nach § 274 HGB gebildeten Latenten Steuern ist ebenfalls möglich. Anstelle einer Saldierung ist auch ein nicht verrechneter Ausweis der sich insgesamt ergebenden Steuerbelastung und -entlastung zulässig (vgl. § 306 HGB). Die Ermittlung Latenter Steuern im Konzern erfolgt in einem **dreistufigen Prozess**. Zunächst werden gemäß § 300 Abs. 2 HGB die nach § 274 HGB gebildeten Latenten Steuern aus den jeweiligen Einzelabschlüssen übernommen (**HB I**), wobei nun auch eine Ansatzpflicht für aktive Latente Steuern besteht. Im nächsten Schritt werden Steuerlatenzen gebildet für Differenzen, die sich aus einer eventuell erforderlichen Anpassung der Einzelabschlüsse an die Ansatz- und Bewertungsmaßstäbe des Konzerns ergeben (**HB II**). Abschließend erfolgt eine Steuerlatenzierung auf Konzernebene (**HB III**). Die in den ersten beiden Stufen entstehenden Latenten Steuern werden als sog. primäre Latente Steuern bezeichnet. In Stufe drei ergeben sich gegebenenfalls sog. sekundäre Latente Steuern. Aufgrund des in § 306 HGB enthaltenen Verweises auf den Vierten Titel (§§ 300–307 HGB) wird die Bewertung beschränkt auf die Anpassung der Bilanzansätze sowie der Konsolidierungsmaßnahmen. Die Bildung Latenter Steuern im Konzern ist damit nicht vorgesehen für Differenzen, die sich ergeben aus der Währungsumrechnung, aus abweichenden Bilanzstichtagen, aus uneinheitlichen Bewertungen oder aus der ergebniswirksamen Behandlung eines Unterschiedsbetrags aus der Kapitalkonsolidierung. Die Bemessung der Latenten Steuern erfolgt durch Multiplikation der Bemessungsgrundlage mit dem individuellen (nationalen) Steuersatz des jeweiligen Konzernunternehmens, bei dem die Steuerbelastung bzw. -entlastung entsteht. Alternativ wird die Verwendung eines konzerneinheitlichen Durchschnittssteuersatzes nicht als grundsätzlich unzulässig erachtet. Dem Konzern selbst mangelt es an der Eigenschaft als Steuersubjekt. Bei den betroffenen Unternehmen ist der zum Zeitpunkt der Umkehrung der Steuerlatenz jeweils erwartete Steuersatz zu verwenden. Vergleiche dazu insgesamt Wysocki et al. 2014, Kap. VIII. Im Anhang sind gemäß § 314 Abs. 1 Nr. 21 HGB für den Konzernabschluss analog zu § 285 Nr. 29 HGB Informationen anzugeben, auf welchen Differenzen oder steuerlichen Verlustvorträgen die latenten Steuern beruhen und mit welchen Steuersätzen die Bewertung erfolgt ist. Zudem wird in DRS 18 Nr. 67 (vgl. Bundesanzeiger 2010) eine Überleitungsrechnung empfohlen vom erwarteten Steueraufwand bzw. -ertrag, der sich bei dem in Deutschland geltenden Steuersatz (oder einem gewichteten Konzernsteuersatz) ergibt, zum tatsächlich ausgewiesenen Steueraufwand bzw. -ertrag. Zwischen einem IFRS- und einem HGB-Konzernabschluss ergeben sich hinsichtlich Ansatz und Bewertung Latenter Steuern formell lediglich wenige Abweichungen (auf die grundlegenden Wertdivergenzen wird erneut hingewiesen). So sind beispielsweise gemäß IAS 1.54 (n) und (o) i.V.m. IAS 12 Steuerschulden und Steuererstattungsansprüche aus Ertragsteuern sowie latente Steueransprüche und -schulden in der Bilanz als eigene, aber nicht wie im HGB als gesonderte Posten darzustellen. Gemäß IAS 1.56 dürfen latente Steueransprüche bzw. latente Steuerschulden nicht als kurzfristige Vermögenswerte bzw. nicht als kurzfristige Schulden ausgewiesen werden. Eine Saldierung von aktiven und passiven Latenten Steuern ist mit den in IAS 12.73 angeführten Ausnahmen nicht vorgesehen.

Abschließend ist darauf hinzuweisen, dass Latente Steuern entsprechend ihrer Klassifizierung als Sonderposten eigener Art in der **Steuerbilanz nicht auszuweisen** sind, es sind also quasi keine Latenten Steuern auf Latente Steuern zu bilden. Neben einer fehlenden Wirtschaftsgut- bzw. Verbindlichkeitseigenschaft fehlt für einen steuerrechtlichen Ansatz eine Vereinbarkeit mit der Zielsetzung der Latenten Steuern. Deren Sinn und Zweck ist es, in der Handelsbilanz (und nicht in der Steuerbilanz) den derzeitigen Wert der zukünftigen Steuerbe- und -entlastungen zu zeigen und somit den Einblick in die Vermögens-, Finanz- und Ertragslage eines Unternehmens zu verbessern (vgl. Beck'scher Bilanzkommentar, § 274 Rn. 220).

Literatur

AktG (2013) Stand (letzte Änderung) vom 23.07.2013. http://gesetze-im-internet.de. Zugegriffen: 25. Feb. 2015

Arsenal (2014) Konzernabschluss Arsenal Holdings plc per 31.05.2013 nach UK-GAAP. http://www.arsenal.com/assets/_files/documents/sep_13/gun__1380277138_Arsenal_Holdings_plc_-_Annual_.pdf. Zugegriffen: 09. Nov. 2014

AS Rom (2014) Konzernabschluss A.S. Roma S.p. A. per 30.06.2013 nach IFRS. http://www.asroma.it/pdf/Progetto_di_bilancio_30_06_13__Relazione_Gestione_ita_20.1.pdf. Zugegriffen: 09. Nov. 2014

Atletico Madrid (2014) Einzelabschluss Club Atletico de Madrid S.A.D. per 30.06.2013 nach Spanish-GAAP. http://sdehumo.net/files/folders/304901/download.aspx. Zugegriffen: 15. Jan. 2015

Bayern München (2014) Konzernabschluss FC Bayern München AG per 30.06.2013 nach HGB. http://www.bundesanzeiger.de. Zugegriffen: 09. Nov. 2014

Bayern München (2015) Allianz Arena mit 75.000 Besuchern (Meldung vom 14.01.2015). http://www.fcbayern.de/de/tickets/news/2015/ticketinfo-kapazitaetserhoehung-140115.php#/ticketinfo-kapazitaetserhoehung-140115.php. Zugegriffen: 25. Feb. 2015

Beck'scher Bilanz-Kommentar (2014) Handels- und Steuerbilanz, 9. Aufl. C.H. Beck, München

Bilanzrichtlinien-Gesetz (1985) Gesetz zur Durchführung der Vierten, der Siebenten und Achten Richtlinie des Rates der Europäischen Gemeinschaften zur Koordinierung des Gesellschaftsrechts vom 19.12.1985. http://www.bgbl.de. Zugegriffen: 25. Feb. 2015

BilMoG (2009) Gesetz zur Modernisierung des Bilanzrechts vom 25.05.2009. Abruf über http://www.bgbl.de. Zugegriffen: 25. Feb. 2015

Bloomberg (2012) Manchester United little changed following IPO. http://www.bloomberg.com/news/2012-08-09/manchester-united-raises-233-3-million-pricing-ipo-below-range.html. Zugegriffen: 25. Feb. 2015

Boletin Oficial del Estado (2013) Ley 19/2013 de 9 de diciembre de transparencia acceso a la informacion publica y buen gobierno. Ausgabe Nr. 295 vom 10.12.2013. Sektion I. Ministerio de la Presidencia, Madrid, S 97922–97952

BrandFinanceFootball (2014) The annual report on the world's most valuable fottball brands 2014. http://www.brandfinance.com/images/upload/brandfinance_football_50_2014_web.pdf. Zugegriffen: 25. Feb. 2015

Bremen (2014) Konzernabschluss SV Werder Bremen GmbH & Co. KGaA per 30.06.2013 nach HGB. http://www.bundesanzeiger.de. Zugegriffen: 29. Dez. 2014

Bundesanzeiger (2010) Bekanntmachung des Bundesministeriums der Justiz (DRS 18) vom 27.08.2010. Ausgabe vom 03.09.2010 (Nr. 133), S 3015 sowie Beilage 133a

Bundessteuerberaterkammer (2011) Stellungnahme vom 30.09.2011 zum IDW ERS HFA 7 n. F. https://www.bstbk.de/de/presse/stellungnahmen/archiv/201109320_stellungnahme_bstbk/index.html. Zugegriffen: 25. Feb. 2015

BVB (2015) Bis 2019 BVB verlängert Vertrag mit Marco Reus. http://www.bvb.de/News/Uebersicht/Bis-2019-BVB-verlaengert-Vertrag-mit-Marco-Reus. Zugegriffen: 25. Feb. 2015

Celtic Glasgow (2014) Konzernabschluss Celtic plc per 30.06.2013 nach IFRS. http://cdn.celticfc.net/assets/downloads/AnnualReport_2013.pdf. Zugegriffen: 29. Dez. 2014

Chelsea (2014) Konzernabschluss Chelsea FC plc per 30.06.2013 nach UK-GAAP. https://www.companiesintheuk.co.uk. Zugegriffen: 09. Nov. 2014

Deloitte (2014) Football Money League. 17. Aufl. http://www2.deloitte.com/content/dam/Deloitte/uk/Documents/sports-business-group/deloitte-uk-deloitte-football-money-league-2014.pdf. Zugegriffen: 17. Dez. 2014

Deloitte (2015) Football money league. 18. Aufl. http://www2.dcloitte.com/content/dam/Deloitte/uk/Documents/sports-business-group/deloitte-football-money-league-2015.PDF. Zugegriffen: 25. Feb. 2015

Deutscher Steuerberaterverband (2011) Latente Steuern bei kleinen Gesellschaften. http://www.dstv.de/interessenvertretung/steuern/stellungnahmen-steuern/s-13-11-latente-steuern-bmj. Zugegriffen: 25. Feb. 2015

DFL (2014) Lizenzierungsordnung (Stand 05.12.2014). http://www.bundesliga.de/media/native/dokument/Lizenzierungsordnung%20LO%202014-12-05%20Stand.pdf. Zugegriffen: 25. Feb. 2015

Dortmund (2013) Konzernabschluss Borussia Dortmund GmbH & Co. KGaA per 30.06.2013 nach IFRS. http://aktie.bvb.de/content/download/1564/22846/9/file/BVB_Gesch%C3%A4ftsbericht_2012_2013.pdf. Zugegriffen: 09. Nov. 2014

EStG (2014) Stand (letzte Änderung) 22.12.2014. http://gesetze-im-internet.de. Zugegriffen: 25. Feb. 2015

Europäische Kommission (2013) Staatliche Beihilfen (Pressemitteilung vom 18.12.2013). http://
    europa.eu/rapid/press-release_IP-13-1287_de.htm. Zugegriffen: 25. Feb. 2015
FC Barcelona (2014) Einzelabschluss Futbol Club Barcelona per 30.06.2013 nach Spanish-GAAP.
    http://www.fcbarcelona.es/club/memoria-2012-2013-pdf?_ga=1.207528531.1706265895.14252
    14066. Zugegriffen: 29. Dez. 2014
FIFA (2014) Financial Report 2013. http://www.fifa.com/mm/document/affederation/administra-
    tion/02/30/12/07/fifafr2013en_neutral.pdf. Zugegriffen: 25. Feb. 2015
Frankfurt (2014) Einzelabschluss Eintracht Frankfurt Fußball AG per 31.12.2013 nach HGB. http://
    www.bundesanzeiger.de. Zugegriffen: 29. Dez. 2014
Gladbach (2014) Einzelabschluss Borussia VfL 1900 Mönchengladbach GmbH per 31.12.2013
    nach HGB. Übermittlung per Email am 17.12.2014 an Hierl, L
Hannover (2015) Einzelabschluss Hannover 96 GmbH & Co. KGaA per 30.06.2013 nach HGB.
    Übermittlung per Email am 08.01.2015 an Hierl, L
Hertha (2014) Einzelabschluss Hertha BSC GmbH & Co. KGaA per 30.06.2013 nach HGB. http://
    www.bundesanzeiger.de. Zugegriffen: 29. Dez. 2014
HGB (2014) Stand (letzte Änderung) vom 15.07.2014. Abruf über http://gesetze-im-internet.de. Zu-
    gegriffen: 25. Feb. 2015
Hoffenheim (2014) Einzelabschluss TSG 1899 Hoffenheim Fußball-Spielbetriebs GmbH per
    30.06.2013 nach HGB. http://www.bundesanzeiger.de. Zugegriffen: 29. Dez. 2014
HSV (2014) Konzernabschluss Hamburger Sport-Verein e. V. per 30.06.2013 nach HGB. http://www.
    hsv.de/fileadmin/redaktion/Verein/Mitgliederversammlung/2014/Jahresabschluss_30.06.2013_
    Konzern.pdf. Zugegriffen: 29. Dez. 2014
IAS (2014) IFRS-Texte Auflage 4.0. http://www.ifrs-portal.com (Originaltexte über http://www.ifrs.
    org). Zugegriffen: 25. Feb. 2015
IDW (2012) Passive latente Steuern als Rückstellungen (Stellungnahme vom 15.10.2012). http://
    www.idw.de/idw/portal/d623912/index.jsp. Zugegriffen: 25. Feb. 2015
IFRS (2014) IFRS-Texte Auflage 4.0. http://www.ifrs-portal.com (Originaltexte über http://www.
    ifrs.org). Zugegriffen: 25. Feb. 2015
Juve (2014) Einzelabschluss Juventus Football Club S.p. A. Turin per 30.06.2013 nach IFRS.
    http://www.juventus.com/wps/wcm/connect/1ef55ed1-99f4-4c9c-8010-db678fe04f5a/Rela-
    zione+finanziaria+annuale+al+30+giugno+2013+definitivo+inglese.pdf?MOD=AJPERES.
    Zugegriffen: 09. Nov. 2014
Köln (2014) Konzernabschluss 1. FC Köln GmbH & Co. KGaA per 30.06.2013 nach HGB. http://
    www.bundesanzeiger.de. Zugegriffen: 29. Dez. 2014
Liverpool (2014) Einzelabschluss The Liverpool Football Club and Athletic Grounds Ltd. per
    31.05.2013 nach UK-GAAP. http://www.academia.edu/8761095/The_Liverpool_Football_
    Club_and_Athletic_Grounds_Limited_Directors_report_and_financial_statements_-_31_
    May_2013. Zugegriffen: 29. Dez. 2014
Loitz R (2013) Latente Steuern. In: Bolin M, Dreyer H, Schäfer A (Hrsg) Handbuch Handelsrecht-
    liche Rechnungslegung. Erich Schmidt, Berlin, S 329–344
Lyon (2014) Konzernabschluss Olympique Lyonnais Groupe per 30.06.2013 nach IFRS. http://
    www.actusnewswire.com/documents/ACTUS-0-5273-ol-ddr-1213-gb-vdef-310114.pdf. Zuge-
    griffen: 09. Nov. 2014
Manchester City (2014) Konzernabschluss Manchester City FC Ltd. per 31.05.2013 nach UK-
    GAAP. http://content.mcfc.co.uk/~/media/Files/Annual%20Report/MCFC_AR.pdf. Zugegrif-
    fen: 09. Nov. 2014
Manchester United (2013) Annual Report 2013 Manchester United plc pursuant to section 13 or
    15(d) of the Securities Exchange Act of 1934. http://ir.manutd.com/~/media/Files/M/Manutd-IR/
    Annual%20Reports/manchester-united-plc-20f-20131024.pdf. Zugegriffen: 25. Feb. 2015

Manchester United (2014) Annual Report 2014 Manchester United plc pursuant to section 13 or 15(d) of the Securities Exchange Act of 1934. http://ir.manutd.com/~/media/Files/M/Manutd-IR/Annual%20Reports/manchester-united-plc-20f-20141027.pdf. Zugegriffen: 25. Feb. 2015

Mersch T, Merx S (2015) Frisches Geld, neue Risiken. In: Handelsblatt. 02.02.2015, S 24 f

Porto (2014) Konzernabschluss Futebol Clube do Porto – Futebol SAD per 30.06.2013 nach IFRS. http://www.fcporto.pt/Relatrios%20de%20Contas/RCConsolidado20122013INGLES.pdf. Zugegriffen: 29. Dez. 2014

Premier League (2014) Handbook Season 2014/15. http://www.premierleague.com/en-gb/news/publications/. Zugegriffen: 25. Feb. 2015

Real Madrid (2014) Konzernabschluss Real Madrid Club de Futbol per 30.06.2013 nach Spanish-GAAP. http://www.realmadrid.com/cs/Satellite.pdf?blobcol=urldata&blobheader=application%2Fpdf&blobkey=id&blobtable=MungoBlobs&blobwhere=1203340661993&ssbinary=true. Zugegriffen: 29. Dez. 2014

Schalke (2014) Konzernabschluss FC Gelsenkirchen-Schalke 04 e. V. per 31.12.2013 nach HGB. http://www.schalke04.de//fileadmin/images/Hauptseite/Verein/Finanzen/2013_Konzernbericht.pdf. Zugegriffen: 29. Dez. 2014

Spox (2013) Undurchsichtige Jahresbilanz bei Paris (Meldung vom 12.03.2013). http://www.spox.com/de/sport/fussball/international/frankreich/1303/News/undursichtige-jahresbilanz-bei-paris-saint-germain-ligue-1-niedrige-verluste-financial-fairplay.html. Zugegriffen: 25. Feb. 2015

Statistische Ämter des Bundes und der Länder (2014) Hebesätze der Realsteuern (Ausgabe 2013). Düsseldorf

Tottenham (2014) Konzernabschluss Tottenham Hotspur Ltd. per 30.06.2013 nach IFRS. http://www.tottenhamhotspur.com/uploadedFiles/Shared_Assets/Documents/Annual_Reports/annual-report-2013.pdf. Zugegriffen: 29. Dez. 2014

UEFA (2012) Reglement zur Klublizenzierung und zum finanziellen Fairplay (Ausgabe 2012). http://de.uefa.org/MultimediaFiles/Download/Tech/uefaorg/General/01/80/54/12/1805412_DOWNLOAD.pdf. Zugegriffen: 25. Feb. 2015

UEFA (2014) Benchmarking-Bericht zur Klublizenzierung für das Finanzjahr 2012. http://de.uefa.org/MultimediaFiles/Download/Tech/uefaorg/General/02/11/39/48/2113948_DOWNLOAD.pdf. Zugegriffen: 25. Feb. 2015

Wirtschaftskammer Österreich (2014) Steuersätze. http://wko.at/statistik/eu/europa-steuersaetze.pdf. Zugegriffen: 25. Feb. 2015

Wysocki K, Wohlgemuth M, Brösel G (2014) Konzernrechnungslegung, 5. Aufl. UTB, Konstanz

Zusammenfassung und Fazit

7.1 Lernerfolgskontrolle für den Grundlagenteil

Nachfolgend werden mit dem Ziel einer benutzerfreundlichen Lernerfolgskontrolle zunächst die wichtigsten Inhalte zu den rechtlichen Rahmenbedingungen im Profifußball, zum Jahresabschluss eines Unternehmens sowie zu den branchenspezifischen Besonderheiten des Jahresabschlusses eines Fußballunternehmens komprimiert aufgezeigt. Thesen werden als solche separat hervorgehoben. Die Reihenfolge orientiert sich im Grundsatz an der inhaltlichen Abfolge im Buch, an geeigneten Stellen erfolgt eine Verbindung von Teilinhalten aus verschiedenen Abschnitten im Überblick. Im nächsten Schritt werden die Ergebnisse des Anwendungsteils separat dargestellt und abschließend aus diesen Ergebnissen Schlussfolgerungen und Handlungsimplikationen abgeleitet.

- National wie international ist die Organisationsstruktur im Fußballsport pyramidal ausgestaltet. Die Vorgaben der übergeordneten Verbandsebene sind dabei jeweils verbindlich. Daher muss beispielsweise die DFL die DFB-Regularien ebenso beachten wie wiederum der DFB die Regularien von UEFA und FIFA.
- Während in den übrigen großen europäischen Profiligen Fußballklubs fast ausnahmslos als Kapitalgesellschaften geführt werden, schreitet der Professionalisierungsgrad in Deutschland nur schrittweise voran. Unter Einbezug der aktuellsten Beispiele HSV und VfB Stuttgart werden trotz einer zumindest latenten Umwandlungsverpflichtung aufgrund der These einer Rechtsformverfehlung noch 16 von 36 Teams der Ersten und Zweiten Bundesliga in der Rechtsform eines Vereins geführt.
- Neben den beiden spanischen Top-Klubs FC Barcelona und Real Madrid sind auch die beiden Dachverbände UEFA und FIFA in der Rechtsform eines Vereins registriert. Gerade weil die FIFA zentral vorgibt, dass Fußballklubs unabhängig von der Rechtsform als Kapitalgesellschaft zu behandeln sind, wäre es wünschenswert, wenn sich auch die

© Springer Fachmedien Wiesbaden 2016
L. Hierl, R. Weiß, *Bilanzanalyse von Fußballvereinen*, DOI 10.1007/978-3-658-07916-1_7

FIFA vor dem Hintergrund der vorgebrachten Korruptionsvorwürfe einer professionelleren Organisationsstruktur öffnen würde.

- Neben der Erfüllung von sportlichen, infrastrukturellen, personellen und administrativen sowie rechtlichen und finanziellen Kriterien wird in der deutschen Lizenzierungsordnung auch die Erfüllung sog. medientechnischer Kriterien vorgegeben. Der Nachweis der wirtschaftlichen Leistungsfähigkeit in Form finanzieller Kriterien muss dabei vor einer Spielzeit geführt und während der Spielzeit bestätigt werden.

- Die zentrale Besonderheit im internationalen Lizenzierungsverfahrensvergleich ist jedoch die in Deutschland bei Investorenbeteiligungen zu beachtende „50 + 1-Regelung". Auch bei den als Kapitalgesellschaften organisierten Klubs muss die Stimmrechtsmehrheit beim Mutterverein der ausgelagerten Fußballklubtochter verbleiben. Die zunächst auf Leverkusen und Wolfsburg beschränkten Möglichkeiten einer Ausnahme von dieser Regelung wurden zwischenzeitlich erweitert und von Hoffenheim bzw. dessen Investor Hopp im Frühjahr 2015 in Anspruch genommen.

- Zur Einhaltung der UEFA Champions League-Regularien darf ein Unternehmen beziehungsweise eine Unternehmensgruppe keinen entscheidenden Einfluss bei mehr als einem Klub ausüben. Weil die Schwelle, ab der ein solcher entscheidender Einfluss angenommen wird, bei 10 % liegt, muss beispielsweise der Anteilsbesitz von Audi beim FC Bayern dauerhaft unter dieser Grenze verbleiben. Audi gehört zum VW-Konzern und dieser ist bereits beim VFL Wolfsburg entscheidend beteiligt.

- Vereine sind keine Kaufleute und damit im Grundsatz nicht buchführungspflichtig. Eine freiwillige Buchführung wird empfohlen, sofern die Größenkriterien überschritten werden, ab denen für Einzelkaufleute keine Befreiung von der Buchführungsverpflichtung mehr möglich ist.

- In Abhängigkeit von Größe, Rechtsform und Kapitalmarktorientierung besteht der Jahresabschluss eines Unternehmens nach deutschem Handelsrecht im Grundsatz aus einer Bilanz, einer Gewinn- und Verlustrechnung sowie einem Anhang und ist gegebenenfalls um einen Lagebericht sowie weitere Bestandteile zu erweitern. Größenabhängige Erweiterungen und Erleichterungen sind zu beachten. Personengesellschaften mit nicht wenigstens einer privat haftenden, natürlichen Person sind wie Kapitalgesellschaften der entsprechenden Größe zu behandeln.

- Die bilanzielle Überschuldung in Form eines negativen Eigenkapitalbestandswerts ist aufgrund von zahlreichen positiven Fortführungsprognosen bereits seit Jahren kaum noch bedeutend als Eröffnungsgrund für ein Insolvenzverfahren. Zahlungsunfähigkeit und drohende Zahlungsunfähigkeit sind mit etwa 97,6 % die beiden zentralen Eröffnungsgründe für ein Insolvenzverfahren.

- Trotz der zu beachtenden Analyserestriktionen wurde am Beispiel des HSV die These aufgeworfen, dass dieser erheblich insolvenzgefährdet ist. Ein vereinfachter Unternehmenswertansatz basierend auf einem Market Approach ergab einen Unternehmenswert in Höhe von etwa 200 Mio. €. Die ersten Verhandlungen mit dem potenziellen Investor Kühne führte der HSV basierend auf einem Unternehmenswert in Höhe von knapp

330 Mio. €. Eine Anpassung dieser Verhandlungsposition wird zur Abwendung einer Insolvenz empfohlen.

- Die Gewinn- und Verlustrechnung kann als Gesamt- oder als Umsatzkostenverfahren durchgeführt werden. Beide Verfahren führen im Regelfall zu denselben Ergebnissen. Bei Fußballklubs wird aufgrund einer besseren Eignung im Rahmen des Lizenzierungsverfahrens nahezu ausnahmslos das Gesamtkostenverfahren verwendet.

- Der Cashflow ergibt sich aus der Differenz der Liquiden Mittel zu Beginn und am Ende des Geschäftsjahres. Bei einer Aufteilung nach operativem, investivem und Finanzierungs-Cashflow sollte der neue DRS 21 beachtet werden. Eine Verwendung von sog. Praktiker-Formeln kann in der längerfristigen Investitionsrechnung hilfreich sein, in der kürzerfristigen Bilanzierungsrechnung wird davon abgeraten.

- Wieder in Abhängigkeit von Größe und Rechtsform muss gegebenenfalls ein Wirtschaftsprüfer den handelsrechtlichen Abschluss prüfen. Demgegenüber prüft ein Betriebsprüfer den steuerrechtlichen Abschluss. Davon abzugrenzen ist die sozialversicherungsrechtliche Betriebsprüfung. Die Ergebnisse der Wirtschaftsprüfung werden im Zuge des Enforcement-Verfahrens gegebenenfalls nochmals von einer übergeordneten Prüfinstanz (der DPR oder der BaFin) geprüft.

- Zur Offenlegung von Jahresabschlussunterlagen verpflichtet sind in Deutschland im Grundsatz Kapitalgesellschaften sowie Konzerne. Größenabhängige Erweiterungen und Erleichterungen sind auch hier zu beachten. Personengesellschaften mit nicht wenigstens einer privat haftenden, natürlichen Person sind wie Kapitalgesellschaften der entsprechenden Größe zu behandeln.

- Am Beispiel des HSV wurden Gestaltungen im Zuge der Ausgliederung einer Profifußballabteilung aufgezeigt. Der HSV Fußball AG-Konzern weist ein erheblich positives Eigenkapital aus (+16,6 Mio. €). Dies ist allerdings allein auf die getätigten buchhalterischen Gestaltungen zurückzuführen, das Eigenkapital des HSV-Vereinskonzerns ist entsprechend weiterhin hoch negativ (−26,9 Mio. €). Die These einer latenten Insolvenzgefahr innerhalb der Unternehmensgruppe des HSV besteht somit unvermindert fort.

- Zur Reduktion der Verwaltungskosten und zur Förderung der Nachhaltigkeit von unternehmerischen Entscheidungen soll die Quartalsberichterstattung basierend auf einer Initiative der EU-Kommission abgeschafft werden. Ob die Deutsche Börse die Börsenzulassungsverordnung entsprechend anpassen wird, bleibt abzuwarten.

- Nach Aufnahme in den Prime Standard der Deutschen Börse muss Borussia Dortmund nun weitere und damit die strengst möglichen Informations- und Publizitätspflichten erfüllen.

- Eine Verpflichtung zur Offenlegung von Fußballklubabschlüssen ergibt sich weder aus nationalen, noch aus internationalen Lizenzierungsvorgaben, sondern lediglich aus europaweit weitgehend einheitlich gestalteten Gesellschaftsrechts- und Publizitätsvorschriften.

- Ein Konzern als wirtschaftlicher Zusammenschluss von mindestens zwei weiterhin rechtlich selbständigen Einzelunternehmen ist nicht rechts- und damit nicht insolvenzfähig. Dies soll sich auch nach einem vorliegenden Gesetzesreformvorschlag nicht ändern. Insolvenzverfahren über konzernangehörige Unternehmen sollen lediglich besser abgestimmt werden (sog. Koordinationsverfahren). Für einen Konzern gelten separate Berichts- und Offenlegungspflichten.

- Um Doppelzählungen im Konzern und damit eine fiktive Verbesserung des Ergebnisses im Verbund zu vermeiden, sind bei der Konzernabschlusserstellung Konsolidierungs-maßnahmen durchzuführen. Nach vorbereitenden Maßnahmen folgen die Kapital-, die Schulden-, die Zwischenergebnis- sowie die Aufwands- und Ertragskonsolidierung. Der Ansatz von Latenten Steuern ist dabei zu prüfen.
- Gestaltungsmöglichkeiten zur Verbesserung der wirtschaftlichen Situation, wenn im Zuge eines nationalen Lizenzierungsverfahrens lediglich ein Einzel- und nicht der Kon-zernabschluss zur Bewertung herangezogen wird, wurden anhand eines Fallbeispiels illustrativ aufgezeigt. Die Ausgliederung der HSV Fußball AG zeigt jedoch, dass auch ein Konzernabschluss keinesfalls frei von Gestaltungsspielräumen ist.
- Während das deutsche Handelsrecht weiterhin vom Prinzip einer kaufmännisch vor-sichtigen Bilanzierung geprägt wird und das Ergebnis der Ausschüttungsbemessung dient, dominiert bei den IFRS die Informationsfunktion für Investoren. Daher werden bei den IFRS zur Bewertung von Vermögensgegenständen und Schulden eher Zeit-werte anstelle von historisch geprägten Anschaffungskosten angesetzt. Die IAS blei-ben weiterhin gültig, werden aber schrittweise angepasst beziehungsweise durch IFRS ersetzt. Börsennotierte Unternehmen innerhalb der EU sind seit dem 01.01.2005 zur Anwendung der IFRS verpflichtet. Die IFRS kennen größen- und rechtsformabhängige Erleichterungen nicht.
- Zentrale Lizenzierungsvorgaben der FIFA sind die Verpflichtung zur externen Jahres-abschlussprüfung sowie das Verbot des Vorhandenseins überfälliger Verbindlichkeiten. Von Seiten der UEFA finden sich weitere Konkretisierungen zu Abschlussbestandtei-len, zum Berichtskreis sowie zur Zwischenabschlussverpflichtung.
- Die Bilanz und die Gewinn- und Verlustrechnung eines Fußballklubs unterscheiden sich von denen eines „normalen" Unternehmens lediglich in wenigen Bereichen bzw. Positionen. Insbesondere ist die Bilanzposition Spielerwert ebenso branchenspezifisch wie die Detaillierung der Umsatzerlöse. Die Personalaufwendungen sind aufgrund der hohen Gehälter von Profifußballern ungewöhnlich hoch.
- Die Bilanzposition Spielerwert entspricht nicht dem aktuellen Marktwert der Lizenz-spieler eines Fußballklubs. Vielmehr sind in der Regel die Zahlungen im Rahmen eines Spielererwerbs (insbesondere die Ablösesumme) über dessen initiale Vertragslaufzeit zu kapitalisieren. Für eine Anwendbarkeit des IFRS-Neubewertungsmodells fehlen die legislativen Anforderungen an einen aktiven Markt. Der derzeit geschätzt teuerste Fuß-ballspieler der Welt (Cristiano Ronaldo) hat daher gegenwärtig mit hoher Wahrschein-lichkeit einen Spielerwert in der Bilanz von Real Madrid in Höhe von Null Euro.
- Für Investoren haben sich zum 01.01.2015 bei Spielertransfermodellen Änderungen ergeben, eine Beteiligung an späteren Weiterverkäufen ist nicht mehr zulässig.

- Das deutsche Lizenzierungsverfahren wurde ab der Saison 2014/2015 ebenfalls auf die Prüfung von Konzernabschlüssen umgestellt. Die wirtschaftliche Leistungsfähigkeit muss innerhalb der Saison nochmals bestätigt werden. Die Erteilung von Auflagen ist möglich.
- Die Aktivseite einer Bilanz besteht aus Anlagevermögen und Umlaufvermögen. Auf der Passivseite finden sich Schulden (Rückstellungen und Verbindlichkeiten) sowie das Eigenkapital als Residualgröße. Unter der Bilanz sind Haftungsverhältnisse auszuweisen. Stille Reserven bzw. stille Rücklagen sind im Jahresabschluss nicht ersichtlich.
- Ein Jahresüberschuss (Jahresfehlbetrag) mehrt (mindert) das zu Geschäftsjahresbeginn vorhandene Eigenkapital und ist begrifflich vom Bilanzgewinn (ausschüttungsfähiger Betrag) zu differenzieren.
- Nach einer finalen Umsetzung der EU-Bilanzierungsrichtlinie 2013/34/EU in deutsches Recht wird es keinen außerordentlichen Ergebnisbereich mehr geben. Diesbezüglich willkürlich anmutende Gestaltungen von Unternehmen werden damit (endlich) beseitigt.
- Die Umsatzsteuer ist zahlungswirksam, aber nicht erfolgswirksam. Im deutschen Mehrwertsteuersystem ist der Saldo aus erhaltener Umsatzsteuer und bezahlter Umsatzsteuer (diese wird begrifflich zur Vorsteuer) mit dem Finanzamt zu verrechnen.
- Das dominierende Instrument einer Jahresabschlussanalyse ist die Kennzahlenanalyse. Aus diesem Grund wurden mehr als 50 Kennzahlen zur Vermögens- und Kapitalanalyse, zur Finanz- und Liquiditätsanalyse, zur Ertragsanalyse sowie zur sonstigen Unternehmensanalyse mit Berechnungs- und Interpretationshinweisen aufbereitet. Zu Kennzahlen gibt es in der Betriebswirtschaftslehre keine Gesetze, daher finden sich in Literatur und Praxis zahlreiche Definitionen, die aufgrund von Divergenzen die nicht unmittelbar mit dem Themengebiet vertrauten Leser verwirren können.
- Während viele Unternehmen verständlicherweise den Ausweis eines Ergebnisses „before anything" (EBA) präferieren würden, ist ein Ergebnis „after everything" (EAE) die ehrlichere und aussagekräftigere Kennzahl.
- Für eine Interpretation von Kennzahlenergebnissen sind idealerweise interne Plan-, Ist- und Forecastwerte sowie externe Vergleichswerte der Branche zugänglich. Ein Rückgriff auf pauschale Richtwerte sollte nur unter Vorbehalt und nur zur groben Orientierung erfolgen.
- Systemtechnische Auswertungen erleichtern einerseits die Auswertungsarbeiten, sind aber andererseits gerade bei einer Jahresabschlussanalyse auch mit typischen Fehlern versehen, die es zu erkennen und zu bereinigen gilt. So indiziert beispielsweise ein Jahresfehlbetrag bei einem negativen Eigenkapitalbestand („minus durch minus") eine positive Entwicklung. In Kap. 6 wurden weitere Beispiele ausgeführt.
- Der Leverage Effekt bewirkt unter der Prämisse, dass die Fremdkapitalzinsen geringer als die Gesamtkapitalzinsen sind, dass die Eigenkapitalrentabilität deutlich steigen kann, auch wenn der Gewinn sogar erheblich sinkt.

• Die Aussagekraft von Jahresabschlussanalysen wird durch zahlreiche Restriktionen eingeschränkt. Insbesondere sind die Stichtags- und die Vergangenheitsorientierung sowie die Divergenz von Rechnungslegungsnormen zu beachten.
• Steuerlatenzen entstehen aufgrund von Differenzen zwischen der Handels- und der Steuerbilanz. Mit dem BilMoG erfolgte in Deutschland eine Neukonzeption des entsprechenden Ansatzes. Anstelle des bis dahin geltenden und erfolgsorientierten Timing-Konzepts wurde ein bilanzorientiertes Temporary-Konzept eingeführt.

7.2   Ergebnisse der branchenbezogenen Bilanz- und Jahresabschlussanalyse

Für den Anwendungsteil dieses Buches bestand vor dem Hintergrund des hohen Bekanntsheitsgrades von Fußball die primäre Zielsetzung darin, für 25 anhand definierter Kriterien ausgewählte europäische Fußballklubs exemplarisch eine branchenbezogene Bilanz- und Jahresabschlussanalyse mit einer Rangfolgebildung in Abschlusstabellenform durchzuführen. Ein Anspruch auf Repräsentativität der Studienergebnisse war weder intendiert, noch möglich.

• Das Teilnehmerfeld war hochkarätig besetzt. Von den 20 umsatzstärksten Fußballklubs der Welt gemäß Schätzung der Deloitte Football Money League 2014 wurden immerhin 15 einbezogen. Und von der kurz vor Redaktionsschluss aktualisierten Deloitte Football Money League 2015 fehlte aus der ersten „Elf" mit Paris St. Germain sogar lediglich ein Klub.
• Basierend auf den publizierten Jahresabschlüssen für die Saison 2012/2013 wurden die Informationen aus den 9 Einzel- und 16 Konzernabschlüssen beziehungsweise den 10 HGB, 8 IFRS, 4 UK-GAAP sowie 3 Spanish-GAAP-Abschlüssen gemäß einer vorgegebenen Bilanz- und GuV-Struktur einheitlich verdichtet und aufbereitet.
• Für die Bewertung der Jahresabschlussergebnisse wurde ein Scoring-Verfahren mit definierten Spielregeln aufgestellt. Die Gesamtpunktzahl eines Fußballklubs ergibt sich dabei aus der Summe der erreichten Punktzahlen bei der dreifach gewichteten Geschäftsjahresanalyse und bei der einfach gewichteten Vorjahresvergleichsanalyse.
• Die Ergebnisse in den einzelnen Kategorien der beiden Bewertungsbereiche werden an dieser Stelle nicht im Detail wiederholt. Hervorgehoben wird allerdings ein kritisches Ergebnis der Erfolgsquellenanalyse. Der internationale Wettbewerb um die vermeintlich besten Spieler führt zu sehr hohen Personalaufwendungen. Nur wenige Klubs können sich dies allerdings finanziell aus einer gewachsenen, inneren Unternehmenskraft heraus leisten. Die übrigen Klubs benötigen – und dies ist nicht immer so augenscheinlich wie im Fall von Manchester City – stete Kapitalinjektionen durch Investoren, staatliche Unterstützung oder sind fortwährend latent insolvenzgefährdet.
• Der Sieger der insgesamt 40 Kennzahlen umfassenden, statischen Geschäftsjahresanalyse 2012/2013 ist Borussia Dortmund. Dahinter folgen mit Real Madrid, Bayern Mün-

chen und Manchester United drei Klubs nahezu punktgleich, wobei bei Manchester United erhebliche steuerliche Sondereffekte das Ergebnis positiv verzerren. Bei der Untersuchung der Entwicklung zwischen den Spielzeiten 2011/2012 und 2012/2013 wurden noch 23 Kennzahlen in die Bewertung einbezogen. Sieger der dynamischen, intertemporalen Vergleichsanalyse ist der FC Porto mit knappem Vorsprung vor Celtic Glasgow und Borussia Dortmund. Bei einer Aggregation dieser Teilergebnisse wird unter Berücksichtigung der Gewichtungsfaktoren auch der Gesamtsieg und damit der Titel des wirtschaftlich erfolgreichsten Fußballklubs der Welt in der Spielzeit 2012/2013 nach Dortmund vergeben. Dahinter folgen Real Madrid und Manchester United. Trotz des Triple-Triumphes der Bayern ergibt sich im Gesamtklassement durchaus etwas überraschend lediglich Platz 4.

- Mit den in der Geschäftsjahresanalyse jeweils drei bestplatzierten Klubs der deutschen, englischen und spanischen Liga wurde anschließend ein Nationenwettstreit zur Prüfung von drei gängigen Thesen durchgeführt. Die finanzielle Situation der drei ausgewählten deutschen Klubs (darunter immerhin Bayern München und der Gesamtsieger aus Dortmund) stellt sich bei diesen sechs Kennzahlen allerdings keineswegs so gut dar, wie gemeinhin angenommen. Die Eigenkapitalausstattung englischer Klubs ist aufgrund einer stärkeren Kapitalmarktorientierung deutlich höher. Lediglich der statische Verschuldungsgrad wirkt bei den deutschen Klubs insgesamt weniger bedrohlich als bei den englischen und spanischen Klubs. Hinsichtlich der absoluten Personalaufwendungen und der Personalaufwandsquoten zeigt sich eine gewisse internationale Assimilation der Ausprägungen innerhalb der einzelnen Umsatzgrößenklassen der Klubs. Beim Cashbestand ist für viele überraschend nicht Bayern die Benchmark. Neben Arsenal erreicht auch Real Madrid aufgrund des hohen Cashflow-Jahresergebnisses einen deutlich besseren Wert.

7.3 Schlussfolgerungen und Handlungsimplikationen

Im verbleibenden Schritt werden aus den zusammengefassten Ergebnissen der branchenbezogenen Bilanz- und Jahresabschlussanalyse Schlussfolgerungen und Handlungsimplikationen für den professionellen Fußballsport abgeleitet.

- Der Rückschluss, dass sportliche Erfolge auch wirtschaftliche Erfolge bedingen, liegt nahe, liefert jedoch nur eine erste Indikation, die im Einzelfall jeweils separat zu prüfen ist. Bereits in der Erstauflage für die Saison 2011/2012 reichte Chelsea ein „Double" aus einem nationalen Pokalsieg und einem Gewinn der Champions League nicht für eine vordere Platzierung im Bereich der Vermögens-, Finanz- und Ertragslage. Bayern München konnte in 2012/2013 sogar durch einen Gewinn des „Triples" (Meisterschaft, Pokal und Champions League) weder an Dortmund, noch an Real Madrid vorbeiziehen.

- Bei rückläufigen sportlichen Erfolgen besteht für jeden Klub grundsätzlich die Gefahr einer negativen Ergebnisauswirkung aufgrund einer Fixkostenremanenz. Selbst Klubs wie der FC Bayern, die in sprachlicher Anlehnung an die regionale Herkunft derzeit wirtschaftlich „pumperlgesund" sind, sind (zumindest auf längere Sicht) auf die zusätzlichen Umsatzerlöse durch sportliche Erfolge angewiesen und sollten ihre Aufwendungen soweit begrenzen, dass diese bei sportlichen Misserfolgen nicht zu zu hohen Ergebnisbelastungen führen. Neben der Etablierung eines Bonussystems wird Klubs empfohlen, auch die Einführung eines Malussystems zu prüfen. Gerade nach entscheidenden Niederlagen kann es wirtschaftlich hilfreich sein, wenn nicht nur kein Bonus gezahlt werden muss, sondern wenn automatisch auch die einen Grundbetrag von beispielsweise 1 Mio. € übersteigenden Spielergehälter dann in einem angemessenen Ausmaß signifikant reduziert werden.
- Regulatorisch ist es „For the Good of the Game" (FIFA 2007, Art. 1) auch denkbar, sowohl Gehaltsobergrenzen, als auch Begrenzungen bei den Höhen der Ablösesummen festzulegen. Die Höhe könnte beispielsweise für alle Klubs identisch sein oder in Abhängigkeit von dem im Vorjahr erreichten sportlichen Erfolg variieren. In anderen Profisportartbereichen wie der amerikanischen Football League (NFL) oder der amerikanischen Hockey League (NHL) sind beispielsweise „Salary Caps" zur Ausgabenbegrenzung bereits etabliert (vgl. NFL 2015; NHL 2014). Ein anderer Ansatz, der zwischenzeitlich von der UEFA umgesetzt wurde, sind die Regelungen zum sog. Financial Fairplay. Sowohl hinsichtlich der inhaltlichen Ausgestaltung, als auch der Bewertung wird an dieser Stelle jedoch nicht vorgegriffen und auf Kap. 8 verwiesen.
- Um positive Anreize für ein erfolgreiches wirtschaftliches Agieren zu setzen, wäre es denkbar, in Anlehnung an die Fairplay-Wertung der UEFA (siehe nachfolgende Hintergrundinformationen) auch zusätzliche Startplätze in der Europa League (oder anreizerhöhend sogar in der Champions League) für die basierend auf ihrer wirtschaftlichen Lage am effizientesten agierenden Klubs zu vergeben. Das im Rahmen dieser Untersuchung definierte Scoring-Verfahren könnte hierzu wie folgt weiterentwickelt werden.
  - Die Kapitalausstattung der Klubs findet bei der Ermittlung der Renditekennzahlen im Grundsatz bereits Berücksichtigung. Wegen des Fehlanreizes zur Erhöhung der Verschuldung (vgl. Leverage-Effekt) sollte jedoch nicht die Eigenkapitalrentabilität, sondern es sollten die Gesamtkapital- und die Umsatzrentabilität für eine solche Bewertung herangezogen werden. Auch der Kapitalumschlag ist in diesem Zusammenhang eine geeignete Kennzahl.
  - Die Personalaufwandsquote kann ebenfalls bereits direkt in ein solches Bewertungsverfahren übernommen werden.
  - Ein Einbezug der absoluten Personalaufwendungen ohne Vergleichskomponente wäre insbesondere gegenüber den größeren Klubs unfair. Es könnte jedoch eine Verbindung mit den erzielten Punkten und Toren erfolgen. Ausgangspunkt der Überlegungen ist, ob dabei ein Klub, der beispielsweise mit einem Personalaufwand in Höhe von 100 Mio. € in der Saison 50 Punkte erzielt, genauso zu bewerten ist wie ein Klub, der mit 80 Mio. € Personalaufwand insgesamt 40 Punkte erreicht. Ohne

Einbezug eines noch näher zu bestimmenden Korrekturfaktors würden beide Klubs 2 Mio. € Personalaufwand für einen Ligapunkt benötigen. Im direkten Vergleich wäre ein geringerer Wert prinzipiell besser.

▶ Im Rahmen der Respekt- und Fairplay-Wertung werden seit 1995 jährlich alle UEFA-Spiele innerhalb des Zeitraums vom 01.05. bis 30.04. von UEFA-Delegierten bewertet anhand von Kriterien wie Respekt für den Gegner und die Schiedsrichter, Verhalten der Zuschauer und der Klubverantwortlichen sowie der Anzahl an gelben und roten Karten. Den drei bestplatzierten Landesverbänden in diesem Ranking wird jeweils ein weiterer Startplatz in der UEFA Europa League zuerkannt. Dieser Platz soll dann national an den besten Klub vergeben werden, der sich nicht bereits anderweitig für den Europapokal qualifizieren konnte. Ab der Saison 2015/2016 wird anstelle dieses zusätzlichen Startplatzes ein Preisgeld vergeben werden, das für Projekte zur Förderung von Respekt und Fairplay zu verwenden sein wird (vgl. UEFA 2015).

• Eine weitere Lockerung oder sogar Abschaffung der deutschen „50 + 1"-Regelung könnte die Kapitalbasis deutscher Klubs und damit deren internationale Wettbewerbsfähigkeit stärken. Unter Berücksichtigung der bisherigen Argumentation könnte es allerdings auch überlegenswert sein, diese Regelung sogar zu verschärfen und auf die weiteren großen Ligen zu übertragen. Der durchaus gegebenen Gefahr, dass die Fußballklubs den sportlichen Grundgedanken aus dem Blick verlieren, könnte somit entgegengewirkt werden.
• Neben den bisherigen Überlegungen sollten zur Aufrechterhaltung und gegebenenfalls sogar weiteren Steigerung des Zuspruchs von Fans und Sponsoren auch die folgenden Aspekte Berücksichtigung finden.
  – Manipulation und Korruption sind zentrale Gefahren für die Glaubwürdigkeit des Sports, die es konsequent zu vermeiden gilt. Eine fehlende institutionelle Integrität aufgrund einer Divergenz von dem kommunizierten und dem wahrgenommenen Wertesystem wie im Fall der FIFA (vgl. Abschn. 2.1) potenziert die Gefahr, dass sich die beiden zentralen Stakeholder, Fans und Sponsoren, gleichermaßen abwenden.
  – Gewalt und Rassismus waren wohl mit ursächlich, dass die in Europa einst führende italienische Liga in der sportlichen und wirtschaftlichen Bedeutung deutlich abgefallen ist. Umso unverständlicher ist es, dass die deutschen Klubs nicht in Zusammenarbeit mit den Innen- und den Justizministerien dieses Problem unter Nutzung des strafrechtlich bereits ausreichend vorhandenen Repertoires noch konsequenter bekämpfen. Das Zuschauer- und damit auch das Merchandising-Interesse von Frauen, Familien, aber auch nicht gewaltbereiten Männern (und das ist erfreulicherweise die weit überwiegende Mehrheit) lässt sich wohl kaum erhöhen, wenn diese auch nur ansatzweise Angst bezüglich der eigenen körperlichen Unversehrtheit beim Besuch eines Spieles (inklusive An- und Abfahrt) empfinden müssen.

Literatur

Deloitte (2014) Football Money League, 17. Aufl. http://www2.deloitte.com/content/dam/Deloitte/uk/Documents/sports-business-group/deloitte-uk-deloitte-football-money-league-2014.pdf. Zugegriffen: 17. Dez. 2014

Deloitte (2015) Football Money League, 18. Aufl. http://www2.deloitte.com/content/dam/Deloitte/uk/Documents/sports-business-group/deloitte-football-money-league-2015.PDF.   Zugegriffen: 25. Feb. 2015

FIFA (2007) Reglement zur Klublizenzierung (Stand Oktober 2007). http://de.fifa.com/mm/document/affederation/administration/67/17/66/club_licensing_regulations_de_47343.pdf. Zugegriffen: 27. Dez. 2014

NFL (2015) NFL salary cap makes nearly $ 10 M jump to $ 133 Mio. (published 28.02.2015). http://www.nfl.com/news/story/0ap2000000329753/article/nfl-salary-cap-makes-nearly-10m-jumpto-133-million. Zugegriffen: 28. Feb. 2015

NHL (2014) Bettman Salary-cap projection for '15–16 around $ 73 M (published 12.08.2014). http://www.nhl.com/ice/news.htm?id=743047. Zugegriffen: 27. Dez. 2014

UEFA (2015) New Respect Fair Play reward criteria (published 16.02.2015). http://www.uefa.org/social-responsibility/news/newsid=2210098.html. Zugegriffen: 25. Feb. 2015

Ausblick „Financial Fairplay"

8

> Dieses abschließende Kapitel widmet sich der ergänzenden Fragestellung, welche Auswirkungen sich aus den UEFA-Regularien zum Financial Fairplay aus gegenwärtiger Perspektive ergeben. Ist zu erwarten, dass dadurch extrem hohe Ablöse- und Gehaltszahlungen von großen Fußballklubs wirksam begrenzt werden können und damit insbesondere auch die wirtschaftliche und finanzielle Leistungsfähigkeit von kleineren Fußballklubs im Wettbewerb gestärkt werden kann? Eine Annäherung an ein mögliches Antwortspektrum zu diesen aus gegenwärtiger Perspektive nicht vollumfänglich zu klärenden Fragen erfolgt mit Hilfe einer Analyse der Champions League-Ergebnisse beginnend mit der Spielperiode 1992/1993.

8.1 Legislative Basis

In Abschn. 2.3 wurden die Ziele des Art. 2 Nr. 1 des UEFA-Reglements zur **Klublizenzierung** und zum finanziellen Fairplay (vgl. UEFA 2012) angeführt. Ergänzend dazu ist mit diesem Regelwerk zwischenzeitlich auch die Zielsetzung verbunden, ein **finanzielles Fairplay** in den UEFA-Klubwettbewerben zu erreichen (vgl. Art. 2 Nr. 2 UEFA 2012). **Erstanwendungszeitraum** der nachfolgend noch darzustellenden neuen Regelungen war die **Spielperiode 2013/2014** (vgl. Anhang XI Nr. 2 UEFA 2012). Insbesondere soll damit

- die wirtschaftliche und finanzielle Leistungsfähigkeit der Klubs verbessert sowie ihre Transparenz und Glaubwürdigkeit erhöht werden;
- für eine angemessene Berücksichtigung des Gläubigerschutzes gesorgt und sichergestellt werden, dass die Klubs ihren Verbindlichkeiten gegenüber Spielern, Steuerbehör-

© Springer Fachmedien Wiesbaden 2016
L. Hierl, R. Weiß, *Bilanzanalyse von Fußballvereinen*, DOI 10.1007/978-3-658-07916-1_8

den, Sozialversicherungsinstitutionen sowie anderen Vereinen fristgerecht nachkommen;

- für mehr Disziplin und Rationalität im finanziellen Bereich des Klubfußballs gesorgt werden;
- es gelingen, Klubs dazu zu bringen, im Rahmen ihrer eigenen Einnahmen zu wirtschaften;
- es gefördert werden, Ausgaben für den langfristigen Nutzen des Fußballs verantwortungsvoll zu tätigen;
- die Lebensfähigkeit und Nachhaltigkeit des europäischen Klubfußballs langfristig geschützt werden.

Zur Erreichung dieser Zielsetzung müssen alle Fußballklubs, die sich sportlich für UEFA-Klubwettbewerbe qualifiziert haben, die Kriterien von sog. **Monitoring-Vorschriften** erfüllen (vgl. Art. 57 Nr. 1 UEFA 2012). Mit Ausnahme der Spielzeit 2013/2014 (dort sind es lediglich zwei Jahre) umfasst eine **Monitoring-Periode in der Regel drei Jahre** und zwar am Beispiel der Spielzeit 2015/2016 die Berichtsperioden 2015 (t), 2014 (t-1) und 2013 (t-2), vgl. Art. 59 Nr. 1 UEFA 2012.

Während bislang neben dem sportlichen Erfolg die Erteilung einer Lizenz durch den jeweiligen national zuständigen Verband für eine Berechtigung zur Teilnahme an den UEFA-Klubwettbewerben ausreichend war (vgl. Abschn. 2.3), ist jetzt eine weitere Prüfstufe nachgelagert. Das Monitoring-Verfahren beginnt mit der Einreichung der Liste der getätigten Lizenzentscheidungen bei der Administration der UEFA durch den jeweiligen Lizenzgeber und endet am Ende der lizenzierten Spielzeit (vgl. Art. 54 Nr. 1 UEFA 2012). Die Beurteilung, ob die Lizenzbewerber die Kriterien der Monitoring-Vorschriften erfüllt haben beziehungsweise auch weiterhin erfüllen, obliegt der dazu von der UEFA geschaffenen **Finanzkontrollkammer für Klubs (FKKK)**. Die FKKK ist organisatorisch unterteilt in eine Untersuchungskammer für die Monitoring- und Ermittlungsphase des Verfahrens sowie eine rechtsprechende Kammer für die Urteilsphase des Verfahrens (vgl. Art. 4 Nr. 2 UEFA 2014a). Unter Berücksichtigung der Umstände des Einzelfalls sowie der weiteren Faktoren gemäß Anhang XI UEFA 2012 entscheidet die rechtsprechende Kammer über das **Strafmaß bei Verstößen**. Die nachfolgend angeführten Disziplinarmaßnahmen stehen dabei gegen Fußballklubs im Grundsatz zur Verfügung (vgl. Art. 3 Nr. 1d und Art. 28 f. UEFA 2014a).

- Ermahnung
- Verweis
- Geldstrafe
- Punktabzug
- Einbehaltung von Einnahmen aus einem UEFA-Wettbewerb
- Verbot der Meldung von neuen Spielern für UEFA-Wettbewerbe

- Beschränkung der Anzahl der Spieler, die ein Verein zur Teilnahme an UEFA-Wettbe-
  werben registrieren darf, einschließlich einer Beschränkung der Gesamt-Personalaus-
  gaben
- Ausschluss aus dem laufenden und/oder künftigen Wettbewerben
- Widerruf von Titeln oder Auszeichnungen

Eine konkrete Verbindung des anzuwendenden Strafmaßes mit dem Umfang der Missach-
tung der Fairplay-Regelungen fehlt derzeit allerdings noch und unterliegt damit im Einzelfall gegebenenfalls subjektiven Bewertungsmaßstäben, zumal eine strenge Vertraulichkeit
für alle Verfahrensinhalte vorgesehen ist (vgl. Art. 10 sowie Art. 14 Nr. 5 UEFA 2014a).

Wahrscheinlich zum Nachweis ihrer Arbeit und zur Abschreckung der Klubs, dass die
Einhaltung dieser Regelungen auch tatsächlich geprüft und hart sanktioniert wird, hatte
die UEFA am 16.05.2014 die **Strafen** unter anderem **gegen Manchester City und Paris St. Germain** aufgrund von Verstößen gegen die Monitoring-Vorschriften bestätigt.
Beide Klubs akzeptierten eine Geldstrafe in Höhe von jeweils 60 Mio. €, eine befristete
Beschränkung der Spielerkader für die Champions League auf 21 Profis sowie Vorgaben
bezüglich der weiteren Finanzplanung (vgl. Tagesschau 2015). Die Höhe der Geldstrafe
wird relativiert, wenn einbezogen wird, dass Manchester City alleine in den vergangenen
drei Jahren Kapitalerhöhungen in Höhe von jeweils umgerechnet etwa 200 Mio. € durchgeführt und bei seinem Großinvestor Mansour bin Zayed Al Nahyan platziert hatte. Die
60 Mio. € entsprechen 10 % der gesamten Kapitalerhöhungssumme in diesen drei Jahren.

Die **Monitoring-Vorschriften** sind in **zwei Abschnitte** unterteilt, die sog. Break-
Even-Vorschrift (vgl. Art. 58 bis 63 UEFA 2012) sowie sonstige Monitoring-Vorschriften
(vgl. Art. 64 bis 68 UEFA 2012).

Die **Break-even-Vorschrift** wird im Grundsatz nur dann eingehalten, wenn die folgenden vier Indikatoren kumulativ erfüllt werden (vgl. Art. 62 Nr. 3 sowie Art. 63 Nr. 1
UEFA 2012):

- Der Prüfbericht zum Jahres- und/oder Zwischenabschluss darf keine Einschränkung
  des Bestätigungsvermerks im Hinblick auf die Unternehmensfortführung enthalten (Indikator 1).
- Sofern das Eigenkapital negativ ist, darf sich dieses gegenüber der Vorperiode nicht
  verschlechtern (Indikator 2).
- In den beiden Berichtsperioden vor Beginn der UEFA-Klubwettbewerbe (d. h. in t-2
  und t-1) darf kein Break-Even-Defizit ausgewiesen werden (Indikator 3).
- Beim Lizenznehmer dürfen keine überfälligen Verbindlichkeiten bestehen (Indikator 4).

Die Nichterfüllung eines Indikators führt jedoch in folgenden Fällen nicht zur Nichtein-
haltung der Break-Even-Vorschrift.

- Wenn für die Berichtsperioden t, t-1 und t-2 aggregiert ein Break-Even-Überschuss erreicht wird.

- Wenn für die Berichtsperioden t, t-1 und t-2 aggregiert ein Break-Even-Defizit erreicht wird, das innerhalb der Grenzen der annehmbaren Abweichungen des Art. 61 UEFA 2012 bleibt. Die Grenze beträgt derzeit bis zu 45 Mio. € (ab 5 Mio. € ist eine vollständige Deckung durch Anteilseigner oder verbundene Parteien erforderlich). Von 2015/2016 bis 2017/2018 erfolgt eine Reduktion auf bis zu 30 Mio. €, wobei ein Überschuss der Perioden t-3 und t-4 jeweils gemäß Art. 60 Nr. 6 UEFA 2012 berücksichtigt werden darf.
- Wenn ein Klub von der Anwendung der Break-Even-Vorschrift gemäß Art. 57 Nr. 2 UEFA 2012 ausgenommen ist. Dies ist bei einer erhaltenen Sondergenehmigung zur Teilnahme an den UEFA-Klubwettbewerben oder bei einem erfolgreichen Nachweis, dass die relevanten Einnahmen und Ausgaben 5 Mio. € in t-1 und t-2 nicht übersteigen, der Fall.

Das **Break-Even-Ergebnis** wird im Übrigen ermittelt als **Differenz von relevanten Einnahmen und relevanten Ausgaben** (vgl. Art. 60 Nr. 1 UEFA 2012). Relevante Einnahmen wiederum werden definiert als Einnahmen aus Eintrittsgeldern, Übertragungsrechten, Sponsoring und Werbung sowie kommerziellen Aktivitäten, dazu sonstige betriebliche Erträge plus Gewinne aus der Veräußerung von Spielerregistrierungen sowie von Sach- und Finanzanlagen. Nicht enthalten sind nicht monetäre Posten oder gewisse Erträge aus nicht fußballerischen Tätigkeiten (vgl. Art. 58 Nr. 1 sowie Anhang X UEFA 2012). Diesen Einnahmen stehen relevante Ausgaben für Materialaufwand, Personalaufwand und sonstige betriebliche Aufwendungen plus entweder Amortisation (bei Aktivierung) oder Kosten für den Erwerb von Spielerregistrierungen sowie Finanzaufwand und Dividenden gegenüber. Ausgenommen werden von den relevanten Ausgaben können die Abschreibungen bzw. Wertminderungen von Sachanlagen und immateriellen Vermögenswerten (ohne Spielerregistrierungen), angemessene Ausgaben für die Nachwuchsförderung, angemessene Ausgaben für gemeinwohlorientierte Projekte sowie weitere nicht monetäre Posten, Finanzaufwand für den Bau von Sachanlagen, Steueraufwand und Ausgaben für nicht fußballerische Tätigkeiten (vgl. Art. 58 Nr. 2 sowie Anhang X UEFA 2012).

Gemäß Intention der UEFA sind relevante Einnahmen und Ausgaben von Personen und Unternehmen, die mit dem jeweiligen Fußballklub verbunden sind, anzupassen, „um den Zeitwert dieser Geschäftsvorfälle abzubilden" (UEFA 2012, Art. 58 Nr. 4). Die Mittelzuflüsse von Investoren bzw. Mäzenen für beispielsweise Sponsoringleistungen sollen begrenzt werden auf ein international vergleichbares und angemessenes Maß. Übersteigende Beträge bleiben im Grundsatz zulässig, werden aber zumindest nicht als relevante Erträge bei der Break-Even-Vorschrift anerkannt.

Die UEFA-Finanzkontrollkammer für Klubs behält sich gemäß Art. 62 Nr. 4 UEFA 2012 das Recht vor, vom Lizenznehmer zu einem beliebigen Zeitpunkt **zusätzliche Informationen** zu verlangen. Dies ist insbesondere dann wahrscheinlich, wenn sich aus dem Jahresabschluss ergibt, dass der Personalaufwand 70 % der Gesamteinnahmen überschreitet (zu den hier gefährdeten Klubs vgl. Personalaufwandsquoten in Abb. 6.33) oder die

Nettoschulden 100 % der Gesamteinnahmen überschreiten (Klubs mit geringem Kapitalumschlag und geringer Eigenkapitalquote sind hier besonders gefährdet, vgl. Abb. 6.29). Das Erfordernis von Zusatzinformationen unterliegt damit im Einzelfall gegebenenfalls subjektiven Bewertungsmaßstäben und bleibt wiederum hinsichtlich möglicher Sanktionierungen nebulös.

Die **sonstigen Monitoring-Vorschriften** beziehen sich zunächst auf die vier Indikatoren der Break-Even-Vorschrift. Sofern Indikator 1 und/oder 2 nicht erfüllt werden, ist gemäß Art. 64 Nr. 1a UEFA 2012 eine Aktualisierung der dem Lizenzgeber gemäß Art. 52 UEFA 2012 bereits unterbreiteten zukunftsbezogenen Finanzinformationen vorzunehmen. Bei Nichterfüllung von Indikator 3 und/oder 4 sind neue zukunftsbezogene Finanzinformationen zusammenzustellen. Des Weiteren sind gemäß Art. 65 f. UEFA 2012 erweiterte Nachweise darüber zu führen, dass keine überfälligen Verbindlichkeiten gegenüber Fußballklubs, Arbeitnehmern, Sozialversicherungsinstitutionen und Steuerbehörden bestehen. Gemäß Art. 67 UEFA 2012 besteht darüber hinaus eine Verpflichtung zur Meldung von wesentlichen Ereignissen, die nach dem Meldestichtag eingetreten sind.

Die **weiteren Faktoren**, die gemäß Anhang XI UEFA 2012 von der rechtsprechenden Kammer bei Verstößen gegen die Monitoring-Vorschriften zu berücksichtigen sind, sind das Volumen und der Trend des Break-Even-Ergebnisses, die Auswirkungen von Wechselkursschwankungen, das erwartete Break-Even-Ergebnis, die Genauigkeit der Planvorgaben, der Schuldenstand, das Vorliegen von Fällen höherer Gewalt sowie die Größe des Lizenzspielerkaders.

8.2 Inhaltliche Bewertung

Ähnlich den Trendthemenfeldern Umweltschutz und Nachhaltigkeit fällt es bei dem Begriff Fairplay im Allgemeinen bzw. Financial Fairplay im Besonderen sicherlich sowohl der überwiegenden Anzahl an Fußballklubvertretern, als auch den Fans schwer, diese UEFA-Initiative nicht für **im Grundsatz zunächst begrüßenswert** zu befinden.

Entgegen einer dem ehemaligen Bundesliga- und griechischem Nationalmannschaftstrainer Otto Rehhagel zugeordneten Fußball-Weisheit, scheint Geld eventuell doch Tore zu schießen (vgl. Analyse zu Abb. 8.1). Wenn sich allerdings hohe Ausgaben zumindest annahmegemäß in zunehmenden Maße positiv auf den sportlichen Erfolg auswirken, liegt es nahe, das ökonomisch rationale Handeln in der praktischen Anwendung im Klubmanagement geringer zu gewichten. An dieser Stelle möchte die UEFA mit den neuen **Monitoring-Vorschriften als Korrektiv** ansetzen und die Klubs zu finanziell nachhaltigem Management anhalten. Hohe Ausgaben sollen nur dann getätigt werden können, wenn ihnen korrespondierend hohe Einnahmen aus dem operativen Geschäftsbereich gegenüberstehen. Die bewusste Inkaufnahme von hohen Verlusten bei einer Gewissheit, dass diese von kapitalkräftigen Investoren oder Mäzenen im Bedarfsfall ausgeglichen werden, soll verhindert oder zunächst mindestens im Ausmaß begrenzt werden.

Der Umstand der Verfahrensinnovation bedingt, dass im gegenwärtigen Zeitpunkt durchaus noch zahlreiche **Möglichkeiten zur Verbesserung** der Regularien zum Financial Fairplay vorhanden sind.

- **Umfang** der eingereichten Unterlagen: Werden Zusatzinformationen eingeholt und wenn ja, welche in welchem Fall?
- **Bewertung** der eingereichten Unterlagen: Können relevante und nicht relevante, angemessene und nicht angemessene Einnahmen und Ausgaben sowie fußballerische von nicht fußballerischen Tätigkeiten zweifelsfrei abgegrenzt werden?
- **Strafmaßnahmen** bei Verstößen: Welche Strafen werden in welchem Fall ausgesprochen?

Als erstes **Zwischenergebnis** ist zu konstatieren, dass derzeit noch (zu) viele Parameter einer **subjektiven Einschätzung** der Mitglieder der UEFA-Finanzkontrollkammer für Klubs unterliegen.

Die **zentrale Herausforderung** wird wohl allerdings in der Anwendungspraxis darin bestehen, die mit Fußballklubs jeweils „**verbundenen Parteien**" sowie die mit diesen getätigte Geschäftsvorfälle zunächst überhaupt zu identifizieren. Gerade in der englischen Liga sind die Konzernstrukturen zum Teil hoch komplex und die Menge der Geschäftsvorfälle zahlreich. Anschließend gilt es von Seiten der UEFA, einen fairen Zeitwert für diese Transaktionen im internationalen Vergleich zu finden. Konkret abstrahiert könnte es beispielsweise sein, dass ein Freund eines bekannten Fußballeigners über mehrere Unternehmen und über Konzernhierarchien verteilt tausende von (überhöhten) Rechnungen für (vermeintliche) Hospitality-Leistungen an den Klub bezahlt. Kann dieser Sachverhalt insgesamt erkannt und bewertet werden? Und mit welchem Wert als relevante Einnahme soll das Trikotsponsoring desselben Freundes an den Klub in die Break-Even-Rechnung einfließen, wenn der Betrag 1, 10, 50, 100 oder sogar 500 Mio. € pro Jahr beträgt? Von vorschnell gewählten Durchschnittswerten einer zu definierenden Peer Group wird an dieser Stelle abgeraten, da dies bereits im Ansatz als ungeeignet erscheint. Die mathematische Bildung eines Durchschnittswerts bedingt, dass im Regelfall nach oben und nach unten (auch stärker) abweichende Ergebnisausprägungen vorhanden und zu tolerieren sind (vgl. beispielsweise Abb. 6.47 bis Abb. 6.52 in Abschn. 6.3.4).

Sobald **mehr Erfahrungen** gerade auch zu Gestaltungs- und Umgehungstatbeständen sowie der Sanktionierung bei festgestellten Verstößen vorliegen, sind weitere inhaltliche Konkretisierungen der Regelungen zum finanziellen Fairplay zu erwarten. Für eine vorbehaltlose Zuwendung zum nächsten, dem ausgewählten zentralen Problemkreis dieses Kapitels, wird von der Prämisse ausgegangen, dass über Regelungsanpassungen die bisher dargestellten Herausforderungen zeitnah durchaus gelöst werden können.

In diesem Fall, wenn diese vermeintlichen Fairplay-Regelungen in der Praxis dann tatsächlich in der gewünschten Form greifen können, ergibt sich allerdings die Frage, ob damit automatisch auch die **sportliche und wirtschaftliche Leistungsfähigkeit von kleineren Fußballklubs gestärkt** wird **oder sogar eine gegenteilige Wirkung entstehen**

könnte. Zu letzterer Ansicht wird die konkrete These formuliert, dass damit (gewollt oder ungewollt) eher die derzeit großen Fußballklubs gefördert werden.

Zur Prüfung dieser These erfolgt zunächst ein Blick auf die wertvollsten Fußballklub-marken der Welt. Wie Abb. 6.36 in Abschn. 6.3.2.1 zeigt, führt hier Bayern die „Big 4" an vor Manchester United, Real Madrid und dem FC Barcelona. Chelsea folgt auf Platz 5. Im nächsten Schritt erfolgt eine **Analyse der Ergebnisse der UEFA Champions League** (vgl. Abb. 8.1). In den ersten 18 Spielzeiten ab 1992/1993 war das Teilnehmerfeld noch relativ ausgeglichen besetzt. **Ab dem Viertelfinale** waren die Big 4 zwar bereits am häu-figsten anzutreffen, aber daneben waren auch insgesamt 44 weitere Teams vertreten. Da-runter weithin bekannte und traditionsreiche Mannschaften wie beispielsweise der AC Mailand, Ajax Amsterdam, AS Rom, Arsenal, Inter Mailand, Juventus Turin, Liverpool und der PSV Eindhoven. Aber auch viele (vermeintliche) „Underdogs" wie beispielsweise AJ Auxerre, der FC Brügge, IFK Göteborg, Hajduk Split, Leeds United, Legia Warschau, Olympiakos Piräus und Rosenborg BK. In den vergangenen vier Spielzeiten hat sich die Dominanz der größten Klubs verstärkt. Neben den Big 4 waren nur noch Chelsea, Dort-mund und Paris St. Germain jeweils mindestens zwei Mal unter den besten acht Teams Europas vertreten (weitere 12 Teams jeweils einmal). Wird das Blickfeld noch weiter ver-engt, so standen sich in den vergangenen vier Spielzeiten fast vornehmlich die Big 4 **im Halbfinale** direkt gegenüber. Lediglich vier weitere Teams konnten trotz des Umstands, dass alle Begegnungen ausgelost werden, in diese Phalanx eindringen (darunter wiederum Chelsea und Dortmund). Je erfolgreicher ein Klub in der Champions League spielt, desto höher sind seine dadurch bedingten direkten und indirekten Einnahmen, die wiederum zur Finanzierung von teuren Spielerkäufen oder zur Bezahlung von hohen Spielergehältern verwendet werden können. Damit wiederum erhöhen sich die sportlichen Erfolgsaussich-ten in der Folgesaison und eine Erfolgsspirale beginnt zu wirken, die mit zunehmender Windung (Durchlaufzahl) von anderen Klubs immer schwieriger zu unterbinden ist, wie diese Analyse zeigt.

Anzahl Teilnahmen Viertelfinale (VF) Champions League	1992/93 bis 2009/10 (18 Spielzeiten)	Anzahl Teilnahmen Viertelfinale (VF) Champions League	2010/11 bis 2013/14 (4 Spielzeiten)	Anzahl Teilnahmen Halbfinale (HF) Champions League	2010/11 bis 2013/14 (4 Spielzeiten)
Fußballklub	# mindestens VF	Fußballklub	# mindestens VF	Fußballklub	# mindestens HF
Bayern München	10	Bayern München	3	Bayern München	3
Manchester United	11	Manchester United	2	Manchester United	1
Real Madrid	8	Real Madrid	4	Real Madrid	4
FC Barcelona	9	FC Barcelona	4	FC Barcelona	3
Chelsea	6	Chelsea	3	Chelsea	2
Arsenal	6	Arsenal	0	Arsenal	0
Liverpool	5	Liverpool	0	Liverpool	0
Manchester City	0	Manchester City	0	Manchester City	0
AC Mailand	8	AC Mailand	1	AC Mailand	0
Borussia Dortmund	3	Borussia Dortmund	2	Borussia Dortmund	1
Anzahl weiterer Teams, die mind. das VF erreicht haben	38	Anzahl weiterer Teams, die mind. das VF erreicht haben	12 (alle 1mal, nur Paris 2mal)	Anzahl weiterer Teams, die mind. das HF erreicht haben	2 (Atletico Madrid und Schalke 04)

Abb. 8.1 Thesenprüfung Financial Fairplay

Zur Durchbrechung dieser Situation (zunehmende Oligopolisierung) sollte es gerade aus übergeordneter Perspektive im Interesse des Fußballs insgesamt sein, auf Einzelebene unabhängig von der Größe und der Historie der Klubs ein Investoren- und Mäzenatentum nicht prinzipiell als verwerflich zu deklarieren. Anstelle einer weiteren Verschärfung sollten **in einem durchaus zu begrenzenden Umfang (zeitlich und betragsmäßig) auch zukünftig negative Cashflows bzw. Jahresfehlbeträge toleriert werden**. Im Gegensatz zu „normalen" Unternehmen wird Erfolg im Fußball traditionell eher über sportliche Ergebnisse und Titel gemessen, denn über die Erwirtschaftung von hohen Gewinnen zur Ausschüttung. Zudem fehlt aufgrund eines entsprechenden Verbots die Möglichkeit zur Übernahme von Wettbewerbern und damit ein zentraler Anreiz für die Generierung von Überschüssen. Der Erfolg der neben den Big 4 erwähnten Teams (Chelsea, Dortmund und Paris St. Germain) ist unter anderem auch darauf zurückzuführen, dass finanzielle Schieflagen von Investoren temporär akzeptiert und durchstanden wurden. Und sind Mansour bin Zayed Al Nahyan, Dietmar Hopp sowie Dietrich Mateschitz als Eigentümer von Manchester City, Hoffenheim sowie RB Leipzig nun möglichst zu meidende, da „schlechte" Investoren und die Investoren Kind (Hannover 96) und Kühne (HSV) die „besseren" Geldgeber, nur weil sie provokant formuliert weniger vermögend oder weniger großzügig sind? Neben diesen Herren wäre es bei einer weiteren Verschärfung der Fairplay-Regelungen beispielsweise auch den verbundenen Personen und Unternehmen der Werksfußballklubs aus Leverkusen und Wolfsburg zu empfehlen, diesen zukünftig nur noch eingeschränkt zusätzliche Mittel für Spielertransfers zur Verfügung zu stellen. Es ist zwar davon auszugehen, dass eine solche Mittelzuführung wie oben dargestellt im Grundsatz zulässig bleiben wird. Aber mangels einer Anrechnung der Mittelzuführung als Einnahme droht dann das Break-Even-Ergebnis durch die Mittelverwendung (diese stellt eine relevante Ausgabe dar) negativ zu werden. Es könnte dann die Situation eintreten, dass beispielsweise dem VfL Wolfsburg mit Hilfe des getätigten Schürrle-Transfers (vgl. VfL Wolfsburg 2015) die Qualifikation für die Champions League sportlich gelingt, aber aufgrund eines negativen Break-Even-Ergebnisses die Teilnahme von der UEFA verwehrt wird. Bei einer weiteren Zuspitzung der Argumentation kann zudem die Frage angebracht werden, ob es nicht selbst auf unterster Verbandsebene bei einem Dorfverein vor Ort üblich ist, dass lokale Sponsoren bzw. Mäzene im Rahmen ihrer Möglichkeiten den Fußball als Gemeinschaft stärkende Volkssportart unterstützen, ungeachtet von betriebswirtschaftlichen Überlegungen? Ein Transfer der Monitoring-Vorschriften auf alle Verbandsebenen mag zunächst suspekt oder nicht ernst gemeint erscheinen und eher keine Unterstützung finden, aber genau dies wäre die konsequente Schlussfolgerung des in Abschn. 2.1 dargestellten pyramidalen Verbandssystems mit weitgehend einheitlichen „Spielregeln" von der untersten Kreisklasse bis hin zu Bundesliga, Champions League und Klubweltmeisterschaft.

Als weiteres **Zwischenergebnis** ist somit festzuhalten, dass bei einer konsequenten Umsetzung und vor allem weiterer Verschärfung der Break-Even-Vorschriften **tendenziell die etablierten Klubs profitieren werden**. Für kleinere (weniger umsatzstarke) Klubs könnte es noch schwieriger werden, im Wettbewerb um gute und erfahrene Spieler

und damit im sportlichen Wettbewerb insgesamt zu bestehen, selbst wenn eine Finanzierung im Klubumfeld gewährleistet wäre. Natürlich können und werden sich diese umsatz-
schwächeren Klubs (noch mehr) auf die Ausbildung von Nachwuchstalenten fokussieren
(müssen) und mit diesen die etablierten Großklubs in den nationalen Ligen temporär är-
gern können, aber die Eintrittswahrscheinlichkeit für den Gewinn von Titeln sinkt damit
wohl noch weiter. Zudem können Klubs, die wie beispielsweise der SC Freiburg immer
wieder Talente entdecken, diese dann mit noch weniger Erfolgsaussichten abhalten von
einer Abwanderung zu einem Klub mit hoher Kapitalkraft. Wie im Spiel Monopoly („Gehen Sie zurück auf Los") kehren diese „Talentschmieden" dann selbst im besten Fall lediglich wieder zurück an den sportlichen Ausgangspunkt. Und auch die Höhe der Ablöse- und
Gehaltszahlungen der Großklubs wird dadurch nicht unbedingt begrenzt, zumal diesen die
zusätzlichen Einnahmen aus der Champions League annahmegemäß weiter nahezu exklu-
siv zur Verfügung stehen. Die Champions League-Erfolge wiederum bedingen aufgrund
der höheren Werbewirksamkeit weitere Einnahmen unter anderem aus Sponsorenverträgen. Bei kleineren Klubs, denen sich diese Einnahmepotenziale nicht eröffnen, kann die
Situation entstehen, dass sich zukünftig wegen vermeintlicher Fairplay-Regelungen auch
die fast einzig verbleibenden Alternativen in Form von Investorenbeteiligungen verschlie-
ßen. Gefahr ist, dass damit eine tabellarische Hierarchie noch weiter manifestiert bzw.
die sportliche Ausgeglichenheit weiter reduziert wird und bei einer geringeren Spannung
bezüglich des Ausgangs von Spielen die **Attraktivität der Ligen für Zuschauer und
Sponsoren insgesamt gleichermaßen abklingt**.

Der Grundgedanke des finanziellen Fairplays der UEFA ist zwar **nicht, „to make all
clubs equal in size and wealth"** (UEFA 2014b). Um den Argumentationsrahmen bei dieser Themenstellung weiter anzureichern und dem interessierten Leser abschließend noch
mehr Anknüpfungspunkte zur Diskussion mitzugeben, wird jedoch genau dies im Folgenden angenommen. Wenn also die Intention vollkommen solidarischer Art wäre und quasi über alle Klubs hinweg in Europa identische Rahmenbedingungen geschaffen werden
sollten, müsste der Ansatz der UEFA ein anderer sein. Unter anderem müsste dazu die mediale Verwertung sowie das Sponsoring für beispielsweise Trikotwerbung oder die Übertragung von Namensrechten an beispielsweise Fußballstadien zentral übernommen und
dann nach festzulegenden Schlüsseln transparent und fair auf alle Klubs aufgeteilt werden. Dies würde zwar einerseits beispielsweise den Nachteil von Bayern München gegenüber englischen und spanischen Top-Klubs in Bezug auf die geringeren Umsatzerlöswer-
te aus Sponsorenverträgen und aus der nationalen Fernsehrechteverwertung beseitigen.
Andererseits würde damit auch der diesbezügliche Vorteil gegenüber Vertretern anderer
Ligen (und anderen Bundesligisten) nivelliert werden. In einer nicht ganz so extremen
Ausgestaltung wäre es innerhalb dieses Solidaransatzes auch denkbar, zumindest eines
der lukrativsten „Kuchenstücke" (im Rattenrennen bei Akerlof 1976 ist es Käse) in Form
der Ausschüttungen an die Teilnehmer der Champions League an alle Klubs in Europa
gleichmäßig zu verteilen. Leistungsanreize in Form von Zuweisungsdifferenzen bei der
Mittelvergabe wären allerdings wohl auch hier als Wachstumsimpuls aufrechtzuerhalten.
In diesem Zusammenhang bleibt allerdings abschließend unabhängig von regulatorischen

Gestaltungen ohnehin mit Spannung abzuwarten, ob sich die Wachstumsentwicklung des Profifußballs in den kommenden Jahren weiter fortsetzen wird oder ob die vom Club of Rome bereits vor annähernd 45 Jahren formulierten „limits to growth in a finite world" (Meadows et al. 1972, S. 87) auch (irgendwann) für den Profifußball gelten. Für den Leser ergibt sich damit die bewusst offen belassene Frage, ob und welche(n) limitierenden Faktor (en) es im Profifußball gibt.

Literatur

Akerlof G (1976) The economic of caste and oft he rat race and other woeful tales. Q J Econ 90(4):599–617

Meadows D et al (1972) The limits to growth. Universe Books, New York

Tagesschau (2015) 60 Millionen Euro Strafe für Man City und PSG (Bericht vom 16.05.2014). http://www.sportschau.de/fussball/international/manchester-muss-strafe-zahlen100.html. Zugegriffen: 25. Feb. 2015

UEFA (2012) Reglement zur Klublizenzierung und zum finanziellen Fairplay (Ausgabe 2012). http://de.uefa.org/MultimediaFiles/Download/Tech/uefaorg/General/01/80/54/12/1805412_DOWNLOAD.pdf. Zugegriffen: 25. Feb. 2015

UEFA (2014a) Verfahrensregeln für die UEFA-Finanzkontrollkammer für Klubs (Ausgabe 2014). http://de.uefa.org/MultimediaFiles/Download/Tech/uefaorg/General/01/85/85/28/1858528_DOWNLOAD.pdf. Zugegriffen: 25. Feb. 2015

UEFA (2014b) Financial fair play – all you need to know (zuletzt aktualisiert am 20.5.2014). http://www.uefa.com/community/news/newsid=2064391.html. Zugegriffen: 25. Feb. 2015

VfL Wolfsburg (2015) Andre Schürrle vorgestellt (Meldung vom 4.2.2015). https://www.vfl-wolfsburg.de/info/aktuelles/detailseite/artikel/andre-schuerrle-vorgestellt.html. Zugegriffen: 25. Feb. 2015

Anhang

© Springer Fachmedien Wiesbaden 2016
L. Hierl, R. Weiß, *Bilanzanalyse von Fußballvereinen,* DOI 10.1007/978-3-658-07916-1

Mindestgliederungsschema DRS 21 „direkt" (Anhang 1)

Mindestgliederungsschema der Kapitalflussrechnung nach DRS 21 bei einer direkten Methode
1. Einzahlungen von Kunden für den Verkauf von Erzeugnissen, Waren und Dienstleistungen
2. – Auszahlungen an Lieferanten und Beschäftigte
3. + Sonstige Einzahlungen, die nicht der Investitions- oder der Finanzierungstätigkeit zuzuordnen sind
4. – Sonstige Auszahlungen, die nicht der Investitions- oder der Finanzierungstätigkeit zuzuordnen sind
5. + Einzahlungen aus außerordentlichen Posten
6. – Auszahlungen aus außerordentlichen Posten
7. –/+ Ertragsteuerzahlungen
8. **= Cashflow aus der laufenden Geschäftstätigkeit** (Summe aus 1 bis 7)
9. + Einzahlungen aus Abgängen von Gegenständen des immateriellen Anlagevermögens
10. – Auszahlungen für Investitionen in das immaterielle Anlagevermögen
11. + Einzahlungen aus Abgängen von Gegenständen des Sachanlagevermögens
12. – Auszahlungen für Investitionen in das Sachanlagevermögen
13. + Einzahlungen aus Abgängen von Gegenständen des Finanzanlagevermögens
14. – Auszahlungen für Investitionen in das Finanzanlagevermögen
15. + Einzahlungen aus Abgängen aus dem Konsolidierungskreis
16. – Auszahlungen für Zugänge zum Konsolidierungskreis
17. + Einzahlungen aufgrund von Finanzmittelanlagen im Rahmen der kurzfristigen Finanzdisposition
18. – Auszahlungen aufgrund von Finanzmittelanlagen im Rahmen der kurzfristigen Finanzdisposition
19. + Einzahlungen aus außerordentlichen Posten
20. – Auszahlungen aus außerordentlichen Posten
21. + Erhaltene Zinsen
22. + Erhaltene Dividenden
23. **= Cashflow aus der Investitionstätigkeit** (Summe aus 9 bis 22)
24. + Einzahlungen aus Eigenkapitalzuführungen von Gesellschaftern des Mutterunternehmens
25. + Einzahlungen aus Eigenkapitalzuführungen von anderen Gesellschaftern
26. – Auszahlungen aus Eigenkapitalherabsetzungen an Gesellschafter des Mutterunternehmens
27. – Auszahlungen aus Eigenkapitalherabsetzungen an die anderen Gesellschafter
28. + Einzahlungen aus der Begebung von Anleihen und der Aufnahme von (Finanz-) Krediten
29. – Auszahlungen aus der Tilgung von Anleihen und (Finanz-) Krediten
30. + Einzahlungen aus erhaltenen Zuschüssen/Zuwendungen
31. + Einzahlungen aus außerordentlichen Posten
32. – Auszahlungen aus außerordentlichen Posten
33. – Gezahlte Zinsen
34. – Gezahlte Dividenden an Gesellschafter des Mutterunternehmens
35. – Gezahlte Dividenden an andere Gesellschafter
36. **= Cashflow aus der Finanzierungstätigkeit** (Summe aus 24 bis 35)
37. Zahlungswirksame Veränderungen des Finanzmittelfonds (Summe aus 8, 23, 36)
38. +/– Wechselkurs- und bewertungsbedingte Änderungen des Finanzmittelfonds
39. +/– Konsolidierungskreisbedingte Änderungen des Finanzmittelfonds
40. **+ Finanzmittelfonds am Anfang der Periode**
41. **= Finanzmittelfonds am Ende der Periode** (Summe aus 37 bis 40)

Abb. 1 Mindestgliederung gemäß DRS 21 direkte Methodik

Mindestgliederungsschema DRS 21 „indirekt" (Anhang 2)

Mindestgliederungsschema der Kapitalflussrechnung nach DRS 21 bei einer indirekten Methode

1. Periodenergebnis (Konzernjahresüberschuss/-fehlbetrag inkl. Ergebnisanteile anderer Gesellschafter)
2. +/– Abschreibungen/Zuschreibungen auf Gegenstände des Anlagevermögens
3. +/– Zunahme/Abnahme der Rückstellungen
4. +/– Sonstige zahlungsunwirksame Aufwendungen/Erträge
5. –/+ Zunahme/Abnahme der Vorräte, der Forderungen aus Lieferungen und Leistungen sowie anderer Aktiva,, die nicht der Investitions- oder Finanzierungstätigkeit zuzuordnen sind
6. +/– Zunahme/Abnahme der Verbindlichkeiten aus Lieferungen und Leistungen sowie anderer Passiva, die nicht der Investitions- oder Finanzierungstätigkeit zuzuordnen sind
7. –/+ Gewinn/Verlust aus dem Abgang von Gegenständen des Anlagevermögens
8. +/– Zinsaufwendungen/Zinserträge
9. – Sonstige Beteiligungserträge
10. +/– Aufwendungen/Erträge aus außerordentlichen Posten
11. +/– Ertragsteueraufwand/-ertrag
12. + Einzahlungen aus außerordentlichen Posten
13. – Auszahlungen aus außerordentlichen Posten
14. –/+ Ertragsteuerzahlungen
15. **= Cashflow aus der laufenden Geschäftstätigkeit** (Summe aus 1 bis 14)
16. + Einzahlungen aus Abgängen von Gegenständen des immateriellen Anlagevermögens
17. – Auszahlungen für Investitionen in das immaterielle Anlagevermögen
18. + Einzahlungen aus Abgängen von Gegenständen des Sachanlagevermögens
19. – Auszahlungen für Investitionen in das Sachanlagevermögen
20. + Einzahlungen aus Abgängen von Gegenständen des Finanzanlagevermögens
21. – Auszahlungen für Investitionen in das Finanzanlagevermögen
22. + Einzahlungen aus Abgängen aus dem Konsolidierungskreis
23. – Auszahlungen für Zugänge zum Konsolidierungskreis
24. + Einzahlungen aufgrund von Finanzmittelanlagen im Rahmen der kurzfristigen Finanzdisposition
25. – Auszahlungen aufgrund von Finanzmittelanlagen im Rahmen der kurzfristigen Finanzdisposition
26. + Einzahlungen aus außerordentlichen Posten
27. – Auszahlungen aus außerordentlichen Posten
28. + Erhaltene Zinsen
29. + Erhaltene Dividenden
30. **= Cashflow aus der Investitionstätigkeit** (Summe aus 16 bis 29)
31. + Einzahlungen aus Eigenkapitalzuführungen von Gesellschaftern des Mutterunternehmens
32. + Einzahlungen aus Eigenkapitalzuführungen von anderen Gesellschaftern
33. – Auszahlungen aus Eigenkapitalherabsetzungen an Gesellschafter des Mutterunternehmens
34. – Auszahlungen aus Eigenkapitalherabsetzungen an andere Gesellschafter
35. + Einzahlungen aus der Begebung von Anleihen und der Aufnahme von (Finanz-) Krediten
36. – Auszahlungen aus der Tilgung von Anleihen und (Finanz-) Krediten
37. + Einzahlungen aus erhaltenen Zuschüssen/Zuwendungen
38. + Einzahlungen aus außerordentlichen Posten
39. – Auszahlungen aus außerordentlichen Posten
40. – Gezahlte Zinsen
41. – Gezahlte Dividenden an Gesellschafter des Mutterunternehmens
42. – Gezahlte Dividenden an andere Gesellschafter
43. **= Cashflow aus der Finanzierungstätigkeit** (Summe aus 31 bis 42)
44. Zahlungswirksame Veränderungen des Finanzmittelfonds (Summe aus 15, 30, 43)
45. +/– Wechselkurs- und bewertungsbedingte Änderungen des Finanzmittelfonds
46. +/– Konsolidierungskreisbedingte Änderungen des Finanzmittelfonds
47. **+ Finanzmittelfonds am Anfang der Periode**
48. **= Finanzmittelfonds am Ende der Periode** (Summe aus 44 bis 47)

Abb. 2 Mindestgliederung gemäß DRS 21 indirekte Methodik

Liquiditätsberechnung im Rahmen Lizenzvergabe (Anhang 3)

Liquiditätsberechnung
+ Wertpapiere, Schecks, Kassenbestand, Guthaben bei Kreditinstituten 31.12.t-1
- Verfügungsbeschränkungen
+ Forderungen und sonstige Vermögensgegenstände 31.12.t-1
- Forderungen u. sonst. VG 31.12.t-1, die nach dem 30.06.t+1 fällig werden
- Rückstellungen 31.12.t-1
+ Rückstellungen 31.12.t-1, die nach dem 30.06.t+1 fällig werden
- Verbindlichkeiten 31.12.t-1
+ Verbindlichkeiten 31.12.t-1, die nach dem 30.06.t+1 fällig werden
= **Zwischensumme 1**
± Überschuss/Fehlbetrag Plan-GuV 01-06 / t
+ Abschreibungen Plan-GuV 01-06 / t
+ Auflösung ARAP Plan-GuV 01-06 / t
- Auflösung PRAP Plan-GuV 01-06 / t
± Mittelzufluss/-abfluss aus Investitionstätigkeit Plan-GuV 01-06 / t
± Mittelzufluss/-abfluss aus Finanzierungstätigkeit Plan-GuV 01-06 / t
± Korrekturen Plan-GuV 01-06 / t durch Ligaverband
= **Zwischensumme 2**
± Überschuss/Fehlbetrag Plan-GuV 07 / t - 06 / t+1
+ Abschreibungen Plan-GuV 07 / t - 06 / t+1
+ Auflösung ARAP Plan-GuV 07 / t - 06 / t+1
- Auflösung PRAP Plan-GuV 07 / t - 06 / t+1
± Mittelzufluss/-abfluss aus Investitionstätigkeit Plan-GuV 07 / t - 06 / t+1
± Mittelzufluss/-abfluss aus Finanzierungstätigkeit Plan-GuV 07 / t - 06 / t+1
± Korrekturen Plan-GuV 07 / t - 06 / t+1 durch Ligaverband
Spielzeitübergreifende Liquiditätseffekte:
+ Revolvierender Kredit (50% von 1/12 Personalaufwand Spielzeit t / t+1 (Summe Plan-GuV 6.))
+ 100% des im PRAP der Bilanz zum 30.06.t-1 ausgewiesenen Wertes für Tickets
= **Liquidität per 30.06.t+1**

Abb. 3 Liquiditätsberechnung gemäß Anhang IX der DFL-Lizenzierungsordnung

The manufacturer's authorised representative in the EU is Springer
Nature Customer Service Centre GmbH, Europaplatz 3, 69115 Heidelberg,
Germany. If you have any concerns regarding our products, please
contact ProductSafety@springernature.com

Printed and bound by CPI Group (UK) Ltd, Croydon, CR0 4YY
27/04/2026
02097635-0007